公路工程施工工艺标准系列图书

GONGLU GONGCHENG SHIGONG GONGYI BIAOZHUN XILIE TUSHU

路面工程
施工工艺标准

LUMIAN GONGCHENG
SHIGONG GONGYI BIAOZHUN

HNCC · 湖南路桥

湖南路桥建设集团有限责任公司 / 编著

中南大学出版社
www.csupress.com.cn
·长沙·

公路工程施工工艺标准系列图书编委会

本书编写人员名单

主　　编：彭　剑　曹才勇

副　主　编：刘玉兰　石　柱　彭安平

审定专家：（以姓氏笔画排序）

付慧建　汤　铸　潘路星　燕　平　戴佑才

主要编写人员：（以姓氏笔画排序）

丁俊剑　毛兵利　孔　威　田槐湘　刘　奇

刘　贵　许　军　孙　傲　李　友　李　龙

李　舸　李志刚　杨文灿　杨　朔　邹　伟

唐永辉　唐治祥　覃国杰　廖琼华　戴正栋

戴向阳

参与编写人员：（以姓氏笔画排序）

王晓霞　刘　坚　周湘亮

湖南路桥建设集团有限责任公司(以下简称集团)始建于1954年,是全国首批获得公路工程施工总承包特级资质的大型国有企业,拥有公路设计甲级、施工总承包特级等各类资质50余项,业务涵盖路桥、市政、房建、轨道交通等基建领域,以及交通路网、智慧城市、文化旅游等多元产业,业务遍及亚洲、非洲的10多个国家和地区,以及全国20多个省级行政区。

60多年来,集团秉承产业报国、交通为民的历史使命,弘扬"创新、诚信、一流、奉献"的企业精神,先后承建了以南京长江三桥、矮寨大桥为代表的各类大中型桥梁1000余座,以京港澳高速公路、沪昆高速公路为代表的高速公路和高等级公路5000余公里,以湖南雪峰山、广东牛头山隧道为代表的隧道工程170余公里,在大跨径桥梁、长大隧道施工等领域形成了核心技术优势,享有"路桥湘军"美誉。

集团是受国务院表彰的14家"全国先进企业"之一,获首届"中国桥梁十大英雄团队""创鲁班奖工程特别荣誉企业",荣获全国"五一劳动奖状"。先后荣获古斯塔夫斯·林德恩斯奖、GRAA国际道路成就奖等国际大奖两项,国家科学技术进步奖6项、国家优质工程奖5项,并多次荣获鲁班奖、詹天佑奖,拥有国家级、省部级工法、专利等科技成果200余项,多次被评为"全国优秀施工企业",连续多年获评高新技术企业,2018年入选ENR"全球最大250家国际承包商",受到业界推崇。

当前,我国公路建设已进入高质量发展阶段,在确保安全和环保的同时,如何持续提升工程品质和建造能力,是施工企业面临的一个重要课题。为适应日趋激烈的市场竞争环境,以及达到国家在安全、质量、环保方面的更高要求,集团明确了高质量快速发展的路径和措施,大力推进技术创新和管理升级,积极开展品质工程创建,着力提升企业的快速建造能力,在各项目加快推进项目管理和工艺标准化建设过程中,取得了良好的效果。为进一步提升企业管理能力和技术水平,加速成熟工艺和先进技术的推广应用,结合行业要求和企业发展需求,集团决定系统总结近年来标准化实施成果,制订一套企业施工工艺标准,用于指导项目施工。

科学技术是第一生产力,创新是引领发展的第一动力,推动集团科技的发展,要在工程实践中应用更多新技术、新工艺、新材料和新设备,希望集团全体员工勇于创新、加强总结,努力打造核心技术,不断提升企业技术水平,为树立技术品牌,铸造精品工程,实现集团高质量快速发展而奋力拼搏。

2019年3月

前言
PREFACE

为进一步提升湖南路桥建设集团有限责任公司(以下简称集团)的管理能力和技术水平,规范施工作业行为,推广成熟工艺和先进技术,实现技术资源共享,集团组织技术骨干和专家着手编写了"公路工程施工工艺标准"系列图书,自2016年开始起草,先后经多次审稿、修改,直至最终定稿,共历时3年多。

"公路工程施工工艺标准"系列图书的编写,是在现行公路工程施工标准和规范的基础上,参考了大量施工方案、技术总结、施工工法、论文、专著等技术资料和文献,经总结、提炼而成,是集团60多年来公路工程施工经验和技术的系统总结。这一系列工艺标准的推行,将在提高集团生产效率,打造品质工程,强化安全管控等方面发挥重要作用。

"公路工程施工工艺标准"系列图书共6册,包括《路基工程施工工艺标准》《路面工程施工工艺标准》《隧道工程施工工艺标准》《桥梁下部结构施工工艺标准》《常见桥梁工程施工工艺标准》和《悬索桥和斜拉桥施工工艺标准》。每项工艺标准包括:总则、术语、施工准备、工艺设计和控制要求、操作工艺、质量标准、成品保护、安全环保措施、质量记录9个方面的内容。

本书主要包括路面基层、沥青面层、砼面层、交通工程等施工工艺标准,分别介绍了不同工序和部位的施工工艺。

本书是集团的企业标准之一,也可供同行参考。本书在编写过程中得到了各级领导的全力支持,和集团内外多位专家的指导和帮助,参与编写的众多同事付出了大量的时间和精力,在此一并感谢。由于编写者水平有限,错漏之处在所难免,恳请读者斧正。

编 者
2019 年 3 月

目录
C O N T E N T S

1 水泥粉煤灰稳定砂砾底基层施工工艺 ……………………………… (1)

  1.1　总则 ……………………………………………………………… (1)

  1.2　术语 ……………………………………………………………… (1)

  1.3　施工准备 ………………………………………………………… (1)

  1.4　工艺设计和控制要求 …………………………………………… (3)

  1.5　施工工艺 ………………………………………………………… (4)

  1.6　质量标准 ………………………………………………………… (9)

  1.7　成品保护 ………………………………………………………… (10)

  1.8　安全环保措施 …………………………………………………… (10)

  1.9　质量记录 ………………………………………………………… (11)

2 石灰稳定土底基层施工工艺 ……………………………………… (12)

  2.1　总则 ……………………………………………………………… (12)

  2.2　术语 ……………………………………………………………… (12)

  2.3　施工准备 ………………………………………………………… (13)

  2.4　工艺设计和控制要求 …………………………………………… (15)

  2.5　施工工艺 ………………………………………………………… (16)

  2.6　质量标准 ………………………………………………………… (18)

  2.7　成品保护 ………………………………………………………… (19)

  2.8　安全环保措施 …………………………………………………… (19)

  2.9　质量记录 ………………………………………………………… (20)

3 水泥稳定碎石基层施工工艺 ……………………………………… (21)

  3.1　总则 ……………………………………………………………… (21)

  3.2　术语 ……………………………………………………………… (21)

  3.3　施工准备 ………………………………………………………… (22)

  3.4　工艺设计和控制要求 …………………………………………… (24)

  3.5　施工工艺 ………………………………………………………… (26)

　　3.6　质量标准(高速公路和一级公路)　…………………　(32)

　　3.7　成品保护　………………………………………………　(35)

　　3.8　安全环保措施　…………………………………………　(35)

　　3.9　质量记录　………………………………………………　(36)

4　石灰粉煤灰稳定砂砾(碎石)基层施工工艺　……………　(37)

　　4.1　总则　……………………………………………………　(37)

　　4.2　术语　……………………………………………………　(37)

　　4.3　施工准备　………………………………………………　(37)

　　4.4　工艺设计和控制要求　…………………………………　(39)

　　4.5　施工工艺　………………………………………………　(41)

　　4.6　质量标准　………………………………………………　(45)

　　4.7　成品保护　………………………………………………　(46)

　　4.8　安全环保措施　…………………………………………　(46)

　　4.9　质量记录　………………………………………………　(47)

5　级配碎石基层施工工艺　…………………………………　(48)

　　5.1　总则　……………………………………………………　(48)

　　5.2　术语　……………………………………………………　(48)

　　5.3　施工准备　………………………………………………　(49)

　　5.4　工艺设计和控制要求　…………………………………　(53)

　　5.5　施工工艺　………………………………………………　(54)

　　5.6　质量标准(高速公路和一级公路)　…………………　(59)

　　5.7　成品保护　………………………………………………　(61)

　　5.8　安全环保措施　…………………………………………　(62)

　　5.9　质量记录　………………………………………………　(62)

6　ATB 沥青混凝土路面施工工艺　…………………………　(63)

　　6.1　总则　……………………………………………………　(63)

　　6.2　术语　……………………………………………………　(63)

　　6.3　施工准备　………………………………………………　(63)

　　6.4　工艺设计和控制要求　…………………………………　(68)

　　6.5　施工工艺　………………………………………………　(69)

　　6.6　质量标准　………………………………………………　(75)

　　6.7　成品保护　………………………………………………　(78)

　　6.8　安全环保措施　…………………………………………　(78)

　　6.9　质量记录　………………………………………………　(79)

7 热拌沥青混凝土路面施工工艺 ………………………………………… (80)

   7.1 总则 ……………………………………………………………… (80)

   7.2 术语 ……………………………………………………………… (80)

   7.3 施工准备 ………………………………………………………… (81)

   7.4 工艺设计和控制要求 …………………………………………… (85)

   7.5 施工工艺 ………………………………………………………… (87)

   7.6 质量标准 ………………………………………………………… (94)

   7.7 成品保护 ………………………………………………………… (97)

   7.8 安全环保措施 …………………………………………………… (98)

   7.9 质量记录 ………………………………………………………… (98)

8 SMA 沥青混凝土路面施工工艺 ……………………………………… (99)

   8.1 总则 ……………………………………………………………… (99)

   8.2 术语 ……………………………………………………………… (99)

   8.3 施工准备 ………………………………………………………… (99)

   8.4 工艺设计和控制要求 …………………………………………… (103)

   8.5 施工工艺 ………………………………………………………… (105)

   8.6 质量标准 ………………………………………………………… (110)

   8.7 成品保护 ………………………………………………………… (110)

   8.8 安全环保措施 …………………………………………………… (110)

   8.9 质量记录 ………………………………………………………… (111)

9 透层施工工艺 ………………………………………………………… (112)

   9.1 总则 ……………………………………………………………… (112)

   9.2 术语 ……………………………………………………………… (112)

   9.3 施工准备 ………………………………………………………… (113)

   9.4 工艺设计和控制要求 …………………………………………… (116)

   9.5 施工工艺 ………………………………………………………… (119)

   9.6 质量标准 ………………………………………………………… (120)

   9.7 成品保护 ………………………………………………………… (121)

   9.8 安全环保措施 …………………………………………………… (121)

   9.9 质量记录 ………………………………………………………… (122)

10 粘层施工工艺 ……………………………………………………… (123)

   10.1 总则 …………………………………………………………… (123)

   10.2 术语 …………………………………………………………… (123)

   10.3 施工准备 ……………………………………………………… (124)

   10.4 工艺设计和控制要求 ………………………………………… (126)

10.5 工艺要求 …………………………………………………… (130)

10.6 质量标准 …………………………………………………… (131)

10.7 成品保护 …………………………………………………… (132)

10.8 安全环保措施 ……………………………………………… (132)

10.9 质量记录 …………………………………………………… (133)

11 稀浆封层施工工艺 …………………………………………… (134)

11.1 总则 ………………………………………………………… (134)

11.2 术语 ………………………………………………………… (134)

11.3 施工准备 …………………………………………………… (135)

11.4 工艺设计和控制要求 ……………………………………… (138)

11.5 施工工艺 …………………………………………………… (143)

11.6 质量标准 …………………………………………………… (145)

11.7 成品保护 …………………………………………………… (146)

11.8 安全环保措施 ……………………………………………… (146)

11.9 质量记录 …………………………………………………… (147)

12 同步碎石封层施工工艺 ……………………………………… (148)

12.1 总则 ………………………………………………………… (148)

12.2 术语 ………………………………………………………… (148)

12.3 施工准备 …………………………………………………… (149)

12.4 工艺设计和控制要求 ……………………………………… (151)

12.5 施工工艺 …………………………………………………… (154)

12.6 质量标准 …………………………………………………… (156)

12.7 成品保护 …………………………………………………… (157)

12.8 安全环保措施 ……………………………………………… (157)

12.9 质量记录 …………………………………………………… (158)

13 沥青表面处治面层施工工艺 ………………………………… (159)

13.1 总则 ………………………………………………………… (159)

13.2 术语 ………………………………………………………… (159)

13.3 施工准备 …………………………………………………… (160)

13.4 工艺设计和控制要求 ……………………………………… (162)

13.5 施工工艺 …………………………………………………… (166)

13.6 质量标准 …………………………………………………… (167)

13.7 成品保护 …………………………………………………… (169)

13.8 安全环保措施 ……………………………………………… (169)

13.9 质量记录 …………………………………………………… (170)

14 沥青贯入式面层施工工艺 ……………………………………… (171)

14.1 总则 ………………………………………………………… (171)

14.2 术语 ………………………………………………………… (171)

14.3 施工准备 …………………………………………………… (172)

14.4 工艺设计和控制要求 ……………………………………… (174)

14.5 施工工艺 …………………………………………………… (178)

14.6 质量标准 …………………………………………………… (179)

14.7 成品保护 …………………………………………………… (181)

14.8 安全环保措施 ……………………………………………… (181)

14.9 质量记录 …………………………………………………… (182)

15 水泥混凝土路面滑模摊铺施工工艺 …………………………… (183)

15.1 总则 ………………………………………………………… (183)

15.2 术语 ………………………………………………………… (183)

15.3 施工准备 …………………………………………………… (184)

15.4 工艺设计和控制要求 ……………………………………… (186)

15.5 施工工艺 …………………………………………………… (188)

15.6 质量标准 …………………………………………………… (194)

15.7 成品保护 …………………………………………………… (195)

15.8 安全环保措施 ……………………………………………… (195)

15.9 质量记录 …………………………………………………… (196)

16 连续配筋水泥混凝土路面滑模摊铺施工工艺 ………………… (198)

16.1 总则 ………………………………………………………… (198)

16.2 术语 ………………………………………………………… (198)

16.3 施工准备 …………………………………………………… (199)

16.4 工艺设计和控制要求 ……………………………………… (201)

16.5 施工工艺 …………………………………………………… (203)

16.6 质量标准 …………………………………………………… (208)

16.7 成品保护 …………………………………………………… (208)

16.8 安全环保措施 ……………………………………………… (208)

16.9 质量记录 …………………………………………………… (209)

17 三辊轴机组铺筑水泥混凝土路面施工工艺 …………………… (211)

17.1 总则 ………………………………………………………… (211)

17.2 术语 ………………………………………………………… (211)

17.3 施工准备 …………………………………………………… (212)

17.4 工艺设计和控制要求 ……………………………………… (214)

17.5 施工工艺 ……………………………………………… （215）

17.6 质量标准 ……………………………………………… （220）

17.7 成品保护 ……………………………………………… （220）

17.8 安全环保措施 ………………………………………… （220）

17.9 质量记录 ……………………………………………… （221）

18 碾压混凝土路面施工工艺 …………………………… （223）

18.1 总则 …………………………………………………… （223）

18.2 术语 …………………………………………………… （223）

18.3 施工准备 ……………………………………………… （224）

18.4 工艺设计和控制要求 ………………………………… （226）

18.5 施工工艺 ……………………………………………… （227）

18.6 质量标准 ……………………………………………… （231）

18.7 成品保护 ……………………………………………… （231）

18.8 安全环保措施 ………………………………………… （232）

18.9 质量记录 ……………………………………………… （233）

19 超薄磨耗层施工工艺 ………………………………… （234）

19.1 总则 …………………………………………………… （234）

19.2 术语 …………………………………………………… （234）

19.3 施工准备 ……………………………………………… （235）

19.4 工艺设计和控制要求 ………………………………… （237）

19.5 施工工艺 ……………………………………………… （241）

19.6 质量标准 ……………………………………………… （244）

19.7 成品保护 ……………………………………………… （246）

19.8 安全环保措施 ………………………………………… （246）

19.9 质量记录 ……………………………………………… （247）

20 就地热再生沥青路面施工工艺 ……………………… （248）

20.1 总则 …………………………………………………… （248）

20.2 术语 …………………………………………………… （248）

20.3 施工准备 ……………………………………………… （249）

20.4 工艺设计和控制要求 ………………………………… （250）

20.5 施工工艺 ……………………………………………… （252）

20.6 质量标准 ……………………………………………… （257）

20.7 成品保护 ……………………………………………… （259）

20.8 安全环保措施 ………………………………………… （259）

20.9 质量记录 ……………………………………………… （260）

21 沥青路面铣刨摊铺施工工艺 ………………………………………… (261)

21.1 总则 ………………………………………………………… (261)

21.2 术语 ………………………………………………………… (261)

21.3 施工准备 …………………………………………………… (261)

21.4 工艺设计和控制要求 ……………………………………… (265)

21.5 施工工艺 …………………………………………………… (267)

21.6 质量标准 …………………………………………………… (272)

21.7 成品保护 …………………………………………………… (274)

21.8 安全环保措施 ……………………………………………… (274)

21.9 质量记录 …………………………………………………… (275)

22 标志标牌制作安装施工工艺 ………………………………………… (276)

22.1 总则 ………………………………………………………… (276)

22.2 术语 ………………………………………………………… (276)

22.3 施工准备 …………………………………………………… (276)

22.4 工艺设计和控制要求 ……………………………………… (278)

22.5 施工工艺 …………………………………………………… (282)

22.6 质量标准 …………………………………………………… (285)

22.7 成品保护 …………………………………………………… (287)

22.8 安全环保措施 ……………………………………………… (287)

22.9 质量记录 …………………………………………………… (288)

23 标线施工工艺 ………………………………………………………… (289)

23.1 总则 ………………………………………………………… (289)

23.2 术语 ………………………………………………………… (289)

23.3 施工准备 …………………………………………………… (289)

23.4 工艺设计和控制要求 ……………………………………… (290)

23.5 施工工艺 …………………………………………………… (296)

23.6 质量标准 …………………………………………………… (298)

23.7 成品保护 …………………………………………………… (299)

23.8 安全环保措施 ……………………………………………… (299)

23.9 质量记录 …………………………………………………… (299)

24 波形护栏施工工艺 …………………………………………………… (300)

24.1 总则 ………………………………………………………… (300)

24.2 术语 ………………………………………………………… (300)

24.3 施工准备 …………………………………………………… (301)

24.4 工艺设计和控制要求 ……………………………………… (303)

24.5 施工工艺 …………………………………………………………… (306)

24.6 质量标准 …………………………………………………………… (308)

24.7 成品保护 …………………………………………………………… (309)

24.8 安全环保措施 ……………………………………………………… (309)

24.9 质量记录 …………………………………………………………… (310)

25 隔离栅施工工艺 ………………………………………………………… (311)

25.1 总则 ………………………………………………………………… (311)

25.2 术语 ………………………………………………………………… (311)

25.3 施工准备 …………………………………………………………… (311)

25.4 工艺设计和控制要求 ……………………………………………… (312)

25.5 施工工艺 …………………………………………………………… (314)

25.6 质量标准 …………………………………………………………… (315)

25.7 成品保护 …………………………………………………………… (316)

25.8 安全环保措施 ……………………………………………………… (316)

25.9 质量记录 …………………………………………………………… (317)

26 砼护栏工程施工工艺 …………………………………………………… (318)

26.1 总则 ………………………………………………………………… (318)

26.2 术语 ………………………………………………………………… (318)

26.3 施工准备 …………………………………………………………… (318)

26.4 工艺设计和控制要求 ……………………………………………… (320)

26.5 施工工艺 …………………………………………………………… (322)

26.6 质量标准 …………………………………………………………… (324)

26.7 成品保护 …………………………………………………………… (326)

26.8 安全环保措施 ……………………………………………………… (326)

26.9 质量记录 …………………………………………………………… (328)

27 防眩板施工工艺 ………………………………………………………… (329)

27.1 总则 ………………………………………………………………… (329)

27.2 术语 ………………………………………………………………… (329)

27.3 施工准备 …………………………………………………………… (329)

27.4 工艺设计和控制要求 ……………………………………………… (330)

27.5 施工工艺 …………………………………………………………… (331)

27.6 质量标准 …………………………………………………………… (331)

27.7 成品保护 …………………………………………………………… (332)

27.8 安全环保措施 ……………………………………………………… (332)

27.9 质量记录 …………………………………………………………… (333)

1 水泥粉煤灰稳定砂砾底基层施工工艺

1.1 总则

1.1.1 适用范围

水泥粉煤灰稳定砂砾底基层是在沥青路面基层下，用水泥粉煤灰稳定砂砾铺筑的次要承重层，或在水泥混凝土路面基层下铺筑的辅助层。本标准适用于各级公路的底基层。

1.1.2 参考标准和规范

(1)中华人民共和国行业标准《公路路面基层施工技术细则》(JTG/T F20—2015)。

(2)中华人民共和国行业标准《公路工程质量检验评定标准》(土建工程)(JTG F80/1—2017)。

(3)中华人民共和国行业标准《公路工程无机结合料稳定材料试验规程》(JTG E51—2009)。

(4)中华人民共和国国家标准《环境空气质量标准》(GB 3095—2012)。

(5)中华人民共和国行业标准《公路土工试验规程》(JTG E40—2007)

(6)中华人民共和国行业标准《公路工程施工安全技术规范》(JTG F90—2015)。

1.2 术语

用水泥、粉煤灰经过试验，按一定比例掺入砂砾和水，经强制拌和后得到混合料，在摊铺、压实和养生后，使无侧限抗压强度符合规定的要求，位于路面基层下，这种结构称为水泥粉煤灰稳定砂砾底基层。

1.3 施工准备

1.3.1 技术准备

(1)熟悉施工现场情况，根据流水作业法，编制水泥粉煤灰稳定砂砾底基层单项施工组织设计,合理划分施工作业段,向班组进行书面的技术交底和安全交底。

(2)水泥粉煤灰稳定砂砾配合比设计及试验:按设计强度要求,充分借鉴成功的经验进行配合比设计,分别做最大干密度及无侧限抗压强度试验,满足水泥粉煤灰稳定砂砾底基层要求。

(3)根据施工技术规范要求进行试验段施工,确定人员、机械组合以及压实遍数和松铺系数等,选择合适的混合料拌和法,推荐使用中心站集中厂拌法施工。

1.3.2　材料准备

水泥、砂砾、粉煤灰等由持证材料员和试验员按规定进行检验,确保原材料质量符合相应标准。

1.3.3　主要机具

(1)摊铺设备:摊铺机1台、平地机1台。

(2)碾压设备:22 t振动压路机2台、胶轮压路机1台。

(3)运输设备:15 t自卸汽车10台。

(4)拌和设备:固定式连续拌和机、水泥罐、集料配料机等。

(5)养生设备:洒水车、土工布等。

(6)测量仪器:全站仪、水准仪。

(7)检测设备:钻芯机、弯沉仪、3 m靠尺。试验设备全套。

1.3.4　作业条件

(1)摊铺前完成下承层处理。恢复中线、测定摊铺机挂线所需要的宽度及高程桩,用双基准线控制。

(2)施工作业人员要求。

底基层施工工人应由工长或现场技术人员进行技术培训、安全交底,做到熟练掌握混合料的拌和、运输、摊铺、碾压、养生等技术。要有应对安全紧急救援措施,操作人员要保持稳定。

(3)拌和站、材料堆放场地要求。

拌和站、材料堆放场地要进行合理隔离、必要的硬化,并有良好的排水、防雨和防风设施。

(4)机械要求。

各种施工机械需保持完好待用状态。

1.3.5　劳动力组织

1个施工点的劳动力组织如表1-1所示。

表 1-1 水泥粉煤灰稳定砂砾底基层施工劳动力组织

工种	人数	工作地点	职责范围
路面工程师	1	整个施工现场	负责跟班组织施工管理工作、协助总指挥工作等
工长	1	施工现场	负责跟班组织施工、协调各工种交叉作业等
技术员	1	整个施工现场	负责跟班解决施工中的技术问题，提出技术措施和编写具体方案等
专职安全员	1	整个施工现场	负责跟班检查安全措施、安全措施的执行情况及安全教育工作，对安全生产负责
质量检查员	1	整个施工现场	负责跟班检查工程质量，组织各工种交接及质量保证措施的执行，对工程质量负责
测量工	2	施工现场	负责底基层施工放样
摊铺机机手	2	施工现场	摊铺机械驾驶日常保养
压路机机手	3	施工现场	压路机机械驾驶日常保养
平地机机手	1	施工现场	平地机机械驾驶日常保养
自卸卡车司机	10	拌和场至基层施工现场	负责底基层混合料运输
洒水车驾驶员	1	施工现场	水车驾驶及日常保养
电工	1	拌和场、整个施工现场	负责现场动力、照明、通信等电器系统的运行和维修
材料员	1	材料仓库	负责施工材料供应及管理
杂工	16	整个施工现场	负责装模、指挥卸料、对个别摊铺不均和孔隙大的地方进行处理及现场清理等
总计	42		

注：此表为一个作业班施工配备人员，未计后勤、行政等人员。

1.4 工艺设计和控制要求

1.4.1 技术要求

（1）水泥粉煤灰稳定砂砾混合料配合比设计：根据工程设计书提供的参考配合比并参考以往的经验，确定进行试验的配合比系列，并对这些配合比进行击实试验和 7d 无侧限抗压强度试验，通过横向对比确定合理的施工配合比。

（2）拌和设备的配料仓要进行标定，确定配料仓皮带转速与重量的关系曲线。

（3）拌和设备的预拌调试：通过预拌，并对拌出的混合料进行水泥剂量、强度、筛分击实、含水量等指标的测试，以完成对拌和站控制参数的调试。

（4）按施工要求在土基上恢复中线，加密坐标点、水准点控制网。直线段每 10 m 设一桩、平曲线段每 5 m 设一桩，并在两侧路肩边缘外设指示桩，确定平面位置和高程。

（5）正式施工作业以前，要选择具有代表性的路段，进行 200 m 左右的试验段铺设。以确定松铺系数和施工设备的组合、数量及摊铺压实工艺等。

1.4.2 材料质量要求

1.4.2.1 水泥

(1)品种:普通硅酸盐水泥和矿渣硅酸盐水泥和火山灰质硅酸盐水泥都可以用于水泥粉煤灰稳定砂砾底基层,快硬水泥、早强水泥以及其他特种水泥不应使用。水泥应有出厂合格证和质量证明文件,进场后应取样复试合格后使用。

(2)水泥初、终凝时间:宜选用初、终凝时间较长的水泥,以适应工艺要求,一般要求初凝时间大于 3~4 h 和终凝时间大于 6~8 h 的水泥。

(3)强度等级:宜采用品质稳定的强度等级为 32.5 级的水泥。

1.4.2.2 粉煤灰

粉煤灰中的 SiO_2、Al_2O_3 和 Fe_2O_3 总量宜大于 70%;在温度为 700℃时的烧失量宜小于或等于 10%,细度应满足 90% 通过 0.3 mm 筛孔,70% 通过 0.075 mm 筛孔,比表面积宜大于 2500 cm^2/g。

1.4.2.3 砂砾

砂砾应采用符合级配要求的天然砂砾,若级配不合要求时,应经震动筛筛分处理至合格。

1.4.2.4 水

应符合国家现行标准《混凝土用水标准》(JGJ 63—2006)的规定,宜使用饮用水及不含油类等杂质的清洁中性水,pH 宜为 6~8。

1.4.3 职业健康安全要求

(1)在作业地点悬挂警告牌,严禁违章操作,严格按照施工规范和安全操作规程施工。

(2)施工机具、车辆及人员应与电气线路保持安全距离。

(3)各种机械设备施工时要有专门人员指挥。

(4)人工刮除粘在压路机轮上的混合料时,必须跟在压路机后面作业,严禁在压路机前面倒退作业。

(5)在开放交通的道路上施工时,施工人员要穿醒目的带反光标志的服装。

1.4.4 环境要求

(1)采取覆盖措施,防止粉煤灰等细颗粒散体材料遗撒、飞扬,减少扬尘。

(2)必须对现场存放油料的库房进行防漏处理,防止油料跑、冒、滴、漏,污染水源。

(3)施工噪声采取降噪措施,并进行严格控制,最大限度地减少噪声扰民。

(4)对施工临时道路和开放交通的基层应定期维修和洒水,减少扬尘。

(5)运送混合料应采取覆盖措施,防止遗撒、扬尘。

1.5 施工工艺

1.5.1 工艺流程

施工工艺流程如图 1-1 所示。

```
┌──────────┐      ┌──────────┐      ┌──────────────┐
│  施工放样  │─────→│  准备下承层 │←─────│  支模或培路肩  │
└──────────┘      └──────────┘      └──────────────┘
                         │
                         ↓
                  ┌──────────────┐      ┌──────────┐
                  │  集中厂拌混合料 │←─────│  出料、运输 │
                  └──────────────┘      └──────────┘
                         │
                         ↓
                  ┌──────────┐
                  │  混合料摊铺 │
                  └──────────┘
                         │
                         ↓
                  ┌──────────┐
                  │  初压整形  │
                  └──────────┘
                         │
                         ↓
                  ┌──────────┐
                  │   碾压    │
                  └──────────┘
                         │
                         ↓
                  ┌──────────────┐
                  │  接缝和调头的处理 │
                  └──────────────┘
                         │
                         ↓
                  ┌──────────┐
                  │   养生    │
                  └──────────┘
```

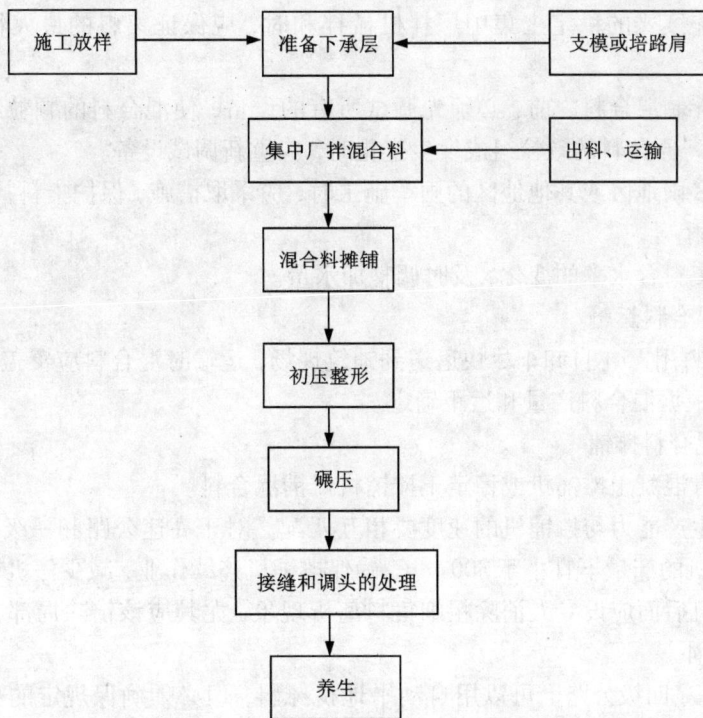

图 1-1　水泥粉煤灰稳定砂砾底基层施工工艺流程图

1.5.2　操作工艺

1.5.2.1　准备下承层

当水泥粉煤灰稳定砂砾用做底基层时，要准备土基，不论是路堤还是路堑，必须用 12 ~ 15 t 三轮压路机或等效的碾压机械进行 3 ~ 4 遍碾压检验，不得有轮迹和弹软。同时逐个断面检查下承层高程，使之符合规定。

1.5.2.2　施工放样

在土基上恢复中线，直线段每 10 m 设一桩，平曲线段每 5 m 设一桩，并在两侧路肩边缘外设指示桩，在两侧指示桩上用明显标记标出水泥粉煤灰稳定砂砾底基层边缘的设计高。

1.5.2.3　支模或培路肩

对已放样好的路段，沿摊铺边缘，根据摊铺厚度和松铺系数，设置合适的槽钢或方木，并用钢钎固定。

1.5.2.4　中心站集中厂拌法施工

(1)采用稳定土集中厂拌机械拌制混合料。应符合下列要求：

①粉煤灰结块应粉碎，最大尺寸不得大于 15 mm；

②配料应准确，拌和应均匀；

③含水率宜根据气温情况略大于最佳值，使混合料运到现场摊铺后碾压时含水率不小于最佳值。

④砂砾、粉煤灰应分别堆放。

（2）当采用连续式的稳定土集中厂拌机械拌和时，应保证集料的最大粒径和级配符合要求。

（3）在正式拌制混合料之前，必须先调试所有的设备，使混合料的颗粒组成和含水量都达到规定的要求。原集料的颗粒组成发生变化时，应重新调试设备。

（4）在潮湿多雨地区或其他地区的雨季施工时，应采取措施，保护集料，砂、粉煤灰均应有覆盖，防止淋雨。

（5）应根据集料含水率的变化，及时调整加水量。

1.5.2.5　混合料运输

拌出的混合料用 15 t 自卸车尽快送到铺筑现场，运输时混合料应覆盖，以减少水分损失；运输车辆数根据混合料产量和运距确定。

1.5.2.6　混合料摊铺

（1）采用沥青混凝土摊铺机或稳定土摊铺机摊铺混合料。

（2）拌和机生产能力与摊铺机的速度要相互匹配。对于高速公路和一级公路，摊铺机宜连续摊铺，拌和机的产量不宜小于 300 t/h，确保摊铺机连续作业，减少停机待料情况出现。

（3）在摊铺机后面应设专人消除粗细集料离析现象，尤其应该铲除局部粗集料"窝"，并用新拌混合料填补。

（4）在二、三、四级公路上可以用自动平地机摊料，但必须确保规定的平整度要求。其步骤如下：

①根据铺筑层的厚度和要求达到的压实度，计算每车混合料的摊铺面积；

②将混合料均匀地卸在路幅中央，路幅宽时，可将混合料卸成两行；

③用平地机将混合料按松铺厚度摊铺均匀；

④设一个 3~5 人的小组，携带一辆装有新拌混合料的小车，跟在平地机后面，及时铲除粗集料"窝"和粗集料"带"，补以新拌的均匀混合料，或补充拌匀的细混合料，并与粗集料拌和均匀。

（5）采用平地机摊铺混合料时，按以下步骤进行整形：

①混合料倒出后，应立即用平地机初步整形，由低向高进行刮平。必要时，再返回刮一遍。

②用平地机或轮胎压路机立即在初平的路段上快速碾压一遍，以暴露潜在的不平整。

③再用平地机进行整形。整形前应用齿耙将轮迹低洼处表层 50 mm 以上耙松，再碾压一遍。

④对于局部低洼处，应用齿耙将其表层 50 mm 以上耙松，并用新拌的混合料进行找平。

⑤再用平地机整形一次。应将高处料直接刮除路外，不应形成薄层贴补现象。

⑥每次整形都应达到规定的坡度和路拱，并应特别注意接缝必须顺适平整。

⑦当用人工整形时，应用锹和耙先将混合料摊平，用路拱板进行初步整形。用轮胎压路机初压 1~2 遍后，根据实测的松铺系数，确定纵横断面的高程，并设置标记和挂线。利用锹耙按线整形，再用路拱板校正成形。

⑧在整形过程中，严禁任何车辆通行，并保证无明显的粗细集料离析现象。

1.5.2.7　碾压

（1）压实后的水泥粉煤灰稳定砂砾底基层应符合压实度、厚度及平整度的要求。

（2）水泥粉煤灰稳定砂砾底基层摊铺后，首先使用胶轮压路机紧跟摊铺面及时进行搓揉挤密碾压，然后再用18～20 t的重型振动压路机由弱振到强振碾压至规定的压实度，且无显著轮迹。初检压实度，不合格时，重复再压。碾压次数通常为6～8遍，相邻碾压带应重叠1/3～1/2的碾压轮宽度。重型压路机配备数量至少为2台。

碾压过程中，混合料表面应始终保持湿润，如水分蒸发过快，应及时喷洒少量水。水泥稳定碎石层采用重型振动压路机配合重型胶轮压路机进行碾压。应在水泥稳定碎石材料处于最佳含水量时进行碾压，并达到重型击实法确定的压实度要求。对于基层，压实度应大于98%。水泥稳定碎石混合料从加水拌和到碾压终了的延迟时间不得超过2 h并应小于水泥初凝时间，气温较高时宜在1 h以内完成碾压，并达到要求的密实度。碾压过程中，如有"弹簧"、松散、起皮等现象，应及时处理。另外，在碾压过程中应进行标高、平整度的及时跟踪检测，如发现严重超标，应及时修整。碾压长度一般以不超过80 m为宜。

如果水泥稳定碎石层的上部分密实，下部分松散，说明压实不到位。水泥稳定碎石层的碾压应先静压1遍，然后进行平整度修正，合格后再静压1遍，后由弱振到强振共静压4遍。试验员检测压实度合格后，最后静压收光。每摊铺完20～30 m后压路机开始碾压，碾压时轮迹重叠为30～50 cm，压路机手在停车之前必须先停振，每个碾压段落的终点呈斜线错开状。检查平整度时压路机宜停在已压好的地段。

（3）压路机应以慢而均匀的速度碾压，其碾压速度应符合表1-2的规定。

表1-2　压路机碾压速度（单位：km/h）

压路机类型	初压		复压		终压	
	适宜	最大	适宜	最大	适宜	最大
钢筒式压路机	1.5～2	3	2.5～3.5	5	2.5～3.5	5
胶轮压路机	—	—	3.5～4.5	8	4～6	8
振动压路机	1.5～2 （静压）	5 （静压）	3～4 （振动）	4～5 （振动）	2～3 （静压）	5 （静压）

（4）压路机应从外侧向中心碾压，最后碾压路中心部分，压完全幅为一遍。当边缘有挡板、路缘石、路肩等支挡时，应紧靠支挡碾压。当边缘无支挡时，可用耙子将边缘的混合料稍稍耙高，然后将压路机的外侧轮伸出边缘10 cm以上碾压。也可在边缘先空出宽30～40 cm，待压完第一遍后，将压路机大部分重量位于已压实过的混合料面上再压边缘，以减少向外推移情况出现。

（5）振动压路机的振动频率和振幅应经试验段试验确定，并根据混合料种类和层位选用。振动压路机倒车时应先停止振动，并在向另一方向运动后再开始振动，以避免混合料形成鼓包。

（6）碾压时应将驱动轮面向摊铺机。碾压路线及碾压方向不应突然改变，以免导致混合料产生推移。压路机启动、停止必须减速缓慢进行。严禁压路机在已完成的或正在碾压的路段上"调头"和急刹车,以保证水泥稳定碎石层表面不受破坏。

(7)钢筒式压路机碾压时不应洒水。仅当碾压面干涩且出现较多微小裂纹时,方可少量洒水碾压。

(8)施工中,从加水拌和到碾压终了的延迟时间不得超过水泥终凝时间,按试验路段确定的延迟时间严格施工。

1.5.2.8 接缝的处理

(1)用摊铺机摊铺混合料时,不宜中断,如因故中断时间超过2 h,应设置横向接缝,摊铺机应驶离混合料末端。

(2)人工将末端含水率合适的混合料摊铺整齐,紧靠混合料放两根方木,方木的高度应与混合料的压实厚度相同,整平紧靠方木的混合料。

(3)方木的另一侧用砂砾或碎石回填约3 m长,其高度应高出方木几厘米。

(4)将混合料碾压密实。

(5)在重新开始摊铺混合料之前,将砂砾或碎石和方木除去,并将下承层顶面清扫干净。

(6)摊铺机返回到已压实层的末端,重新开始摊铺混合料。

(7)如摊铺中断后,未按上述方法处理横向接缝,而中断时间已超过2 h,则应将摊铺机附近及其下面未经压实的混合料铲除,并将已碾压密实且高程和平整度符合要求的末端切成与路中心线垂直的切面,然后再摊铺新的混合料。

(8)应避免纵向接缝。高速公路或一级公路的底基层采用两幅摊铺时,宜采用两台摊铺机一前一后相隔为5~10 m同步向前摊铺混合料,搭接宽度100 mm左右,并一起进行碾压。在不能避免纵向接缝的情况下,纵缝必须垂直相接,严禁斜接,并应符合以下规定:

①在前一幅摊铺时,在靠中央的一侧用方木或钢模板作支撑,方木或钢模板的高度应与稳定土层的压实厚度相同。

②养生结束后,在摊铺另一幅之前,拆除支撑木(或板)。

(9)用平地机摊铺混合料时,横向接缝的处理方法:

①将未经压实的混合料铲除,并将已碾压密实且高程平整度符合要求的末端挖成与路中心线垂直向下的切面,并放两根与压实厚度等厚、长为全宽一半的方木紧贴其垂直面。

②在方木后面人工摊铺混合料3~5 m,混合料高于方木。完成后再用平地机进行整平。

③碾压前,将方木取出,并用新混合料填补方木处空隙,新混合料就高出碾压完成断面30~50 mm,以形成一个平顺的接缝。

(10)用平地机摊铺混合料时,纵向接缝的处理方法:

①在前一幅摊铺时,在靠中央的一侧用方木或钢模板作支撑,方木或钢模板的高度应与稳定土层的压实厚度相同。

②混合料拌和结束后,靠近支撑木(或板)的一部分应人工进行补充拌和,然后整形和碾压。

③养生结束后,在摊铺另一幅之前,拆除支撑木(或板)。

④第二幅混合料拌和结束后,靠近第一幅的部分应人工进行补充拌和,然后整形和碾压。

1.5.2.9 养生与交通管制

(1)水泥粉煤灰稳定砂砾底基层分层施工时,下层水泥粉煤灰稳定砂砾碾压完后,在采用重型振动压路机碾压时，宜养生 7 d 后铺筑上层水泥粉煤灰稳定砂砾。在铺筑上层稳定砂砾之前，应始终保持下层表面湿润。在铺筑上层稳定砂砾时，宜在下层表面撒少量水泥或水泥浆。

(2)每一段碾压完成并经压实度检查合格后，应立即开始养生。

(3)宜采用湿砂进行养生。砂层厚度为 70～100 mm。砂铺匀后，应立即洒水，并在整个养生期间保持砂的潮湿状态或用薄膜覆盖，再覆盖土工布，土工布上洒水。不得用湿黏性土覆盖。养生结束后，必须将覆盖物清除干净。

(4)无上述条件时，也可用洒水车经常洒水进行养生，每天洒水次数应视气候而定。整个养生期间应始终保持稳定砂砾层表面潮湿。

(5)在养生期间未采用覆盖措施的水泥粉煤灰稳定砂砾层上，除洒水车外，应封闭交通。在采用覆盖措施的水泥粉煤灰稳定砂砾层上，不能封闭交通时，应限制重车通行，其他车辆的车速应控制在 30 km/h 以内。

1.5.2.10 成品检测、验收

(1)水泥剂量检测。在施工过程中要严格控制水泥剂量。在拌和过程中观察混合料拌和后的颜色，抽检水泥剂量。

(2)混合料的含水率必须严格控制。

(3)混合料的掺配比例按照规范要求抽检。

(4)每天应在摊铺机前随机取样，进行无侧限抗压强度试件的制备，强度不低于设计值。

(5)碾压后压实度按照规定频率检测，如不满足要求，分析原因并及时调整碾压方案。

(6)底基层碾压完成后，检测轴线、顶面高程、宽度、平整度、横坡，在养生完成后，进行强度及厚度检测。

1.5.2.11 季节性施工

(1)雨季应对现场做好排水工作，确保道路通畅。现场要有防雨设施，防止雨水冲毁底基层以及混合料。

(2)雨季或夜间施工时，应对现场供电线路、设备进行全面检查，预防触电事故的发生。

(3)冬季气温低于 5℃时不宜进行底基层施工。在重冰冻期(-3℃～-5℃)前 14 d 应停止水稳基层施工，否则应有妥善的保护措施。

(4)高温季节施工时，应适当提高含水率，并且加速碾压过程，及时养生。

1.6 质量标准

(1)粒料应符合设计和施工规范要求，并应根据当地料源选择质坚干净的粒料，粉煤灰应分解稳定。

(2)水泥重量和粒料级配应按设计要求控制准确。

(3)摊铺时应注意消除离析现象。

(4)混合料应处于最佳含水率状况下，用重型压路机碾压至要求的压实度。从加水拌和至碾压终了的时间一般不应超过 3～4 h，并应短于水泥的终凝时间。

(5)碾压检查合格后应立即覆盖或洒水养生，养生期应符合规范要求。

(6)水泥粉煤灰稳定砂砾底基层质量标准必须符合表 1-3 所列要求。

表 1-3 水泥粉煤灰稳定砂砾底基层实测项目

项次	检查项目		规定值或允许偏差		检查方法和频率
			底基层		
			高速公路、一级公路	其他公路	
1	压实度 /%	代表值	96	95	按评定标准 JTG F80/1—2004 附录 B 检查,每 200 m 每车道 2 处
		极值	92	91	
2	平整度/mm		12	15	3 m 直尺:每 200 m 测 2 处×10 尺
3	纵断高程/mm		+5,-15	+5,-20	水准仪:每 200 m 测 4 个断面
4	宽度/mm		符合设计要求		尺量:每 200 m 测 4 处
5	厚度 /mm	代表值	-10	-12	按 JTG F80/1—2004 附录 H 检查,每 200 m 每车道 1 点
		合格值	-25	-30	
6	横坡/%		±0.3	±0.5	水准仪:每 200 m 测 4 个断面
7	强度/MPa		符合设计要求		按 JTG F80/1—2004 附录 G 检查

1.7 成品保护

(1)施工过程中妥善保护好施工现场的中桩及指示桩。

(2)养生期间,设专人进行交通管制,悬挂醒目的交通限行标志。

(3)采用模板施工的,及时进行培路肩和中央分隔带回填,保护底基层边部免受破坏。

(4)在高温或低温季节,及时进行基层施工。

1.8 安全环保措施

1.8.1 安全措施

(1)混合料拌和站宜封闭,禁止闲杂人等进入。

(2)拌和机以及配料机、传输带周围有防护设施。储料斗下严禁站人,自卸车进入储料斗时必须有专人指挥。

(3)施工现场的电工必须持证上岗,拌和站要有用电设计方案。

(4)施工便道畅通,雨天无泥泞,无陡坡地段。

(5)各种机械操作手持证上岗,熟悉操作规程。保证机械设备性能良好。

(6)压路机碾压时,注意慢速,小心路面上的工人以及摊铺机。

(7)自卸汽车卸料时有专人指挥,现场交通有专人指挥。

1.8.2 环保措施

(1)现场施工废渣指定专人负责,及时清理,不允许弃在路基两侧。

（2）拌和站制订洒水防尘措施，废水必须在沉淀池排放。

（3）粉煤灰存放场应硬化，防止粉煤灰被污染。

（4）粉煤灰运输过程中必须覆盖。

（5）粉煤灰存放时宜覆盖，防止扬尘以及雨水浸湿。

（6）水泥采用散装水泥。

1.9　质量记录

（1）原材料（水泥、砂砾、粉煤灰）进场复验报告。

（2）桩位放样及复核记录。

（3）施工原始记录表（或按监理工程师要求进行）。

（4）进行抽样检查：压实度、厚度、检测样品、试件样品等。工程竣工后的外形和质量检查。

（5）混合料配合比试验报告。

（6）混合料压实度试验报告。

（7）无侧限抗压强度试验报告。

（8）EDTA 水泥剂量报告。

（9）钻孔取芯强度报告。

2 石灰稳定土底基层施工工艺

2.1 总则

2.1.1 适用范围

本标准适用于塑性指数在 15～20 的黏性土。采用石灰稳定作基层施工，土类为 ML、CL、MH，塑性指数在 12 以下的亚砂土或砂土用石灰稳定时，应采取适当的措施或采用水泥稳定。本工艺标准适用于高速公路、一级公路石灰稳定土底基层路拌法施工。低塑限土石灰稳定土底基层施工可参照执行。

2.1.2 参考标准和规范

（1）中华人民共和国行业标准《公路路面基层施工技术细则》（JTG/T F20—2015）。

（2）中华人民共和国行业标准《公路工程无机结合料稳定材料试验规程》（JTJ E51—2009）。

（3）中华人民共和国行业标准《公路工程质量检验评定标准》（土建工程）（JTG F80/1—2017）。

（4）中华人民共和国行业标准《公路土工试验规程》（JTG E40—2007）。

（5）中华人民共和国行业标准《公路工程施工安全技术规范》（JTG F90—2015）。

（6）中华人民共和国国家标准《环境空气质量标准》（GB 3095—2012）。

2.2 术语

用石灰、土经过试验，按一定比例掺入水经强制拌和得到的混合料，在摊铺、压实和养生后，使无侧限抗压强度符合规定要求，直接位于面层下，这种结构称为石灰稳定土基层。

2.3　施工准备

2.3.1　技术准备

（1）设计施工图、设计说明及其他设计文件已经会审。

（2）施工方案审核、批准已完成。

（3）施工人员要熟悉施工图纸和施工现场情况，对路基要按照《公路工程质量检验评定标准》（土建工程）（JTG F80/1—2004）标准及设计要求进行验收。

（4）基层用料检验试验合格。

（5）总工程师要向施工技术人员进行书面的一级技术交底和安全交底。

（6）恢复中线，直线段每20 m设一中桩，平曲线段每10～15 m设一中桩，同时测定摊铺面宽度，并在摊铺面每侧200～500 mm处安放测墩，同时测设高程。摊铺应采用双基准线控制，采用钢丝绳作为基准线时，应注意张紧度，200 m长钢丝绳张紧力不应小于1000 N。

（7）开始施工前对施工人员进行全面的技术、操作、质量、安全二级交底，确保施工过程的工程质量、人身安全。

2.3.2　材料准备

（1）粉碎均匀的土（塑性指数为15～20）。

（2）袋装石灰或生石灰（使用前7～10 d需要消解）。

（3）水。

2.3.3　主要机具（一个作业面）

（1）取土设备：挖土机1台，翻斗车若干辆。

（2）整平设备：220型或140型推土机1台，180型或190型平地机1台。

（3）碾压设备：22 t振动压路机2台。

（4）拌和设备：灰土路拌机1台。

（5）其他设备：洒水车2台，0.3 m³装载机1台，抽水泵2台，小型发电机1台。

（6）检测设备：全站仪、水准仪、全套土工试验设备等。

2.3.4　作业条件

（1）开工前作业现场应完成三通一平，生石灰要集中消解，石灰消解场地选择要满足环保要求，现场便道要保持湿润，施工现场安全设施准备就绪，挂牌示出施工段落。

（2）施工作业人员要求：应由工长或技术人员对操作人员进行培训和技术、安全交底，做到熟练掌握撒布石灰的均匀性，含水率如何控制，拌和、碾压如何控制等技术。操作人员要保持稳定。

（3）试验路段：在正式开工前做好试验段，以确定施工工艺、松铺系数、机械配备、压实遍数等，监理工程师批准。

2.3.5　劳动力组织

2.3.5.1　1个施工点的劳动力组织如表2−1所示

表2−1　劳动力组织表

工种	人数	工作地点	职责范围
路面工程师	1	整个施工现场	负责跟班组织施工管理工作、协助总指挥工作等
工长	1	施工现场	负责跟班组织施工、协调各工种交叉作业等
技术员	1	整个施工现场	负责跟班解决施工中的技术问题、提出技术措施和编写具体方案等
专职安全员	1	整个施工现场	负责跟班检查安全措施、安全措施的执行情况及安全教育工作,对安全生产负责
质量检查员	1	整个施工现场	负责跟班检查工程质量,组织各工种交接及质量保证措施的执行,对工程质量负责
测量工	2	施工现场	负责底基层施工放样
摊铺机机手	2	施工现场	摊铺机驾驶及日常保养
压路机机手	3	施工现场	压路机驾驶及日常保养
平地机机手	1	施工现场	平地机驾驶及日常保养
自卸卡车司机	10	拌和场至基层施工现场	负责底基层混合料运输
洒水车驾驶员	1	施工现场	洒水车驾驶及日常保养
电工	1	拌和场、整个施工现场	负责现场动力、照明、通信等电器系统的运行和维修
材料员	1	材料仓库	负责施工材料供应及管理
杂工	16	整个施工现场	负责装模、指挥卸料、对个别摊铺不均和孔隙大的地方进行处理及现场清理等
总计	42		

注:此表为一个作业班施工配备人员,未计后勤、行政等人员。

2.3.5.2　对各专业工人的技术水平要求

(1)各参与人员应能看懂、掌握与本职工作相关的设计图纸、技术规范、质量标准等技术文件。

(2)熟悉施工技术规范、标准要求。

(3)熟悉现场施工工艺流程、工序衔接、施工方法。

(4)测量、试验等检测人员经培训考核通过后,掌握仪器设备操作规程、试验方法,熟悉相关技术规范、标准及要求。

(5)经过施工技术交底和安全技术交底。

(6)特种设备和普通设备驾驶操作人员必须具备相关证件,持证上岗,并熟悉产品说明书,能进行日常维护。

2.4 工艺设计和控制要求

2.4.1 技术要求

(1)粉碎土块，最大尺寸不应大于 15 mm。生石灰在使用前 7～10 d 需要消解，并用 10 mm 方孔筛筛除未消解灰块。工地上消解石灰的方法有花管射水和坑槽注水消解法两种。为提高强度、减少裂缝，可掺加最大粒径不超过 0.6 倍石灰土厚度的集料。

(2)拌和应均匀，填筑厚度虚厚不宜超过 30 cm，严格控制含水量。

(3)应在混合料处于最佳含水量时碾压，先用轻型压路机碾压，后用重型压路机碾压。

(4)交接及养护：施工间断或分段施工时，交接处预留 30～50 cm 不碾压，便于新旧料衔接。常温季节，灰土层上洒水湿润养生 7 d，养生期内严禁车辆通行。

(5)应严格保证基层厚度和高程、其路拱横坡与面层一致。

(6)宜在春末和夏季组织施工。施工期间日最低气温应在 5℃ 以上，并应在第一次重冰冻(-3℃～-5℃)到来前 1～1.5 个月完成。

2.4.2 材料质量要求

(1)产品出厂质量证明文件，包括产品合格证和产品出厂检验报告，合格证和产品出厂检验报告必须和产品批号相对应。

(2)需要送检的材料应按要求抽样保存并送至具备相关资质的检测单位检测，并附检测报告，需定期检测的必须定期检测。

(3)现场周转材料应时刻注意材料规格尺寸、锈蚀程度、焊接质量等，如变形较大或破损严重影响施工的，应及时修补加工或更换，直至满足施工需要。

(4)石灰宜采用仓库存储，仓库应有良好的遮阳、防风、挡雨和排水效果，并具有防潮功能，石灰由持证材料员和试验员按规定进行检验，确定其质量符合相应标准。

(5)土料。

①塑性指数小于 10 的土不宜用石灰稳定，宜用水泥稳定。塑性指数大于 15 的土更宜用水泥石灰综合稳定。硫酸盐含量超 0.8% 或有机质含量超 10% 的土，不宜用石灰稳定。

②土由持证材料员和试验员按规定进行检验，确定其质量符合相应标准。

③对土的一般要求是易于破碎，满足一定的级配，便于碾压成形。高速公路工程上用于石灰稳定层的土，通常按照土中组成颗粒(包括碎石、砾石和砂颗粒，不包括土块或土团)的粒径大小和组成，将土分为以下三种：细粒土：颗粒的最大粒径小于 9.5 mm，且其中小于 2.36 mm 的颗粒含量不小于 90%(如塑料指数不同的各种黏性土、粉性土、砂性土、砂和石屑等)。中粒土：颗粒的最大粒径小于 26.5 mm，且其中小于 19 mm 的颗粒含量不小于 90%(砂砾石、碎石土、级配砂砾、级配碎石等)。粗粒土：颗粒的最大粒径小于 37.5 mm，且其中小于 31.5 mm 的颗粒含量不小于 90%(砂砾石、碎石土、级配砂砾、级配碎石等)

(6)水由持证材料员和试验员按规定进行检验，确定其质量符合相应标准。

(7)材料宜保持最佳含水率。

(8)配合比设计及标准干密度试验：按设计强度要求和《公路工程无机结合料稳定材料

试验规程》(JTG 057—94)的要求分别做配合比设计和施工配合比设计,并确定石灰土标准干密度、最佳含水率并在开工前报监理工程师批准。

2.4.3 职业健康安全要求

(1)全体施工人员进入施工现场必须按标准佩戴安全帽,在主线工作人员必须按标准穿着反光工作服。

(2)施工过程中与石灰或其他化学试剂、药水有接触的人员必须穿防污防腐蚀手套并按要求佩戴护目镜和防毒口罩。

(3)所有参工人员必须在施工前接受施工技术交底和安全技术交底。

(4)机械操作工必须持证上岗,专人专岗,严格遵守各专用设备使用规定和操作规程,且不得疲劳操作。

(5)挖掘机装车作业时,铲斗应尽量放低,并不得砸撞车辆,严禁车厢内有人。严禁铲斗从汽车驾驶室顶上越过。

2.4.4 环境要求

(1)冬季温度低于5℃、雨季不宜施工,施工期间日最低气温的要求为5℃以上。

(2)春夏季施工时,为防止干缩裂缝,应避免在中午高温时段施工。

(3)施工时应封闭交通。

(4)施工时的临时道路应定期维修和养护,经常洒水,减少扬尘污染。

2.5 施工工艺

2.5.1 工艺流程(见图2-1)

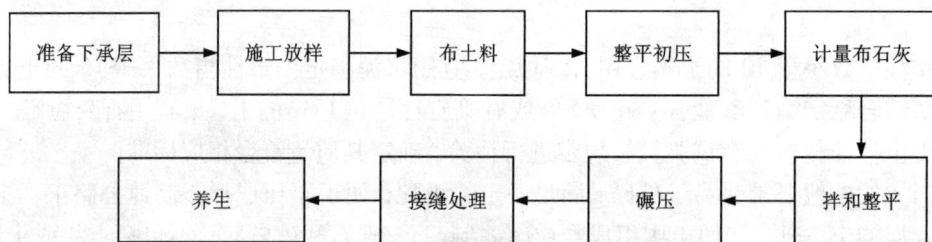

图2-1 石灰稳定土基层施工工艺流程图

2.5.2 操作工艺

(1)准备下承层:检查下承层的压实度、平整度、横坡度、高程、宽度等,对土基必须用18~20 t振动压路机或等效的压路机进行碾压,如有表面松散、弹簧等现象必须进行处理。

(2)施工放样:恢复路中线,每10 m设一中桩,并放出边线外0.3~0.5 m处指示桩,进行水平测量，按松铺系数准确标出上土高程。

（3）材料准备：选择符合要求的取土场和不低于Ⅲ级标准的石灰。生石灰块在使用前7~10 d充分消解并过筛，消解后的石灰需保持一定的湿度，否则过干飞扬，过湿成团。

（4）配合比设计：做好混合料的试验配比工作。以确定石灰剂量、最佳含水率、标准干密度和强度。并于开工前15 d报监理工程师签批。

（5）试验段：在正式施工前要拟订试验段方案报监理工程师签批，做好试验段以确定施工工艺、松铺系数、机械配备、人员组织、压实遍数等。

（6）布土：在布土前先对下承层进行洒水，保持下承层湿润，按照试验段确定的松铺系数进行上土，推土机按虚铺高程初平，平地机整平，振动压路机静压一遍。

（7）布石灰：采用袋装生石灰粉时，根据配比计算每包石灰所布面积，画出方格，人工均匀布灰，采用消解灰时，画出小型装载机一斗所能布石灰的面积方格，人工铁锹反扣配合小型装载机布灰，布石灰一定要均匀。并设专人检查。

（8）石灰上拌和：用灰土路拌机拌和，并设专人检查是否拌到底。在拌和过程中应随时检查含水率和石灰剂量，如含水率不足应补充洒水补拌，如石灰剂量不足应及时补石灰重拌，拌和过程中紧跟履带推土机排压，以防含水率损失。含水率控制标准为在碾压前比最佳含水率大1%~1.5%。

（9）用石灰稳定塑性指数大的黏土时，应采用两次布石灰、两次拌和，第一次加40%~50%预定剂量的石灰进行拌和，洒水焖放1~2 d，此后补足需用的石灰，再进行第二次拌和。由于是采用两次掺石灰、两次拌和，所以标准击实试验、石灰剂量测定过程尽量与实际施工工艺要求的掺灰方法、掺灰间隔时间、焖灰时间、拌和时间、含水量变化过程等相一致。

（10）接头、接缝的处理：两工作段衔接处，应采用搭接形式。前一段拌和整形、碾压后，要做好成形段标志线，后一段施工时，布灰要超过标志线0.5~1 m的布石灰段。拌和时要留下0.2~0.5 m布石灰段不拌，确保搭接段石灰剂量满足要求。

（11）整平：用平地机进行整平。整平时紧跟拉线检查高程、横坡，整平时严禁平地机带料找补以免形成薄层贴补。高程控制要考虑压实系数的预留量。尽量避开高温时间段整平成形，一般成形时间为早上6：0~8：00，下午16：00~20：00为宜。

（12）碾压：先用振动压路机静压，然后用振动压路机微振两遍，再用YZ18振动压路机重振两遍，然后用18~21 t压路机碾压两遍至达到要求的密实度，同时没有明显的轮迹。

（13）养生：路段成型后要及时洒水养生，7 d内保持其表面湿润，未做后续层之前严禁开放交通，并进行自检验收，符合要求后方能进行后续层施工。

（14）季节性施工：石灰土宜在春末和夏季组织施工。施工期的日最低气温应在5℃以上，并应在第一次重冰冻（-5~-3℃）到来之前一个半月完成。

2.6　质量标准

2.6.1　基本要求

（1）土的性质应符合设计要求，土的塑性指数为 15～20，土块要经粉碎后方能使用。

（2）石灰质量应符合设计和规范要求，石灰应经充分消解后才能使用。

（3）施工中混合料配合比应准确，不得含有灰团和生石灰块。

（4）路拌深度要达到层底，严禁夹层。

（5）混合料碾压应处于最佳含水量情况下，碾压时应先用轻型压路机稳压，后用重型压路机碾压至要求的压实度。

（6）保持一定湿度养生，养生期要符合规范要求。

2.6.2　实测项目（见表 2-2）

表 2-2　石灰土基层和底基层实测项目

项次	检查项目		规定值或允许偏差				检查方法和频率
			基层		底基层		
			高速公路一级公路	其他公路	高速公路、一级公路	其他公路	
1	压实度/%	代表值	—	95	95	93	每 200 m 每车道 2 处
		极值	—	91	91	89	
2	平整度/mm		—	12	12	15	3 m 直尺每 200 m 2 处×10 尺
3	纵断高程/mm		—	+5，-15	+5，-15	+5，-20	水准仪：每 200 m 测 4 断面
4	宽度/mm		不小于设计值		不小于设计值		尺量：每 200 m 测 4 处
5	厚度/mm	代表值	—	-10	-10	-12	每 200 m 每车道 1 点
		极值	—	-20	-25	-30	
6	横坡/%		—	±0.5	±0.3	±0.5	水准仪：每 200 m 测 4 断面
7	强度/MPa		符合设计要求		符合设计要求		按规范检查

2.6.3 外观鉴定

要求达到：

（1）表面平整密实，无坑洼。

（2）施工接茬平整、稳定。

2.7 成品保护

（1）石灰土碾压完成后的第二天开始养生，每天洒水的次数视气候条件而定，应始终保持表面潮湿。

（2）在养生期间，除水车外，应封闭交通。对施工车辆实行通行证制度，车速不应超过 15 km/h。

（3）石灰土碾压完成后，经检验合格可立即铺筑上一层，养生 7 d 后再铺筑另一层。

2.8 安全环保措施

2.8.1 安全措施

（1）消解石灰时，不得在浸水的同时边投料、边翻拌，人员应远避，以防烫伤。

（2）操作人员应认真佩戴防护用品，如长筒胶靴、包脚布、眼镜、口罩等。

（3）操作人员站在石灰上消解作业时，脚下应垫木。往石灰内插放水管时，脸部不得正对水眼，以防灰块爆发溅伤。

（4）装仰、撒铺及翻动粉状材料时，操作人员应站在上风侧，轻拌轻翻，减少粉尘。

（5）稳定土拌和机作业：

①拌和作业时，应先将转子提起，使之离开地面空转，然后再慢慢下降至拌和深度。

②在拌和过程中，严禁急转弯或原地转向，严禁使用倒挡进行拌和作业。遇到底层有障碍物时，应及时提起转子，检查后处理。

③拌和机在作业过程中，必须采用低速，保持匀速，液压油的温度不得超过规定要求。

④停车时应拉制动，将转子置于地面。

（6）洒水车作业：

①洒水车在公路上抽水时，不得妨碍交通。

②洒水车在上下坡及弯道上不得高速行驶，并避免紧急制动。

③洒水车驾驶室外不得载人。

（7）所有机械工必须持证上岗，并遵守各自机械工种的安全操作规程。

2.8.2 环保措施

（1）施工现场便道应制订洒水防尘措施。

（2）施工中的生石灰块应收集到一起集中填埋。

（3）生石灰必须充分消解后才能过筛。

（4）散装粉状材料宜使用粉料运输车运输，否则车厢上应采用篷布遮盖。装卸作业尽量避免在大风天气下进行。

2.9　质量记录

（1）原材料（石灰、土）进场检验报告。

（2）中桩、边桩放样及复核记录、水平测量记录。

（3）施工记录（按照监理工程师要求进行）。

（4）底基层试验检测记录（含水量、压实度试验记录和平整度检查记录、弯沉检查记录等）。

（5）石灰土石灰钙、镁含量试验报告。

（6）石灰土强度试验报告。

（7）路基验收记录。

（8）工序质量评定表。

3 水泥稳定碎石基层施工工艺

3.1 总则

3.1.1 适用范围

水泥稳定碎石基层是在沥青面层下，用水泥稳定碎石铺筑的主要承重层，或直接位于水泥混凝土面板下。本标准适用于高等级公路的基层和底基层。

3.1.2 参考标准和规范

(1)中华人民共和国行业标准《公路沥青路面设计规范》(JTG D50—2017)。

(2)中华人民共和国行业标准《公路路面基层施工技术细则》(JTG/G F20—2015)

(3)中华人民共和国行业标准《公路工程质量检验评定标准》(土建工程)(JTG F80/1—2017)

(4)中华人民共和国行业标准《公路工程无机结合料稳定材料试验规程》(JTG E51—2009)

(5)中华人民共和国国家标准《环境空气质量标准》(GB 3095—2012)。

(6)中华人民共和国行业标准《公路土工试验规程》(JTG E40—2007)。

(7)中华人民共和国行业标准《公路工程施工安全技术规范》(JTG F90—2015)。

3.2 术语

水泥稳定碎石是以级配碎石作骨料，采用一定数量的胶凝材料和足够的灰浆体积填充骨料的空隙，按嵌挤原理摊铺压实。其压实度接近于密实度，强度主要靠碎石间的嵌挤锁结原理，同时有足够的灰浆体积来填充骨料的空隙。它的初期强度高，并且强度随龄期而增加很快结成板体，因而具有较高的强度，抗渗性和抗冻性较好。水泥稳定碎石板结后遇雨不泥泞，表面坚实，是高级路面较理想的基层结构。

3.3 施工准备

3.3.1 技术准备

(1)在路面基层开工前，组织施工技术人员、机手、施工连队负责人及参建工人进行技术、安全交底。

(2)项目部根据设计图纸、合同文件、现场施工条件等，按合同文件规定的人员配置、施工方式、机械设备、日期等进场，并确定基层施工工艺流程、施工方案，编制详细的施工组织设计，并报监理和业主批准。

(3)在基层开工前，项目部组织对原材料仓库、拌和场、施工、试验、机械等岗位的技术人员、各工种工人以及相关管理人员进行上岗培训，未经培训人员不得单独上岗操作。

(4)开工前，测量组复测水准基点与导线点，并按四等水准精度适当加密水准点，经监理工程师验收批准后复测并恢复中心桩号。

(5)项目部建立完善的工地实验室。在备料和施工过程中，对路面基层原材料进行调查取样、定期抽检和试验分析，提供符合要求的原材料和配合比试验报告，提供压实度、抗压强度、钻芯芯样、平整度、纵断高程、宽度、厚度、横坡度等自检结果。

(6)在进行路面基层施工前，保证施工道路的基本平整、畅通，对确有困难不能通行的路段，修筑施工便道，不得延误运输时间。在施工组织设计中对混合料和原材料的运输车辆配备专人进行交通管制，做好运输车辆的交通分流工作，使之不形成渠化交通的轮迹，防止破坏已完成的底基层和出现交通安全事故。

(7)底基层交验接收后，为防止路面原材料运料车和混合料运料车对底基层的破坏，对已验收的底基层进行日常养护外，还应加强工地现场的交通组织和交通管制，不允许外来车辆进入施工现场，对工程自有的运料车应加强管理，控制载货质量，对驾驶员进行必要的技术指导，要求所有的运料车(包括原材料运料车和混合料运料车)尽可能地在硬路肩部位行驶，以避免重载车破坏行车道部位的底基层。

3.3.2 材料准备

(1)水泥、碎石等按规定进行检验。

(2)水泥稳定碎石配合比设计和试验：按设计强度要求，分别做最大干密度和无侧限抗压强度等试验。

3.3.3 主要机具

(1)拌和设备：采用专用稳定土集中厂拌设备，产量 400 t/h 以上并带电子计量系统；

(2)摊铺机：2 台相同型号的沥青混凝土摊铺机或稳定土摊铺机；

(3)压路机：3 台重型压路机，其中应有 1 台 26 t 以上的重型胶轮压路机；2 台 18～20 t 重型振动压路机；1 台 13 t 振动光轮压路机。

(4)洒水车 8 t 以上 3 台。

(5)运输设备：自卸汽车数量应满足摊铺要求。

（6）其他设备应配套，装载机数量应满足拌和机产量的要求。

3.3.4 作业条件

（1）摊铺前完成下承层处理。恢复中线、测定摊铺机挂线所需要的宽度及高程桩，用双基准线控制。

（2）施工作业人员要求：

基层施工工人应由工长或现场技术人员进行技术培训、安全交底，做到熟练掌握混合料的拌和、运输、摊铺、碾压、养生等技术。要有应对安全紧急救援措施，操作人员要保持稳定。

（3）拌和站、材料堆放场地要进行合理隔离、必要的硬化，并有良好的排水、防雨和防风设施。

（4）机械要求。各种施工机械需保持完好待用状态。

3.3.5 劳动力组织

1个施工点的劳动力组织如表3-1所示。

表3-1 劳动力组织表

职务	人数	工作地点	职责范围	备注
现场技术管理人员				
总工程师	1	项目部、现场	技术负责、技术交底	
生产副经理	1	施工现场	总体协调组织管理	
施工员	2	施工现场	现场组织协调管理	
试验检测师	1	实验室	标准配合比设计试验	
试验员	1	施工现场	现场检测	
试验工	2	施工现场	配合试验员检测	
测量员	2	施工现场	现场放样及高程检测	
测量工	2	施工现场	配合测量员检测	
材料员	2	拌和场	材料组织、材料验收	
安全员	1	施工现场	现场安全巡查	
质检员	1	施工现场	现场质量检测	
现场操作人员				
运输车驾驶员	14	拌和场至施工现场	负责基层混合料的运输	
车辆指挥员	2	摊铺现场	负责现场运输指挥	
摊铺机机手	4	摊铺现场	负责基层摊铺	
压路机机手	5	摊铺现场	负责基层碾压	
固定式连续拌和机操作机手	2	操作拌和楼	负责基层混合料拌和	
洒水车驾驶员	2	摊铺现场	负责基层洒水养生	

根据工期要求、工程特点以及工程各施工阶段的需要，并结合机械设备情况和人员状态对劳动力实行动态管理，在保持各专业工程施工人数的前提下，高峰时根据需要从公司内部调配，力求在保证工程质量、进度的前提下，使劳动力的配置尽量合理。

3.4 工艺设计和控制要求

3.4.1 技术要求

（1）水泥稳定碎石混合料必须采用中心站集中厂拌法拌制，拌和设备应采用带自动打印功能的专用稳定土拌和机。摊铺时须采用2台沥青混合料摊铺机或稳定土摊铺机进行摊铺，不宜采用人工或平地机铺筑。

（2）只有当气温在5℃以上且低于35℃时，才可进行水泥稳定碎石基层的施工，降雨时应停止施工，但已经摊铺的水泥稳定碎石混合料应尽快碾压密实。

（3）水泥稳定碎石基层厚度大于20 cm时，须分为上、下两层进行施工，上层与下层压实厚度原则上相等。

（4）在验收合格的水泥稳定碎石底基层或下基层上铺筑水泥稳定碎石基层或上基层时，应先将底基层或下基层顶面清扫干净，洒水湿润，并在其表面撒铺干水泥或压力喷洒水泥浆，要求在摊铺前放样，打格子放置袋装水泥（水泥浆用搅拌器制作，采用压力罐喷洒，水泥用量一般为1.5 kg/m^2），再进行水泥稳定碎石基层或上基层的铺筑。

（5）在生产能力较大、不用重型振动压路机碾压能够达到压实度要求的前提下，两层半刚性层可考虑采用连续施工的工艺，即在下层分段摊铺和碾压密实后，立即摊铺上一层。如采用重型振动压路机碾压施工，下层施工完后，应养生7 d后方可按照第（4）条的要求铺筑上一层。

3.4.2 材料质量要求

（1）水泥：采用普通硅酸盐水泥或道路硅酸盐水泥。当采用其他种类水泥时应报监理工程师批准。不得使用快硬水泥、早强水泥以及已受潮变质的水泥。宜采用标号较低的水泥，所用水泥的强度等级不应高于42.5级，宜采用32.5级。要求水泥各龄期强度达到指标要求，安定性合格，水泥的初凝时间不得短于3 h，终凝时间不宜短于6 h。水泥进场入罐时，要了解其出炉天数，刚出炉的水泥，要停放7 d以上才能使用，严禁使用安定期不合要求的水泥（在施工高峰期间，水泥供应紧张时必须严格控制）。夏季高温作业时，散装水泥入罐温度不能高于50℃，若高于这个温度，必须使用时，应采取降温措施。冬季施工，水泥入罐温度不低于10℃。

（2）水：凡是饮用水（含牲畜饮用水）均可用于水泥稳定碎石结构层的施工，遇到可疑水源时，应进行试验鉴定，方可使用。要求硫酸盐含量应小于2.7 mg/cm^3，含盐量不得超过5 mg/cm^3，pH不得小于4，未经处理的工业废水、污水、沼泽水、酸性水不得使用。

（3）集料：用于水泥稳定碎石基层中的碎石由岩石轧制而成，应质地坚硬、耐久、洁净、有良好的级配，并具有足够的强度和耐磨耗性，其颗粒形状应具有棱角，接近立方体，不得含软石和其他杂质。集料堆放场地必须硬化，集料进场应办理质量检验单和计量单。集料应采用分层堆放以避免离析，细集料堆放必须注意防雨防潮，搭建雨棚。用于基层的碎石最大粒径为 31.5 mm，碎石颗粒应接近立方体；细集料质地应坚硬、耐久、洁净，并具有良好级配，其合成级配应符合表 3-2 的要求，其技术指标要求应符合表 3-3 的要求。

表 3-2　水泥稳定碎石基层的集料级配范围

孔径/mm		37.5	31.5	26.5	19	9.5	4.75	2.36	0.6	0.075
通过百分率/%	—	—	—	—	—	—	—	—	—	—
	基层	100	100	90~100	68~86	38~58	22~32	16~28	8~15	0~3

表 3-3　水泥稳定碎石底基层与基层用集料技术要求

项目		最大粒径/mm	轧制岩石强度	压碎值/%	有机质含量/%	硫酸盐含量/%	针片状颗粒/%	液限/%	塑性指数
技术要求	—	—	—	—	—	—	—	—	—
	基层	31.5	不低于2级	≤30	≤2	≤0.25	≤20	<25	<6

（4）水泥稳定碎石底基层与基层用碎石均应分四级备料，其参考分级（即规格）及各级料的预估大致比例如表 3-4 所示。

表 3-4　底基层与基层用碎石分级及各级料的预估比例

分级粒径（即规格）（方孔筛，mm）		19~31.5 mm	19~26.5 mm	9.5~19 mm	4.75~9.5 mm	0~4.75 mm
预估大致比例/%	—	—	—	—	—	—
	基层	—	24	26	20	30

注：生产基层集料时，建议碎石场采用 6 mm、11 mm、22 mm 和 30 mm 四种方孔振动筛进行筛分。

（5）水泥稳定碎石底基层与基层用的各级料的规格应符合表 3-5 的要求。

表 3-5　基层使用的各级集料的规格要求

规格/mm	通过下列筛孔（mm）的质量百分比（%）						
	31.5	26.5	19	13.2	9.5	4.75	0.075
19~31.5	90~100		0~15				
19~26.5	100	85~100	0~15				
9.5~19		100	85~100		0~15		
4.75~9.5				100	85~100	0~15	
0~4.75					100	85~100	0~15

3.4.3 职业健康安全要求

（1）在作业地点悬挂警告牌，严禁违章操作，严格按照施工规范和安全操作规程施工。

（2）施工机具、车辆及人员应与电气线路保持安全距离。

（3）各种机械设备施工时要有专门人员指挥。

（4）人工刮除粘在压路机轮上的混合料时，必须跟在压路机后面作业，严禁在压路机前面倒退作业。

（5）在开放交通的道路上施工时，施工人员要穿醒目的带反光标志的服装。

3.4.4 环境要求

（1）采取覆盖措施防止水泥等细颗粒散体材料遗撒、飞扬，减少扬尘。

（2）必须对现场存放油料的库房进行防漏处理，防止油料跑、冒、滴、漏，污染水源。

（3）对施工噪声采取降噪措施，并进行严格控制，最大限度地减少噪声扰民。

（4）施工临时道路和开放交通的基层应定期维修和洒水，减少扬尘。

（5）运送混合料应采取覆盖措施，防止遗撒、扬尘。

3.5 施工工艺

3.5.1 工艺流程

施工操作工艺流程见图 3－1。

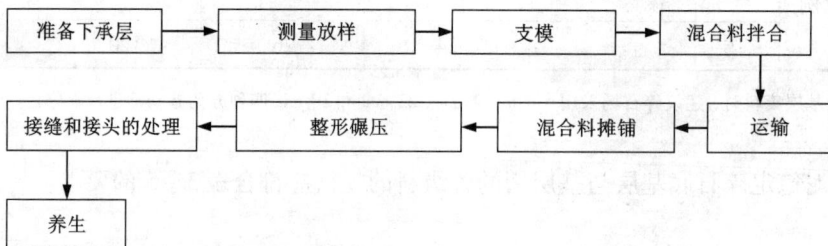

图 3－1 水泥稳定碎石基层施工工艺流程图

3.5.2 操作工艺

3.5.2.1 底基层的检测和清扫

水泥稳定碎石施工前，对底基层要进行检测，符合质量标准后方可进行施工，施工时对底基层进行彻底的清扫，清除杂物并洒水浸湿。

3.5.2.2 施工放样

在底基层上恢复中线，直线段每 10～20 m 设一桩，平曲线段每 5～15 m 设一桩，并在两侧路肩边缘外设指示桩，在两侧指示桩上用明显标记标出水泥碎石基层边缘的设计高。

3.5.2.3 支模

对已放样好的路段，根据摊铺厚度，沿摊铺边缘，支设合适的槽钢或方木，并用钢钎固定。

3.5.2.4 中心站集中厂拌法施工

（1）水泥稳定碎石基层采用专用集中厂拌和机拌制混合料。应符合下列要求：

①配料应准确，拌和应均匀；

②含水率宜略大于最佳值，使混合料运到现场摊铺后碾压时含水率不小于最佳值。

③各种材料应分别堆放。

④当采用连续式的稳定土厂拌设备拌和时，应保证集料的最大粒径和级配符合要求。

⑤在正式拌制混合料之前，必须先调试所有的设备，使混合料的颗粒组成和含水率都达到规定的要求。原集料的颗粒组成发生变化时，应重新设计生产配合比并调试设备。

⑥在潮湿多雨地区或其他地区的雨季施工时，应采取覆盖措施，保护集料，防止淋雨。

⑦应根据集料含水率的变化，及时调整加水量。

3.5.2.5 摊铺前的准备工作

（1）水泥稳定碎石基层的下承层表面松散、离析的，要提前挖补处理，并用压路机重新压实，保证表面湿润状态，提前放样布点，布点一般为10 m一个桩，施工技术员要复核挂线高度，一次挂线一般以100~150 m长为宜，装模固定后，调好摊铺机，检查摊铺机的油料是否充足，各施工岗位的人员是否到位，钢尺、测绳、补料的斗车钢筛等设备是否准备好。接头松散材料是否铲除。当压实厚度超过200 mm时，应分层摊铺，最小压实厚度为100 mm。

（2）检查拌和楼、装载机、车队、电源以及原材料是否达到要求。

（3）水泥浆（或水泥）的撒布：若超过3 h尚未摊铺上一层，则必须在下一层顶面撒一层水泥浆（水泥浆的水泥用量约为1.5 kg/m²）或先在下层表面洒少量水，然后撒少量水泥（水泥用量约为1.5 kg/m²），方可摊铺上一层，以确保上下两层紧密结合。水泥稳定碎石基层施工前，应先划分网格，并根据网格面积计算撒布水泥量，在网格内摆放水泥，然后再撒布，保证水泥撒布均匀。

3.5.2.6 混合料运输

（1）拌好的水泥稳定碎石混合料应采用较大吨位的自卸汽车运输。运输车辆在每天开工前要进行检验，装料前要将车厢清洗干净，不得有水积聚在车厢底部。

（2）从拌和机向运料车上放料时，应分3次挪动汽车位置，以减少粗细集料的离析现象。

（3）运料车应用篷布覆盖，以保湿和防止污染，直至卸料时方可取下覆盖篷布。同时应保持装载高度均匀，以防离析。

（4）运输车的运量应较拌和能力或摊铺速度有所富余。对于基层，施工过程中摊铺机前方应有运料车2~3部在等候卸料。开始摊铺时在施工现场等候卸料的运料车不宜少于5辆。

（5）使用摊铺机连续摊铺时，运料车应在摊铺机前10~30 cm处停住，不得撞击摊铺机。卸料过程中运料车应挂空挡，靠摊铺机推动前进。

（6）拌和好的混合料要尽快摊铺。如运输车辆中途出现故障，必须尽快修复，当遇到困难、车辆混合料不能在初凝时间内运到工地时，必须予以转车或废弃。

（7）水泥稳定碎石运到摊铺地点后应凭运料单接收，并检查拌和质量，不符合质量要求或已经结成团块、已遭雨淋湿的混合料不得铺筑在道路上。

3.5.2.7　水泥稳定碎石的摊铺

（1）铺筑基层前应检查底基层的质量。

（2）摊铺时，每个作业面应配备至少两台以上沥青混合料摊铺机或稳定土摊铺机，以实现梯队联合作业。两台摊铺机前后相距 5 ~ 10 m。在施工时应不时地进行横向平整度的检查，要求横向平整度小于 8 mm。对超出 8 mm 的部位，应采用必要的措施解决。摊铺时应尽量避免粗细集料离析现象，发现有离析现象时，应设专人及时处理，特别是局部粗集料窝，应该铲除并用新拌混合料填补。上、下基层摊铺的纵向接缝应错开 50 ~ 100 cm。相邻两幅摊铺时应有 10 cm 左右宽度的水泥稳定碎石混合料搭接。混合料的含水量宜高于最佳含水量的 0.5% ~ 1.0%，以补偿摊铺及碾压过程中的水分损失。

（3）两台摊铺机同时摊铺时，宜在每台摊铺机的外侧用钢丝绳挂线引导，两台摊铺机中间用高程引导梁及滑橇控制高程的方式来找平控制路面标高。

（4）水泥稳定碎石的松铺系数应根据实际的混合料类型、施工机械和施工工艺等，由试铺试压确定。摊铺过程中应随时检查摊铺层厚及路拱、横坡，并按使用的混合料总量与摊铺面积校验平均厚度，不符要求时应根据铺筑情况及时进行调整。

（5）水泥稳定碎石应缓慢、均匀、连续不间断地摊铺。摊铺过程中不得随意变换速度或中途停顿。拌和机与摊铺机的生产能力应互相协调。如拌和机的生产能力较低，摊铺机采用最低速度摊铺，以减少摊铺机停机待料的情况。

（6）摊铺机应具有自动或半自动方式调节摊铺厚度及找平的装置。在熨平板按所需厚度固定后，不得随意调整。

（7）应预先标定摊铺机行走速度与螺旋布料器转速的传动关系，摊铺过程中，应保持螺旋布料器全范围内物料分布均匀，保证在摊铺机全宽度断面上不发生离析。螺旋布料器端部距物料挡板间距应为 10 ~ 30 cm，此间距超过 30 cm 时必须加装叶片。摊铺过程中应在摊铺机后面设专人观察螺旋布料器布料是否均匀，是否产生离析、卡料或虚铺，一旦发生此现象，应启动摊铺机全速旋钮迅速补料。

（8）严禁空仓收斗。水泥稳定碎石施工时应避免每车料收斗一次的做法，仅当料斗内沾附较多混合料时方需收斗。收斗应在运料车离去、料斗内尚存较多混合料时进行，收斗后应立即连接满载的运料车向摊铺机内喂料。

3.5.2.8　水泥稳定碎石结构层的压实

（1）压实后的水泥稳定碎石基层应符合压实度、厚度及平整度的要求。

（2）水泥稳定碎石基层摊铺后，首先使用胶轮压路机紧跟摊铺面及时进行搓揉挤密碾压，然后再用 18 ~ 20 t 的重型振动压路机由弱振到强振碾压至规定的压实度，且无显著轮迹，初检压实度，不合格时，重复再压。碾压次数通常为 6 ~ 8 遍，相邻碾压带应重叠 1/3 ~ 1/2 的碾压轮宽度。重型压路机配备数量至少为 2 台。

碾压过程中，混合料表面应始终保持湿润，如水分蒸发过快，应及时喷洒少量水。水泥稳定碎石层采用重型振动压路机配合重型胶轮压路机进行碾压。应在水泥稳定碎石材料处于最佳含水量时进行碾压，并达到重型击实法确定的压实度要求。对于基层，压实度应大于 98%。水泥稳定碎石混合料从加水拌和到碾压终了的延迟时间不得超过 2 h 并应小于水泥初凝时间，气温较高时宜在 1 h 以内完成碾压，并达到要求的密实度。碾压过程中，如有"弹簧"、松散、起皮等现象，应及时处理。另外，在碾压过程中应进行标高、平整度的及时跟踪检测，如发现严重超标，应及时修整。碾压长度一般以不超过80 m为宜。

如果水泥稳定碎石层的上部分密实，下部分松散，说明压实不到位。水泥稳定碎石层的碾压应先静压1遍，进行平整度修正合格后再静压1遍，后由弱振到强振共碾压4遍。试验员检测压实度合格后，最后静压收光；每摊铺完20～30 m后压路机机开始碾压，碾压时，轮迹重叠为30～50 cm，压路机机手在停车之前必须先停振，每个碾压段落的终点呈斜线错开状。检查平整度时压路机宜停在已压好的地段。

（3）压路机应以慢而均匀的速度碾压，其碾压速度应符合表3-6的规定。

表3-6　压路机碾压速度（单位：km/h）

压路机类型	初压		复压		终压	
	适宜	最大	适宜	最大	适宜	最大
钢筒式压路机	1.5～2	3	2.5～3.5	5	2.5～3.5	5
胶轮压路机	—	—	3.5～4.5	8	4～6	8
振动压路机	1.5～2（静压）	5（静压）	3～4（振动）	4～5（振动）	2～3（静压）	5（静压）

（4）压路机应从外侧向中心碾压，最后碾压路中心部分，压完全幅为一遍。当边缘有挡板、路缘石、路肩等支挡时，应紧靠支挡碾压。当边缘无支挡时，可用耙子将边缘的混合料稍稍耙高，然后将压路机的外侧轮伸出边缘10 cm以上碾压，也可在边缘先空出宽30～40 cm，待压完第一遍后，将压路机大部分重量位于已压实过的混合料面上再压边缘，以减少向外推移情况出现。

（5）振动压路机的振动频率和振幅应经试验段试验确定，并根据混合料种类和层位选用。振动压路机倒车时应先停止振动，并在向另一方向运动后再开始振动，以避免混合料形成鼓包。

（6）碾压时应将驱动轮面向摊铺机。碾压路线及碾压方向不应突然改变而，以免导致混合料产生推移。压路机启动、停止必须减速缓慢进行。严禁压路机在已完成的或正在碾压的路段上"调头"和急刹车，以保证水泥稳定碎石层表面不受破坏。

（7）钢轮压路机碾压时不应洒水。仅当碾压面干涩且出现较多微小裂纹时，方可少量洒水碾压。

（8）施工中，从加水拌和到碾压终了的延迟时间不得超过水泥终凝时间，按试验路段确定的合适的延迟时间严格施工。

3.5.2.9　横向接缝设置

（1）用摊铺机摊铺混合料时，中间不宜中断。如因故中断时间超过2 h，应设置横向接缝。横向接缝处理不良是水泥稳定碎石基层施工中存在的主要技术问题，应注意提高施工接缝技术，保证基层质量。

（2）需要设置横向接缝时，摊铺机应驶离混合料末端。用人工将末端混合料整齐，紧靠混合料放两根方木，方木的高度应与混合料的压实厚度相同。整平紧靠方木的混合料，方木的另一侧用砂砾或碎石回填约3 m长，其高度应高出方木几厘米。将混合料碾压密实。

（3）在重新开始摊铺混合料之前，将砂砾或碎石和方木除去，并将下承层顶面清扫干净。摊铺机返回到已压实层的末端，重新开始摊铺混合料。

（4）如摊铺中断时未按上述方法处理横向接缝，而中断时间已超过 2～3 h，则应将摊铺机附近及其下面未经压实的混合料铲除，并将已碾压密实且高程和平整度符合要求（用 3 m 直尺确定）的末端挖成一横向（与中心路线垂直）垂直向下的断面，然后再摊铺新的混合料。

（5）横缝应与路面车道中心线垂直，并竖向垂直于路基表面。低温季节施工时，横向施工缝若留设不当，极易发生拱胀裂缝。一般来说，拱胀破坏多发生在横向施工缝处，主要发生在以下情况：

①低温季节施工的基层，当气温回升时膨胀（即每年 5—8 月）；

②在下面层沥青路面铺装时，由于沥青混合料的温度很高，引起基层膨胀。

因此，横向施工缝的设置必须认真和细致。如觉得上述方法麻烦，则可采用较简易的方法，但必须保证留设的横向施工缝与路中心线垂直并垂直于路基表面，形成竖向垂直端面，这一点对防止拱胀很重要，务必做到。

（6）上基层与下基层之间、下基层与底基层之间的界面必须经过仔细的清扫，在铺筑上层前必须洒水湿润后撒水泥，以增强层间结合，降低膨胀拱起的危害。

（7）不得设置纵向接缝。混合料摊铺应采用两台摊铺机一前一后相隔为 5～10 m 同步向前摊铺，并一起进行碾压。

3.5.2.10 检测

（1）混合料配合比组成测定和试验分析。

含水量：拌和场给混合料加水时应扣除集料中的天然含水量，现场检测混合料含水量时，应考虑水泥的水化作用，含水量检测结果比实际加水量低。为加快检测速度，宜用微波炉烘干测试，其烘干的时间可以对比试验确定。

水泥剂量：结合料剂量测定用 EDTA 法测定，控制在 ±0.5% 范围内。如在试验段统计的保证率系数达不到 95% 以上时应检查原因，进行调控，待工作正常后再投入大面积生产。

（2）压实度的检测方法。

压实度的核实是与混合料最大干密度相联系的，采用现场取样击实和现场压实方法核定室内击实最大干密度是否同现场相符，首先测定含水量（要考虑水泥水化对含水量的影响），再进行现场压实和现场击实，压实必须是机型与压实工艺合理组合，反复碾压，至压实度检测值无明显变化时为止，然后在室内击实曲线上比较，核实对应现场检测含水量的干密度是否与现场取样击实的干密度和现场碾压的干密度相符，如果相差太大，应重新试验确定。

（3）混合料松铺系数。

混合料松铺系数采用如下两种方法试验确定：第一种是在松铺层上选择 6～10 个点量取松铺厚度，经碾压后再量取压实厚度，求其压实系数的平均值；第二种是利用高程测量数据进行碾压前后对比计算。这两种方法得出的松铺系数都是相对值，不是绝对值，应根据材料、配合比和含水量的变化及摊铺振动压实情况，综合室内试验结果求出准确的松铺系数。

（4）混合料级配偏差的分析与控制。

集料的级配偏差与离析直接影响到基层结构的压实度、强度、平整度、密水性能等技术指标，因此，必须对铺筑后的混合料取样进行快速筛分，并通过对比分析试验排除结合料的各种影响因素。

3.5.2.11　中心站集中拌和的要求

（1）必须分级备料。在订购集料之前，应对料场每种不同规格（或粒级）的集料取样进行筛分试验。在确保能够配制符合表3-2级配要求的前提下，按筛分情况计算出每种规格集料的备料比例。如果不能配制出符合表3-2级配要求的混合料时，应向材料供应商提出改进意见或更改料源。订货时，应向材料供应商提出各规格集料的颗粒组成要求，即对每种规格的集料，要规定3~4个筛孔的通过量的允许误差，如粗集料可考虑±4%~±8%，细集料可考虑±3%~±5%。该步工作应与混合料配合比设计工作紧密配合。

（2）建立不同规格集料的进场验收制度，材料进场时，要有专人验收，凡不符合规定的集料应拒收。

（3）对于土质场地，应事先整平、碾压并作适当硬化处理，避免雨季场地坑洼、泥泞和污染集料。不同粒级的集料应隔离，分别堆放。应事先计算各种不同粒级的集料需要量，计划进料时间，并计算各种不同粒级集料所需堆放场地的面积。避免料多时互相交错，保持同一粒级集料颗粒组成无大的变化。在场地上堆放集料时，要一车一车集料先在预算好的面积上平放一层，然后再往上平放一层，这样一层一层向上堆放可以减少集料堆放过程中的离析现象，保持同一粒级集料的均匀性。

（4）4.75mm以下集料应设置遮雨设施，以防雨淋。如果4.75mm以下集料在进场时含水量过大，堆放之前应当进行晾晒处理。

（5）为避免料斗中的集料串料，料斗的上口不要紧靠在一起，要有一定距离，或上口之间用隔板隔开同时上料用的装载机的装料斗的宽度应明显小于料斗的上口宽度。

（6）在正式拌制混合料之前，必须先调试所用的设备，使混合料的颗粒组成和含水量都达到规定要求。原材料的颗粒组成发生变化时，应重新设计配合比并调试设备。

（7）拌和时应根据集料含水量的变化，及时调整加水量。拌和机加水装置处应有人严格管理。

（8）拌和配料应准确，严格控制水泥剂量，并应有容易控制的准确度高的加水泥计量装置。拌和时间宜尽量长些，保证混合料拌和均匀，拌和时间宜不小于1min。

（9）拌和时的含水量视天气情况而定，宜较最佳含水量大1%~2%，以弥补混合料在延迟时间内的水分损失，使碾压时混合料的含水量处在最佳含水量与最佳含水量+1%含水量之间。

（10）运料车装料出厂时，为防止表层混合料失水过多，特别是在气温较高和有风的气候条件下，车厢必须覆盖，应尽快将拌好的混合料运送到铺筑现场，减少水分损失，保证压实质量。

3.5.2.12　养生及交通管制

（1）下基层施工完毕后应及时施工上基层。

（2）水泥稳定碎石施工时每一段碾压完成并经压实度检查合格后应立即开始养生，不应延误。

（3）基层保湿采用保湿养生膜或土工布加薄膜等覆盖洒水养生法。上基层在碾压成形表面稍变干燥就立即洒乳化沥青透层油，以代替洒水养生，如柴油稀释沥青透层油采用后洒工艺，则上基层养生方法同下基层。基层养生时间不应少于7d。养生期间除洒水车外应封闭交通。水泥稳定碎石上基层未铺面层时，除施工车辆外，禁止一切机动车辆通行。当采用不透水薄膜进行养生时,薄膜应有一定厚度,两幅间应相互搭接20 cm以上。覆盖薄膜后应以砂等重物压边,不得采用细粒土或基层废料等污染性材料压边。

(4)水泥稳定碎石基层分两层铺筑时,在下层分段摊铺和碾压密实后,在不采用重型振动压路机碾压的情况下,宜立即摊铺上基层。下层水泥稳定碎石压完后,在采用重型振动压路机碾压时,宜养生7 d后铺筑上基层。在铺筑上层稳定碎石之前,应始终保持下层表面湿润。

(5)水泥稳定碎石养生期间,除洒水车以外,应封闭交通。确实不能封闭时,须经监理工程师批准,限制重型车辆通行,轻型车辆也应限制在硬路肩上行驶,行驶速度不应超过20 km/h,且不得转弯、调头及急刹车。

3.5.2.13 其他需注意的问题

(1)接头的施工技术:摊铺开始时接头可适当加点水泥,喷少量的水增加黏结力,摊铺机离开2~3 m后开始用平整度尺进行检查,不符合要求时用人工处理,再用压路机横向碾压,致使新旧基层平整度保持一致。

(2)标高的控制:技术人员要经常检查挂线是否牢靠,摊铺机启动摊铺时,每前进3 m测一次布线常数,及时调整传杆器的高度。摊铺完毕后,摊铺机驶离接头部位,作接头,用6 m直尺纵向检查,最端头处大于8 mm处切除,个别人工重新补料夯实。

(3)基层两侧处理:人工布料,标高适当高1 cm左右,压路机碾压前用平板振动器夯实。

(4)高速公路上水泥稳定碎石基层应半幅施工,并保证上、下基层半幅全部施工完毕后且养生完毕后,才可进行另外半幅的施工。基层不允许除洒水车外的其他任何车辆通行。

(5)上基层养生完成后,可开放施工车辆通行,施工单位应加强交通管制,保证重型运料车仅在硬路肩或超车道上行驶。

3.6 质量标准(高速公路和一级公路)

3.6.1 取样和检验

质检、试验人员在施工过程中应加强基层的外形尺寸与质量的控制和检查,并按设计文件和相关规范、标准规定的外形尺寸管理和质量控制标准、检查频率进行。

(1)施工过程中应对基层原材料进行检验,其检验方法与频度见表3-7。

(2)应按表3-8中规定的频率和质量标准进行水泥稳定碎石基层的外形管理。

(3)应按表3-9规定的质量控制项目、频率和质量标准进行质量控制和管理。

表 3 - 7　水泥稳定碎石底基层、基层原材料的质量检验

试验项目	频度	标准	试验方法
含水量	每天使用前测 2 个样品	确定加水量	烘干法、洒精燃烧法等
颗粒分析	每 2000 m³ 测 2 个样品，碎石种类变化时必须做	级配符合订货时提出的要求	筛分法
液限、塑限	每种细集料使用前测 2 个样品，使用过程中每 2000 m³ 测 2 个样品	液限与塑性指数符合要求	液限塑限联合测定法测液限；滚搓法塑限试验测塑限
压碎值	每 2000 m³ 测 2 个样品，碎石种类变化时必须做	≤30%	集料压碎值试验
水泥强度等级和初、终凝时间	必要时测	强度等级为：32.5 或 42.5；初凝时间 ≥3 h，终凝时间 ≤6 h	水泥胶砂强度检验方法，水泥凝结时间检验方法

表 3 - 8　水泥稳定碎石基层的外形管理

项　目		频率	质量标准	
			—	基层
纵断高程/mm		每 20 延米一个断面，每断面 3~5 点	—	+5, -10
厚度/mm	均值	每 1500~2000 m² 测 6 点	—	-8
	极值		—	-15
宽度/mm		每 40 延米 1 处	—	+0 以上
横坡度/%		每 100 延米 3 处	—	±0.3
平整度/mm		每 200 延米 2 处，每处连续 10 尺（3 m 直尺）	—	8
		连续式平整度仪的标准差	—	3.0

表 3 - 9　水泥稳定碎石基层的质量管理

项目	频率	质量标准	达不到要求时的参考处理措施	备注
级配	每作业段或不超过 2000 m² 检验一次或每天不少于 4 次，材料异常时随时试验	符合表 3-2 要求 19 mm 筛孔，±5% 4.75 mm 筛孔，±4% 2.36 mm 筛孔，±3% 0.075 mm 筛孔，±2%	调查原材料，按需要修正配合比	在拌和站出料口接料或现场摊铺、整平过程中取样，采用水洗试验法分析颗粒级配
水泥剂量	每作业段或不超过 2000 m² 1 次，至少 6 个样品	不小于设计值 -1.0%	检查原因，进行调整	在现场摊铺、整平过程中取样

续表 3 – 9

项目	频率	质量标准	达不到要求时的参考处理措施	备注
含水量	随时观察，异常时随时试验	拌和时：$W_0 + 1\% \sim W_0 + 2\%$ 碾压时：$W_0 \sim W_0 + 1\%$（W_0 为最佳含水量）	通知拌和站调整	拌和过程中，开始碾压时及碾压过程中检验。注意规定的延迟时间
拌和均匀性	随时观察	无灰条、灰团，色泽均匀，无离析现象	补充拌和，处理粗集料窝和粗集料带，通知拌和场，增加拌和时间	
压实度	每一作业段或不超过 2000 m² 检查 6 处以上	基层≥98%	在延迟时间内，继续碾压，局部含水量过大或材料不良地点，挖除并换填符合要求的混合料	以灌砂法为准。每个点受压路机的作用次数力求相等。碾压过程中，应用核子密度仪进行压实度快速检测，以及时指导现场压实工作
抗压强度	每一作业段或不超过 2000 m² 取 13 个试件	基层≥4.0 MPa 且平均值不应大于 5 MPa	调查原材料，按需要增加结合料剂量，改善材料颗粒组成或采用其他措施（提高压实度）	整平过程中随机取样，一处一个样品，不应混和，制作时不再拌和，试件密度与现场达到的密度相同
延迟时间	每个作业段 1 次	符合确定的时间	适当改进施工方法与加强组织	记录从加水拌和到碾压结束的时间

3.6.2　集料性能、级配要求

（1）水泥剂量、质量符合设计和规范要求；混合料拌和均匀，无粗细颗粒明显离析现象。

（2）养生符合规范要求，标高、平整度符合要求。

（3）板结性好。进行钻芯取样检查，要求芯样完整，级配均匀，无较大的空洞，且底基层、下基层、上基层三层的芯样连成一个整体，整体性良好。

3.6.3　实测项目

水泥稳定碎石基层的允许偏差及检验方法见表 3 – 10（表中规定频率为验收时取样和试验的最低频率）。

表 3 - 10　水泥稳定碎石底基层、基层实测项目

项次	检查项目		规定值或允许偏差		检查方法和频率
			—	基层	
1	压实度/%	代表值	—	≥98	JTG F80/1—2004 附录 B 检查
		极值	—	94	每 200 m 每车道 2 处
2	平整度/mm		—	8	3 m 直尺：每 200 m 测 2 处 × 10 尺
3	纵断高程/mm		—	+5，-10	水准仪：每 200 m 测 4 断面
4	宽度/mm		—	不小于设计值	尺量：每 200 m 测 4 处
5	厚度/mm	代表值	—	-8	按照附录 H 检查，
		极值	—	-15	每 200 m 每车道 1 点
6	横坡/%		—	±0.3	水准仪：每 200 m 测 4 点
7	强度 /MPa	代表值	—	≥4.0 MPa	JTG F80/1—2004 附录 G 检查
		平均值	≤5 MPa		
8	钻芯取样		完整均匀及上基层、下基层、底基层连续的芯样		每个车道 500 m 钻芯一个

3.6.4　外观鉴定

(1)表面平整密实、无坑洼、无明显离析、边线整齐、无松散、软弹现象。

(2)施工接头平顺。

3.7　成品保护

(1)施工过程中妥善保护好施工现场的中桩及指示桩。

(2)养生期间，设专人进行交通管制，悬挂醒目的交通限行标志。

(3)禁止压路机在碾压好的路面进行急停、急转和调头。

(4)测量好的基准标高应有专人看护，经常复核，一旦发生触碰要及时恢复，保证施工正常

3.8　安全环保措施

3.8.1　安全措施

(1)混合料拌和站宜封闭，禁止闲杂人等进入。

(2)拌和机以及配料机、传输带周围应有防护设施。储料斗下严禁站人，自卸车进入储料斗下有专人指挥。

(3)施工现场的电工必须持证上岗，拌和站要有用电设计方案。

（4）各种机械操作手持证上岗，熟悉操作规程。保证机械设备性能良好。

（5）压路机碾压时，注意慢速，小心路面上的工人以及摊铺机。

（6）自卸汽车卸料时有专人指挥，现场交通有专人指挥。

3.8.2 环保措施

（1）现场施工废渣应指定专人负责，及时清理，不允许弃在路基两侧。

（2）拌和站制订洒水防尘措施，废水及时排入事先挖好的沉淀池。

（3）水泥采用散装水泥。

（4）禁止在施工现场随便丢弃废料、废品。

3.9 质量记录

（1）原材料（水泥、碎石）进场复验报告。

（2）施工原始记录表（或按监理工程师要求进行）。

（3）进行抽样检查：压实度、厚度、水泥剂量检测样品、制备强度试件样品等。工程竣工后的外形和质量检查。

（4）混合料配合比试验报告。

（5）混合料压实试验报告。

（6）无侧限抗压强度报告。

（7）EDTA 水泥剂量报告。

（8）钻孔取芯强度报告。

4 石灰粉煤灰稳定砂砾(碎石)基层施工工艺

4.1 总则

4.1.1 适用范围

本标准适用于城市道路基层施工,其他道路基层施工可参照执行。

4.1.2 参考标准和规范

(1)中华人民共和国行业标准《城镇道路工程施工与质量验收规范》(CJJ 1—2008)。

(2)中华人民共和国行业标准《公路工程质量检验评定标准》(土建工程)(JTG F80/1—2017)。

(3)中华人民共和国行业标准《公路工程无机结合料稳定材料试验规范》(JTG E51—2009)。

(4)中华人民共和国国家标准《环境空气质量标准》(GB 3095—2012)。

(5)中华人民共和国行业标准《公路土工试验规程》(JTG E40—2007)。

(6)中华人民共和国行业标准《公路工程施工安全技术规范》(JTG F90—2015)。

4.2 术语

石灰粉煤灰砂砾(碎石)是用石灰、粉煤灰、砂砾(碎石)经过试验,按一定比例掺入水经强制拌和得到的混合料,在摊铺、压实和养生后,使无侧限抗压强度符合规定要求,直接位于沥青面层下,这种结构称为石灰粉煤灰砂砾(碎石)基层。

4.3 施工准备

4.3.1 技术准备

(1)熟悉施工现场情况,根据流水作业法,编制石灰粉煤灰砂砾(碎石)基层单项施工组织设计,合理划分施工作业段,向班组进行书面的一级技术交底和安全交底。

(2)石灰粉煤灰砂砾(碎石)配合比设计及试验:按设计强度要求,充分借鉴成功的经验进行配合比设计,分别做最大干密度及无侧限抗压强度试验,满足石灰粉煤灰砂砾(碎石)基层要求。

(3)根据施工技术规范要求进行试验段施工,确定人员、机械组合以及压实遍数和松铺系数等,选择合适的混合料拌和法,推荐使用中心站集中厂拌法施工。

4.3.2 材料准备

石灰、砂砾(碎石)、粉煤灰等由持证材料员和试验员按规定进行检验,确保原材料质量符合相应标准。

4.3.3 主要机具

(1)摊铺设备:摊铺机1台、平地机1台。
(2)碾压设备:22 t振动压路机2台、胶轮压路机1台。
(3)运输设备:15 t自卸汽车10台。
(4)拌和设备:固定式连续拌和机、水泥罐、集料配料机等。
(5)养生设备:洒水车、土工布等。
(6)测量仪器:全站仪、水准仪、钻芯机、弯沉仪、3 m直尺。试验设备全套。

4.3.4 作业条件

(1)摊铺前完成下承层处理。恢复中线、测定摊铺机挂线所需的宽度及高程桩,用双基准线控制。

(2)施工作业人员要求。

基层施工工人应由工长或现场技术人员进行技术培训、安全交底,做到熟练掌握混合料的拌和、运输、摊铺、碾压、养生等技术。要有应对安全紧急救援措施,操作人员要保持稳定。

(3)拌和站、材料堆放场地要求。

拌和站、材料堆放场地要进行合理隔离、必要的硬化,并有良好的排水、防雨和防风设施。

(4)机械要求。

各种施工机械需保持完好待用状态。

4.3.5 劳动力组织

1个施工点的劳动力组织如表4-1所示。

表4-1 石灰粉煤灰稳定砂砾基层施工劳动力组织

工种	人数	工作地点	职责范围
路面工程师	1	整个施工现场	负责跟班组织施工管理工作、协助总指挥工作等
工长	1	施工现场	负责跟班组织施工、协调各工种交叉作业等

续表 4 - 1

工种	人数	工作地点	职责范围
技术员	1	整个施工现场	负责跟班解决施工中的技术问题、编写技术措施等
安全员	1	整个施工现场	负责跟班检查安全措施、安全措施的执行情况及安全教育工作,对安全生产负责
质量检查员	1	整个施工现场	负责跟班检查工程质量,组织各工种交接及质量保证措施的执行情况,对工程质量负责
测量工	2	施工现场	负责基层施工放样
摊铺机机手	2	施工现场	摊铺机械驾驶及日常保养
压路机机手	3	施工现场	压路机机械驾驶及日常保养
平地机机手	1	施工现场	平地机机械驾驶及日常保养
自卸卡车司机	10	拌和场至基层施工现场	负责基层混合料运输
洒水车驾驶员	1	施工现场	洒水车驾驶及日常保养
电工	1	拌和场、整个施工现场	负责现场动力、照明、通信等电器系统的维修保护
材料员	1	材料仓库	负责施工材料供应及管理
杂工	16	整个施工现场	负责装模、指挥卸料、对个别摊铺不均和孔隙大的地方进行处理及现场清理等
总计	42		

注:此表为一个作业班施工配备人员,未计后勤、行政等人员。

4.4　工艺设计和控制要求

4.4.1　技术要求

(1)石灰粉煤灰砂砾(碎石)混合料配合比设计:根据工程设计书提供的参考配合比并参考以往的经验,确定进行试验的配合比系列,并对这些配合比进行击实试验和7天无侧限抗压强度试验,通过横向对比确定合理的施工配合比。

(2)拌和设备的配料仓要进行标定,确定配料仓皮带转速与重量的关系曲线。

(3)拌和设备的预拌调试:通过预拌,并对拌出的混合料进行石灰剂量、强度、筛分击实、含水量等指标的测试,以完成对拌和站控制参数的调试。

(4)按施工要求在下承层上恢复中线,加密坐标点、水准点控制网。直线段每10 m设一桩、曲线段每5 m设一桩,并在两侧路肩边缘外设指示桩,确定平面位置和高程。

(5)正式施工作业以前,要选择具有代表性的路段,进行200 m左右的试验段铺筑,以确定松铺系数和施工设备的组合、数量及摊铺压实工艺等。

4.4.2 材料质量要求

(1)石灰：宜采用质量符合表4-2规定的Ⅲ级以上的消石灰或生石灰。石灰存放时间超过7 d或遭受雨淋后，要通过试验来确定新的掺配比例，对于氧化钙和氧化镁(CaO+MgO)含量大于35%并小于55%的消石灰，可通过试验确定新的掺配比例来加以利用。当(CaO+MgO)含量小于35%时，不得使用。

石灰应符合下列要求：宜用1~3级的新石灰，石灰的技术指标应符合表4-2的规定。

表4-2 石灰技术指标

类别 项目		钙质生石灰			镁质生石灰			钙质消石灰			镁质消石灰		
		等级											
		Ⅰ	Ⅱ	Ⅲ	Ⅰ	Ⅱ	Ⅲ	Ⅰ	Ⅱ	Ⅲ	Ⅰ	Ⅱ	Ⅲ
有效钙加氧化镁含量		≥85	≥80	≥70	≥80	≥75	≥65	≥65	≥60	≥55	≥60	≥55	≥50
未消化的残渣含量5 mm 圆孔筛的筛余/%		≤7	≤11	≤17	≤10	≤14	≤20	—	—	—	—	—	—
含水量/%		—	—	—	—	—	—	≤4	≤4	≤4	≤4	≤4	≤4
细度	0.71 方孔筛的 筛余/%	—	—	—	—	—	—	0	≤1	≤1	0	≤1	≤1
	0.125 方孔筛的 筛余/%	—	—	—	—	—	—	≤13	≤20	—	≤13	≤20	—
钙镁石灰的分界线， 氧化镁含量/%		≤5			>5			≤4			>4		

注：硅、铝、镁氧化物含量之和大于5%的生石灰，有效钙加氧化镁含量指标，Ⅰ等≥75%，Ⅱ等≥70%，Ⅲ等≥60%；未消化残渣含量指标均与镁质生石灰指标相同。

(2)粉煤灰应符合下列规定：

粉煤灰中的 SiO_2、Al_2O_3 和 Fe_2O_3 总量宜大于70%；在温度为700℃时的烧失量宜小于或等于10%，细度应满足90%通过0.3 mm筛孔，70%通过0.075 mm筛孔，比表面积宜大于2500 cm^2/g。

(3)碎石：二灰碎石中石料颗粒的最大粒径不超过31.5 mm，并符合设计的级配要求；碎石材料的质量宜占80%，并符合《公路路面基层施工技术规范》中二灰碎石的级配范围，集料压碎值不大于35%。

(4)水应符合国家现行标准《混凝土用水标准》(JGJ 63—2006)的规定。宜使用饮用水及不含油类等杂质的清洁中性水，pH宜为6~8。

4.4.3 职业健康安全要求

(1)在作业地点悬挂警告牌，严禁违章操作，严格按照施工规范和安全操作规程施工。
(2)施工机具、车辆及人员应与电气线路保持安全距离。

(3)各种机械设备施工时要有专门人员指挥。

(4)人工刮除粘在压路机轮上的混合料时,必须跟在压路机后面作业,严禁在压路机前面倒退作业。

(5)在开放交通的道路上施工时,施工人员要穿醒目的带反光标志的服装。

4.4.4　环境要求

(1)采取覆盖措施防止粉煤灰、石灰等细颗粒散体材料遗撒、飞扬,减少扬尘。

(2)必须对现场存放油料的库房进行防漏处理,防止油料跑、冒、滴、漏,污染水源。

(3)对施工噪声采取降噪措施,并进行严格控制,最大限度地减少噪声扰民。

(4)施工临时道路和开放交通的基层应定期维修和洒水,减少扬尘。

(5)运送混合料应采取覆盖措施,防止遗撒、扬尘。

4.5　施　工　工　艺

4.5.1　工艺流程

石灰粉煤灰稳定砂砾基层施工工艺流程如图4－1所示。

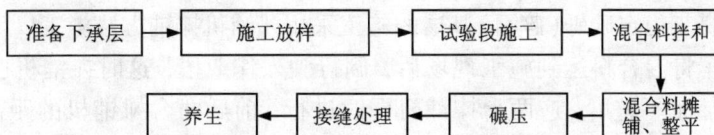

图4－1　石灰粉煤灰稳定砂砾基层施工工艺流程图

4.5.2　操作工艺

4.5.2.1　下承层检验

下承层检验合格后方可进行下一工序的施工。

4.5.2.2　施工测量放线

(1)恢复施工段的中线,直线段每10 m设一中桩,平曲线段每5 m设一中桩。

(2)放施工宽度线和高程控制点:当采用摊铺机进行施工作业时,用双基准线法控制施工宽度和高程,在距摊铺面两侧各200~500 mm处安放测墩,同时测量设置高程。基准线可采用钢丝绳或铝合金导梁;对于采用推土机配合平地机进行作业时,可直接采用边桩控制。当采用钢丝绳作为基准线时,应注意张紧度,200 m长钢丝绳张紧力不应小于1000 N。

4.5.2.3　混合料拌制

石灰粉煤灰稳定砂砾(碎石)混合料的拌制采用厂拌方法。将砂砾(碎石)、石灰、粉煤灰用装载机装入料斗仓。操作人员按照试验室所给的配合比进行上料拌和,计量控制在试拌时通过下设的变速皮带可调节开口进行调整。试验人员到拌和厂对第一次出料进行检测,再由操作人员进行调试,使其符合设计的集料级配和混合料组成比例后,拌和机才开始满负荷正常作业，由拌缸流出的混合料先进入临时贮料仓，这时运输车将自行停到装料位置，打开自动开启闸门将贮料仓内混合料卸到自卸汽车上，再运到施工现场。混合料拌制应符合下列规定：

（1）宜采用强制式搅拌机拌制，并应符合下列要求：

①搅拌时应先将石灰、粉煤灰搅拌均匀，再加入砂砾（碎石）和水搅拌均匀。混合料含水量宜略大于最佳含水量。

②拌制石灰粉煤灰砂砾（碎石）均应做延迟时间试验，以确定混合料在贮存场存放时间及现场完成作业时间。

③混合料含水量应视气候条件适当调整。

（2）搅拌厂应向现场提供产品合格证及石灰活性氧化物含量、粒料级配、混合料配合比及 R7 强度标准值的资料。

4.5.2.4 机械设备安装就位

当采用摊铺机进行摊铺作业时，摊铺机要提前进入现场并进行安装调试，确保其作业能力满足设计宽度要求，作业时摊铺机进入施工段起点，并按试验段确定的松铺厚度下熨平板，同时将高程传感器放在摊铺机两侧的高程细钢丝绳上。

要采用与摊铺方式相匹配的自卸车辆，数量要根据拌和站的产量以及运距等具体情况确定，运输路线要统筹安排，确保便捷、省时。

4.5.2.5 运送、摊铺混合料

（1）石灰粉煤灰稳定砂砾（碎石）基层的施工采用摊铺机摊铺方法施工。

（2）自卸汽车将混合料运到施工现场后，倒行驶入作业段，这时摊铺机已行至作业段起点位置。为保证施工平整度，应两台摊铺机同时进行，前后两台摊铺机的距离控制在 5～10 米之间。

（3）摊铺作业宜整幅完成，可一台或多台联合摊铺。料车到场后，由专人站在摊铺料斗一侧指挥卸料。同时启动摊铺机向两侧的搅笼中搅料，随后即可开动摊铺机前行作业。施工期间，料车要始终紧贴摊铺机前端，防止滑脱。

（4）摊铺机的熨平板下部依据测量人员给定的设计高程（内含松铺系数值）垫上木方，电脑调控已提前接通好，传感杆搭在已经挂好的钢丝上，准备就绪后，自卸汽车倒行由施工人员引至摊铺机料斗前，将混合料卸至料斗中，摊铺机开动，搅拌叶片将混合料充分填满料斗，再推动自卸汽车前行开始铺料，摊铺作业的行进速度控制为 1～1.5 m/min。

作业人员要对新铺路面的高程、厚度、横坡等指标进行检测，并及时对摊铺机进行调整，以尽快使摊铺作业进入正常状态。当采用推土机和平地机配合作业时，可将混合料直接卸在工作区内，卸料位置采用梅花形布置，疏密程度要提前计算，做到既利于推土机作业，又满足虚铺厚度的要求。推土机将混合料均匀摊开并用履带板对全幅静压一遍，平地机随后进行刮平作业，做到施工段表面平整光洁，高程、横坡满足质量要求。

测量人员用水准仪每隔 20 m 测量一边横坡。在摊铺机进行作业的过程中，应配备两名施工人员对个别拌和不均和孔隙大的地方进行处理。

（5）石灰粉煤灰砂砾（碎石）基层大面积施工前先选择一处不少于 200 m 的路段做试验段，以便确定混合料的松铺系数、碾压遍数、人员、机械台数和组合等，并将试验段结果报监理工程师认可。

(6)摊铺应符合下列规定:

①路床应湿润。

②压实系数应经试验确定。现场人工摊铺时,压实系数宜为1.65~1.70。

③石灰粉煤灰砂砾(碎石)宜采用机械摊铺。

④混合料在摊铺前其含水量宜在最佳含水量的允许偏差范围内。

⑤混合料每层最大压实厚度应为20 cm,且不宜小于10 cm。

⑥摊铺中发生粗、细集料离析时,应由人工及时翻拌均匀,必要时置换新料。

(7)运送混合料应覆盖,防止遗撒、扬尘和水分损失。

4.5.2.6　碾压

碾压工序分为初压、复压和终压三步进行。

(1)初压。

采用XT260及CP27胶轮压路机(小于12 t的压路机)进行碾压,碾压速度控制为1.5 km/h,碾压方式为:纵向前行碾压约80 m,倒车沿原轮迹回压,在成形路段横向错后部一个胶轮宽度,再向前碾压,试验段地处直线路段,横向碾压由靠路肩一侧向路中心部位碾压。碾压遍数为两遍。

(2)复压。

采用YZC12振动式压路机(大于12 t的压路机)加振上路碾压,碾压速度控制在2 km/h以内,碾压方式为:纵向前行碾压至离初压路头约2~3 m时,倒车沿原轮迹回压,在成形路段横向错光轮1/2宽度,再向前碾压,碾压路头保持错位1~2 m,试验段地处直线路段,由靠路肩一侧向路中心部位碾压。碾压遍数为两遍。

(3)终压。

复压合格后,采用瑞典DYNAPAC CC422双光轮振动式压路机加振上路碾压,碾压速度控制在2 km/h以内,碾压方式为:纵向前行碾压至离复压路头为1~2 m时,倒车沿原轮迹回压,在成形路段横向错光轮1/3宽度,再向前碾压,碾压路头保持错位1~2 m,试验段地处直线路段,由靠路肩一侧向路中心部位碾压。碾压遍数为两遍。碾压工作完成的压路机,陆续停到后部已成形的路段,以待新的作业。

碾压作业中应注意的原则:

正常段作业时由两侧向路中侧碾压,超高段由内侧向外侧进行碾压;每道碾压应与上一道碾压带重叠300 mm,并确保均匀压实全幅,如作业期间出现松散、起皮等现象,应及时进行处理,等处理后方可进行压实。

(4)碾压应符合下列规定:

(1)铺好的石灰粉煤灰砂砾(碎石)应当天碾压成活。

(2)碾压时的含水量宜在最佳含水量的允许偏差范围内。

(3)直线和不设超高的平曲线段,应由两侧向中心碾压;设超高的平曲线段,应由内侧向外侧碾压。

(4)初压时,碾压速度宜为20~30 m/min,灰土初步稳定后,碾压速度宜为30~40 m/min。

(5)人工摊铺时,宜先用6~8 t压路机碾压,灰土初步稳定、找平整形后,方可用重型压路机碾压。

4.5.2.7 接缝处理

（1）横向接缝。

①摊铺机摊铺混合料时，不宜中断。如因故中断时间超过 2 h，应设置横向接缝。

②设置横向接缝时，摊铺机应驶离混合料末端。人工将末端含水量、高程、厚度、平整度合适的混合料修整整齐，紧靠混合料放两根方木，方木的高度应与混合料的压实厚度相同。方木的另一侧用沙砾或碎石回填约 3 m 长，其高度应稍许高出方木高度。将混合料碾压密实。在重新开始摊铺混合料之前，将沙砾或碎石和方木除去，并将下承层顶面清扫干净。摊铺机返回已压实层的末端，重新开始摊铺混合料。

③如摊铺中断后未按上述方法处理横向接缝，且中断时间已超过延迟时间，应将摊铺机附近及其下面未经压实的混合料铲除，并将已碾压密实且高程和平整度符合要求的末端挖成与路中心线垂直并垂直向下的断面，然后再摊铺新的混合料。

（2）纵向接缝。

①原则上应避免纵向接缝。若分两幅摊铺时，宜采用两台摊铺机一前一后相隔为 5～10 m 同步向前摊铺混合料，并一起进行碾压。

②对未形成初强的二灰砂砾（碎石）搭接，用人工将纵向宽度为 15 cm 的二灰砂砾（碎石）混合料清除，随摊铺机前行搭铺。搭铺时，新铺路面在已铺筑完毕的路面横向搭铺 5～7 cm。

③由于路段不长，可用人工将此段的二灰砂砾（碎石）刨除，宽度约为 15 cm，再进行搭铺。

4.5.2.8 养生

（1）洒水车在前道碾压工序进行到第二路段时，对第一路段进行洒水养生，按洒水车的喷水宽度排列式洒水养生，洒水车的行进速度定为 5 km/h，洒水遍数应根据天气情况进行增减，一次作业完毕后停靠于后部已成形的路段，待第一路段表面干燥后，再洒水一遍，以此方式向前推进作业，这样就使得基层的表面基本上保持湿润状态，以达到养生的目的。

（2）养护应符合下列规定：

①混合料基层，应在潮湿状态下养护。养护期视季节而定，常温下不宜少于 7 d。

②采用洒水养护时，应及时洒水，保持混合料湿润；采用喷洒沥青乳液养护时，应及时在乳液面撒嵌丁料。

③养护期间宜封闭交通，需通行的机动车辆应限速，严禁履带车辆通行。

4.5.2.9 季节性施工

（1）冬期施工。

1）不宜在冬期进行施工，当日最低气温在 5℃以上并持续 15 d 时方可施工，在冰冻地区须在结冻前 15～30 d 停止施工。

2）必要时可采取提高早期强度的措施，防止基层受冻：

①在混合料中掺加 2%～5% 的水泥代替部分石灰。

②在混合料结构组成规定范围内加大集料用量。

③采用碾压成形的较低含水量的情况下压实，较低含水量宜小于最佳含水量 1%～2%。

（2）雨期施工。

①工作面的维护：若下承层是土基。应确保雨前土基碾压密实，对软土地段或低洼地段，应安排在雨期前施工，路床两侧应开挖临时排水槽，以利于排水。

②混合料要边摊铺，边碾压，对已摊铺好的混合料，要在雨前或冒雨进行初压，雨后再加压密实。对已铺好而尚未碾压的混合料，雨后应封闭交通，晾晒至适当含水量后再进行碾压。

③当出现连续阴雨天时，停止施工。

4.6　质量标准

4.6.1　主要项目

(1)石灰、粉煤灰、砂砾(碎石)和水等原材料质量符合《城镇道路工程施工与质量验收规范》(CJJ 1—2008)的相关规定，并有检验报告。

(2)基层、底基层的压实度应符合下列要求：

①城市快速路、主干路基层大于或等于97%，底基层大于或等于95%。

②其他等级道路基层大于或等于95%，底基层大于或等于93%。检查数量：每1000 m²，每压实层抽检1点。检验方法：环刀法、灌砂法或灌水法。

(3)基层、底基层试件作7 d无侧限抗压强度，应符合设计要求。检查数量：每2000 m²抽检1组(6块)。检验方法：现场取样试验。

4.6.2　一般项目

(1)表面应平整、坚实、无粗细骨料集中现象，无明显轮迹、推移、裂缝，接茬平顺，无贴皮、散料。

(2)基层及底基层允许偏差应符合表4-3的规定。

表4-3　石灰、粉煤灰稳定砂砾(碎石)类基层及底基层允许偏差

项目		允许偏差	检验频率			检验方法
			范围	点数		
中线偏移/mm		≤20	100 m	1		用全站仪测量
纵断高程/mm	基层	±15	20 m	1		用水准仪测量
	底基层	±20				
平整度/mm	基层	≤10	20 m	路宽/m	<9	1	用3 m直尺和塞尺连续量两次，取较大值
	底基层	≤15			9~15	2	
					>15	3	
宽度/mm		不小于设计规定+B	40 m	1		用钢尺量
横坡		±0.3%且不反坡	20 m	路宽/m	<9	2	用水准仪测量
					9~15	4	
					>15	6	
厚度/mm		±10	1000 m²	1		用钢尺量

（3）外观鉴定。

①表面平整坚实，无坑洼和明显离析。用 12 t 以上压路机碾压后，轮迹深度不得大于 5 mm，并不得有浮料、脱皮、松散、颤动现象。

②接茬处应平整，稳定。

（4）应注意的质量问题。

①为防止基层表面开花、鼓包甚至拱起，应严格控制石灰中未经消解的、大于 10 mm 的生石灰块掺入混合料中。

②为防止混合料含水量过大出现弹簧等现象，要严格控制石灰、粉煤灰和砂砾的含水量，并做好覆盖工作。

③为确保整体强度，混合料摊铺后，必须针对局部表面离析、骨料集中等现象，采用人工重新局部搅拌均匀后再进行碾压。

④为防止基层裂缝，在施工过程中应对混合料含水量、粗骨料含量、养生、开放交通时间等方面进行严格控制。

4.7　成品保护

（1）封闭施工现场，非施工人员及车辆不得进入养护路段。

（2）严禁压路机和重型车辆在新成形的路段上行驶，洒水车等不得在新成形路段上调头或急刹车，洒水车应在养生区段以外的路段上掉头。如必须掉头，应在掉头处覆盖 10 cm 厚砂砾，以保证基层表面不受破坏。

（3）养生 7d 以后，仍不能进行沥青混凝土面层施工时，应提前洒布乳化沥青封层，并均匀撒布 S14 或 S12 小碎石，以免在通行车辆机械时过分磨损。

（4）养生期间交通要完全封闭，除洒水车辆外，禁止一切车辆通行。养生 7 d 后必须开放交通时，在 28 d 内应限制重型车辆通行，车速应控制在 30 km/h 以内。

（5）保护好测量标志，如水准点、控制坐标点和高程桩，防止覆盖、移动、碰撞，以免影响工程定位。

（6）禁止在已做完的基层上堆放材料和停放机械设备，以免破坏基层结构。

（7）做好临时路面排水，防止浸泡已施工完的基层。

4.8　安全环保措施

4.8.1　安全措施

（1）严格按照施工规范和安全操作规程施工，在作业地点悬挂警告牌，严禁违章操作。

（2）施工机具、车辆及人员应与电气线路保持安全距离，达不到规范规定的最小距离时，必须采取可靠的防护措施。

（3）该项工程机械化程度高，各种机械设备型号多，功能各不相同，施工时要有专门人员指挥调度。

（4）人工刮除粘在压路机轮上的混合料时，必须跟在压路机后面作业，严禁在压路机前面倒退作业。

（5）在开放交通的道路上施工时，施工人员要穿醒目的带反光标志的服装。

4.8.2　环保措施

（1）石灰、粉煤灰是易飞扬的细颗粒散体材料，应安排在库内存放或严密遮盖，细颗粒散体材料运输时要采取覆盖措施，防止遗撒、飞扬，以减少扬尘。

（2）必须对现场存放油料的库房进行防漏处理，防止油料跑、冒、滴、漏，污染水源。

（3）对施工噪声采取降噪措施，并进行严格控制，最大限度地减少噪声扰民。

（4）施工临时道路和开放交通的基层应定期维修和洒水，减少扬尘。

4.9　质量记录

（1）原材料进场检验报告。

（2）中桩、边桩放样及复核记录，水平测量记录。

（3）压实度试验报告。

（4）二灰砾石（碎石）钙镁含量试验报告、粉煤灰质量试验报告。

（5）二灰砾石（碎石）强度试验报告。

5 级配碎石基层施工工艺

5.1 总则

实践证明,无论是沥青路面还是水泥混凝土路面,影响其使用性能和使用寿命的最关键因素都是基层的材料和质量。新建高速公路和其他公路产生的一些早期破坏常与基层质量不好有关。

5.1.1 适用范围

本标准适用于高速公路、一级公路及城市道路基层碎(砾)石基层底基层施工,其他等级公路可以参照执行。

5.1.2 参考标准和规范

(1)中华人民共和国行业标准《城镇道路工程施工与质量验收规范》(CJJ 1—2008)。
(2)中华人民共和国行业标准《公路路面基层施工技术细则》(JTG/T F20—2015)。

5.2 术语

5.2.1 级配碎石

粗、中、小碎石集料和石屑各占一定比例的混合料,当其颗粒组成符合规定的密实级配要求时,称为级配碎石。

5.2.2 级配砾石

粗、中、小砾石和砂各占一定比例的混合料,当其颗粒组成符合规定的密实级配要求且塑性指数和承载比均符合规定要求时,称为级配砾石。

5.2.3 基层

直接位于沥青面层下、用高质量材料铺筑的主要承重层或直接位于水泥混凝土面板下、用高质量材料铺筑的一层称为基层。基层可以是一层或两层,可以是一种或两种材料。

5.2.4 集料

由碎石(或砾石)、砂粒和粉粒(有时还可能有黏料)组成的,并以碎石(或砾石)和砂粒为主的矿料混合料,统称为集料。

粒径大于 2.36 mm 的集料,称为粗集料;粒径小于 2.36 mm 的集料,称为细集料。

5.3 施工准备

5.3.1 技术准备

(1)在路面基层开工前,组织施工技术人员、机手、施工连队负责人及参建工人进行技术、安全交底。

(2)项目部根据设计图纸、合同文件、现场施工条件等,按合同文件规定的人员配置、施工方式、机械设备、日期等进场,并确定级配碎石基层施工工艺流程、施工方案,编制详细的施工组织设计,并报监理和业主批准。

(3)在开工前,项目部组织对原材料仓库、拌和场、施工、试验、机械等岗位的技术人员、各工种工人以及相关管理人员进行上岗培训,未经培训人员不得单独上岗操作。

(4)开工前,测量组复测水准基点与导线点,并按四等水准精度适当加密水准点,经监理工程师验收批准后复测并恢复中心桩号。

(5)项目部建立完善的工地实验室。在备料和施工过程中,对路面原材料进行调查取样、定期抽检和试验分析,提供符合要求的原材料和配合比试验报告,提供压实度、平整度、纵断高程、宽度、厚度、横坡度等自检结果。

(6)在进行路面施工前,保证施工道路的基本平整、畅通,对确有困难不能通行的路段,修筑施工便道,不得延误运输时间。在施工组织设计中对混合料和原材料的运输车辆配备专人进行交通管制,做好运输车辆的交通分流工作,使之不形成渠化交通的轮迹,防止破坏已完成的底基层和出现交通安全事故。

(7)底基层交验接收后,为防止路面原材料运料车和混合料运料车对底基层的破坏,除了对已验收的底基层进行日常养护外,还应加强工地现场的交通组织和交通管制,不允许外来车辆进入施工现场,对工程自有的运料车应加强管理,控制载货质量,对驾驶员进行必要的技术指导,要求所有的运料车(包括原材料运料车和混合料运料车)尽可能地在硬路肩部位行驶,以避免重载车破坏行车道部位的底基层。

5.3.2 材料准备

级配碎石及级配砾石材料应符合下列规定:

(1)轧制碎石的材料可以是各种类型的岩石(软质岩石除外)、圆石或矿渣。圆石的粒径应是碎石最大粒径的 3 倍以上;矿渣应是已崩解稳定的,其干密度和质量应比较均匀,干密度不小于 960 kg/m³。

(2)碎石中针片状颗粒的总含量应不超过 20%。碎石中不应有黏土块、植物等有害物质。

(3)级配碎石及级配碎砾石颗粒范围和技术指标应符合表 5-1 的规定。

表 5-1　碎石、碎砾石级配的颗粒范围及技术指标

筛孔尺寸/mm	通过质量百分率/%			
	基层		底基层③	
	次干路及以下道路	城市快速路主干路	次干路及以下道路	城市快速路主干路
50			100	
37.5	100		85~100	100
31.5	90~100	100	69~88	83~100
19.0	73~88	85~100	40~65	54~84
9.5	49~69	52~74	19~43	29~59
4.75	29~54	29~54	10~30	17~45
2.36	17~37	17~37	8~25	11~35
0.6	8~20	8~20	6~18	6~21
0.075	0~7②	0~7②	0~10	0~10
液限/%	<28	<28	<28	<28
塑性指数	<9①	<9①	<9①	<9①

注：①潮湿多雨地区塑性指数宜小于 6，其他地区塑性指数宜小于 9；
②对于无塑性的混合料，小于 0.075 mm 的颗粒含量接近高限；
③底基层所列为未筛分碎石颗粒组成范围。

级配砂砾及级配砾石应符合下列要求：

(1)天然砂砾应质地坚硬，含泥量不得大于砂质量(粒径不小于 5 mm)的 10%，砾石颗粒中细长及扁平颗粒的含量不得超过 20%。

(2)级配砾石作次干路及其以下道路底基层时，级配中最大粒径宜小于 53 mm，作基层时最大粒径不得大于 37.5 mm。

(3)级配砂砾及级配砾石的颗粒范围和技术指标应符合表 5-2 的规定。

表 5 - 2　级配砂砾及级配砾石的颗粒范围及技术指标

项目		通过质量百分率/%		
		基层	底基层	
		砂石	砾石	砂砾
筛孔尺寸/mm	53		100	100
	37.5	100	90 - 100	80 - 100
	31.5	90 ~ 100	81 ~ 94	
	19	73 ~ 88	63 ~ 81	
	9.5	49 ~ 69	45 ~ 66	40 ~ 100
	4.75	29 ~ 54	27 ~ 51	25 ~ 85
	2.36	17 ~ 37	16 ~ 35	
	0.6	8 ~ 20	8 ~ 20	8 ~ 45
	0.075	0 ~ 7[②]	0 ~ 7[②]	0 ~ 15
液限/%		< 28	< 28	< 28
塑性指数		< 6(或 9[①])	< 6(或 9[①])	< 9

注：①潮湿多雨地区塑性指数宜小于 6，其他地区塑性指数宜小于 9；
②对于无塑性的混合料，小于 0.075 mm 的颗粒含量接近高限。

级配碎石及级配碎砾石所用石料的压碎值应满足以下规定：

基层：

高速公路和一级公路，不大于 26%。

二级公路，不大于 30%。

二级以下公路，不大于 35%。

底基层：

高速公路和一级公路，不大于 30%。

二级公路，不大于 35%。

二级以下公路，不大于 40%。

5.3.3　主要机具

(1)拌和设备：采用专用稳定土集中厂拌设备，产量 400 t/h 以上并带电子计量系统。

(2)摊铺机：2 台相同型号的沥青混凝土摊铺机或稳定土摊铺机。

(3)压路机：4 台重型压路机，其中应有 2 台 26 t 以上的重型轮胎压路机，2 台 25 t 重型振动压路机。

(4)洒水车 8 t 以上 3 台。

(5)运输设备：自卸汽车，其数量应满足摊铺要求。

(6)其他设备应配套齐全，装载机数量应满足拌和机产量的要求。

5.3.4 作业条件

（1）摊铺前完成下承层处理。恢复中线、测定摊铺机挂线所需要的宽度及高程桩，用双基准线控制。

（2）施工作业人员要求：基层施工工人应由工长或现场技术人员进行技术培训、安全交底，做到熟练掌握混合料的拌和、运输、摊铺、碾压、养生等技术。要有应对安全紧急救援措施，操作人员要保持稳定。

（3）拌和站、材料堆放场地要进行合理隔离、必要的硬化，并有良好的排水、防雨和防风设施。

（4）机械要求：各种施工机械需保持完好待用状态。

5.3.5 劳动力组织

1 个施工点的劳动力组织如表 5-3 所示。

表 5-3 劳动组织表

职务	人数	工作地点	职责劳动组织表范围	备注
现场技术管理人员				
总工程师	1	项目部、现场	技术负责、技术交底	
生产副经理	1	施工现场	总体协调组织管理	
施工员	2	施工现场	现场组织协调管理	
试验检测师	1	实验室	标准配合比设计试验	
试验员	1	施工现场	现场检测	
试验工	2	施工现场	配合试验员检测	
测量员	2	施工现场	现场放样及高程检测	
测量工	2	施工现场	配合测量员检测	
材料员	2	拌和场	材料组织、材料验收	
安全员	1	施工现场	现场安全巡查	
质检员	1	施工现场	现场质量检测	
现场操作人员				
运输车驾驶员	14	拌和场至施工现场	负责基层混合料的运输	
车辆指挥员	2	摊铺现场	负责现场运输指挥	
摊铺机机手	4	摊铺现场	负责基层摊铺	
压路机机手	5	摊铺现场	负责基层碾压	

续表 5 - 3

职务	组织人数	工作地点	职责分工、范围	备注
固定式连续拌和机操作机手	2	操作拌和楼	负责基层混合料拌和	
洒水车驾驶员	2	摊铺现场	负责基层洒水养生	

根据工期要求、工程特点及工程各施工阶段的需要，并结合机械设备情况和人员状态对劳动力实行动态管理，在保持各专业工程施工人数的前提下，高峰时根据需要从公司内部调配，力求在保证工程质量、进度的前提下，使劳动力的配置尽量合理。

5.4　工艺设计和控制要求

5.4.1　技术要求

（1）级配碎石混合料必须采用中心站集中厂拌法拌制，拌和设备应采用带自动打印功能的专用稳定土拌和机。摊铺时须采用 2 台沥青混合料摊铺机或稳定土摊铺机进行摊铺，不宜采用人工或平地机铺筑。

（2）级配碎石施工对温度要求较低，只要在 0℃ 以上、路面不结冰即可施工，气温过高时及时补充水分，亦可进行施工。

（3）级配碎石基层厚度大于 20 cm 时，须分为上、下两层进行施工，上层与下层压实厚度原则上相等且最小厚度为 10 cm。

（4）在验收合格的下承层上铺筑级配碎石基层时，应先将下承层顶面清扫干净，洒水湿润。

（5）级配碎石的碾压对混合料的含水量要求相当高，因此施工过程中要有专人控制混合料的含水量，确保现场混合料略高于最佳含水量。

5.4.2　材料质量要求

凡是饮用水（含牲畜饮用水）均可用于级配碎石结构层的施工，pH 宜为 6 ~ 8。

集料：用于级配碎石基层中的碎石由岩石轧制而成，应质地坚硬、耐久、洁净、有良好的级配，并具有足够的强度和耐磨耗性，其颗粒形状应具有棱角，接近立方体，不得含软石和其他杂质。集料堆放场地必须硬化，集料进场应办理质量检验单和计量单。集料应分层堆放以避免离析，细集料堆放必须注意防雨防潮，搭建雨棚。用于基层的碎石最大粒径为 31.5 mm，碎石颗粒应接近立方体；细集料质地应坚硬、耐久、洁净，并具有良好级配，其合成级配应符合表 5 - 4 的要求。

表 5 – 4　级配碎石基层的集料级配范围

通过质量百分率/%		1	2
筛孔尺寸/mm	37.5	100	
	31.5	90 ~ 100	100
	19	73 ~ 88	85 ~ 100
	9.5	49 ~ 69	52 ~ 74
	4.75	29 ~ 54	29 ~ 54
	2.36	17 ~ 37	17 ~ 37
	0.6	8 ~ 20	8 ~ 20
	0.075	0 ~ 7[②]	0 ~ 7[②]
液限/%		<28	<28
塑性指数		<6(或9[①])	<6(或9[①])

注:①潮湿多雨地区塑性指数宜小于6,其他地区塑性指数宜小于9;
②对于无塑性的混合料,小于0.075 mm的颗粒含量应接近高限。

5.4.3　职业健康安全要求

(1)在作业地点悬挂警告牌,严禁违章操作,严格按照施工规范和安全操作规程施工。

(2)施工机具、车辆及人员应与电气线路保持安全距离。

(3)各种机械设备施工时要有专门人员指挥。

(4)人工刮除粘在压路机轮上的混合料时,必须跟在压路机后面作业,严禁在压路机前面倒退作业。

(5)在开放交通的道路上施工时,施工人员要穿醒目的带反光标志的服装。

5.4.4　环境要求

(1)采取覆盖措施,防止细颗粒散体材料遗撒、飞扬,减少扬尘。

(2)必须对现场存放油料的库房进行防漏处理,防止油料跑、冒、滴、漏,污染水源。

(3)对施工噪声采取降噪措施,并进行严格控制,最大限度地减少噪声扰民。

(4)施工临时道路和开放交通的基层应定期维修和洒水,减少扬尘。

(5)运送混合料应采取覆盖措施,防止遗撒、扬尘。

5.5　施工工艺

5.5.1　工艺流程

施工操作工艺流程见图 5 – 1。

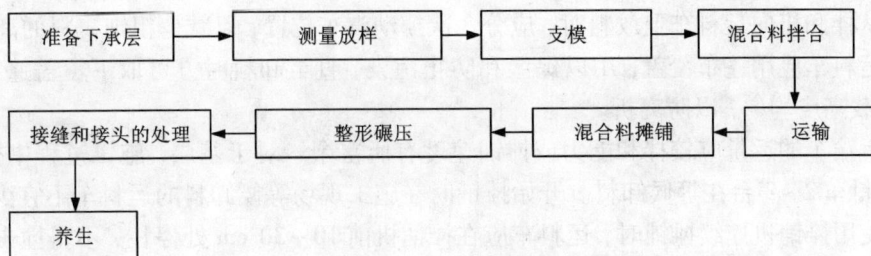

图 5-1 级配碎石基层施工工艺流程图

5.5.2 操作工艺

5.5.2.1 底基层的检测和清扫

级配碎石施工前，对下承层要进行检测，符合质量标准后方可进行施工，施工时对下承层进行彻底的清扫，清除杂物并洒水浸湿。

5.5.2.2 施工放样

在下承层上恢复中线，直线段每 10 m 设一桩，平曲线段每 5 m 设一桩，并在两侧路肩边缘外设指示桩，在两侧指示桩上用明显标记标出级配碎石基层边缘的设计高。

5.5.2.3 支模

对已放样好的路段，沿摊铺边缘，根据摊铺厚度支设合适的槽钢或方木，并用钢钎固定。

5.5.2.4 中心站集中厂拌法施工

(1)基层采用专用集中厂拌和机拌制混合料。符合下列要求：

①配料应准确，拌和应均匀。

②含水量宜略大于最佳值，使混合料运到现场摊铺后碾压时含水量不小于最佳值。

③各种材料应分别堆放。

(2)当采用连续式的稳定土厂拌设备拌和时，应保证集料的最大粒径和级配符合要求。

(3)在正式拌制混合料之前，必须先调试所有的设备，使混合料的颗粒组成和含水量都达到规定的要求。原集料的颗粒组成发生变化时，应重新设计生产配合比并调试设备。

(4)在潮湿多雨地区或其他地区的雨季施工时，应采取覆盖措施，保护集料，防止淋雨。

(5)应根据集料含水率的变化，及时调整加水量。

5.5.2.5 摊铺前的准备工作

(1)级配碎石基层的下承层表面松散、离析的要提前进行挖补处理，并用压路机重新压实，保证表面湿润状态，提前放样布点，布点一般为 10 m 一个桩，施工技术员要复核挂线高度，一次挂线一般以 100~150 m 长为宜，装模固定后，调好摊铺机，检查摊铺机的油料是否充足，各施工岗位的人员是否到位，钢尺、测绳、补料的斗车钢筛等设备是否准备好。接头松散材料是否铲除。

(2)检查拌和楼、摊铺机、装载机、车队、电源以及原材料是否达到要求。

5.5.2.6 混合料运输

(1)拌好的级配碎石混合料应采用较大吨位的自卸汽车运输。运输车辆在每天开工前，要检验其完好情况，装料前要将车厢清洗干净，不得有水积聚在车厢底部。

（2）从拌和机向运料车上放料时，应分3次挪动汽车位置，以减少粗细集料的离析现象。

（3）运料车应用篷布覆盖，用以保湿和防止污染，直至卸料时方可取下覆盖篷布。同时应保持装载高度均匀，以防离析。

（4）运输车的运量应较拌和能力或摊铺速度有所富余。对于基层，施工过程中摊铺机前方应有运料车2~3台在等候卸料。开始摊铺时在施工现场等候卸料的运料车不宜少于5辆。

（5）使用摊铺机连续摊铺时，运料车应在摊铺机前10~30 cm处停住，不得撞击摊铺机。卸料过程中运料车应挂空挡，靠摊铺机推动前进。

（6）拌和好的混合料要尽快摊铺。如运输车辆中途出现故障，必须尽快排除。当有困难时，如车辆混合料含水量达不到要求时，应补充水量。

5.5.2.7 级配碎石的摊铺

（1）摊铺时，每个作业面应配备两台以上沥青混合料摊铺机或稳定土摊铺机实现梯队联合作业。两台摊铺机前后相距5~10 m。在施工时应不时地进行横向平整度的检查，要求横向平整度小于8 mm。对超出8 mm的部位，应采用必要的措施解决。摊铺时应尽量避免粗细集料离析现象，发现有离析现象时，应设专人及时处理，特别是局部粗集料窝，应该铲除并用新拌混合料填补。上、下层摊铺的纵向接缝应错开50~100 cm。相邻两幅摊铺时应有10 cm左右宽度的级配碎石混合料搭接。混合料的含水量宜高于最佳含水量的0.5%~1.0%，以补偿摊铺及碾压过程中的水分损失。

（2）两台摊铺机同时摊铺时，宜在每台摊铺机的外侧用钢丝绳挂线引导，两台摊铺机中间用高程引导梁及滑橇控制高程的方式来找平控制路面标高。

（3）级配碎石的松铺系数应根据实际的混合料类型、施工机械和施工工艺等，由试铺试压确定。摊铺过程中应随时检查摊铺层厚及路拱、横坡，并按使用的混合料总量与摊铺面积校验平均厚度，不符要求时应根据铺筑情况及时进行调整。

（4）级配碎石应缓慢、均匀、连续不间断地摊铺。摊铺过程中不得随意变换速度或中途停顿。拌和机与摊铺机的生产能力应互相协调。如拌和机的生产能力较低，摊铺机采用最低速度摊铺，以减少摊铺机停机待料的情况。

（5）摊铺机应具有自动或半自动方式调节摊铺厚度及找平的装置。在熨平板按所需厚度固定后，不得随意调整。

（6）应预先标定摊铺机行走速度与螺旋布料器转速的传动关系，摊铺过程中，应保持螺旋布料器全范围内物料分布均匀，保证在摊铺机全宽度断面上不发生离析。螺旋布料器端部距物料挡板间距应为10~30 cm，此间距超过30 cm时必须加装叶片。摊铺过程中应在摊铺机后面设专人观察螺旋布料器布料是否均匀，是否产生离析、卡料或虚铺现象，一旦发生此现象，应启动摊铺机全速旋钮迅速补料。

（7）严禁空仓收斗。级配碎石施工时应避免每车料收斗一次的做法，仅当料斗内黏附较多混合料时方需收斗。收斗应在运料车离去、料斗内尚存较多混合料时进行，收斗后应立即连接满载的运料车向摊铺机内喂料。

5.5.2.8 级配碎石结构层的压实

（1）压实后的级配碎石基层应符合压实度、厚度及平整度的要求。

（2）级配碎石基层摊铺后，首先使用胶轮压路机紧跟摊铺面及时进行搓揉挤密碾压，然后再用25 t的重型振动压路机由弱振到强振碾压至规定的压实度,且无显著轮迹,初检压实度,不合格时,重复再压。碾压次数通常为6~8遍,相邻碾压带应重叠1/3~1/2的碾压轮宽度。

(3)碾压过程中,混合料表面应始终保持湿润,如水分蒸发过快,应及时喷洒少量水。同时对表面粗集料多、孔隙大的局部地段应撒少许石粉填充并补水碾压。对"弹簧、松散、起皮"现象,应及时处理。

(4)压路机应以慢而均匀的速度碾压,压路机的碾压速度应符合表5-5的规定。

表5-5 压路机碾压速度(单位: km/h)

压路机类型	初 压		复 压		终 压	
	适宜	最大	适宜	最大	适宜	最大
钢轮压路机	1.5~2	3	2.5~3.5	5	2.5~3.5	5
胶轮压路机	—	—	3.5~4.5	8	4~6	8
振动压路机	1.5~2 (静压)	5 (静压)	3~4 (振动)	4~5 (振动)	2~3 (静压)	5 (静压)

(5)压路机应从外侧向中心碾压,最后碾压路中心部分,压完全幅为一遍。当边缘有挡板、路缘石、路肩等支挡时,应紧靠支挡碾压。当边缘无支挡时,可用耙子将边缘的混合料稍稍耙高,然后将压路机的外侧轮伸出边缘10 cm以上碾压,也可在边缘先空出宽30~40 cm,待压完第一遍后,将压路机大部分重量位于已压实过的混合料面上再压边缘,以减少向外推移的情况出现。

(6)振动压路机的振动频率和振幅应经试验段试验确定,并根据混合料种类和层位选用。振动压路机倒车时应先停止振动,并在向另一方向运动后再开始振动,以避免混合料形成鼓包。

(7)碾压时应将驱动轮面向摊铺机。碾压路线及碾压方向不应突然改变,以免导致混合料产生推移。压路机启动、停止必须减速缓慢进行。严禁压路机在已完成的或正在碾压的路段上"调头"和急刹车,以保证级配碎石层表面不受破坏。

(8)初压、复压完成,压实度达到要求后,应喷洒少量水分,用25 t胶轮压路机揉搓至表面泛浆,确保表面密实稳定。

5.5.2.9 横向接缝设置

级配碎石基层施工不需要设置横向接缝,每天施工完成后,预留1 m左右不碾压,第二天接着施工时,补水,将前一天预留部分碾压完成即可。

5.5.2.10 检测

(1)混合料配合比组成测定和试验分析。

含水量:拌和场给混合料加水时应扣除集料中的天然含水量,现场检测混合料含水量时,为加快检测速度,宜用微波炉烘干法测试,其烘干的时间可以对比试验确定。

级配:级配碎石基层要严格控制混合料级配,因此工地试验室每天应在第一时间测定混合料级配,不合要求及时调整。

（2）压实度的检测方法。

压实度的核实是与混合料最大干密度相联系的，采用现场取样击实和现场压实方法核定室内击实最大干密度是否同现场相符，首先测定含水量，再进行现场压实和现场击实，压实必须是机型与压实工艺合理组合，反复碾压，至压实度检测值无明显变化时为止，然后在室内击实曲线上比较，核实对应现场检测含水量的干密度是否与现场取样击实的干密度和现场碾压的干密度相符，如果相差太大，应重新试验确定。

（3）混合料松铺系数。

混合料松铺系数采用如下两种方法试验确定：第一种是在松铺层上选择 6～10 个点量取松铺厚度，经碾压后再量取压实厚度，求其压实系数的平均值；第二种是利用高程测量数据进行碾压前后对比计算。这两种方法得出的松铺系数都是相对值，不是绝对值，应根据材料、配合比和含水量的变化及摊铺振动压实情况，加上室内试验结果，求出准确的松铺系数。

（4）混合料级配偏差的分析与控制。

集料的级配偏差与离析直接影响到基层结构的压实度、平整度、密水性能等技术指标，因此，必须对铺筑后的混合料取样进行快速筛分，并通过对比分析试验排除混合料的各种影响因素。

5.5.2.11　中心站集中拌和要求

（1）必须分级备料。在定购集料之前，应对料场每种不同规格（或粒级）的集料取样进行筛分试验。在确保能够配制符合表 5－1 级配要求的前提下，按筛分情况计算出每种规格集料的备料比例。如果不能配制出符合表 5－1 级配要求的混合料时，应向材料供应商提出改进意见或更改料源。订货时，应向材料供应商提出各规格集料的颗粒组成要求，即对每种规格的集料，要规定 3～4 个筛孔的通过量的允许误差，如粗集料可考虑 ±4%～±8%，细集料可考虑 ±3%～±5%。该步工作应与混合料配合比设计工作紧密配合。

（2）建立不同规格集料的进场验收制度，材料进场时，要有专人验收，凡不符合规定的集料应拒收。

（3）对于土质场地，应事先整平、碾压并作适当硬化处理，避免雨季场地坑洼、泥泞和污染集料。不同粒级的集料应隔离，分别堆放。应事先计算各种不同粒级的集料需要量，计划进料时间，并计算各种不同粒级集料所需堆放场地的面积。避免料多时互相交错，保持同一粒级集料颗粒组成无大的变化。在场地上堆放集料时，要一车一车集料先在预算好的面积上平放一层，然后再往上平放一层，这样一层一层向上堆放可以减少集料堆放过程中的离析现象，保持同一粒级集料的均匀性。

（4）4.75 mm 以下集料应设置遮雨设施，以防雨淋。如果 4.75 mm 以下集料在进场时含水量过大，堆放之前应当进行晾晒处理。

（5）为避免料斗中的集料串料，料斗的上口不要紧靠在一起，要有一定距离，或料斗上口之间要用隔板隔开，同时上料用的装载机的装料斗的宽度应明显小于料斗的上口宽度。

（6）在正式拌制混合料之前，必须先调试所用的设备，使混合料的颗粒组成和含水量都达到规定要求。原材料的颗粒组成发生变化时，应重新设计配合比并调试设备。

（7）拌和时应根据集料含水量的变化，及时调整加水量。拌和机加水装置处应有人严格管理。

（8）拌和时的含水量视天气情况宜较最佳含水量大 1%～2%，以弥补混合料在延迟时间内的水分损失，使碾压时混合料的含水量处在最佳含水量与最佳含水量+1%含水量之间。

(9)运料车装料出厂时，为防止表层混合料失水过多，特别是在气温较高和有风的气候条件下，车厢必须覆盖，应尽快将拌好的混合料运送到铺筑现场，减少水分损失，保证压实质量。

5.5.2.12 养生及交通管制

(1)级配碎石基层施工完毕后不得开放交通且应及时铺筑下一层。

(2)级配碎石不需要洒水养生，但在下一层施工前不允许任何车辆通行。

5.5.2.13 其他需注意的问题

(1)标高的控制：技术人员要经常检查挂线是否牢靠，摊铺机起机时，摊铺每前进3 m测一次布线常数，及时调整传杆器的高度。摊铺完毕，摊铺机驶离接头部位，作接头，用6 m直尺纵向检查，最端头处大于8 mm则切除，个别人工重新补料夯实。

(2)基层两侧处理：人工布料，标高适当高1 cm左右，压路机碾压前用平板振动器夯实。

(3)高速公路上级配碎石基层应半幅施工，并保证下一层半幅全部施工完毕且养生完毕，才可进行另外半幅的施工。级配碎石基层施工时不允许任何车辆通行。

5.6 质量标准(高速公路和一级公路)

5.6.1 取样和检验

质检、试验人员在施工过程中应加强对级配碎石基层的外形尺寸与质量的控制和检查，并按设计文件和相关规范、标准规定的外形尺寸管理和质量控制标准、检查频率进行。

(1)施工过程中应对基层原材料进行检验，其检验方法与频度见表5-6。

(2)应按表5-7规定的频率和质量标准进行级配碎石基层的外形管理。

(3)应按表5-8规定的质量控制项目、频率和质量标准进行质量控制和管理。

表5-6 级配碎石底基层、基层原材料的质量检验

试验项目	频度	标准	试验方法
含水量	每天使用前测2个样品	确定加水量	烘干法、酒精燃烧法等
颗粒分析	每2000 m³测2个样品，碎石种类变化时必须做	级配符合订货时提出的要求	筛分法
液限、塑限	每种细集料使用前测2个样品，使用过程中每2000 m³测2个样品	液限与塑性指数符合要求	液限塑限联合测定法测液限；滚搓法塑限试验测塑限
压碎值	每2000 m³测2个样品，碎石种类变化时必须做	≤30%	集料压碎值试验

表 5-7　级配碎石基层的外形管理

项　目		频率	质量标准	
			—	基层
纵断高程/mm		每 20 延米一个断面，每断面 3~5 点	—	+5，-10
厚度/mm	均值	每 1500~2000 m² 测 6 点	—	-8
	极值		—	-15
宽度/mm		每 40 延米 1 处	—	+0 以上
横坡度/%		每 100 延米 3 处	—	±0.3
平整度/mm		每 200 延米 2 处，每处连续 10 尺（3 m 直尺）	—	8
		连续式平整度仪的标准差		3.0

表 5-8　级配碎石基层的质量管理

项目	频率	质量标准	达不到要求时的参考处理措施	备注
级配	每作业段或不超过 2000 m² 检验一次或每天不少于 4 次，材料异常时随时试验	符合表 5-1 要求 19 mm 筛孔，±5% 4.75 mm 筛孔，±4% 2.36 mm 筛孔，±3% 0.075 mm 筛孔，±2%	调查原材料，按需要修正配合比	在拌和站出料口接料或现场摊铺、整平过程中取样，采用水洗试验法分析颗粒级配
含水量	随时据观，察异常时随时试验	拌和时：$W_0+1\%$ ~ $W_0+2\%$ 碾压时：W_0 ~ $W_0+1\%$（W_0 为最佳含水量）	通知拌和站调整	拌和过程中，开始碾压时及碾压过程中检验。注意规定的延迟时间
拌和均匀性	随时观察	无灰条、灰团，色泽均匀，无离析现象	补充拌和，处理粗集料窝和粗集料带，通知拌和场，增加拌和时间	
压实度	每一作业段或不超过 2000 m² 检查 6 处以上	基层≥98%	在延迟时间内，继续碾压，局部含水量过大或材料不良地点，挖除并换填符合要求的混合料	以灌砂法为准。每个点受压路机的作用次数力求相等。碾压过程中，应用核子密度仪进行压实度快速检测，以及时指导现场压实工作
抗压强度	每一作业段或不超过 2000 m² 取 13 个试件	基层≥4.0 MPa 且平均值不应大于 5 MPa	调查原材料，按需要增加结合料剂量，改善材料颗粒组成或采用其他措施（提高压实度）	整平过程中随机取样，一处一个样品，不应混和，制作时不再拌和，试件密度与现场达到的密度相同
延迟时间	每个作业段 1 次	符合确定的时间	适当改进施工方法与加强组织	记录从加水拌和到碾压结束的时间

5.6.2　集料性能、级配要求

(1)质量符合设计和规范要求；混合料拌和均匀，无粗细颗粒明显离析现象。

(2)养生符合规范要求，标高、平整度符合要求。

5.6.3　实测项目

级配碎石基层的允许偏差及检验方法见表5-9(表中规定频率为验收时取样和试验的最低频率)。

表5-9　级配碎石底基层、基层实测项目

项次	检查项目		规定值或允许偏差		检查方法和频率
			—	基层	
1	压实度/%	代表值	—	≥98	按照JTG F80/1—2004附录B检查每200 m每车道2处
		极值		94	
2	平整度/mm			8	3 m直尺：每200 m测2处×10尺
3	纵断高程/mm			+5，-10	水准仪：每200 m测4断面
4	宽度/mm			不小于设计值	尺量：每200 m测4处
5	厚度/mm	代表值	—	-8	按照附录JTG F80/1—2004 H检查每200 m每车道1点
		极值	—	-15	
6	横坡/%		—	±0.3	水准仪：每200 m测4点
7	钻芯取样		完整均匀及上基层、下基层、底基层连续的芯样		每个车道500 m钻芯一个

5.6.4　外观鉴定

(1)表面平整密实，无坑洼，无明显离析，边线整齐，无松散、软弹现象。

(2)施工接头平顺。

5.7　成品保护

(1)施工过程中妥善保护好施工现场的中桩及指示桩。

(2)养生期间，设专人负责交通管制，悬挂醒目的交通限行标志。

(3)禁止压路机在碾压好的路面进行急停、急转和调头。

(4)测量好的基准标高应有专人看护，经常复核，一旦发生触碰要及时恢复，保证施工正常。

5.8 安全环保措施

5.8.1 安全措施

(1)混合料拌和站宜封闭,禁止闲杂人等进入。

(2)拌和机以及配料机、传输带周围有防护设施。储料斗下严禁站人,自卸车进入储料斗下有专人指挥。

(3)施工现场的电工必须持证上岗,拌和站要有用电设计方案。

(4)各种机械操作手持证上岗,熟悉操作规程。保证机械设备性能良好。

(5)压路机碾压时,注意慢速,小心路面上的工人以及摊铺机。

(6)自卸汽车卸料时有专人指挥,现场交通有专人指挥。

5.8.2 环保措施

(1)现场施工废渣,指定专人负责,及时清理,不允许弃在路基两侧。

(2)拌和站制订洒水防尘措施,废水及时排入事先挖好的沉淀池。

(3)禁止在施工现场随便丢弃废料、废品。

5.9 质量记录

(1)原材料(水泥、碎石)进场复验报告。

(2)施工原始记录表(或按监理工程师要求进行)。

(3)进行抽样检查:压实度、厚度等。

(4)混合料配合比试验报告。

(5)混合料压实试验报告。

6 ATB 沥青混凝土路面施工工艺

6.1 总则

6.1.1 适用范围

本标准适用于各级新建、改建(扩建)公路、城市道路、机场跑道等各结构类型的 ATB 沥青混合料下面层或基层施工。

6.1.2 参考标准和规范

(1)中华人民共和国行业标准《公路工程质量检验评定标准》(土建工程)(JTG F80/1—2004)。

(2)中华人民共和国行业标准《公路路面基层施工技术细则》(JTG/T F20—2015)。

(3)中华人民共和国行业标准《公路沥青路面施工技术规范》(JTG F40—2004)。

(4)中华人民共和国行业标准《公路路基路面现场测试规程》(JTG E60—2008)。

(5)中华人民共和国行业标准《公路工程沥青及沥青混合料试验规程》(JTG E20—2011)。

(6)中华人民共和国行业标准《公路工程施工安全技术规范》(JTG F90—2015)。

(7)中华人民共和国国家标准《环境空气质量标准》(GB 3095—2012)。

6.2 术语

ATB 沥青混合料是一种密级配沥青稳定碎石混合料,其级配组成介于 I 型密级配与 II 型密级配之间,是一种骨架密实结构,其抗车辙、抗开裂、水稳定性均较好,混合料既具有 I 型密实的特点,又具有 II 型的高温稳定性特点。

6.3 施工准备

6.3.1 技术准备

(1)复核水准点,必须全线联测。施工放样,采用全站仪准确放出中桩位置,并依据中桩确定各结构层边线位置。

（2）熟悉图纸、设计文件和相关规范、标准，编制实施性施工组织设计和单项工程施工技术方案和安全技术方案，由项目总工程师向各工程师、班组长进行书面的一级技术交底和安全交底，然后由各工程师、班组长向各自部门技术员、操作手进行二级技术交底和安全交底，施工前由路面工程师向辅助工人进行三级技术交底和安全交底。

（3）配合比设计。

包括目标配合比设计、生产配合比设计以及生产配合比验证3个阶段。

①目标配合比设计包括：按《公路沥青路面施工技术规范》（JTG F40—2004）附录B的方法，优选矿料级配、确定最佳沥青用量，符合配合比设计技术标准和配合比设计检验要求，以此作为目标配合比。

ATB沥青混合料的目标配合比设计宜按图6-1的步骤进行。

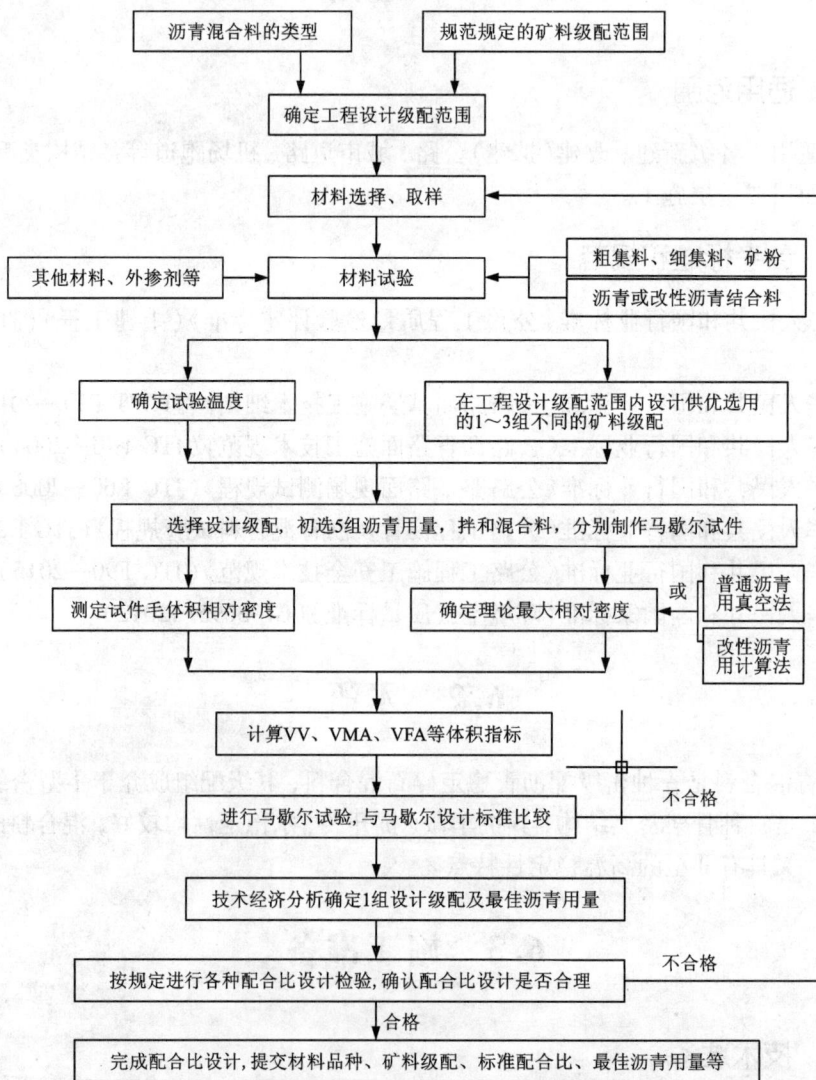

图6-1 ATB沥青混合料的目标配合比设计

②生产配合比设计：对间歇式拌和机，应按规定方法，从各热料仓取有代表性试样进行筛分，计算确定各热料仓的配料比例，供拌和机控制室拌料使用，同时还应选择适宜的振动筛网尺寸和安装角度，尽量使各热料仓的供料大体平衡，并取目标配合比设计的最佳沥青用量 OAC、OAC±0.3% 等 3 个沥青用量进行马歇尔试验和试拌，通过室内试验及从拌和机取样试验综合确定生产配合比的最佳沥青用量，由此确定的最佳沥青用量与目标配合比设计的结果的差值不宜大于±0.2%；对连续式拌和机可省略生产配合比设计步骤。

③生产配合比验证（试拌、试铺）：拌和机按生产配合比的结果进行试拌、铺筑试验段，并取样进行马歇尔试验，同时从路上钻取芯样观察空隙率的大小，由此确定生产用的标准配合比。标准配合比的矿料合成级配中，至少应包括 0.075 mm、2.36 mm、4.75 mm 及公称最大粒径筛孔的通过率接近优选的工程设计级配范围的中值，并避免在 0.3~0.6 mm 处出现"驼峰"。对确定的标准配合比，还应进行车辙试验和水稳定性检验。

6.3.2 材料准备

6.3.2.1 沥青

现场要配备足够的具有加温和搅拌功能的沥青存储罐，以储备充足的沥青，保证施工的连续供应。

6.3.2.2 集料

（1）应按设计要求准备各种规格的集料，对不同料场、批次的材料应进行检测验收。

（2）集料应堆放于清洁、干燥、地基稳定、排水良好、有硬质铺面的场地上，不同规格的集料应分开堆放。

（3）集料宜采用分层堆放的方法，在整个堆料区逐层向上堆放，以防止集料离析。

6.3.2.3 矿粉

（1）必须采用憎水性的石灰岩或岩浆岩中的强基性岩石加工，细度应符合规范要求。

（2）如果采用袋装矿粉，应储存于排水良好、地势较高的地方，并设防雨棚，防止受潮结团。

（3）散放矿粉应检查生产厂储存情况，防止受潮、结团。

6.3.3 主要机具

6.3.3.1 拌和设备

ATB 沥青混凝土拌和可采用间隙式拌和机或连续式拌和机，高速公路和一级公路宜采用间歇式拌和机。连续式拌和机使用的集料必须稳定不变，一个工程从多处进料、料源或质量不稳定时不得采用连续式拌和机。

（1）拌和机总拌和能力应满足施工进度需要，拌和机除尘设备完好，能达到环保要求。

（2）冷料仓的数量满足配合比需要，通常不宜少于 5 个，热料仓也不宜少于 5 个，具有添加纤维、消石灰等外掺剂的设备。

6.3.3.2 运输设备

ATB 沥青混凝土运输设备，宜采用 15 t 以上较大吨位的自卸运输车运输。运输时车厢板上应涂有防止沥青黏结的隔离剂或防黏剂，但不得有余液积聚在车厢底部。车辆必须配备保温夹棉苫布。

6.3.3.3 摊铺设备

ATB 沥青混凝土应采用沥青摊铺机摊铺,宜采用配有自动找平装置的履带式摊铺机。

6.3.3.4 压实设备

ATB 沥青混凝土的压实设备宜采用双钢轮振动压路机、胶轮压路机(吨位宜大于 25 t),沥青路面施工应配备足够数量的压路机,高速公路铺筑双车道沥青路面的压路机数量不宜少于 5 台,压路机类型及轻重组合视结构层类型及厚度而定。

6.3.3.5 试验、测量仪器

试验、测量仪器设备质量稳定可靠,精度满足要求。同时,应经过有资质的计量认证单位检定,并出具检定证书并粘贴合格证。主要试验、测量仪器设备应满足表 6-1 的要求。

表 6-1 试验、测量仪器准备表

序号	仪器名称	数量	备注
1	针入度试验仪(配 3 根标准针、3 个试样杯)	1 台	沥青试验
2	软化点试验仪	1 台	
3	低温电脑延度试验仪(配 6 个八字试模、3 个一字试模)	1 台	
4	薄膜烘箱	1 台	
5	沥青混合料拌和机	1 台	沥青混合料试验
6	马歇尔电动击实仪、大马歇尔击实仪(配 2 套底座和套筒、12 个以上试模)	各 1 台	
7	(大、小)马歇尔稳定度试验仪(能打印稳定度—流值曲线)	各 1 台	
8	理论最大相对密度仪	1 台	
9	恒温水浴	1 台	
10	沥青混合料快速分离机(抽提仪)	1 台	
11	箱式电阻炉	1 台	
12	电热恒温干燥箱(101-2 型以上)	2~3 台	
13	路面取芯机(钻深 60 cm 以上)	1 台	压实度厚度检测
14	切割机	1 台	
15	连续式平整度仪	1 台	平整度检测
16	3 m、6 m 直尺(配塞尺)	各 2 把	
17	构造深度测试仪	1 台	抗滑试验
18	摆式摩擦系数测试仪	1 台	
19	路面渗水仪	1 台	渗水试验
20	路面弯沉仪(5.4 m 长贝克曼梁、百分表、表架)	1 套	弯沉检测
21	水准仪	2 台	
22	全站仪	1 台	

6.3.3.6 其他设备

装载机、洒水车、空压机、加油车、发电机、切割机、照明设备等。

6.3.4 作业条件

(1)沥青面层施工前,必须对下承层的质量进行检查验收,下承层的质量必须满足相应标准要求,并及时完成施工放样。

(2)施工前对施工机具进行全面检查、调整,特别要求对拌和楼的计量装置进行计量标定,选择与调整摊铺机的自动找平装置、各项作业控制参数;落实运输车的防黏措施及保温措施;确保压路机喷雾防黏轮的措施有效。

(3)要求拌和场地硬化处理,各种规格的材料分开堆放(搭建不少于1.8 m高隔墙),不得混杂;细集料的防雨设施应可靠有效;矿粉宜罐装。

(4)开工前应备足10 d左右施工使用的材料,并在施工中陆续进料。

(5)工地应备有防雨设施,并做好基层及路肩排水。

(6)摊铺现场、沥青拌和场及气象站台之间应具有有效的联系手段。

6.3.5 劳动力组织(见表6-2)

表 6-2 ATB 沥青混凝土路面施工劳动力组织

工种	人数	工作地点	职责范围
现场施工负责人	1	摊铺现场	负责跟拌和站协调、组织现场施工等
技术员	2	摊铺现场	负责摊铺前、后场的协调、指挥和检查
拌和机手	2	拌和机周边	负责生产合格的混合料、机器维修保养等
拌和站辅助工	5	整个拌和站	负责整个生产过程中的辅助
摊铺组	6	摊铺机	负责摊铺机的正常运转、摊铺合格的混合料
碾压组	5	压路机	负责按标准流程进行混合料的碾压
测量组	2	摊铺机周边	负责检测挂线高、松铺厚度
检测组	2	摊铺机周边	负责检测温度、压实度、平整度、表面均匀性
安全员	2	整个施工现场	负责跟班检查安全措施、安全措施的执行情况及安全教育工作,对安全生产负责
施工现场辅助工	16	整个施工现场	负责挂线、指挥倒车、缺陷处理等工作
总计	43		

注:此表为一个作业班施工配备人员,未计后勤、行政等人员。

6.4 工艺设计和控制要求

6.4.1 技术要求

（1）ATB沥青混凝土路面施工必须在高温环境下进行，施工温度低于10℃时不适宜进行热拌沥青混凝土路面施工。

（2）ATB沥青混凝土路面施工过程中应对混合料油石比、矿料级配、稳定度、流值、空隙率、残留稳定度、混合料出厂温度、运到现场温度、摊铺温度、初压温度、碾压终了温度、混合料拌和均匀性进行检测，具体检测频率、标准根据混合料类型、具体项目实际施工控制要求确定。

（3）ATB沥青混凝土路面施工完成后应对厚度、平整度、宽度、纵断高程、横坡度、压实度、渗水系数、中线平面偏位、摊铺均匀性进行检测。检测频率、标准应根据混合料类型、具体项目实际施工控制要求确定。

6.4.2 材料质量要求

6.4.2.1 沥青

沥青进场时，每车应出具出厂检验合格报告，进场的沥青按照《公路沥青路面施工技术规范》（JTG F40—2004）表4.2.1-1的要求进行检测，技术指标必须满足规范要求。

6.4.2.2 集料

（1）粗集料。

粗集料应采用具有足够强度和耐磨性的石灰石碎石或其他满足要求的碎石。碎石应洁净、干燥，无风化、无杂质，其颗粒形状应具有多棱角，接近立方体。粗集料的主要技术指标必须满足《公路沥青路面施工技术规范》（JTG F40—2004）表4.8.2、表4.8.3、表4.8.5和表4.8.7的要求。为确保粗集料的颗粒形状符合要求，沥青面层用粗集料在破碎作业时，不得采用颚式破碎机加工，必须采用反击式、锤击式或圆锥碎石机破碎。

（2）细集料。

可采用质量良好的石灰石石屑，但必须具有较好的颗粒形状。其主要技术指标必须满足《公路沥青路面施工技术规范》（JTG F40—2004）表4.9.2和表4.9.4的要求。

6.4.2.3 填料

填料可采用石灰岩经磨细得到的新鲜矿粉，要求干燥、洁净、不结团，不应含泥土杂质，能自由地从矿粉仓中流出。不得采用0~2.36 mm或0~4.75 mm碎石研磨，应采用2.36 mm以上干净的石灰石碎石研磨。其主要技术指标必须满足《公路沥青路面施工技术规范》（JTG F40—2004）表4.10.1的要求。为提高沥青混合料的水稳性，可采用水泥或石灰作为填料代替部分矿粉，但石灰用量不宜超过集料总量的2%，水泥用量不宜超过集料总量的3%。

6.4.3 职业健康安全要求

（1）职业健康安全目标：

①杜绝职业健康安全重伤及以上事故的发生；

②施工生产安全事故轻伤发生率控制在5‰以内；

③员工定期体检率达到100%；

④预防职业病的发生；

⑤提高全员的健康安全防范意识，安全教育普及率达到100%。

（2）严格执行特种作业的规定，杜绝无上岗证、无培训资格证的操作人员上岗。

（3）做好所有施工人员的安全教育培训工作，杜绝一切安全事故。

（4）施工人员应做好自身安全防护措施，穿戴口罩、手套、工作服等安全防护用具，杜绝安全事故和职业病发生。

（5）施工应做好防暑降温措施，施工现场随时供应防暑药品。

（6）项目部应建立项目职业健康安全事故应急处理预案。

6.4.4 环境要求

（1）施工中必须采取有效措施，防治施工中产生的废气、废水、废渣、粉尘、恶臭气体及噪声振动等对环境的污染和危害。

（2）施工中应对施工技术人员和工人进行环境保护技术交底，杜绝施工中的大气、噪声、水、固体污染。

（3）项目部应建立项目环境污染应急处理预案。

（4）施工应当采用资源利用率高、污染物排放量少的设备和工艺。

（5）制订施工中环境保护检查制度，对施工中不满足环境保护要求的设备、工艺应强行停止，整改后才允许开工。

6.5 施工工艺

6.5.1 工艺流程

ATB 沥青混凝土路面施工工艺流程图如图 6-2 所示。

6.5.2 操作工艺

6.5.2.1 拌和

混合料采用具有二次除尘设备的间歇式拌和机进行拌和。

沥青混合料拌和的均匀性要随时进行检查，如果出现花白石子，原因有以下的一种或几种：搅拌时间不够；细颗粒矿粉比例增大特别是加入矿粉增多、沥青用量不够；矿料或沥青加热温度不够等。如果混合料颜色枯黄灰暗，可能原因有：拌和温度过高；沥青用量不够、矿粉过多；石料不干、柴油燃烧不透等。

ATB 沥青混合料的优点是具有良好的高温性能，但缺点是难于压实，为了确保路面的压实，混合料拌和时各温度宜选择中偏上的温度。具体温度见表 6-3。

```
┌─────────┐        ┌─────────┐        ┌─────────┐
│ 沥青试验 │        │下承层验收│        │拌和机调试│
└────┬────┘        └────┬────┘        └────┬────┘
     │                  │                  │
     ▼                  ▼                  ▼
┌─────────────┐   ┌─────────┐      ┌─────────────┐
│碎石、矿粉等试验│   │ 测量放样 │      │摊铺机压路面调试│
└──────┬──────┘   └────┬────┘      └──────┬──────┘
       │               │                  │
       ▼               ▼                  ▼
┌─────────┐   ┌───────────────┐      ┌─────────┐
│ 配合比设计 │   │封层(透层、黏层施工)│      │ 运输车准备 │
└────┬────┘   └───────┬───────┘      └────┬────┘
     │                │                   │
     │                ▼                   │
     │           ┌─────────┐              │
     └──────────▶│  试拌   │              │
                 └────┬────┘              │
                      │                   │
                      ▼                   │
                 ┌───────────┐            │
                 │ 试验路段施工 │◀───────────┘
                 └─────┬─────┘
                       ▼
                 ┌─────────┐
                 │ 混合料拌和 │
                 └────┬────┘
                      ▼
                 ┌─────────┐
                 │ 混合料运输 │
                 └────┬────┘
                      ▼
                 ┌─────────┐
                 │  摊铺   │
                 └────┬────┘
                      ▼
                 ┌─────────┐
                 │  碾压   │
                 └────┬────┘
                      ▼
                 ┌─────────┐
                 │ 检查验收 │
                 └────┬────┘
                      ▼
                 ┌─────────┐
                 │ 开放交通 │
                 └─────────┘
```

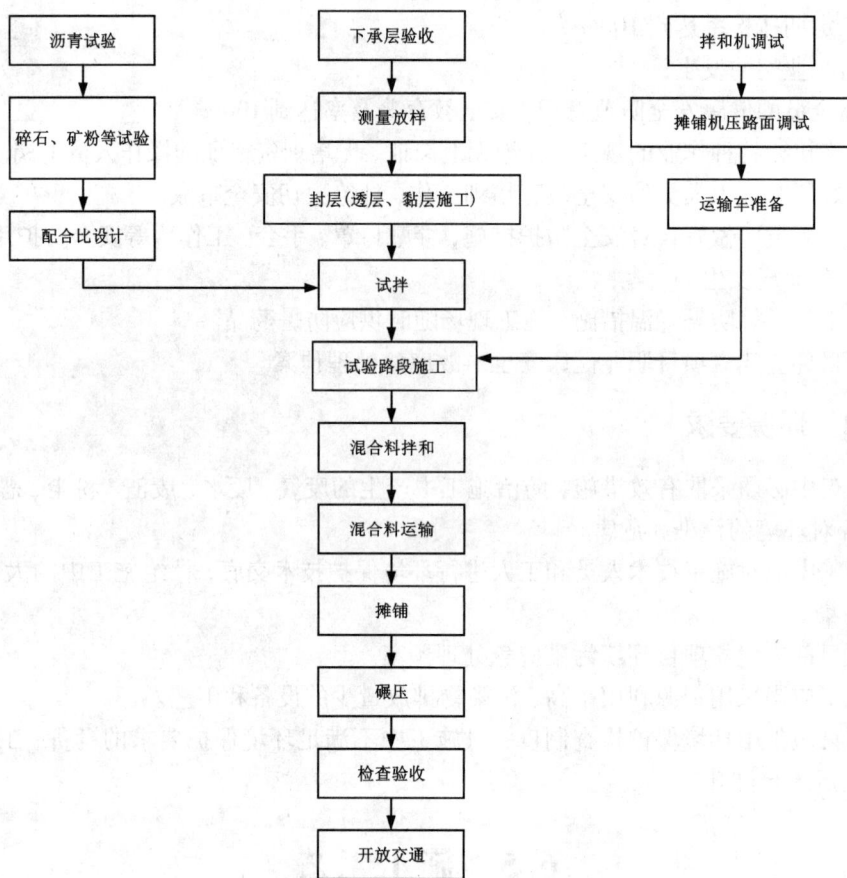

图 6-2 ATB 沥青混凝土路面施工工艺流程图

表 6-3 ATB 沥青混合料各个阶段的要求温度(℃)

沥青加热温度		150~170
矿料加热温度		165~190
混合料出厂温度		150~170
混合料运输到现场温度		不低于150
摊铺温度	正常施工	140~145
	低温施工	145~150
初压温度	正常施工	135~145
	低温施工	145~155
复压温度	正常施工	130~140
	低温施工	135~145

6.5.2.2 运输

(1)为保证沥青混合料源源不断地运至摊铺现场,必须配备足够的运输车辆,每小时运力必须大于拌和机产量。运输车辆数量 N 可按式(4-1)计算。

$$N = k(t_1 + t_2 + t_3)/T \qquad (4-1)$$

式中: t_1——车辆满载由拌和厂行驶至摊铺现场的行驶时间(min);

t_2——车辆空载由摊铺现场行驶至拌和厂的行驶时间(min);

t_3——在工地卸料以及在拌和厂和工地等待的总时间(min);

T——拌和一车混合料所需的时间(min), $T = 60C/G$, C 为单车装载能力(t), G 为拌和设备生产能力(t/h);

k——安全储备系数,视运输道路上的交通情况而定,一般取 $k = 1.1 \sim 1.2$ 。

(2)运送沥青混合料的卡车载重量宜为15~30 t,应有紧密、清洁、光滑的金属底板,底板应涂一薄层洗衣粉水溶液(不要用油水混合液),以防止混合料粘到底板上,但不得有多余残液积留在车厢底部。装料前,卡车底板应排干积水。车轮胎如有泥土,必须冲洗干净。

(3)施工前应对全体驾驶员进行培训,加强对汽车的保养,避免运料途中汽车抛锚导致混合料冷却受损。装料时汽车应按照前、后、中的顺序来回移动,避免混合料离析。任何情况下,运料车在运输过程中都应采用双层覆盖措施,同时加盖保温毡和帆布篷(如果内层的保温毡在运输过程中可能被风吹起时,还应在保温毡上配重物施压),以防表面混合料降温结成硬壳。

(4)混合料装车后应及时测试温度,发现温度过高或过低,混合料出现烧焦失黏、花白现象时应予废弃。

(5)混合料运输车在摊铺机前头以后退方式缓慢接近摊铺机,但不得撞击摊铺机,应在摊铺前10 cm左右停下,挂空挡,靠摊铺机推动运料车前进。

(6)施工过程中摊铺机前方应有运料车在等候卸料,开始摊铺时在施工现场等候卸料的运料车不宜少于5辆,以保证连续摊铺,同时从第三车开始摊铺。连续摊铺对保证平整度是十分重要的。

(7)沥青混合料运至摊铺地点后应凭运料单接收,并检查拌和质量和混合料温度。不符合温度要求或已经结成团块、已遭雨淋湿的混合料不得铺筑。

(8)运料车辆应行驶在平整坚实的道路上,对行驶路线的坑槽应及时维修,以减轻车辆颠簸,避免混合料离析。运料车不得超载运输,不得急刹车、急弯掉头,以免对封层造成损坏。

6.5.2.3 摊铺

(1)在ATB面层正式摊铺前,必须清除封层上多余的石子、泥土、残渣、污物,污染严重时必须冲洗,然后进行中线和高程测量,在摊铺机左右两边每5~10 m设置一铁立竿控制桩,超高路段适当加密。按照计算的松铺厚度用钢丝绳统一拉线,一端固定,另一端张拉,张拉力不小于100 kg。

(2)在中、上面层混合料摊铺前,应用竹扫帚或路面强力清扫机清扫路面,有泥土等不洁物质污染时,应用洒水车和高压水枪配合清洗干净。待进入下承层路面内部的水分蒸发掉、表面干燥时,喷洒符合要求的乳化沥青或改性乳化沥青粘层油,待粘层油破乳后方可进行混合料的摊铺,为防止履带黏结沥青,宜稀撒一些S12碎石。

（3）摊铺前应根据松铺厚度、纵横坡度调整好摊铺机的初始状态。每种摊铺机每种混合料的松铺厚度根据试验路成果确定。摊铺机开始摊铺前必须提前将熨平板预热至100℃以上，铺筑过程中必须启动熨平板的振动或捶击等夯实装置。

（4）沥青面层的摊铺宜采用2台摊铺机成梯队摊铺，两台摊铺机应具有相同的压实能力。两台摊铺前后位置应尽量靠近，宜为5～10 m；两幅之间应有3～6 cm的搭接宽度，以确保纵向接缝质量。接缝位置必须避开车道轮迹带，上面层的纵向接缝宜位于两行车道之间的路面标线处，中面层的纵向接缝外移15～20 cm，下面层的纵向接缝内移15～20 cm，使上下层的纵向接缝错开。

（5）摊铺机应配备容量足以保证均匀连续摊铺作业的受料斗，保证上一车料卸完后，下一车料能及时供料，不致中途停机待料。还应装备自动进料控制器，并适当调节到能在整平板前方保持厚度均匀的沥青混合料。尽量减少收斗次数，避免混合料离析。

（6）摊铺速度应与拌和机供料速度协调，摊铺机必须缓慢均匀、连续不间断地摊铺，不得随意变换速度或中途停顿，以提高平整度，减少混合料离析。摊铺速度宜控制为2～6 m/min，当发现混合料出现明显的离析、波浪、裂缝、拖痕时，应分析原因，予以清除。

（7）摊铺机应配备整平板自控装置，其一侧或双侧装有传感器，可通过外面的参考线探出纵坡和整平板的横坡，并能自动发出信号操纵整平板，使摊铺机能铺筑出理想的纵横坡度。传感器应能由参考线或滑橇式基准板操作。横坡控制器应能让整平板保持理想的坡度，精度在±0.3%范围内。

（8）摊铺机应采用自动找平方式，每台摊铺机应配备两台长度大于16 m的自动找平装置，并牢固地安装在摊铺机两侧，与整平板自动控制的传感器相组合，控制混合料的松铺厚度和平整度。下面层宜采用由钢丝绳引导的高程控制方式；中、上面层宜采用非接触式平衡梁摊铺厚度控制方式。

（9）路缘石、边沟、积水井和其他结构物与沥青混合料的接触面上应均匀涂上一层粘层沥青，然后才能紧靠着这些接触面摊铺沥青混合料。

（10）沥青混合料的摊铺温度应符合要求，并应根据沥青标号、黏度、气温、摊铺层厚度合理选用。摊铺沥青混合料时，气温宜在20℃以上，当气温低于10℃时，不宜摊铺热拌沥青混合料。

（11）摊铺过程中应跟踪检查摊铺层厚度及横坡度，并按《公路沥青路面施工技术规范》（JTG F40—2004）附录 G 所述的总量控制方法，由混合料总量与摊铺面积校验平均厚度，不符合要求时应根据铺筑情况及时进行调整。

（12）在铺筑过程中，料斗进料口应完全打开，摊铺机螺旋送料器应不停顿地转动，速度不宜太慢，并保持螺旋分料器内混合料高度超过2/3，且不应使沥青混合料时多时少，保证在摊铺机全宽度断面上不发生离析。熨平板按所需厚度固定后，不得随意调整。

（13）用机械摊铺的混合料，不应人工反复修整。当出现下列情况时，可用人工作局部找补或更换混合料：

①横断面不符合要求；

②构造物接头部位缺料；

③摊铺带边缘局部缺料；

④表面明显不平整；

⑤局部混合料明显离析；

⑥摊铺机后有明显的拖痕。

人工找补或更换混合料应在现场主管人员指导下进行。缺陷较严重时，应予铲除，并调整摊铺机或改进摊铺工艺。当属机械原因引起严重缺陷时，应立即停止摊铺。

(14)在路面狭窄部分、平曲线半径过小的匝道或加宽部分宜采用小型摊铺机摊铺。人工摊铺沥青混合料应符合下列要求：

①半幅施工时，路中一侧宜事先设置挡板；

②沥青混合料宜卸在铁板上，摊铺时应扣锹铺料，不得扬锹抛撒；

③边摊铺边用刮板整平，刮平时应轻重一致，往返刮2~3次达到平整即可，不得反复撒料反复刮平，以免引起粗集料离析；

④撒料用的铁锹等工具宜加热使用，也可以沾洗衣粉水溶液，以防黏结混合料，但不得过于频繁，以免影响混合料质量；

⑤摊铺不得中途停顿。摊铺好的沥青混合料应紧接着碾压，如因故不能及时碾压或遇雨时，应停止摊铺，并对卸下的沥青混合料覆盖保温，混合料来不及碾压就已冷却时应废弃不用。

6.5.2.4 碾压

碾压是ATB施工中的重要一环，碾压必须采用追随、紧跟的碾压组合方式，遵循初压、复压、终压的原则。

由于ATB集料粒径较大，宜优先采用振动压路机进行初压，其振动频率为30~50 Hz，振幅为0.3~0.8 mm，且要求采用大吨位的压路机进行复压，一般采用DD130或DYNA-PAC压路机进行碾压，揉压宜采用吨位大于26 t的胶轮压路机，充气压力不小于0.5 MPa。

碾压组合方式见图6-3。

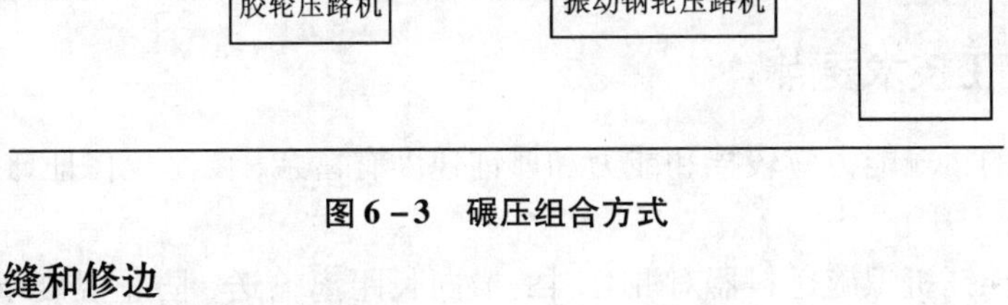

图6-3 碾压组合方式

6.5.2.5 接缝和修边

(1)纵向接缝部位的施工要求。

纵向接缝应与下层的纵向接缝错开15 cm以上，摊铺时采用梯队作业的纵缝应采用热接缝。施工时应将已铺混合料部分留下10~20 cm宽暂不碾压，作为后摊铺部分的高程基准面，后面摊铺机的熨平板应重叠先前已摊铺混合料至少5 cm。钢轮压路机应紧跟摊铺机对热接缝部位先进行压实，并用6 m直尺检查平整度，最后再作跨缝碾压，以消除缝迹。

（2）横向接缝的施工要求。

1）相邻两幅及上下层的横向接缝均应错位 1 m 以上，并采用垂直的平接缝。铺筑接缝时，可在已压实部分上面铺设一些热混合料使之预热软化，以加强新旧混合料的黏结。但在开始碾压前应将预热用的混合料铲除。

2）平接缝应做到紧密黏结，充分压实，连接平顺。施工可采用下列方法：

①在施工结束时，摊铺机在接近端部前约 1 m 处将熨平板稍稍抬起驶离现场，用人工将端部混合料铲齐后再予碾压。然后用 6 m 直尺检查平整度，趁尚未冷透时垂直刨除端部层厚不足的部分，使下次施工时成直角连接。

②在预定的摊铺段的末端先撒一薄层砂带，摊铺混合料后趁热在摊铺层上挖出一道缝隙，缝隙位于撒砂与未撒砂的交界处，在缝中嵌入一块与压实层等厚的木板或型钢，待压实后铲除撒砂的部分，将砂扫尽，撒去木板或型钢，在端部涂粘层沥青接着摊铺。

③在预定摊铺段的末端先铺上一层彩条布或牛皮纸（也可撒一薄层砂带），摊铺碾压成斜坡，在混合料尚未完全冷却结硬之前，将铺有彩条布或牛皮纸或撒有薄层砂带的部分用切割机切除（切缝前用 3 m 直尺检查端部平整度，当平整度不符合要求时，应加长切割范围，直至平整度符合要求的位置），切缝后必须用水冲洗干净。

3）从接缝处继续摊铺混合料前应用 6 m 直尺检查端部平整度，当不符合要求时，应予清除。横向接缝接续施工摊铺前，在接缝端部涂粘层沥青，并用熨平板预热，并在摊铺机整平板下放置起始垫板，垫板的厚度应等于混合料摊铺厚度与已压实路面厚度之差，其长度应超过整平板的前后边距，以调整好预留高度。横向接缝处摊铺混合料后应清缝，然后检查新摊铺的混合料松铺厚度是否合适。清缝时，不得向新铺混合料方向过分推刮。接缝处摊铺层施工结束后再用 6 m 直尺检查平整度，当有不符合要求者，应趁混合料尚未冷却时立即处理。

4）横向接缝的碾压应先用双轮或三轮钢筒式压路机进行横向碾压。碾压带的外侧应放置供压路机停顿的垫木，碾压时压路机应位于已压实成形的路面层上，伸入新铺层的宽度为 15 cm。然后每压一遍向新铺混合料移动 15 cm～20 cm，直至全部在新铺层上为止，再改为纵向碾压。当相邻摊铺已经成形，同时又有纵缝时，可先用钢筒式压路机沿纵缝碾压一遍，碾压宽度为 15～20 cm，然后再沿横缝作横向碾压，最后进行正常的纵向碾压。

（3）修边。

应将摊铺层的外露边缘准确切割到要求的线位。修边切下的材料及任何其他的废弃沥青混合料均应由承包人按工程师同意的方式从路上清除，妥善处理，不得随地丢弃。

6.5.3 施工技术要点

（1）混合料的运输能力应较拌和能力和摊铺速度有富余，要至少保证摊铺机前有 4～5 辆运料车等候。

（2）为减少摊铺机螺旋送料器对混合料的横向长距离输送，防止温度下降过快和减少离析的影响，摊铺宽度一般不要超过 8 m，在高速公路沥青路面摊铺中应采用两台摊铺机成梯形并排作业。

（3）因 ATB 一般厚度较大，要适当增大摊铺机的夯锤振实系数，控制在 4～5 比较合适，使初始密度增大，减少摊铺后混合料热量的急剧散失，能有效地提高压实度。

（4）为避免混合料形成鼓包，应采用较大的振频和振幅，相邻重叠宽度为 100～200 mm，振动压路机倒车时应先停止振动，并在另一方向运动后再开始振动。

（5）碾压过程中有沥青混合料粘轮现象时，可向碾压轮洒少量水或洗衣粉水，严禁喷洒柴油、机油，轮胎压路机可涂抹植物油。

（6）在碾压完毕后，一定要安排专人负责交通的管制，在沥青混合料温度未降低至正常气温以前，不得开放交通。

6.5.4　重要注意事项

（1）在目标、生产配合比设计过程中，ATB – 30 的公称最大粒径大于 26.5 mm 在配合比设计中采用了替代法，室内标准马歇尔试验采用小型马歇尔试件，而在现场取料、试验中均无法采用替代法进行击实成形试件，这样室内马歇尔试验与现场马歇尔试验就有一定的差异，因此在确定 ATB – 30 马歇尔试验技术指标时，应考虑此方面的影响，采用大型马歇尔试件及相应的技术指标。

（2）由于 ATB 沥青混合料具有粒径大、容易产生离析的特点，在施工中要注意如下几点：

①减少温度离析的影响：混合料在高温下具有和易性好、易于碾压密实的特点，防止温度降低带来混合料的离析、碾压不密实的缺陷，因此从混合料的运输、卸料等各个过程要尽量缩短时间，减少混合料热量的损失。

在装料过程中，要求严格采取按照前、后、中的顺序来回移动装料，以减少装车离析。

调节好熨平板的离地高度，高度宜控制为 130 ~ 150 mm，同时在摊铺机上配置自动进料控制器，适当调节到能在熨平板前方保持厚度均匀的沥青混合料。

②减少摊铺机收料斗的收料频率：频繁地收料导致料斗两侧的大粒径混合料频繁地分布在路面中，容易产生大面积的离析现象，在卸料过程中边前进边收斗，这样可以保证粗细混合料均匀分布，而且可以有效地避免边部混合料温度降低带来的影响。

为消除成形路面下部的离析现象，存在粗颗粒多、细集料少的现象，在摊铺机的前挡板下缘左右侧全断面焊接了 80 ~ 100 mm 宽的钢板，阻止了大粒径集料往下滚落，确保了混合料均匀摊铺。

为防止碾压过程中集料过分压碎，振动压路机的压实温度不宜低于 120℃。在施工过程中，要确保面层的厚度，容许偏差控制在 ± 5 mm 以内，这样才能保证路面验收中总厚度满足要求，避免采用中面层来找补下面层的厚度不足，产生不必要的浪费。

6.6　质量标准

6.6.1　基本要求（见表 6 – 4）

（1）ATB 沥青混合料的矿料质量及矿料级配应符合设计要求和施工规范的规定，按规范要求频率进行检验。

（2）严格控制各种矿料和沥青用量，严格控制矿料加热温度、沥青加热温度及混合料出料温度。

（3）沥青材料及混合料的各项指标应符合设计标准和施工规范要求，按规范要求进行改性沥青检验、混合料马歇尔试验、混合料级配检验、沥青含量检验，检验频率应符合规范要求。矿料级配、沥青含量、马歇尔稳定度等结果的合格率应不小于90%。

(4)拌和后的ATB沥青混合料应均匀一致，无花白、无粗细分离和结团成块现象，温度符合规范要求。

(5)摊铺时应严格控制摊铺厚度和平整度，避免离析，控制摊铺温度、碾压温度，碾压至要求的压实度。

表6-4　ATB沥青混合料的检查频度和质量要求

项目		检查频度及单点检验评价方法	质量要求或允许偏差		试验方法
			高速公路、一级公路	其他等级公路	
混合料外观		随时	观察集料粗细、均匀性、离析、油石比、色泽、冒烟情况，有无花白料、油团等		目测
拌和温度	沥青、集料的加热温度	逐盘检测评定	符合规范规定		传感器自动检测、显示并打印
	混合料出厂温度	逐车检测评定	符合规范规定		传感器自动检测、显示并打印，出厂时逐车按T 0981人工检测
		逐盘测量记录，每天取平均值评定	符合规范规定		传感器自动检测、显示并打印
矿料级配（筛孔）	0.075 mm	逐盘在线检测	±2%（2%）	—	计算机采集数据计算
	≤2.36 mm		±5%（4%）	—	
	≥4.75 mm		±6%（5%）	—	
	0.075 mm	逐盘检查，每天汇总1次取平均值评定	±1%	—	总量检验
	≤2.36 mm		±2%	—	
	≥4.75 mm		±2%	—	
	0.075 mm	每台拌和机每天1~2次，以2个试样的平均值评定	±2%（2%）	±2%	T 0725抽提筛分与标准级配比较的差
	≤2.36 mm		±5%（3%）	±6%	
	≥4.75 mm		±6%（4%）	±7%	
沥青用量（油石比）		逐盘在线监测	±0.3%	—	计算机采集数据计算
		逐盘检查，每天汇总1次取平均值评定	±0.1%	—	总量检验
		每台拌和机每天1~2次，以2个试样的平均值评定	±0.3%	±0.4%	抽提T 0722、T 0721

续表 6 - 4

项目	检查频度及单点检验评价方法	质量要求或允许偏差		试验方法
		高速公路、一级公路	其他等级公路	
马歇尔试验：空隙率、稳定度、流值	每台拌和机每天 1~2 次，以 4~6 个试件的平均值评定	符合规范规定		T 0702、T 0709
浸水马歇尔试验	必要时试件数同马歇尔试验	符合规范规定		T 0702、T 0709
车辙试验	必要时以 3 个试件的平均值评定	符合规范规定		T 0719

6.6.2　外观鉴定

(1)表面应平整密实，不应有泛油、松散、裂缝和明显离析现象。

(2)纵向、横向接缝应紧密平顺，与路缘石及其他结构物应紧贴平顺，不得有积水和漏水现象。

6.6.3　实测项目(见表 6 - 5)

表 6 - 5　ATB 沥青混合料路面交工检查与验收质量标准

检查项目		检查频度（每一侧车行道）	质量要求或允许偏差		试验方法
			高速公路、一级公路	其他等级公路	
外观		随时	表面平整密实，不得有明显轮迹、裂缝、推挤、油汀、油包等缺陷，且无明显离析		目测
面层总厚度	代表值	每 1 km　5 点	设计值的 -5%	设计值的 -8%	T 0912
	极值	每 1 km　5 点	设计值 -10%	设计值的 -15%	T 0912
压实度	代表值	每 1 km　5 点	实验室标准密度的 96%(98%)　最大理论密度的 92%(94%)　试验段密度的 98%(99%)		T 0924
	极值（最小值）	每 1 km　5 点	比代表值放宽 1%（每 km）或 2%（全部）		T 0924
路表平整度	标准差 σ	全线连续	1.2 mm	2.5 mm	T 0932
	IRI	全线连续	2.0 m/km	4.2 m/km	T 0933
	最大间隙	每 1 km　10 处，各连续 10 杆	—	5 mm	T 0931

续表 6 - 5

检查项目		检查频度 （每一侧车行道）	质量要求或允许偏差		试验 方法
			高速公路、一级公路	其他等级公路	
路表渗水系数不大于		每 1 km 不少于 5 点，每 点 3 处，取平均值评定	300 mL/min（普通沥青路面） 200 mL/min（SMA 路面）	—	T 0971
宽度	有侧石	每 1 km 20 个断面	±20 mm	±30 mm	T 0911
	无侧石	每 1 km 20 个断面	不小于设计宽度	不小于 设计宽度	T 0911
纵断面高程		每 1 km 20 个断面	±15 mm	±20 mm	T 0911
中线偏位		每 1 km 20 个断面	±20 mm	±30 mm	T 0911
横坡度		每 1 km 20 个断面	±0.3%	±0.5%	T 0911

6.7 成品保护

（1）封闭施工段落、非施工人员不得进入施工现场。

（2）在每日摊铺段起点设立明显的禁行标志，并设专人引导交通、看护现场，防止其他车辆误入当天的施工段。

（3）沥青混合料路面应待摊铺层完成自然冷却、混合料表面温度低于 50℃ 后，方可开放交通，需要提早开放交通的可洒水降温。

（4）铺筑好的沥青层应严格控制交通，做好保护，保持整洁，不得造成污染，严禁压路机在沥青面层上维修，防止各类油料对沥青面层的污染；严禁在沥青层堆放施工废土或废渣；严禁在已铺沥青层上制作水泥砂浆。

（5）取芯的钻孔应及时用填料填充。

6.8 安全环保措施

6.8.1 安全措施

（1）应遵照《公路工程施工安全技术规范》（JTG F90—2015）的要求执行。

（2）建立健全安全管理机构，责任到人。坚持"安全第一，预防为主"的指导思想，配备专职安全员，负责现场安全巡视，每道工序开工之前应认真进行安全技术交底。

（3）用电安全方面，重点注意发电机、配电房、电闸箱和电缆接头等安全薄弱环节。

（4）施工人员应正确穿戴劳动防护用品，防止烫伤，夏季高温季节施工应采取防暑降温措施。

（5）拌和场内必须采取严格有效的防火、防电、防爆、防毒等措施，场内严禁烟火，在易发生事故的地方设置防护装置和警告标志，如油库、变压器等。

（6）建立健全各种机械操作责任制及交接班制度，并加强管理，避免失误，确保安全生产。

（7）各交叉路口、转弯处均应设置导向标志和安全警告标志，设专人指挥交通。

6.8.2　环保措施

（1）选择拌和场地时应远离居民区和村庄，无法避开居民区或村庄时应选择在主风向下方。

（2）按设计要求存放石粉、沥青等施工材料，运送沥青混凝土、石粉等散体物资时应设置挡板，加盖苫布，做到不丢不撒。

（3）对废油、废水、废渣按指定地点存放，不得乱扔乱倒，避免污染空气和水源。

（4）拌和楼须具有良好的除尘措施，排放的灰尘须符合环保要求；回收粉尘应及时浇水或覆盖防止扬尘，同时应充分利用，不宜浪费；施工便道及辅道注意经常洒水，防止扬尘污染环境。

（5）设备噪声应符合环保要求，不符合时应采取有效措施。

（6）工地人员就餐后，餐盒、塑料瓶等垃圾不得乱扔乱弃，应安排专人进行回收或掩埋。

（7）废弃混合料不得到处乱放，每天应及时进行清理，放到指定地点。

（8）完工后，临时所占耕地及其他用地切实做到工完、料净、场地清。

6.9　质量记录

（1）下承层验收记录，施工测量、放样记录。

（2）原材料（沥青、集料、填料、外掺材料）合格文件证明，试验检测报告及进场合格证。

（3）ATB 沥青混凝土配合比设计报告及试验路总结报告。

（4）ATB 沥青混凝土拌和、摊铺、碾压施工记录。

（5）分项工程中间交工证书及附件（附件包括 ATB 沥青混合料质量检测记录表、现场检验记录表）。

7　热拌沥青混凝土路面施工工艺

7.1　总则

7.1.1　适用范围

本标准适用于各级新建、改建（扩建）公路、城市道路、机场跑道等的上、中、下各层次路面施工与大、中修养护。

7.1.2　参考标准和规范

（1）中华人民共和国行业标准《公路沥青路面施工技术规范》（JTG F40—2004）。

（2）中华人民共和国行业标准《公路工程集料试验规程》（JTG E42—2005）。

（3）中华人民共和国行业标准《公路工程沥青及沥青混合料试验规程》（JTG E02—2011）。

（4）中华人民共和国行业标准《公路工程质量检验评定标准》（土建工程）（JTG F80/1—2017）。

（5）中华人民共和国国家标准《环境空气质量标准》（GB 3095—2012）。

（6）中华人民共和国国家标准《公路工程施工安全技术规范》（JTG F90—2015）。

7.2　术语

沥青混合料是由矿料与沥青结合料拌和而成的混合料的总称。按材料组成及结构分为连续级配、间断级配混合料，按矿料级配组成及空隙率大小分为密级配、半开级配、开级配混合料。按公称最大粒径的大小可分为特粗式（公称最大粒径等于或大于31.5 mm）、粗粒式（公称最大粒径26.5 mm）、中粒式（公称最大粒径16或19 mm）、细粒式（公称最大粒径9.5或13.2 mm）、砂粒式（公称最大粒径小于9.5 mm）沥青混合料。按制造工艺分热拌沥青混合料、冷拌沥青混合料、再生沥青混合料等。

7.3 施工准备

7.3.1 技术准备

（1）复核水准点，必须全线联测。施工放样，采用全站仪准确放出中桩位置，并依据中桩确定各结构层边线位置。

（2）熟悉图纸、设计文件和相关规范、标准，编制实施性施工组织设计和单项工程施工技术方案和安全技术方案，由项目总工程师向各工程师、班组长进行书面的一级技术交底和安全交底，然后由各工程师、班组长向各自部门技术员、操作手进行二级技术交底和安全交底，施工前由路面工程师向辅助工人进行三级技术交底和安全交底。

（3）配合比设计。

包括目标配合比设计、生产配合比设计以及生产配合比验证3个阶段。

①目标配合比设计包括：按《公路沥青路面施工技术规范》（JTG F40—2004）附录B的方法，优选矿料级配、确定最佳沥青用量，符合配合比设计技术标准和配合比设计检验要求，以此作为目标配合比，作为拌和站的各冷料斗进料的比例及试拌使用的基础。

热拌沥青混合料的目标配合比设计宜按图7-1的步骤进行。

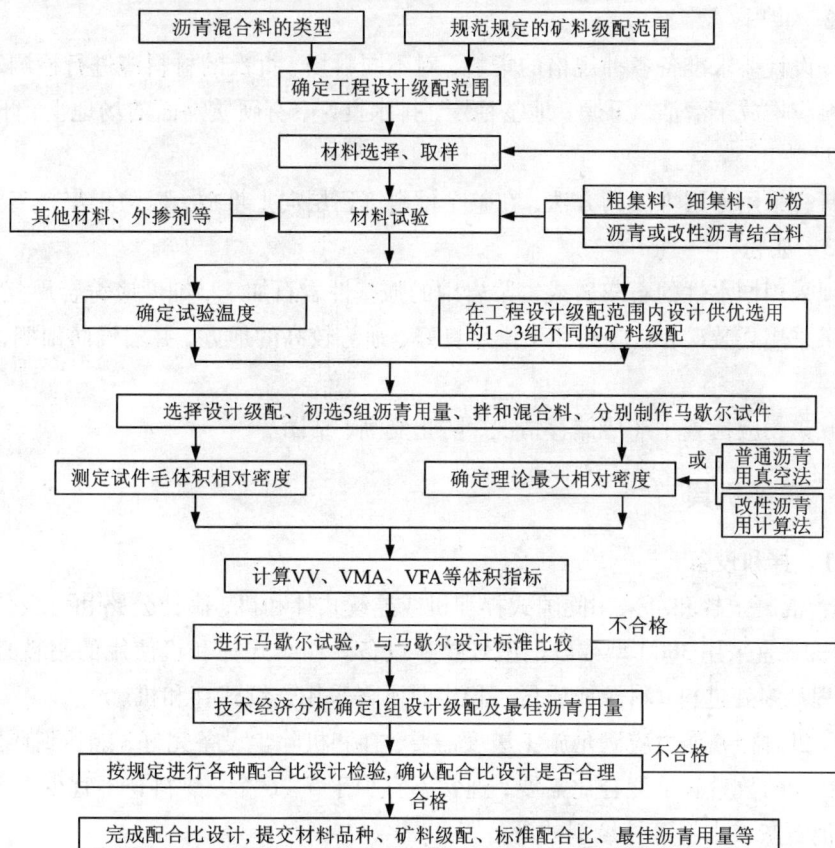

图7-1 热拌沥青混合料的目标配合比设计

②生产配合比设计：对间歇式拌和机，应按规定方法，从各热料仓取有代表性试样进行筛分、计算，确定各热料仓的配料比例，供拌和机控制室拌料使用；同时还应选择适宜的振动筛网尺寸和安装角度，尽量使各热料仓的供料大体平衡；并取目标配合比设计的最佳沥青用量 OAC、OAC ± 0.3% 等 3 个沥青用量进行马歇尔试验和试拌，通过室内试验及从拌和机取样试验综合确定生产配合比的最佳沥青用量，由此确定的最佳沥青用量与目标配合比设计的结果的差值不宜大于 ± 0.2%；对连续式拌和机可省略生产配合比设计步骤。

③生产配合比验证（试拌、试铺）：拌和机按生产配合比的结果进行试拌、铺筑试验段，并取样进行马歇尔试验，同时从路上钻取芯样观察空隙率的大小，由此确定生产用的标准配合比。标准配合比的矿料合成级配中，至少应包括 0.075 mm、2.36 mm、4.75 mm 及公称最大粒径筛孔的通过率接近优选的工程设计级配范围的中值，并避免在 0.3 ~ 0.6 mm 处出现"驼峰"。对确定的标准配合比，还应进行车辙试验和水稳定性检验。

7.3.2 材料准备

7.3.2.1 沥青

现场要配备足够的具有加温和搅拌功能的沥青存储罐，以储备充足的沥青，以保证施工的连续供应。

7.3.2.2 集料

(1)应按设计要求准备各种规格的集料，对不同料场、批次的材料应进行检测验收。

(2)集料应堆放于清洁、干燥、地基稳定、排水良好、有硬质铺面的场地上，不同规格的集料应分开堆放。

(3)集料宜采用分层堆放的方法，在整个堆料区逐层向上堆放，以防止集料离析。

7.3.2.3 矿粉

(1)必须采用憎水性的石灰岩或岩浆岩中的强基性岩石加工，细度应符合规范要求。

(2)如果采用袋装矿粉，应储存于排水良好、地势较高的地方，并需设防雨棚，防止受潮结团。

(3)散放矿粉应检查生产厂储存情况，防止受潮、结团。

7.3.3 主要机具

7.3.3.1 拌和设备

热拌沥青混凝土拌和可采用间隙式拌和机或连续式拌和机，高速公路和一级公路应采用间歇式拌和机。宜采用 3000 型或以上型号拌和设备。连续式拌和机使用的集料必须稳定不变，一个工程从多处进料、料源或质量不稳定时不得采用连续式拌和机。

(1)拌和机总拌和能力应满足施工进度需要，拌和机除尘设备完好，能达到环保要求。

(2)冷料仓的数量满足配合比需要，通常不宜少于 5 ~ 6 个，热料仓不宜少于 5 个，具有添加纤维、消石灰或水泥等外掺剂的设备。

7.3.3.2　运输设备

热拌沥青混凝土运输设备,宜采用 15 t 以上的自卸运输车运输。运输时车厢板上应涂有防止沥青黏结的隔离剂或防黏剂,但不得有余液积聚在车厢底部。车辆必须配备保温夹棉苫布。

7.3.3.3　摊铺设备

热拌沥青混凝土应采用沥青混凝土摊铺机摊铺,宜采用配有自动找平装置的履带式摊铺机。

7.3.3.4　压实设备

热拌沥青混凝土的压实设备宜采用双钢轮振动压路机、胶轮压路机(吨位宜大于 25 t),沥青路面施工应配备足够数量的压路机,高速公路铺筑双车道沥青路面的压路机数量不宜少于 5 台,压路机类型及轻重组合视结构层类型及厚度而定。

7.3.3.5　试验、测量仪器

试验、测量仪器设备质量稳定可靠,精度满足要求。同时,应经过有资质的计量认证单位检定,并出具检定证书并粘贴合格证。主要试验、测量仪器设备应满足表 7-1 的要求。

表 7-1　试验、测量仪器配备表

序号	仪器名称	数量	备注
1	针入度试验仪(配 3 根标准针、3 个试样杯)	1 台	沥青试验
2	软化点试验仪	1 台	
3	低温电脑延度试验仪(配 6 个八字试模、3 个一字试模)	1 台	
4	薄膜烘箱	1 台	
5	沥青混合料拌和机	1 台	沥青混合料试验
6	马歇尔电动击实仪、大马歇尔击实仪(配 2 套底座和套筒、12 个以上试模)	各 1 台	
7	(大、小)马歇尔稳定度试验仪(能打印稳定度—流值曲线)	各 1 台	
8	理论最大相对密度仪	1 台	
9	恒温水浴	1 台	
10	沥青混合料快速分离机(抽提仪)	1 台	
11	箱式电阻炉	1 台	
12	电热恒温干燥箱(101-2 型以上)	2~3 台	
13	路面取芯机(钻深 60 cm 以上)	1 台	压实度厚度检测
14	切割机	1 台	
15	连续式平整度仪	1 台	平整度检测
16	3 m、6 m 直尺(配塞尺)	各 2 把	

续表 7-1

序号	仪器名称	数量	备注
17	构造深度测试仪	1 台	抗滑
18	摆式摩擦系数测试仪	1 台	试验
19	路面渗水仪	1 台	渗水试验
20	路面弯沉仪 (5.4 m 长贝克曼梁、百分表、表架)	1 套	弯沉 检测
21	水准仪	2 台	
22	全站仪	1 台	

7.3.3.6 其他设备

装载机、洒水车、空压机、加油车、发电机、切割机、照明设备等。

7.3.4 作业条件

(1)沥青面层施工前,必须对下承层的质量进行检查验收,下承层的质量必须满足相应标准要求,并及时完成施工放样。

(2)施工前对施工机具进行全面检查、调整,特别要求对拌和楼的计量装置进行计量标定;选择与调整摊铺机的自动找平装置、各项作业控制参数;落实运输车的防黏措施及保温措施;确保压路机喷雾防黏轮的措施有效。

(3)要求拌和场地硬化处理,各种规格的材料分开堆放(搭建不少于1.8 m 高隔墙),不得混杂;细集料的防雨设施应可靠有效;矿粉宜罐装。

(4)开工前应备足10 d 左右施工使用的材料,并在施工中陆续进料。

(5)工地应备有防雨设施,并做好基层及路肩排水。

(6)摊铺现场、沥青拌和场及气象站台之间应具有有效的联系手段。

7.3.5 劳动力组织(见图7-2)

表7-2 热拌沥青混凝土路面施工劳动力组织

工种	人数	工作地点	职责范围
现场施工负责人	1	摊铺现场	负责跟拌和站协调、组织现场施工等
技术员	2	摊铺现场	负责摊铺前、后场的协调、指挥和检查
拌和机手	2	拌和机周边	负责生产合格的混合料,机器维修保养等
拌和站辅助工	5	整个拌和站	负责整个生产过程中的辅助
摊铺组	6	摊铺机	负责摊铺机的正常运转、摊铺合格的混合料

续表 7 – 2

工种	人数	工作地点	职责范围
碾压组	5	压路机	负责按标准流程进行混合料的碾压
测量组	2	摊铺机周边	负责检测挂线高、松铺厚度
检测组	2	摊铺机周边	负责检测温度、压实度、平整度、表面均匀性
安全员	2	整个施工现场	负责跟班检查安全措施、安全措施的执行情况及安全教育工作，对安全生产负责
施工现场辅助工	16	整个施工现场	负责挂线、指挥倒车、缺陷处理等工作
总计	43		

注：此表为一个作业班施工配备人员，未计后勤、行政等人员。

7.4 工艺设计和控制要求

7.4.1 技术要求

（1）热拌沥青混凝土路面施工应在高温条件下进行，施工温度低于 10℃时不适宜进行热拌沥青混凝土路面施工。

（2）热拌沥青混凝土路面施工过程中应对混合料油石比、矿料级配、稳定度、流值、空隙率、残留稳定度、出厂温度、运到现场温度、摊铺温度、初压温度、碾压终了温度、拌和均匀性进行检测，具体检测频率、标准根据混合料类型、具体项目实际施工情况确定。

（3）热拌沥青混凝土路面施工完成应对厚度、平整度、宽度、纵断高程、横坡度、压实度、渗水系数、中线平面偏位、摊铺均匀性进行检测，上面层还需增加构造深度、摆式摩擦系数、弯沉值检测，检测频率、标准应根据混合料类型、具体项目实际施工情况确定。

7.4.2 材料质量要求

7.4.2.1 沥青

沥青进场时，每车应出具出厂检验合格报告，进场的沥青按照《公路沥青路面施工技术规范》（JTG F40—2004）表 4.2.1 – 1 的要求进行检测，技术指标必须满足设计和规范要求。

7.4.2.2 集料

（1）粗集料。

中、下面层用粗集料应采用具有足够强度和耐磨性的石灰石碎石或其他满足要求的碎石，上面层粗集料应采用质地坚硬、表面粗糙、耐磨、具有良好嵌挤能力的玄武岩、安山岩、辉绿岩等硬质石料破碎的碎石。碎石应洁净、干燥、无风化、无杂质，其颗粒形状应具有多棱角，接近立方体。粗集料的主要技术指标必须满足《公路沥青路面施工技术规范》（JTG F40—2004）表 4.8.2、表 4.8.3、表 4.8.5 和表 4.8.7 的要求。为确保粗集料的颗粒形状符合要求，沥青面层用粗集料在破碎作业时，不得采用颚式破碎机加工，必须采用反击式、锤击式或圆锥碎石机破碎。

（2）细集料。

可采用质量良好的石灰石石屑，但必须具有较好的颗粒形状。上面层用细集料必须采用由制砂机专门生产的优质机制砂。细集料应干净、坚硬、干燥、无风化、无杂质和其他有害物质，并有良好的颗粒级配。其主要技术指标必须满足《公路沥青路面施工技术规范》（JTG F40—2004）表4.9.2和表4.9.4的要求。

7.4.2.3 填料

填料可采用石灰岩经磨细得到的新鲜矿粉，不应含泥土杂质，要求干燥、洁净、不结团，能自由地从矿粉仓中流出。不得采用0~2.36 mm或0~4.75 mm石屑研磨，应采用2.36 mm以上干净的石灰石碎石研磨。其主要技术指标必须满足《公路沥青路面施工技术规范》（JTG F40—2004）表4.10.1的要求。为提高沥青混合料的水稳性，可采用水泥或石灰作为填料代替部分矿粉，但石灰用量不宜超过集料总量的2%，水泥用量不宜超过集料总量的3%。

7.4.3 职业健康安全要求

（1）职业安全健康目标：

①杜绝职业健康安全重伤及以上事故的发生；

②施工生产安全事故轻伤发生率控制在5‰以内；

③员工定期体检率达到100%；

④预防职业病的发生；

⑤提高全员的健康安全防范意识，安全教育普及率达到100%。

（2）严格执行特种作业的规定，杜绝无上岗证、无培训资格证的操作人员上岗。

（3）做好所有施工人员的安全教育培训工作，杜绝一切安全事故。

（4）施工人员应做好自身安全防护措施，穿戴口罩、手套、工作服等安全防护用具，杜绝安全事故和职业病发生。

（5）施工应做好防暑降温措施，施工现场随时供应防暑药品。

（6）项目部应建立项目职业健康安全事故应急处理预案。

7.4.4 环境要求

（1）施工中必须采取有效措施，防治施工中产生的废气、废水、废渣、粉尘、恶臭气体及噪声振动等对环境的污染和危害。

（2）施工中应对施工技术人员和工人进行环境保护技术交底，杜绝施工中的大气、噪声、水、固体污染。

（3）项目部应建立项目环境污染应急处理预案。

（4）施工应当采用资源利用率高、污染物排放量少的设备和工艺。

（5）制订施工中环境保护检查制度，对施工中不满足环境保护要求的设备、工艺应强行停止，整改后才允许开工。

7.5 施工工艺

7.5.1 工艺流程(见图7-2)

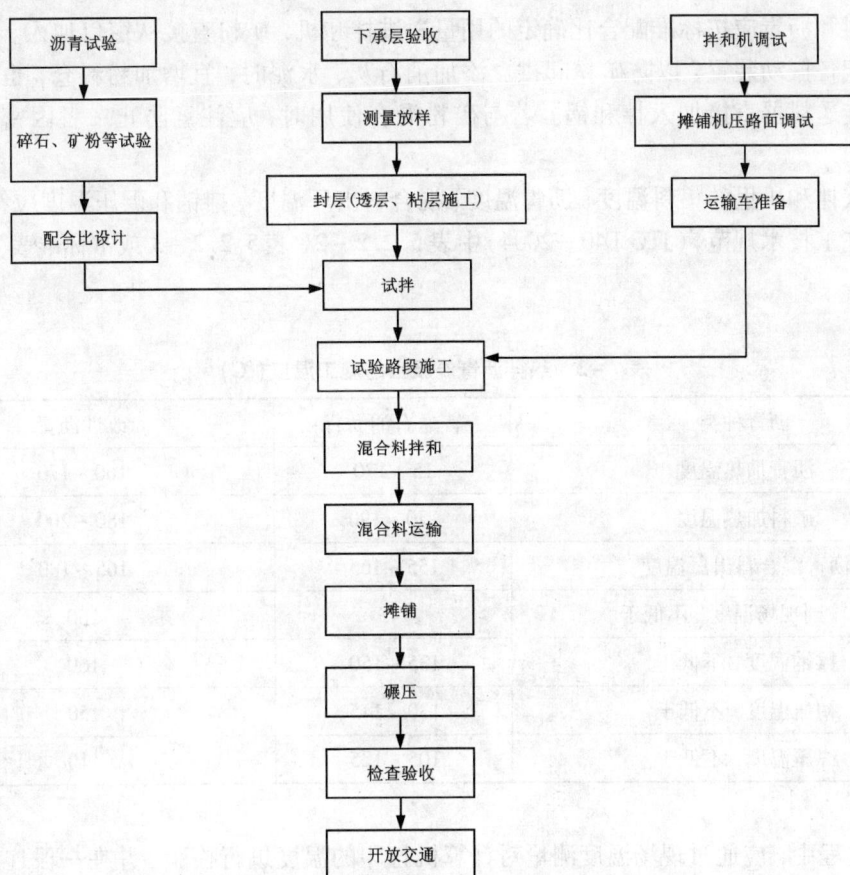

```
  沥青试验          下承层验收          拌和机调试
    │                 │                   │
    ↓                 ↓                   ↓
碎石、矿粉等试验     测量放样        摊铺机压路面调试
    │                 │                   │
    ↓                 ↓                   ↓
  配合比设计     封层(透层、粘层施工)    运输车准备
    │                 │                   │
    └────────────────→试拌                │
                      │                   │
                      ↓                   │
                  试验路段施工←───────────┘
                      │
                      ↓
                  混合料拌和
                      │
                      ↓
                  混合料运输
                      │
                      ↓
                   摊铺
                      │
                      ↓
                   碾压
                      │
                      ↓
                  检查验收
                      │
                      ↓
                  开放交通
```

图7-2 热拌沥青混凝土路面施工工艺流程图

7.5.2 操作工艺

7.5.2.1 沥青混凝土的拌和

(1)沥青准备。

沥青应采用导热油加热,要求沥青温度稳定,具有一定的流动性,使沥青混合料拌和均匀,出厂温度符合要求,并保证沥青能源源不断地从贮存罐输送到拌和机内为宜。

(2)集料准备。

①集料铲运方向应与其流动方向垂直,保证铲运材料均匀,避免集料离析。

②每天开工前应检测含水量,以便调节冷料进料速度,并确定集料加热时间和温度。如

果集料含水量过大(一般指超过3%),不得使用。

③集料级配发生变化或换用新材料时,应重新进行配合比设计,确保混合料质量符合要求。

④集料应加热到能使沥青混合料出厂温度符合要求。集料在送进拌和锅中时的含水量不应超过1%。烤干用的火焰应调节适当,以免烤焦和熏黑集料。

(2)拌和。

①集料和沥青应按标准配合比确定的用量送进拌和机,矿粉直接从窗口加入。拌和机的矿粉仓应配备振动装置,以防矿粉起拱。添加消石灰、水泥时,宜增加粉料仓,也可由专用管线和螺旋送料器直接加入拌和锅。若与矿粉混合使用时,应注意防止二者因密度不同而离析。

②送入拌和机里的集料温度、沥青温度、混合料出厂温度、摊铺和碾压温度应符合《公路沥青路面施工技术规范》(JTG F40—2004)中表5.2.2-2、表5.2.2-3或本标准表7-3的要求。

表7-3 热拌沥青混凝土的施工温度(℃)

沥青种类	普通石油沥青	改性沥青
沥青加热温度	15~170	160~170
矿料加热温度	170~190	180~200
沥青混合料出厂温度	155~165	165~180
运输到现场温度,不低于	145	160
摊铺温度,不低于	135~150	160
初压温度,不低于	130~145	150
终压温度,不低于	105~125	110

试拌过程中,应通过现场温度测量对计算机打印的温度进行检验,并在一段连续施工的工艺流程中保证温度的均衡性,以保证混合料摊铺温度和碾压温度。

沥青混合料温度应采用具有金属探测针的插入式数显温度计量取,不宜采用玻璃温度计测量,在运料车上测量时,宜在车厢侧板下方打一个小孔插入不少于15 cm量取。碾压温度可借助于螺丝刀分几次在路面上打洞后迅速插入温度计测量得到。

③把规定数量的集料和沥青送进拌和机后,应把这两种材料充分拌和直至所有集料颗粒完全均匀地被沥青膜裹覆,沥青材料也完全均匀分布到整个混合料中,以混合料中无花白石子、无沥青团块色泽乌黑发亮为宜。每盘的生产周期不宜少于45 s(其中干拌时间不少于5~10 s)。

④对混合料拌和的均匀性应随时进行检查,如果出现花白石子,应停机分析原因予以改进。其原因大致如下:搅拌时间不够;细颗粒矿料比例增大,特别是加入矿粉量(包括水泥或石灰等填料)增多;料门关闭不严;沥青用量不够;矿料或沥青加热温度不够等。可能是其中一项原因,也可能是其中的几项原因。如果混合料颜色枯黄灰暗,可能的原因有:拌和温度

过高、沥青用量不够、粉料过多、石料不干、柴油燃烧不透等。对出现花白、枯黄灰暗的混合料必须废弃不用。

⑤沥青混合料拌和机应有贮料仓，为保证连续摊铺，可提前拌和混合料，将拌好的沥青混合料送入贮料仓中暂存，待开始摊铺后再运至摊铺现场。

⑥沥青混合料配合比控制。拌好的沥青混合料应进行质量跟踪抽检，检查集料级配、油石比等指标，发现问题及时调整生产配合比，集料级配应在标准配合比目标值的容许偏差范围内，并不得超出规定级配的范围。目标值的容许偏差以具体工程项目要求为准。

⑦逐盘打印混合料用油量、各热料仓集料用量及沥青混合料重量，绘制油石比波动图。

7.5.2.2 沥青混合料的运输

（1）为保证沥青混合料源源不断地运至摊铺现场，必须配备足够的运输车辆，每小时运力必须大于拌和机产量。运输车辆数量 N 可按式（7−1）计算。

$$N = k(t_1 + t_2 + t_3)/T \qquad (7-1)$$

式中：t_1——车辆满载由拌和厂行驶至摊铺现场的行驶时间（min）；

t_2——车辆空载由摊铺现场行驶至拌和厂的行驶时间（min）；

t_3——在工地卸料以及在拌和厂和工地等待的总时间（min）；

T——拌和一车混合料所需的时间（min），$T = 60C/G$；

C——单车装载能力（t）；

G——拌和设备生产能力（t/h）；

k——安全储备系数，视运输道路上的交通情况而定，一般取 $k = 1.1 \sim 1.2$。

（2）运送沥青混合料的卡车载重量宜为 15～30 t，应有紧密、清洁、光滑的金属底板，底板应涂一薄层洗衣粉水溶液（不要用油水混合液），以防止混合料粘到底板上，但不得有多余残液积留在车厢底部。装料前，卡车底板应排干积水。车轮胎如有泥土，必须冲洗干净。

（3）施工前应对全体驾驶员进行培训，加强对汽车的保养，避免运料途中汽车抛锚导致混合料冷却受损。装料时汽车应按照前、后、中的顺序来回移动，避免混合料离析。任何情况下，运料车在运输过程中都应采用双层覆盖措施，同时加盖保温毡和帆布篷（如果内层的保温毡在运输过程中可能被风吹起时，还应在保温毡上配重物施压），以防表面混合料降温结成硬壳。

（4）混合料装车后应及时测试温度，发现温度过高或过低，混合料出现烧焦失黏、花白现象时应予废弃。

（5）混合料运输车在摊铺机前头以后退方式缓慢接近摊铺机，但不得撞击摊铺机，应在摊铺前 10 cm 左右停下，挂空挡，靠摊铺机推动运料车前进。

（6）施工过程中摊铺机前方应有运料车在等候卸料，开始摊铺时在施工现场等候卸料的运料车不宜少于 5 辆，以保证连续摊铺，同时从第三车开始摊铺。连续摊铺对保证平整度是十分重要的。

（7）沥青混合料运至摊铺地点后应凭运料单接收，并检查拌和质量和混合料温度。不符合温度要求或已经结成团块、已遭雨淋湿的混合料不得铺筑。

（8）运料车辆应行驶在平整坚实的道路上，对行驶路线的坑槽应及时维修，以减轻车辆颠簸，避免混合料离析。运料车不得超载运输，不得急刹车、急弯掉头，以免对封层造成损坏。

7.5.2.3　热拌沥青混合料摊铺

（1）在下面层正式摊铺前，必须清除封层上多余的石子、泥土、残渣、污物，污染严重时必须冲洗，然后进行中线和高程测量，在摊铺机左右两边每 5~10 m 设置一铁立竿控制桩，超高路段适当加密。按照计算松铺厚度用钢丝绳统一拉线，一端固定，另一端张拉，张拉力不小于 100 kg。

（2）在中、上面层混合料摊铺前，应用竹扫帚或路面强力清扫机清扫路面，有泥土等不洁物质污染时，应用洒水车和高压水枪配合清洗干净。待进入下承层路面内部的水分蒸发掉、表面干燥时，喷洒符合要求的乳化沥青或改性乳化沥青粘层油，待粘层油破乳后方可进行混合料的摊铺，为防止履带黏结沥青，宜稀撒一些 S12 碎石。

（3）摊铺前应根据松铺厚度、纵横坡度调整好摊铺机的初始状态。每种摊铺机每种混合料的松铺厚度根据试验路成果确定。摊铺机开始摊铺前必须提前将熨平板预热至 100℃ 以上，铺筑过程中必须启动熨平板的振动或捶击等夯实装置。

（4）沥青面层的摊铺宜采用 2 台摊铺机成梯队摊铺，两台摊铺机应具有相同的压实能力。两台摊铺前后位置应尽量靠近，宜为 5~10 m；两幅之间应有 3~6 cm 的搭接宽度，以确保纵向接缝质量。接缝位置必须避开车道轮迹带，上面层的纵向接缝宜位于两行车道之间的路面标线处，中面层的纵向接缝外移 15~20 cm，下面层的纵向接缝内移 15~20 cm，使上下层的纵向接缝错开。

（5）摊铺机应配备容量足以保证均匀连续摊铺作业的受料斗，保证上一车料卸完后，下一车料能及时供料，不致中途停机待料。还应装备自动进料控制器，并适当调节到能在整平板前方保持厚度均匀的沥青混合料。尽量减少收斗次数，避免混合料离析。

（6）摊铺速度应与拌和机供料速度协调，摊铺机必须缓慢均匀、连续不间断地摊铺，不得随意变换速度或中途停顿，以提高平整度，减少混合料离析。摊铺速度宜控制为 2~6 m/min，当发现混合料出现明显的离析、波浪、裂缝、拖痕时，应分析原因，予以清除。

（7）摊铺机应配备整平板自控装置，其一侧或双侧装有传感器，可通过外面的参考线探出纵坡和整平板的横坡，并能自动发出信号操纵整平板，使摊铺机能铺筑出理想的纵横坡度。传感器应能由参考线或滑橇式基准板操作。横坡控制器应能让整平板保持理想的坡度，精度在 ±0.3% 范围内。

（8）摊铺机应采用自动找平方式，每台摊铺机应配备两台长度大于 16 m 的自动找平装置，并牢固地安装在摊铺机两侧，与整平板自动控制的传感器相组合，控制混合料的松铺厚度和平整度。下面层宜采用由钢丝绳引导的高程控制方式；中、上面层宜采用非接触式平衡梁摊铺厚度控制方式。

（9）路缘石、边沟、积水井和其他结构物与沥青混合料的接触面上应均匀涂上一层粘层沥青，然后才能紧靠着这些接触面摊铺沥青混合料。

（10）沥青混合料的摊铺温度应符合要求，并应根据沥青标号、黏度、气温、摊铺层厚度合理选用。摊铺沥青混合料时，气温宜在 20℃ 以上，当气温低于 10℃ 时，不宜摊铺热拌沥青混合料。

（11）摊铺过程中应跟踪检查摊铺层厚度及横坡度，并按《公路沥青路面施工技术规范》（JTG F40—2004）附录 G 所述的总量控制方法，由混合料总量与摊铺面积校验平均厚度，不符合要求时应根据铺筑情况及时进行调整。

（12）在铺筑过程中，料斗进料口应完全打开，摊铺机螺旋送料器应不停顿地转动，速度不宜太慢，并保持有不少于螺旋分料高度 2/3 的混合料，且不应使沥青混合料时多时少，保证在摊铺机全宽度断面上不发生离析。熨平板按所需厚度固定后，不得随意调整。

（13）用机械摊铺的混合料，不应人工反复修整。当出现下列情况时，可用人工作局部找补或更换混合料：

①横断面不符合要求；

②构造物接头部位缺料；

③摊铺带边缘局部缺料；

④表面明显不平整；

⑤局部混合料明显离析；

⑥摊铺机后有明显的拖痕。

人工找补或更换混合料应在现场主管人员指导下进行。缺陷较严重时，应予铲除，并调整摊铺机或改进摊铺工艺。当属机械原因引起严重缺陷时，应立即停止摊铺。

（14）在路面狭窄部分、平曲线半径过小的匝道或加宽部分，宜采用小型摊铺机摊铺。人工摊铺沥青混合料应符合下列要求：

①半幅施工时，路中一侧宜事先设置挡板；

②沥青混合料宜卸在铁板上，摊铺时应扣锹铺料，不得扬锹抛撒；

③边摊铺边用刮板整平，刮平时应轻重一致，往返刮 2~3 次达到平整即可，不得反复撒料反复刮平以免引起粗集料离析；

④撒料用的铁锹等工具宜加热使用，也可以沾洗衣粉水溶液，以防黏结混合料，但不得过于频繁，以免影响混合料质量；

⑤摊铺不得中途停顿。摊铺好的沥青混合料应紧接着碾压，如因故不能及时碾压或遇雨时，应停止摊铺，并对卸下的沥青混合料覆盖保温，混合料来不及碾压、已冷却时应废弃不用。

7.5.2.4 热拌沥青混凝土碾压

（1）碾压是沥青混凝土施工中的重要一环，碾压必须采用追随、紧跟的碾压组合方式，遵循初压、复压、终压的原则，并严格控制碾压速度。

碾压组合方式见图 7-3，碾压速度见表 7-4。

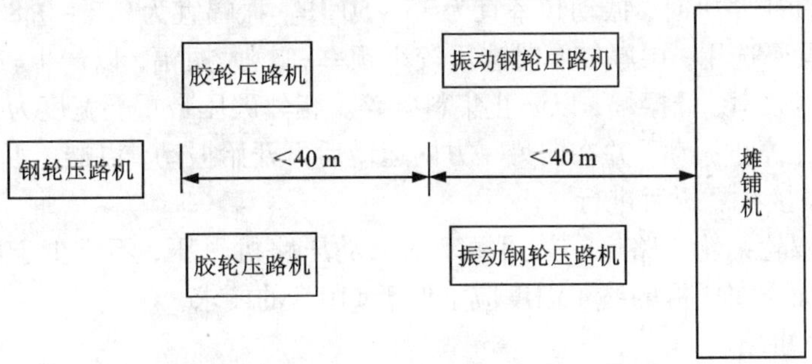

图 7-3 碾压组合方式

表7-4 压路机碾压速度(单位：km/h)

压路机类型	初压		复压		终压	
	适宜	最大	适宜	最大	适宜	最大
钢轮压路机	2~3	4	3~5	5	3~6	6
胶轮压路机			3~5	6		
振动压路机	2~3 (静压)	3 (静压)	3~4.5 (振动)	5 (振动)	3~6 (静压)	6 (静压)

(2)热拌沥青混合料充分压实后应符合压实度及平整度双重指标要求，不可为提高平整度指标而放松压实度要求。

(3)热拌沥青混凝土的初压应符合下列要求：

①初压应紧跟摊铺机后在较高温度下碾压，并保持较短的初压区长度，以尽快使表面压实，减少热量散失，并不得产生推移、发裂等现象，压实温度应根据沥青稠度、压路机类型、气温、铺筑层厚度、混合料类型经试铺试压确定，并符合表7-3的要求。

②压路机应从外侧向中心碾压，在超高路段则由低向高处碾压，在坡道上应将驱动轮从低处向高处碾压，相邻碾压带应重叠1/3~1/2轮宽，最后碾压路中心部分，压完全幅为一遍。当边缘有挡板、路缘石、路肩等支挡时，应紧靠支挡碾压。当边缘无支挡时，可用耙子将边缘的混合料稍稍耙高，然后将压路机的外侧轮伸出边缘10 cm以外碾压。也可在边缘先空出宽30~40 cm，待压完第一遍后，将压路机大部分重量位于已压实过的混合料面上再压边缘，以减少向外推移。

③应采用钢轮压路机或关闭振动装置的振动压路机碾压1遍，其线压力不宜小于350 N/cm。初压后检查平整度、路拱，必要时予以适当修整。

④碾压时应将驱动轮面向摊辅机。碾压路线及碾压方向不应突然改变以免导致混合料产生推移。压路机启动、停止必须减速缓慢进行。

(4)复压应紧接在初压后进行，不得随意停顿，并符合下列要求：

①复压宜采用重型的胶轮压路机、振动压路机。碾压遍数应经试压确定，不宜少于4遍，直到达到要求的压实度，并无明显轮迹。

②当采用胶轮胎压路机时，总质量不宜小于26 t。相邻碾压带应重叠1/3~1/2的碾压轮宽度。

③当采用振动压路机时，振动频率宜为35~50 Hz，振幅宜为0.3~0.8 mm，并根据混合料种类、温度和层厚选用，层厚较厚时选用较小频率和较大振幅，以产生较大的激振力。厚度较薄时，采用高频率、低振幅，以防止集料破碎。相邻碾压带重叠宽度为10~20 cm，振动压路机倒车时应先停止振动，并在向另一方向运动后再开始振动，以避免混合料形成鼓包。

(5)终压应紧接在复压后进行。

终压可选用双轮钢轮压路机或关闭振动的振动压路机碾压，不宜少于两遍，消除轮迹，提高平整度。路面压实成形的终了温度应不低于110℃的要求。

(6)碾压注意事项。

①压路机的碾压段长度以与摊铺速度平衡为原则选定，并保持大体稳定。气温高，风速小时，碾压段宜长；气温低，风速大时宜短；压路机应紧跟摊铺机碾压。气温低于10℃，一

般不宜施工。压路机每次应由两端折回的位置成阶梯形地随摊铺机向前推进，使折回处不在同一横断面上。在摊铺机连续摊铺的过程中，所有压路机不得随意停顿。

②压路机碾压过程中有沥青混合料粘轮现象时，应立即清除。对于钢轮压路机，可向碾压轮喷水以防粘轮(水中可添加少量表面活性剂)，但必须严格控制喷水量且必须成雾状喷洒。对于轮胎压路机，开始碾压阶段，可涂刷少量隔离剂或防黏结剂。

③压路机不得在未碾压成形的路段上转向、调头或停车等候。振动压路机在已成形的路面行驶时应关闭振动。

④对压路机无法压实的桥梁、挡土墙等构造物接头、拐弯死角、加宽部分及某些路边缘等局部地区，应采用小型压路机或振动夯板进行压实。对雨水井与各种检查井的边缘还应用人工夯锤等进行补充夯实。

⑤在当天碾压成形的路面上，不得停放任何机械设备或车辆，不得散落矿料、油料等杂物。

⑥应随时观察路面早期的施工裂缝，发现因推移产生的裂缝时，应及时调整碾压方式。

(7)特殊路段的碾压。

特殊路段的碾压是指小半径弯道、交叉口、路边、陡坡等处的压实作业。

①弯道或交叉口的碾压。

在弯道或交叉口的碾压，应先用铰接转向式压路机作业，先从弯道内侧或弯道较低一边开始碾压(以利于形成支承边)。对急弯应尽可能采取直线式碾压(即缺角式碾压)，并逐一转换压道，对缺角处用小型机具压实。压实中应注意转向同速度相吻合，尽可能用振动方式，以减少剪切力。

②路边碾压。

压路机在没有支承边的厚层上碾压时，可在离边缘30~40 cm(层厚较薄时，预留20 cm)处开始碾压作业。这样，就能在路边压实前形成一条支承侧面，以减少沥青混合料碾压时出现塌边现象。在接下来碾压留下的未压部分时，压路机每次只能向自由边缘方向推进10 cm。

③陡坡碾压。

在陡坡碾压时，压路机的很大部分作用力将向下坡方向，因而增加了混合料顺坡下移的趋势。为抵消这种趋势，除了下承层表面必须清洁、干燥、喷洒粘层沥青外，压实时应注意，先采用轻型压路机预压(轮胎压路机不宜用作预压)。无论是上坡还是下坡，压路机的从动轮始终朝着摊铺机方向，即从动轮在前，驱动轮在后(与一般路段碾压时相反)。这样做，从动轮起到了预压作用，从而使沥青混合料能够承受驱动轮产生的剪切力。如果采用振动压路机，则应先静压，待混合料达到稳定后，方可采用低振幅的振动碾压。陡坡碾压中，压路机的启动、停止、变速要平稳，避免速度过高或过低，混合料温度不宜过高。

7.5.2.5　接缝、修边

(1)纵向接缝部位的施工要求。

纵向接缝应与下层的纵向接缝错开15 cm以上，摊铺时采用梯队作业的纵缝应采用热接缝。施工时应将已铺混合料部分留下10~20 cm宽暂不碾压，作为后摊铺部分的高程基准面，后面摊铺机的熨平板应重叠先前已摊铺混合料至少5 cm。钢轮压路机应紧跟摊铺机对热接缝部位先进行压实，并用6 m直尺检查平整度，最后再作跨缝碾压，以消除缝迹。

(2)横向接缝的施工要求。

1)相邻两幅及上下层的横向接缝均应错位1 m以上。并采用垂直的平接缝。铺筑接缝时，可在已压实部分上面铺设一些热混合料使之预热软化，以加强新旧混合料的黏结。但在开始碾压前应将预热用的混合料铲除。

2）平接缝应做到紧密黏结，充分压实，连接平顺。施工可采用下列方法：

①在施工结束时，摊铺机在接近端部前约 1 m 处将熨平板稍稍抬起驶离现场，用人工将端部混合料铲齐后再予碾压。然后用 6 m 直尺检查平整度，趁尚未冷透时垂直刨除端部层厚不足的部分，使下次施工时成直角连接。

②在预定的摊铺段的末端先撒一薄层砂带，摊铺混合料后趁热在摊铺层上挖出一道缝隙，缝隙位于撒砂与未撒砂的交界处，在缝中嵌入一块与压实层等厚的木板或型钢，待压实后铲除撒砂的部分，将砂扫尽，撒去木板或型钢，在端部涂粘层沥青接着摊铺。

③在预定摊铺段的末端先铺上一层彩条布或牛皮纸（也可撒一薄层砂带），摊铺碾压成斜坡，在混合料尚未完全冷却结硬之前，将铺有彩条布或牛皮纸或撒有薄层砂带的部分用切割机切除（切缝前用 3 m 直尺检查端部平整度，当平整度不符合要求时，应加长切割范围，直至平整度符合要求的位置），切缝后必须用水冲洗干净。

3）从接缝处继续摊铺混合料前应用 6 m 直尺检查端部平整度，当不符合要求时，应予清除。横向接缝接续施工摊铺前，在接缝端部涂粘层沥青，并用熨平板预热，并在摊铺机整平板下放置起始垫板，垫板的厚度应等于混合料摊铺厚度与已压实路面厚度之差，其长度应超过整平板的前后边距，以调整好预留高度。横向接缝处摊铺混合料后应清缝，然后检查新摊铺的混合料松铺厚度是否合适。清缝时，不得向新铺混合料方向过分推刮。接缝处摊铺层施工结束后再用 6 m 直尺检查平整度，当有不符合要求者，应趁混合料尚未冷却时立即处理。

4）横向接缝的碾压应先用双轮或三轮钢筒式压路机进行横向碾压。碾压带的外侧应放置供压路机停顿的垫木，碾压时压路机应位于已压实成形的路面层上，伸入新铺层的宽度为 15 cm。然后每压一遍向新铺混合料移动 15 ~ 20 cm，直至全部在新铺层上为止，再改为纵向碾压。当相邻摊铺已经成形，同时又有纵缝时，可先用钢筒式压路机沿纵缝碾压一遍，碾压宽度为 15 ~ 20 cm，然后再沿横缝作横向碾压，最后进行正常的纵向碾压。

（3）修边。

应将摊铺层的外露边缘准确切割到要求的线位。修边切下的材料及任何其他的废弃沥青混合料均应由承包人按工程师同意的方式从路上清除，妥善处理，不得随地丢弃。

7.5.2.6 养护

任一沥青混合料结构层应待摊铺层完全自然冷却、混合料表面温度低于 50℃后，方可开放交通。同时还应做好沥青路面的保洁工作。

7.6 质量标准

7.6.1 基本要求（见表 7 - 5）

（1）热拌沥青混合料的矿料质量及矿料级配应符合设计要求和施工规范的规定，按规范要求频率进行检验。

（2）严格控制各种矿料和沥青用量，严格控制矿料加热温度、沥青加热温度及混合料出料温度。

（3）沥青材料及混合料的各项指标应符合设计标准和施工规范要求，按规范要求进行改性沥青检验、混合料马歇尔试验、混合料级配检验、沥青含量检验，检验频率应符合规范要求。矿料级配、沥青含量、马歇尔稳定度等结果的合格率应不小于90%。

（4）拌和后的热拌沥青混合料应均匀一致，无花白、无粗细分离和结团成块现象，温度符合规范要求。

（5）摊铺时应严格控制摊铺厚度和平整度，避免离析，控制摊铺温度、碾压温度、碾压至要求的压实度。

表7-5 热拌沥青混合料的检查频度和质量要求

项目		检查频度及单点检验评价方法	质量要求或允许偏差		试验方法
			高速公路、一级公路	其他等级公路	
混合料外观		随时	观察集料粗细、均匀性、离析、油石比、色泽、冒烟情况，有无花白料、油团等		目测
拌和温度	沥青、集料的加热温度	逐盘检测评定	符合规范规定		传感器自动检测、显示并打印
	混合料出厂温度	逐车检测评定	符合规范规定		传感器自动检测、显示并打印，出厂时逐车按T 0981人工检测
		逐盘测量记录，每天取平均值评定	符合规范规定		传感器自动检测、显示并打印
矿料级配（筛孔）	0.075 mm	逐盘在线检测	±2%（2%）	—	计算机采集数据计算
	≤2.36 mm		±5%（4%）	—	
	≥4.75 mm		±6%（5%）		
	0.075 mm	逐盘检查，每天汇总1次取平均值评定	±1%		总量检验
	≤2.36 mm		±2%		
	≥4.75 mm		±2%		
	0.075 mm	每台拌和机每天1～2次，以2个试样的平均值评定	±2%（2%）	±2%	T 0725抽提筛分与标准级配比较的差
	≤2.36 mm		±5%（3%）	±6%	
	≥4.75 mm		±6%（4%）	±7%	
沥青用量（油石比）		逐盘在线监测	±0.3%		计算机采集数据计算
		逐盘检查，每天汇总1次取平均值评定	±0.1%	—	总量检验
		每台拌和机每天1～2次，以2个试样的平均值评定	±0.3%	±0.4%	抽提 T 0722、T 0721

续表 7 – 5

项目	检查频度及单点检验评价方法	质量要求或允许偏差		试验方法
		高速公路、一级公路	其他等级公路	
马歇尔试验：空隙率、稳定度、流值	每台拌和机每天 1～2 次，以 4～6 个试件的平均值评定	符合规范规定		T 0702、T 0709
浸水马歇尔试验	必要时（试件数同马歇尔试验）	符合规范规定		T 0702、T 0709
车辙试验	必要时（以 3 个试件的平均值评定）	符合规范规定		T 0719

7.6.2 外观鉴定

（1）表面应平整密实，不应有泛油、松散、裂缝和明显离析现象。

（2）纵向、横向接缝应紧密平顺，与路缘石及其他结构物应紧贴平顺，不得有积水和漏水现象。

7.6.3 实测项目（见表 7 – 6）

表 7 – 6　热拌沥青混合料路面交工检查与验收质量标准

检查项目		检查频度（每一侧车行道）	质量要求或允许偏差		试验方法
			高速公路、一级公路	其他等级公路	
外观		随时	表面平整密实，不得有明显轮迹、裂缝、推挤、油汀、油包等缺陷，且无明显离析		目测
面层总厚度	代表值	每 1 km　5 点	设计值的 – 5%	设计值的 – 8%	T 0912
	合格值	每 1 km　5 点	设计值 – 10%	设计值的 – 15%	T 0912
上面层厚度	代表值	每 1 km　5 点	设计值的 – 10%	—	T 0912
	合格值	每 1 km　5 点	设计值 – 20%	—	T 0912
压实度	代表值	每 1 km　5 点	实验室标准密度的 96%（98%）最大理论密度的 92%（94%）试验段密度的 98%（99%）		T 0924
	极值（最小值）	每 1 km　5 点	比代表值放宽 1%（每 km）或 2%（全部）		T 0924
路表平整度	标准差 σ	全线连续	1.2 mm	2.5 mm	T 0932
	IRI	全线连续	2.0 m/km	4.2 m/km	T 0933
	最大间隙	每 1 km　10 处，各连续 10 杆		5 mm	T 0931

续表 7-6

检查项目		检查频度（每一侧车行道）	质量要求或允许偏差		试验方法
			高速公路、一级公路	其他等级公路	
路表渗水系数 不大于		每 1 km 不少于 5 点，每点 3 处，取平均值评定	300 mL/min（普通沥青路面）200 mL/min（SMA 路面）	—	T 0971
宽度	有侧石	每 1 km 20 个断面	±20 mm	±30 mm	T 0911
	无侧石	每 1 km 20 个断面	不小于设计宽度	不小于设计宽度	T 0911
纵断面高程		每 1 km 20 个断面	±15 mm	±20 mm	T 0911
中线偏位		每 1 km 20 个断面	±20 mm	±30mm	T 0911
横坡度		每 1 km 20 个断面	±0.3%	±0.5%	T 0911
弯沉	回弹弯沉	全线每 20 m 1 点	符合设计对交工验收的要求	符合设计对交工验收的要求	T 0951
	总弯沉	全线每 5 m 1 点	符合设计对交工验收的要求	—	T 0952
构造深度		每 1 km 5 点	符合设计对交工验收的要求	—	T 0961/62/63
摩擦系数摆值		每 1 km 5 点	符合设计对交工验收的要求	—	T 0964
横向力系数		全线连续	符合设计对交工验收的要求	—	T 0965

7.7 成品保护

（1）封闭施工段落、非施工人员不得进入施工现场。

（2）在每日摊铺段起点设立明显的禁行标志，并设专人引导交通、看护现场，防止其他车辆误入当天的施工段。

（3）沥青混合料路面应待摊铺层完成自然冷却、混合料表面温度低于 50℃后，方可开放交通，需要提早开放交通的可洒水降温。

（4）铺筑好的沥青层应严格控制交通，做好保护，保持整洁，不得造成污染，严禁压路机在沥青面层上维修，防止各类油料对沥青面层的污染；严禁在沥青层堆放施工废土或废渣；严禁在已铺沥青层上制作水泥砂浆。

（5）取芯的钻孔应及时用填料填充。

7.8 安全环保措施

7.8.1 安全措施

(1)应遵照《公路工程施工安全技术规范》(JTG F90—2015)的要求执行。

(2)建立健全安全管理机构,责任到人。坚持"安全第一,预防为主"的指导思想,配备专职安全员,负责现场安全巡视,每道工序开工之前应认真进行安全技术交底。

(3)用电安全方面,重点注意发电机、配电房、电闸箱和电缆接头等安全薄弱环节。

(4)施工人员应正确穿戴劳动防护用品,防止烫伤,夏季高温季节施工应采取防暑降温措施。

(5)拌和场内必须采取严格有效的防火、防电、防爆、防毒等措施,场内严禁烟火,在易发生事故的地方设置防护装置和警告标志,如油库、变压器等。

(6)建立健全各种机械操作责任制及交接班制度,并加强管理,避免失误,确保安全生产。

(7)各交叉路口、转弯处均应设置导向标志和安全警告标志,设专人指挥交通。

7.8.2 环保措施

(1)选择拌和场地时应远离居民区和村庄,无法避开居民区或村庄时应选择在主风向下方。

(2)按设计要求存放石矿粉、沥青等施工材料,运送沥青混凝土、矿粉等散体物资时应设置挡板,加盖苫布,做到不丢不撒。

(3)对废油、废水、废渣按指定地点存放,不得乱扔乱倒,避免污染空气和水源。

(4)拌和楼须具有良好的除尘措施,排放的灰尘须符合环保要求;回收粉尘应及时浇水或覆盖防止扬尘,同时应充分利用,不宜浪费;施工便道及辅道注意经常洒水,防止扬尘污染环境。

(5)设备噪声应符合环保要求,不符合时应采取有效措施。

(6)工地人员就餐后,餐盒、塑料瓶等垃圾不得乱扔乱弃,应安排专人进行回收或掩埋。

(7)废弃混合料不得到处乱放,每天应及时进行清理,放到指定地点

(8)完工后,临时所占耕地及其他用地切实做到工完、料净、场地清。

7.9 质量记录

(1)下承层验收记录,施工测量、放样记录。

(2)原材料(沥青、集料、填料、外掺材料)合格文件证明,试验检测报告及进场合格证。

(3)热拌沥青混凝土配合比设计报告及试验路总结报告。

(4)热拌沥青混凝土拌和、摊铺、碾压施工记录。

(5)分项工程中间交工证书及附件(附件包括热拌沥青混合料质量检测记录表、现场检验记录表)。

8 SMA 沥青混凝土路面施工工艺

8.1 总则

8.1.1 适用范围

本标准适用于采用 SMA 混合料铺筑的沥青混凝土上面层；适用于新建、改建的高速公路及大跨径钢桥桥面的铺装层。

8.1.2 参考标准和规范

（1）中华人民共和国行业标准《公路沥青路面施工技术规范》（JTG F40—2004）。

（2）中华人民共和国行业标准《公路工程质量检验评定标准》（土建工程）（JTG F80/1—2017）。

（3）中华人民共和国行业标准《公路工程沥青及沥青混合料试验规程》（JTG E20—2011）。

（4）中华人民共和国行业标准《公路工程集料试验规程》（JTG E42—2005）。

（5）中华人民共和国行业标准《公路路基路面现场测试规程》（JTG E60—2008）。

8.2 术语

SMA 沥青混合料是一种全新意义上的沥青玛蹄脂碎石混合料，它是由沥青、纤维稳定剂、矿粉及少量的细集料组成沥青玛蹄脂，再用沥青玛蹄脂填充粗集料骨架间隙，从而组成 SMA 沥青混合料。

8.3 施工准备

8.3.1 技术准备

（1）复核水准点，必须全线联测。施工放样，采用全站仪准确放出中桩位置，并依据中桩确定各结构层边线位置。

（2）熟悉图纸、设计文件和相关规范、标准，编制实施性施工组织设计和单项工程施工技术方案和安全技术方案，由项目总工程师向各工程师、班组长进行书面的一级技术交底和安全交底，然后由各工程师、班组长向各自部门技术员、操作手进行二级技术交底和安全交底，施工前由路面工程师向辅助工人进行三级技术交底和安全交底。

（3）配合比设计。

包括目标配合比设计、生产配合比设计以及生产配合比验证3个阶段：

①目标配合比设计是根据工程实际使用的材料和设计级配要求（见《公路沥青路面施工技术规范》表5.3.2-3），计算出材料配比，在室内拌制沥青混合料，用马歇尔击实仪测试成型混合料试件，其试验指标必须满足设计要求（见《公路沥青路面施工技术规范》表5.3.3-3），从而确定矿料的比例和最佳沥青用量。SMA混合料方法详见《公路沥青路面施工技术规范》附录C。

②生产配合比设计是将二次筛分后进入热料仓的材料取出筛分，按照目标配合比设计级配确定各热料仓的材料比例，并以目标配合比设计的最佳沥青用量及最佳沥青用量的±0.3%三个沥青用量进行马歇尔试验，按目标配合比设计方法，选定适宜的最佳油石比。

③生产配合比验证（试拌、试铺）作为正常生产质量控制的基础。用生产配合比在生产拌和机上进行试拌，经检验，SMA混合料技术性能符合规定后铺筑试铺段。取试铺的SMA混合料进行体积参数分析、马歇尔检验和沥青含量、筛分试验检验，由此确定正式生产用的标准配合比。

8.3.2 材料准备

8.3.2.1 改性沥青

（1）对工厂改性沥青应按规范要求进行质量检验，符合要求后储存在可加热与保温的储藏罐中。储藏罐应配有搅拌装置，根据不同改性沥青类型和等级采用不同的储存温度，使用前应加热到要求的施工温度。

（2）现场改性沥青应按规定的技术要求进行生产，宜随配随用，经检验符合要求方可使用。

8.3.2.2 集料

（1）应按设计要求准备各种规格的集料，对不同料场、批次的材料应进行检测验收，检测指标符合《公路沥青路面施工技术规范》要求。

（2）集料应堆放于清洁、干燥、地基稳定、排水良好、有硬质铺面的场地上，不同规格的集料应分开堆放。

（3）集料宜采用分层堆放的方法，在整个堆料区逐层向上堆放，以防止集料离析。

8.3.2.3 矿粉

（1）必须采用憎水性的石灰岩或岩浆岩中的强基性岩石加工，细度应符合规范要求。

（2）如果采用袋装矿粉，应储存于排水良好、地势较高的地方，并需设防雨棚，防止受潮结团。

（3）散放矿粉应检查生产厂储存情况，防止受潮、结团。

8.3.2.4 纤维稳定剂

在SMA沥青混合料中掺加的纤维稳定剂宜选用木质素纤维、矿物纤维等，纤维应存放在室内或有棚盖的地方，松散纤维在运输及使用过程中应避免受潮、结团。

8.3.3　主要机具

8.3.3.1　改性沥青加工设备

改性沥青如采用现场加工方式,需配备改性沥青加工设备。应根据改性沥青的种类或改性方式选择相应的改性沥青加工设备,也可直接使用已改性好的改性沥青。

8.3.3.2　拌和设备

SMA 沥青混凝土拌和可采用间隙式拌和机或连续式拌和机,高速公路和一级公路宜采用间歇式拌和机。连续式拌和机使用的集料必须稳定不变,一个工程从多处进料、料源或质量不稳定时不得采用连续式拌和机。

(1)拌和机总拌和能力应满足施工进度需要,拌和机除尘设备完好,能达到环保要求。

(2)冷料仓的数量满足配合比需要,通常不宜少于 5~6 个,热料仓不宜少于 5 个,具有添加纤维、消石灰等外掺剂的设备。

8.3.3.3　运输设备

SMA 沥青混凝土运输设备,宜采用15 t 以上较大吨位的自卸运输车运输。运输时车厢板上应涂有防止沥青黏结的隔离剂或防黏剂,但不得有余液积聚在车厢底部。车辆必须配备保温夹棉苫布。

8.3.3.4　摊铺设备

SMA 沥青混合料土应采用沥青摊铺机摊铺,宜采用配有自动找平装置的履带式摊铺机。

8.3.3.5　压实设备

SMA 沥青混凝土的压实设备宜采用双钢轮振动压路机,不允许采用胶轮压路机。沥青路面施工应配备足够数量的压路机,高速公路铺筑双车道沥青路面的压路机数量不宜少于 5台,压路机类型及轻重组合视结构层类型及厚度而定。

8.3.3.6　试验、测量仪器

试验、测量仪器设备质量稳定可靠,精度满足要求。同时,应经过有资质的计量认证单位检定,并出具检定证书并粘贴合格证。主要试验、测量仪器设备应满足表 8 – 1 的要求。

表 8 – 1　试验、测量仪器准备表

序号	仪器名称	数量	备注
1	针入度试验仪 (配 3 根标准针、3 个试样杯)	1 台	沥青试验
2	软化点试验仪	1 台	
3	低温电脑延度试验仪 (配 6 个八字试模、3 个一字试模)	1 台	
4	薄膜烘箱	1 台	

续表 8 - 1

序号	仪器名称	数量	备 注
5	沥青混合料拌和机	1台	沥青混合料试验
6	马歇尔电动击实仪、大马歇尔击实仪 (配2套底座和套筒、12个以上试模)	各1台	
7	(大、小)马歇尔稳定度试验仪 (能打印稳定度—流值曲线)	各1台	
8	理论最大相对密度仪	1台	
9	恒温水浴	1台	
10	沥青混合料快速分离机(抽提仪)	1台	
11	箱式电阻炉	1台	
12	电热恒温干燥箱(101-2型以上)	2~3台	
13	路面取芯机(钻深60 cm以上)	1台	压实度厚度检测
14	切割机	1台	
15	连续式平整度仪	1台	平整度检测
16	3 m、6 m直尺(配塞尺)	各2把	
17	构造深度测试仪	1台	抗滑试验
18	摆式摩擦系数测试仪	1台	
19	路面渗水仪	1台	渗水试验
20	路面弯沉仪(5.4 m长贝克曼梁、百分表、表架)	1套	弯沉检测
21	水准仪	2台	
22	全站仪	1台	

8.3.3.7 其他设备

装载机、洒水车、空压机、加油车、发电机、切割机、照明设备等。

8.3.4 作业条件

(1)沥青面层施工前,必须对下承层的质量进行检查验收,下承层的质量必须满足相应标准要求,并及时完成施工放样。

(2)施工前对施工机具进行全面检查、调整,特别要求对拌和楼的计量装置进行计量标定、摊铺机的自动找平装置、各项作业控制参数的选择与调整;运输车的防黏措施及保温措施落实;压路机喷雾防黏轮的措施有效。

(3)要求拌和场地硬化处理,各种规格的材料分开堆放(搭建不少于1.8 m高隔墙),不得混杂;细集料的防雨设施应可靠有效;矿粉宜罐装。

(4)开工前应备足10 d左右施工使用的材料,并在施工中陆续进料。

(5)工地应备有防雨设施,并做好基层及路肩排水。

（6）摊铺现场、沥青拌和场和气象站台之间应具有有效的联系手段。

8.3.5　劳动力组织（见表8－2）

表8－2　SMA 沥青混凝土路面施工劳动力组织

工种	人数	工作地点	职责范围
现场施工负责人	1	摊铺现场	负责跟拌和站协调、组织现场施工等
技术员	2	摊铺现场	负责摊铺前、后场的协调、指挥和检查
拌和机手	2	拌和机周边	负责生产合格的混合料、机器维修保养等
拌和站辅助工	5	整个拌和站	负责整个生产过程中的辅助
摊铺组	6	摊铺机	负责摊铺机的正常运转、摊铺合格的混合料
碾压组	5	压路机	负责按标准流程进行混合料的碾压
测量组	2	摊铺机周边	负责检测挂线高、松铺厚度
检测组	2	摊铺机周边	负责检测温度、压实度、平整度、表面均匀性
安全员	2	整个施工现场	负责跟班检查安全措施、安全措施的执行情况及安全教育工作，对安全生产负责
施工现场辅助工	16	整个施工现场	负责挂线、指挥倒车、缺陷处理等工作
总计	43		

注：此表为一个作业班施工配备人员，未计后勤、行政等人员。

8.4　工艺设计和控制要求

8.4.1　技术要求

（1）SMA 沥青混凝土路面施工必须在高温环境下进行，施工温度低于10℃时不适宜进行 SMA 面层施工。

（2）纤维稳定剂的均匀投放是 SMA 沥青混凝土路面施工的关键，纤维宜采用专用的纤维添加设备自动加入到拌和机的拌和锅中，每次添加纤维应与拌和机的拌和周期同步进行，保证拌和过程中充分分散，且与沥青混合料拌和均匀。

（3）SMA 沥青混凝土路面施工不宜采用胶轮压路机碾压，以防搓揉过度造成沥青玛蹄脂挤到表面而达不到压实效果。同时应严格控制碾压遍数，在压实度达到98%以上或者现场钻芯取样的空隙率不大于6%后不再过度碾压。如碾压过程中发现有沥青玛蹄脂部分上浮及石料压碎、棱角明显磨损等过碾现象时，碾压应立即停止。

（4）SMA 沥青混凝土路面施工过程中应对混合料油石比、矿料级配、稳定度、流值、空隙率、残留稳定度、出厂温度、运到现场温度、摊铺温度、初压温度、碾压终了温度、拌和均匀性进行检测，具体检测频率、标准根据混合料类型、具体项目实际施工控制要求确定。

（5）SMA 沥青混凝土路面施工完成应对厚度、平整度、宽度、纵断高程、横坡度、压实度、渗水系数、中线平面偏位、摊铺均匀性、构造深度、摆式摩擦系数、弯沉值进行检测，检测频率、标准应根据混合料类型、具体项目实际施工控制要求确定。

8.4.2　材料质量要求

8.4.2.1　改性沥青

（1）沥青进场时，每车应出具出厂检验合格报告，进场的沥青按照《公路沥青路面施工技术规范》（JTG F40—2004）表4.6.2的要求进行检测，技术指标必须满足规范要求。

（2）现场制造的改性沥青宜随配随用，需作短时间保存，或运送到附近的工地时，使用前必须搅拌均匀，在不发生离析的状态下使用。改性沥青制作设备必须设有随机采集样品的取样口，采集的试样宜立即在现场灌模。

（3）工厂制作的成品改性沥青到达施工现场后存贮在改性沥青罐中，改性沥青罐中必须加设搅拌设备并进行搅拌，使用前改性沥青必须搅拌均匀。在施工过程中应定期取样检验产品质量，发现离析等质量不符要求的改性沥青不得使用。

8.4.2.2　集料

（1）粗集料。

SMA上面层粗集料应采用质地坚硬、表面粗糙、耐磨、具有良好嵌挤能力的玄武岩、安山岩、辉绿岩等硬质石料破碎的碎石。碎石应洁净、干燥、无风化、无杂质，其颗粒形状应具有多棱角，接近立方体。粗集料的主要技术指标必须满足《公路沥青路面施工技术规范》（JTG F40—2004）表4.8.2、表4.8.3、表4.8.5和表4.8.7的要求。为确保粗集料的颗粒形状符合要求，沥青面层用粗集料在破碎作业时，不得采用颚式破碎机加工，必须采用反击式、锤击式或圆锥碎石机破碎。

（2）细集料。

SMA上面层用细集料应采用优质机制砂。细集料应干净、坚硬、干燥、无风化、无杂质和其他有害物质，并有良好的颗粒级配。其主要技术指标必须满足《公路沥青路面施工技术规范》（JTG F40—2004）表4.9.2和表4.9.4的要求。

8.4.2.3　填料

填料可采用石灰岩经磨细的新鲜矿粉，不应含泥土杂质，要求干燥、洁净、不结团，能自由地从矿粉仓中流出。不得采用0～2.36 mm或0～4.75 mm碎石研磨，应采用2.36 mm以上干净的石灰石碎石研磨。其主要技术指标必须满足《公路沥青路面施工技术规范》（JTG F40—2004）表4.10.1的要求。为提高沥青混合料的水稳性，可采用水泥或石灰作为填料代替部分矿粉，但石灰用量不宜超过集料总量的2%，水泥用量不宜超过集料总量的3%。

8.4.2.4　纤维稳定剂

（1）在沥青混合料中掺加的纤维稳定剂宜选用木质素纤维、矿物纤维等，木质素纤维的质量应符合《公路沥青路面施工技术规范》（JTG F40—2004）表4.11.1的技术要求。

（2）纤维应在250℃的干拌温度不变质、不发脆，使用纤维必须符合环保要求，不危害身体健康。纤维必须在混合料拌和过程中能充分分散均匀。

（3）纤维稳定剂的掺加比例以沥青混合料总量的质量百分率计算，通常情况下用于SMA路面的木质素纤维不宜低于0.3%，矿物纤维不宜低于0.4%，必要时可适当增加纤维用量。纤维掺加量的允许误差宜不超过±5%。

8.4.3 职业健康安全要求

（1）职业安全健康目标：

①杜绝职业健康安全重伤及以上事故的发生；

②施工生产安全事故轻伤发生率控制在 5‰以内；

③员工定期体检率达到 100%；

④预防职业病的发生；

⑤提高全员的健康安全防范意识，安全教育普及率达到 100%。

（2）严格执行特种作业的规定，杜绝无上岗证、无培训资格证的操作人员上岗。

（3）做好所有施工人员的安全教育培训工作，杜绝一切安全事故。

（4）施工人员应做好自身安全防护措施，穿戴口罩、手套、工作服等安全防护用品，杜绝安全事故和职业病发生。

（5）施工应做好防暑降温措施，施工现场随时供应防暑药品。

（6）项目部应建立项目职业健康安全事故应急处理预案。

8.4.4 环境要求

（1）施工中必须采取有效措施，防治施工中产生的废气、废水、废渣、粉尘、恶臭气体及噪声振动等对环境的污染和危害。

（2）施工中应对施工技术人员和工人进行环境保护技术交底，杜绝施工中的大气、噪声、水、固体污染。

（3）项目部应建立项目环境污染应急处理预案。

（4）施工应当采用资源利用率高、污染物排放量少的设备和工艺。

（5）制订施工中环境保护检查制度，对施工中不满足环境保护要求的设备、工艺应强行停止，整改后才允许开工。

8.5 施工工艺

8.5.1 工艺流程（见图 8-1）

8.5.2 操作工艺

8.5.2.1 测量放样

依据设计资料，恢复中桩位置和结构层边线，标示出摊铺层设计高程。

8.5.2.2 SMA 沥青混合料拌制

（1）严格按照目标配合比和生产配合比拌制沥青混合料，混合料级配、沥青用量、外掺材料剂量必须符合设计要求。

（2）沥青混合料应在沥青拌和厂采用拌和机机械拌制，各种集料应分隔堆放，不得混杂。集料（尤其是细集料）、矿粉、纤维稳定剂等不得受潮，须设置防雨顶棚储存。

（3）沥青混合料采用间歇式拌和机拌和，拌和机应有良好的除尘设备，并有检测拌和

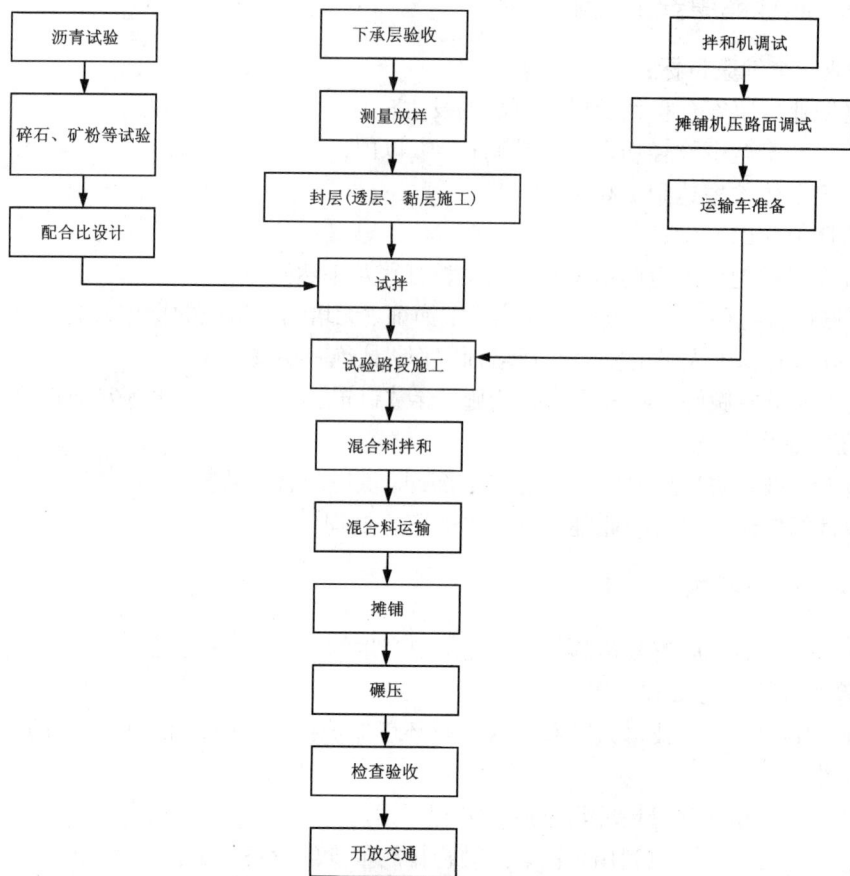

图8-1 施工工艺流程图

温度的装置和自动打印装置。

（4）沥青混合料拌和时间以混合料拌和均匀、所有矿料颗粒全部裹覆沥青胶结料为度，外观应均匀一致，无花白料、无结团或严重的粗细料分离现象。

（5）混合料拌和温度应符合相关标准要求（见《公路沥青路面施工技术规范》（JTG F40—2004）表5.2.2-3），混合料不得在储料仓内过夜。

8.5.2.3 SMA沥青混合料运输

（1）为保证沥青混合料源源不断地运至摊铺现场，必须配备足够的运输车辆，每小时运力必须大于拌和机产量。运输车辆数量N可按式（8-1）计算。

$$N = k(t_1 + t_2 + t_3)/T \qquad (8-1)$$

式中：t_1——车辆满载由拌和厂行驶至摊铺现场的行驶时间（min）；

t_2——车辆空载由摊铺现场行驶至拌和厂的行驶时间（min）；

t_3——在工地卸料以及在拌和厂和工地等待的总时间（min）；

T——拌和一车混合料所需的时间（min），$T = 60C/G$；

C——单车装载能力（t）；

G——拌和设备生产能力(t/h);

k——安全储备系数,视运输道路上的交通情况而定,一般取 $k=1.1\sim1.2$。

(2)运送沥青混合料的卡车载重量宜为 $15\sim30$ t,应有紧密、清洁、光滑的金属底板,底板应涂一薄层洗衣粉水溶液(不要用油水混合液),以防止混合料粘到底板上,但不得有多余残液积留在车厢底部。装料前,卡车底板应排干积水。车轮胎如有泥土,必须冲洗干净。

(3)施工前应对全体驾驶员进行培训,加强对汽车的保养,避免运料途中汽车抛锚导致混合料冷却受损。装料时汽车应按照前、后、中的顺序来回移动,避免混合料离析。任何情况下,运料车在运输过程中都应采用双层覆盖措施,同时加盖保温毡和帆布篷(如果内层的保温毡在运输过程中可能被风吹起时,还应在保温毡上配重物施压),以防表面混合料降温结成硬壳。

(4)混合料装车后应及时测试温度,发现温度过高或过低,混合料出现烧焦失粘、花白现象时应予废弃。

(5)混合料运输车在摊铺机前头以后退方式缓慢接近摊铺机,但不得撞击摊铺机,应在摊铺前 10 cm 左右停下,挂空挡,靠摊铺机推动运料车前进。

(6)施工过程中摊铺机前方应有运料车在等候卸料,开始摊铺时在施工现场等候卸料的运料车不宜少于 5 辆,以保证连续摊铺,同时从第三车开始摊铺。连续摊铺对保证平整度是十分重要的。

(7)沥青混合料运至摊铺地点后应凭运料单接收,并检查拌和质量和混合料温度。不符合温度要求或已经结成团块、已遭雨淋湿的混合料不得铺筑。

(8)运料车辆应行驶在平整坚实的道路上,对行驶路线的坑槽应及时维修,以减轻车辆颠簸,避免混合料离析。运料车不得超载运输,不得急刹车、急弯掉头以免对封层造成损坏。

8.5.2.4 SMA 沥青混合料摊铺

(1)摊铺前必须将工作面清扫干净,按要求浇洒黏结沥青层,且工作面必须保持无水分。

(2)混合料应采用配备有自动找平装置的摊铺机进行摊铺,同时应具有振动熨平板和振动夯锤等初步压实装置。摊铺机提前 $0.5\sim1$ h 预热熨平板至不低于 $100℃$,摊铺机必须调整到最佳状态,铺面要求均匀一致,防止出现离析现象。上面层宜采用非接触式平衡梁控制摊铺厚度。

(3)摊铺机的摊铺速度应调节至与供料、压实速度相平衡,保证连续不断地均衡摊铺,中间不得停顿。摊铺速度一般为 $1\sim3$ m/min,因此对摊铺机驾驶员的操作技术要求较高。

(4)混合料的摊铺温度必须符合相关标准要求,见《公路沥青路面施工技术规范》(JTG F40—2004)表 5.2.2-3 和表 5.6.6。

(5)松铺系数应根据试铺路段确定,摊铺过程中必须随时检查摊铺层厚度及路拱、横坡,达不到要求时,立刻进行调整。松铺系数小于普通热拌沥青混合料,用摊铺机摊铺时,松铺系数小于 1.05。

(6)沥青面层的摊铺宜采用两台摊铺机梯队作业。每台摊铺机的铺筑宽度不宜超过 6 m(双车道)或 7.5 m(三车道以上),两台摊铺机前后错开 10 m 左右,呈梯队方式同步摊铺。

8.5.2.5 SMA 沥青混合料碾压

(1)沥青混合料的碾压按初压、复压、终压 3 个阶段进行,初压、复压宜用钢轮振动压路机碾压,碾压应遵循"紧跟、慢压、高频、低幅"的原则进行。碾压段的长度宜控制为 $20\sim30$ m,

不宜使用胶轮压路机。压路机的碾压遍数及组合方式依据试铺段确定。一般初压为 1~2 遍；复压用钢轮静压 3~4 遍，或振动碾压 2~3 遍；终压 1 遍。

（2）在初压和复压过程中，宜采用同类压路机并列成梯队压实，不宜采用首尾相接的纵列方式。采用振动压路机压实 SMA 路面时，压路机轮迹的重叠宽度不应超过 20 cm，当采用静载压路机时，压路机的轮迹应重叠 1/4~1/3 碾压宽度。不得向压路机轮表面喷涂油类或油水混合液，需要时可喷涂清水或皂水。碾压组合可参照图 8-2。

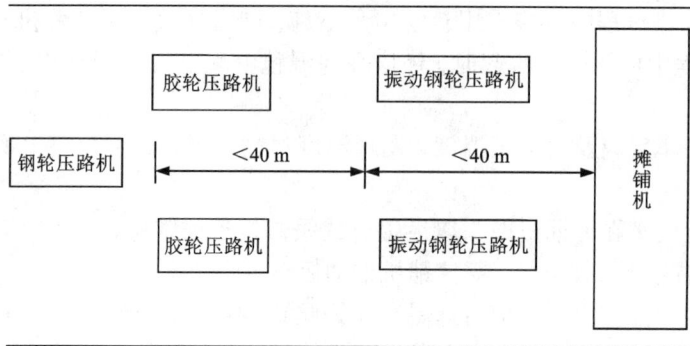

图 8-2　碾压组合方式

（3）压路机应以均匀速度碾压，碾压速度可参照表 8-3。

表 8-3　压路机碾压速度（km/h）

压路机类型	初压		复压		终压	
	适宜	最大	适宜	最大	适宜	最大
钢轮压路机	2~3	4	3~5	5	3~6	6
振动压路机	2~3（静压）	3（静压）	3~4.5（振动）	5（振动）	3~6（静压）	6（静压）

（4）SMA 路面摊铺后应紧跟碾压，由专人负责指挥协调各台压路机的碾压路线和碾压遍数，使摊铺面在较短时间内达到规定压实度。压路机折返应呈梯形，不应在同一断面上。碾压温度必须符合相关标准要求［见《公路沥青路面施工技术规范》（JTG F40—2004）表 5.2.2-3］，不得将集料颗粒压碎。

（5）对松铺厚度、碾压顺序、碾压遍数、碾压速度及碾压温度应设专岗检查。路面应严格控制碾压遍数，在压实度达到马歇尔密度的 98% 以上，或者路面现场空隙率不大于 6% 后，不再作过度碾压。如碾压过程中发现有沥青玛蹄脂上浮或石料压碎、棱角明显磨损等过碾压的现象时，碾压应立即停止。

8.5.2.6　施工接缝的处理

（1）纵向接缝。

纵向接缝应与下层的纵向接缝错开 15 cm 以上，摊铺时采用梯队作业的纵缝应采用热接缝。施工时应将已铺混合料部分留下10~20 cm宽暂不碾压,作为后摊铺部分的高程基准面,后面摊铺机的熨平板应重叠先前已摊铺混合料至少5 cm。钢轮压路机应紧跟摊铺机对热接缝部位先进行压实。并用6 m直尺检查平整度,最后再作跨缝碾压,以消除缝迹。

(2)横向接缝。

1)相邻两幅及上下层的横向接缝均应错位1 m以上。并采用垂直的平接缝。铺筑接缝时,可在已压实部分上面铺设一些热混合料使之预热软化,以加强新旧混合料的黏结。但在开始碾压前应将预热用的混合料铲除。

2)平接缝应做到紧密黏结,充分压实,连接平顺。施工可采用下列方法:

①在施工结束时,摊铺机在接近端部前约1 m处将熨平板稍稍抬起驶离现场,用人工将端部混合料铲齐后再予碾压。然后用6 m直尺检查平整度,趁尚未冷透时垂直刨除端部层厚不足的部分,使下次施工时成直角连接。

②在预定的摊铺段的末端先撒一薄层砂带,摊铺混合料后趁热在摊铺层上挖出一道缝隙,缝隙位于撒砂与未撒砂的交界处,在缝中嵌入一块与压实层等厚的木板或型钢,待压实后铲除撒砂的部分,将砂扫尽,撤去木板或型钢,在端部涂粘层沥青接着摊铺。

③在预定摊铺段的末端先铺上一层彩条布或牛皮纸(也可撒一薄层砂带),摊铺碾压成斜坡,在混合料尚未完全冷却结硬之前,将铺有彩条布或牛皮纸或撒有薄层砂带的部分用切割机切除(切缝前用3 m直尺检查端部平整度,当平整度不符合要求时,应加长切割范围,直至平整度符合要求的位置),切缝后必须用水冲洗干净。

3)从接缝处继续摊铺混合料前应用6 m直尺检查端部平整度,当不符合要求时,应予清除。横向接缝接续施工摊铺前,在接缝端部涂粘层沥青,并用熨平板预热,并在摊铺机整平板下放置起始垫板,垫板的厚度应等于混合料摊铺厚度与已压实路面厚度之差,其长度应超过整平板的前后边距,以调整好预留高度。横向接缝处摊铺混合料后应清缝,然后检查新摊铺的混合料松铺厚度是否合适。清缝时,不得向新铺混合料方向过分推刮。接缝处摊铺层施工结束后再用6 m直尺检查平整度,当有不符合要求者,应趁混合料尚未冷却时立即处理。

4)横向接缝的碾压应先用双轮或三轮钢筒式压路机进行横向碾压。碾压带的外侧应放置供压路机停顿的垫木,碾压时压路机应位于已压实成形的路面层上,伸入新铺层的宽度为15 cm。然后每压一遍向新铺混合料移动15~20 cm,直至全部在新铺层上为止,再改为纵向碾压。当相邻摊铺已经成形,同时又有纵缝时,可先用钢筒式压路机沿纵缝碾压一遍,碾压宽度为15~20 cm,然后再沿横缝作横向碾压,最后进行正常的纵向碾压。

5)横向施工缝应远离桥梁伸缩缝20 m以外,不许设在伸缩缝处,以确保伸缩缝两边路面表面平顺。

8.5.2.7 养护

沥青路面必须待摊铺层完全自然冷却到周围地面温度时(最好隔夜)方可开放交通。同时做好沥青路面的保洁工作。

8.5.2.8 成品检验、验收

沥青路面自然冷却后,按照相关规范和标准对路面几何尺寸、体积、性质等进行检测。并按照报验程序申请验收。

8.6 质量标准

（1）施工前应对原材料的质量进行检查，其各项检测指标必须符合《公路沥青路面施工技术规范》（JTG F40—2004）相关标准要求。原材料主要包括粗集料、细集料、填料、沥青、外掺材料等。

（2）混合料施工温度宜略高于《公路沥青路面施工技术规范》（JTG F40—2004）规定的要求。

（3）混合料外观要求均匀一致，无花白料，成形后要求无油斑、离析、轮迹等缺陷。

（4）检测混合料品质宜符合如下要求：

0.075 mm 筛孔通过率误差 ±2%（与目标级配对比）；

≤2.36 mm 筛孔通过率误差 ±4%（与目标级配对比）；

≥4.75 mm 筛孔通过率误差 ±5%（与目标级配对比）；

油石比与设计值误差 −0.1%，+0.2%；

马歇尔试验指标符合《公路沥青路面施工技术规范》（JTG F40—2004）规定的要求。

（5）成品检测：

压实度要求 ≥98%（马氏密度）；

其他检测指标要求符合《公路工程质量检验评定标准》（土建工程）（JTG F80/1—2004）和相关标准要求。

8.7 成品保护

（1）封闭施工段落，非施工人员不得进入施工现场。

（2）在每日摊铺段起点设立明显的禁行标志，并设专人引导交通、看护现场，防止其他车辆误入当天的施工段。

（3）沥青混合料路面应待摊铺层完成自然冷却、混合料表面温度低于50℃后，方可开放交通，需要提早开放交通的可洒水降温。

（4）铺筑好的沥青层应严格控制交通，做好保护，保持整洁，不得造成污染，严禁压路机在沥青面层上维修，防止各类油料对沥青面层的污染；严禁在沥青层堆放施工废土或废渣；严禁在已铺沥青层上制作水泥砂浆。

（5）取芯的钻孔应及时用沥青混合料填充捣实。

8.8 安全环保措施

8.8.1 安全措施

（1）应遵照《公路工程施工安全技术规范》（JTG F90—2015）的要求执行。

（2）建立健全安全管理机构，责任到人。坚持"安全第一，预防为主"的指导思想，配备专职安全员，负责现场安全巡视，每道工序开工之前应认真进行安全技术交底。

（3）用电安全方面，重点注意发电机、配电房、电闸箱和电缆接头等安全薄弱环节。

（4）施工人员应正确穿戴劳动防护用品，防止烫伤，夏季高温季节施工应采取防暑降温措施。

（5）拌和场内必须采取严格有效的防火、防电、防爆、防毒等措施，场内严禁烟火，在易发生事故的地方设置防护装置和警告标志，如油库、变压器等。

（6）建立健全各种机械操作责任制及交接班制度，并加强管理，避免失误，确保安全生产。

（7）各交叉路口、转弯处均应设置导向标志和安全警告标志，设专人指挥交通。

8.8.2　环保措施

（1）选择拌和场地时应远离居民区和村庄，无法避开居民区或村庄时应选择在主风向下方。

（2）按设计要求存放矿粉、沥青等施工材料，运送沥青混合料、矿粉等散体物资时应设置挡板，加盖苫布，做到不丢不撒。

（3）对废油、废水、废渣按指定地点存放，不得乱扔乱倒，避免污染空气和水源。

（4）拌和楼须具有良好的除尘措施，排放的灰尘须符合环保要求；回收粉尘应及时浇水或覆盖防止扬尘，同时应充分利用，不宜浪费；施工便道及辅道注意经常洒水，防止扬尘污染环境。

（5）设备噪声应符合环保要求，不符合时应采取有效措施。

（6）工地人员就餐后，餐盒、塑料瓶等垃圾不得乱扔乱弃，应安排专人进行回收或掩埋。

（7）废弃黑料不得到处乱放，每天应及时进行清理，放到指定地点

（8）完工后，临时所占耕地及其他用地切实做到工完、料净、场地清。

8.9　质量记录

（1）下承层验收记录，施工测量、放样记录。

（2）原材料（沥青、集料、填料、外掺材料）合格文件证明，试验检测报告及进场合格证。

（3）SMA 沥青混合料配合比设计报告及试验路总结报告。

（4）SMA 沥青混合料拌和、摊铺、碾压施工记录。

（5）分项工程中间交工证书及附件（附件包括 SMA 沥青混合料质量检测记录表、现场检验记录表）。

9 透层施工工艺

9.1 总则

9.1.1 适用范围

沥青路面采用半刚性基层和级配碎石等基层时都必须喷洒透层油,基层上设置下封层时,透层油不宜省略。透层油的主要作用具体体现为:

(1)透入基层表面孔隙,增强了基层和沥青面层间的黏结;

(2)有助于结合基层表面集料中的细料;

(3)经过透层油渗透成形的基层表面,其开口空隙被填充,从而得到一个渗透深度上的防水层;

(4)完成基层的铺装后,适时喷洒透层油可以减少基层的养生费用,提高养生质量;

(5)由于某种原因推迟铺筑面层的情况下,防止降低雨水和临时行车的破坏。

本标准适用于各种等级公路和城市道路的透层施工。

9.1.2 参考标准和规范

(1)中华人民共和国行业标准《公路路基路面现场测试规程》(JTG E60—2008)。

(2)中华人民共和国行业标准《公路沥青路面施工技术规范》(JTG F40—2004)。

(3)中华人民共和国行业标准《公路工程质量检验评定标准》(JTG F80/1—2017)。

(4)中华人民共和国行业标准《公路工程沥青及沥青混合料试验规程》(JTG E20—2011)。

9.2 术语

9.2.1 透层

透层指的是为使沥青层与基层结合良好,在基层上浇洒的石油沥青、液体沥青或阳离子乳化沥青而形成的透入基层表面的薄层。

9.2.2 洒布量

洒布量是透层施工中洒布的每平方米透层用油量。

9.2.3　标准黏度

液体在流动时，在其分子间产生内摩擦的性质，称为液体的黏性，黏性的大小用黏度表示，是用来表征液体性质相关的阻力因子。黏度又分为动力黏度、运动黏度和条件黏度。

9.2.4　乳化沥青

乳化沥青是石油沥青与水在乳化剂、稳定剂等的作用下经乳化加工制得的均匀沥青产品，也称沥青乳液。在我国相应技术规范中，按照用途分为喷洒型和拌和型乳化沥青；按电荷的不同，乳化沥青可分为阳离子、阴离子和非离子乳化沥青；按照破乳速度的快慢，乳化沥青可分为快裂(RS)、中裂(MS)、慢裂(SS)三种。

9.2.5　液体沥青

用汽油、煤油、柴油等溶剂将石油沥青稀释而成的沥青产品，也称轻制沥青或稀释沥青。如常用的煤油稀释沥青。

9.2.6　煤沥青

煤沥青是由煤干馏得到的煤焦油再经蒸馏加工制成的沥青。煤沥青与石油沥青相比，在技术性质上有下列差异：温度稳定性较低，与矿质集料的黏附性较好，气候稳定性较差，以及含对人体有害成分较多、臭味较重。

9.2.7　渗透深度

透层油在洒布后渗入半刚性或粒料柔性基层的深度，可通过钻芯或挖坑法用钢尺测量。

9.3　施工准备

9.3.1　技术准备

(1)熟悉透层的施工工艺，对施工人员进行技术培训，提出施工要求和质量标准并进行技术交底，使施工人员自觉地按照规范施工，按标准控制质量。

(2)透层施工前应对下承层组织中间交工验收，验收合格后才允许施工。在透层施工前应组织质检人员对下承层进行质量缺陷调查，质量缺陷包括：纵横向裂缝、坑洞、松散、沉陷、龟裂、宽度不够等，对质量缺陷做好书面和影像记录，并拿出相应的处理措施，待处理合格后才允许施工。

(3)正式施工前应进行试验段的试洒，达到技术要求并经认可后方可进行施工。

(4)透层油采用的材料可根据设计文件确定，一般常用的为液体沥青或乳化沥青。

(5)采用液体沥青作为透层施工材料时，在透层开工前应根据液体沥青洒布设计要求的黏度，通过不同的稀释材料与沥青的掺配比例试验后，确定最终的配合比，并对掺配好的成品液体沥青进行检验，上报监理处批准后才允许开工。用于制作液体沥青的原沥青针入度宜大于100(0.1 mm)，宜用160号或130号石油沥青，这样可以减小液体沥青中煤油等稀释材料的用量,并能达到较好的渗透效果。

(6)采用乳化沥青作透层材料时,乳化沥青蒸发残留物含量允许根据渗透情况适当调整,当使用成品乳化沥青(残留物含量大于或等于50%)时可通过稀释得到要求的黏度,稀释材料可采用水或乳液,如果采用水作稀释材料稀释后应在2 h内尽快用完,防止稀释后的乳化沥青分层或破乳。自制乳化沥青应在生产前标定沥青泵与乳液泵的转速,确定生产乳化沥青中蒸发残留物含量,达到设计的黏度要求。乳化沥青中蒸发残留物含量在35% ~40%时,透层施工时的渗透深度最佳。

(7)透层材料采用煤沥青的渗透效果最好,但是煤沥青的毒性较强,因此一般并不推荐采用煤焦油作透层油。

9.3.2 材料准备

(1)透层材料应根据设计文件要求,确定材料的技术标准和用量,结合项目工程情况制订本项目透层材料采购计划表。

(2)对附近符合透层施工技术标准要求的各透层油供应厂家进行询价,对产品及供货服务质量和价格进行综合对比,选定1~2家供货商签订供货合同。

(3)透层沥青可项目自制。透层开工前两个月可根据当地沥青的供货情况,结合项目使用数量及自制设备和原材料采购情况,分析后决策透层施工材料准备方案。

(4)为了保证透层施工时透层油能顺利供应和周转,可要求材料供应商或项目部自己在沥青拌和场或施工现场附近配备透层油贮存罐,贮存罐要求体积为10 ~30 m³,可密封贮存。

(5)乳化沥青在使用和贮存时严禁不同粒子电荷的乳化沥青混装,在施工过程中如果要变换不同粒子电荷的乳化沥青,必须要用变换后乳化沥青的乳化剂兑水稀释后对之前所有的乳化沥青贮存罐、沥青洒布车等进行清洗,否则会造成乳化沥青分离。乳化沥青宜存放在立式罐中,并保持适当搅拌。贮存期以不离析、不冻结、不破乳为度。

(6)乳化沥青可利用胶体磨等乳化机械在沥青拌和厂制备。先将水升温至50 ~60℃,然后将乳化剂掺入水中搅拌成乳液备用,乳化剂掺量根据乳化剂产品不同由厂家提供,然后将基质沥青升温至135 ~150℃,通过沥青泵与乳液泵的流量计调节沥青与乳液的掺配比例,最后通过胶体磨生产出乳化沥青。乳化沥青制成后应及时使用,存放期内要求不离析、不冻结、不破乳。制备乳化沥青用的基质沥青,对高速公路和一级公路,宜符合道路石油沥青A、B级沥青的要求,其他情况可采用C级沥青。严禁基质沥青中掺杂改性沥青进行乳化沥青生产。

(7)液体石油沥青在制作、贮存、使用的全过程中必须通风良好,并有专人负责,确保安全。基质沥青的加热温度严禁超过140℃,液体沥青的贮存温度不得高于50℃。

(8)施工前必须检查各种材料的来源和质量。对经招标程序购进的沥青等重要材料,供货单位必须提交最新检测的正式试验报告。从国外进口的材料应提供该批材料的船运单。所有材料都应按规定取样检测,经质量认可后方可订货。

(9)各种材料都必须在施工前以"批"为单位进行检查,不符合规范技术要求的材料不得进场。对沥青是指从同一来源、同一次购入且储入同一沥青罐的同一规格的沥青为一"批"。材料试样的取样数量与频度按现行试验规程的规定进行。

(10)进场的各种材料的来源、品种、质量应与招标及提供的样品一致,不符要求的材料严禁使用。

9.3.3　主要机具(见表9-1)

表9-1　透层施工主要机具

机器名称	数量	机器名称	数量
沥青洒布车	1台	沥青车	1台
水车	1台	乳化沥青生产设备	1台
森林灭火鼓风机	3台	沥青贮存罐	1个

(1)清扫设备在施工前应对清洁设备进行检查,并保持良好工作状态。

(2)调试乳化沥青制作设备,特别检查沥青管道及导热油管导的密封性,检查乳化沥青生产后到贮存罐和贮存罐到装车的合理性。

(3)传统的沥青洒布车操作麻烦,喷洒量不准,洒布不均,特别是在喷洒起步和结束时效果更差,然而过量喷洒或喷洒不足会造成路面泛油或透水,严重影响路面的施工质量。因此,透层油施工作业应选用具备强喷功能、罐内循环功能、准确计量功能、喷头组合调整功能及带手动喷枪的智能型沥青洒布车喷洒,克服旧式设备靠车速控制洒布量,在起步时洒布量过多、行进中花白、结束时洒布量过少的现象,保证了洒布量的均匀性。

9.3.4　作业条件

(1)开工前作业现场应完成清扫,现场便道要保持畅通、湿润,施工现场安全设施准备就绪,封闭透层施工段落,合理引导施工车辆通行。

(2)保持施工路面基层干净整洁、无污染等。

(3)遇大风、浓雾、正在下雨或即将降雨天气,不得浇透洒层沥青。浇洒透层沥青的气温不应低于10℃,且是稳定而上升的温度。

9.3.5　劳动力组织(见表9-2)

表9-2　透层施工劳动力组织

工种	人数	工作地点	职责范围
施工队长	1	整个施工现场	负责组织施工管理工作、协助总指挥工作等
洒布车操作人员	1	整个施工现场	负责洒布车操作
洒布车司机	1	整个施工现场	负责洒布车驾驶
技术员	1	整个施工现场	负责施工现场质量检测
杂工	10	整个施工现场	负责清扫路面和透层油洒布
总计	14		

注:此表为一个作业班施工配备人员,未计后勤、行政等人员。

9.4 工艺设计和控制要求

9.4.1 技术要求

(1)透层油标准黏度:为保证透层油洒布车能均匀洒布且在洒布后不会流淌,一般透层油标准黏度 $C_{25,3}$ 应控制为 $8 \sim 12$ s。

(2)透层油洒布量:透层油的用量通过试洒或设计要求确定,不宜超出表 9-3 要求的范围。

表 9-3 沥青路面透层材料的规格和用量表

用途	液体沥青		乳化沥青	
	规格	用量/(L·m⁻²)	规格	用量/(L·m⁻²)
无结合料粒料基层	AL(M)-1 或 2 AL(S)-1 或 2	1.0 ~ 2.3	PC-2 PA-2	1.0 ~ 2.0
半刚性基层	AL(M)-1 或 2 AL(S)-1 或 2	0.6 ~ 1.5	PC-2 PA-2	0.7 ~ 1.5

(3)透层油喷洒时机:在无结合料粒料基层上洒布透层油时,无法封闭交通时宜在铺筑沥青层前 $1 \sim 2$ d 洒布。用于半刚性基层的透层油宜紧接在基层碾压成形后表面稍变干燥、但尚未硬化的情况下喷洒。实践表明,这个时机喷洒透层油的渗透深度最深,而随着龄期的增长,强度增长,透层油会越来越难以渗透。如果路面上有明显积水或有一层水膜,则严禁透层施工。

(4)透层油渗透深度:根据基层类型选择渗透性好的液体沥青、乳化沥青、煤沥青作透层油,喷洒后通过钻孔或挖掘确认透层油渗透入基层的深度宜不小于 5 mm(无机结合料稳定集料基层)或 10 mm(无结合料基层),并能与基层联结成为一体。如果不能透入基层,只洒在表面形成了一层油膜,并不能起到固结、稳定、联结、防水等作用。

(5)透层油质量检测:对于液体沥青、乳化沥青的技术要求,施工单位每车自检一次,并留样备查,乳化沥青试验项目:筛上剩余量、蒸发残留物含量、破乳速度、残留物针入度、软化点、延度等;液体沥青试验项目:黏度、蒸馏体积、蒸馏后残留物针入度、软化点、延度、含水量、闪点等;不合格的液体沥青、乳化沥青坚决不允许使用。

(6)透层油洒布温度:透层油洒布时应控制好温度。乳化沥青可常温洒布,注意在使用前必须检查有无离析现象;液体沥青洒布时温度宜控制为 $80 \sim 90℃$,喷洒温度过低不利于透层油的渗透。

9.4.2 材料质量要求

(1)沥青路面透层材料采用乳化沥青时,其规格和质量见表 9-4 与表 9-5。

表9-4　乳化沥青品种及适用范围

分类	品种及代号	适用范围
阳离子乳化沥青	PC-2	透层油及基层养生用
阴离子乳化沥青	PA-2	透层油及基层养生用
非离子乳化沥青	PN-2	透层油用

表9-5　道路用乳化沥青技术要求

试验项目		单位	品种及代号			试验方法
			阳离子 喷洒用 PC-2	阴离子 喷洒用 PA-2	非离子 喷洒用 PN-2	
破乳速度			慢裂	慢裂	慢裂	T 0658
粒子电荷			阳离子(+)	阴离子(-)	非离子	T 0653
筛上残留物(1.18 mm筛),不大于		%	0.1	0.1	0.1	T 0652
黏度	恩格拉黏度 E_{25}		1~6	1~6	1~6	T 0622
	沥青标准黏度 $C_{25.3}$	s	8~20	8~20	8~20	T 0621
蒸发残留物	残留分含量,不小于	%	50	50	50	T 0651
	溶解度,不小于	%	97.5	97.5	97.5	T 0607
	针入度(25℃)	dmm	50~300	50~300	50~300	T 0604
	延度(15℃),不小于	cm	40	40	40	T 0605
与粗集料的黏附性,裹附面积,不小于			2/3	2/3	2/3	T 0654
与粗、细粒式集料拌和试验			—	—	—	T 0659
水泥拌和试验的筛上剩余,不大于		%	—	—	—	T 0657
常温贮存稳定性:1 d,不大于5 d,不大于		%	1 5	1 5	1 5	T 0655

注：1. P为喷洒型，B为拌和型，C、A、N分别表示阳离子、阴离子、非离子乳化沥青；

2. 黏度可选用恩格拉黏度计或沥青标准黏度计之一测定；

3. 表中的破乳速度、与集料的黏附性、拌和试验的要求与所使用的石料品种有关，质量检验时应采用工程上实际的石料进行试验，仅进行乳化沥青产品质量评定时可不要求此三项指标；

4．贮存稳定性根据施工实际情况选用试验时间，通常采用 5 d，乳液生产后能在当天使用时也可用 1 d 的稳定性；

5．当乳化沥青需要在低温冰冻条件下贮存或使用时，尚需按 T 0656 进行 −5℃ 低温贮存稳定性试验，要求没有粗颗粒、不结块；

6．如果乳化沥青是将高浓度产品运到现场经稀释后使用时，表中的蒸发残留物等各项指标指稀释前乳化沥青的要求。

（2）沥青路面透层材料采用液体沥青时，其规格和质量见表 9 − 6 与表 9 − 7。

表 9 − 6　液体沥青品种及适用范围

分类	品种及代号	适用范围
中凝液体沥青	AL（M）−1 或 2 AL（S）−1 或 2	透层油
慢凝液体沥青	AL（M）−1 或 2 AL（S）−1 或 2	透层油

表 9 − 7　透层用用液体石油沥青技术要求

试验项目		单位	中凝		慢凝		试验方法
			AL（M）−1	AL（M）−2	AL（S）−1	AL（S）−2	
黏度	$C_{25.5}$		< 20		< 20		T 0621
	$C_{60.5}$	S		5 ~ 15		5 ~ 15	
蒸馏体积	225℃ 前	%	< 10	< 7			T 0632
	315℃ 前	%	< 35	< 25			
	360℃ 前	%	< 50	< 35	< 40	< 35	
蒸馏后残留物	针入度（25℃）	dmm	100 ~ 300	100 ~ 300			T 0604
	延度（25℃）	Cm	> 60	> 60			T 0605
	浮漂度（5℃）	S			< 20	< 20	T 0631
闪点（TOC 法）		℃	> 65	> 65	> 70	> 70	T 0633
含水量，不大于		%	0.2	0.2	2.0	2.0	T 0612

9.4.3　职业安全健康要求

9.4.3.1　职业安全健康目标

（1）杜绝职业健康安全重伤及以上事故的发生。

（2）施工生产安全事故轻伤发生率控制在 5‰ 以内。

（3）员工定期体检率达到 100%。

（4）预防职业病的发生。

（5）提高全员的健康安全防范意识，安全教育普及率达到 100%。

9.4.3.2　安全健康要求

（1）严格执行特种作业的规定，杜绝无上岗证、无培训资格证的操作人员上岗。

（2）做好所有施工人员的安全教育培训工作，杜绝一切安全事故。

（3）透层施工人员应做好自身安全防护措施，穿戴口罩、手套、工作服等安全防护用品，杜绝安全事故和职业病发生。

（4）透层施工应做好防暑降温措施，施工现场并随时供应防暑药品。

（5）项目部应建立项目职业健康安全事故应急处理预案。

（6）考虑煤沥青的强致癌作用，杜绝使用。

9.4.4 环境要求

（1）透层施工中必须采取有效措施，防治施工中产生的废气、废水、废渣、粉尘、恶臭气体及噪声振动等对环境的污染和危害。

（2）透层施工中应对施工技术人员和工人进行环境保护技术交底，杜绝施工中的大气、噪声、水、固体污染。

（3）项目部项目部应建立项目环境污染应急处理预案。

（4）透层施工应当采用资源利用率高、污染物排放量少的设备和工艺。

（5）制订施工中环境保护检查制度，对施工中不满足环境保护要求的设备、工艺应强行停止，整改后才允许开工。

9.5 施工工艺

9.5.1 工艺流程（见图9-1）

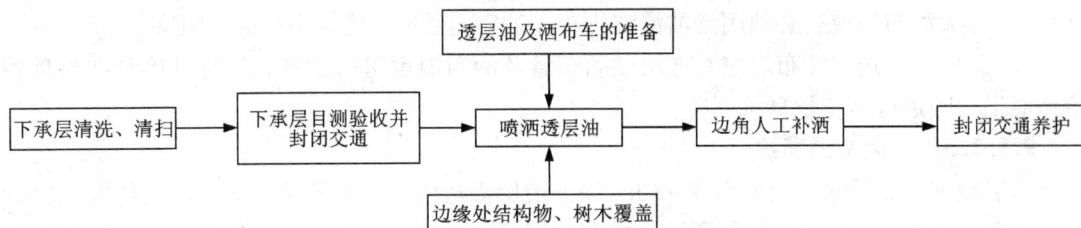

图9-1 施工工艺流程图

9.5.2 操作工艺

9.5.2.1 下承层准备

浇洒透层前，封闭道路交通，路面水泥稳定碎石基层应清扫干净，由4~6人用竹扫帚或采用清扫车将基层表面的杂物扫除，必要时辅以铁铲铲除清扫不掉的硬泥，然后用2~3台森林灭火鼓风机沿路纵向向前将浮尘吹干净，尽量使上基层表面骨料外露，以利于透层沥青渗透并与基层黏结。

为了提高基层的透层油渗透深度，应尽量加快基层验收，缩短洒布透层的间隔时间，最好在施工完后7 d内洒布，最长不超过2个星期，否则很难渗透。

9.5.2.2 边缘处结构物、树木覆盖

浇洒透层前,对路缘石、水沟及喷洒区附近的树木采用土工布或薄膜防护,以免溅上沥青导致污染。

9.5.2.3 透层油的准备

(1)根据施工计划计算透层油用量,申报透层油制作或采购数量。

(2)试验室应同监理一起对成品透层油进行取样试验,检测项目根据透层油品种确定。试验合格后将透层油装入洒布车后应过磅,称量每车透层油的重量,作好记录后才运至施工现场,每天施工完成后计算平均洒布量。

9.5.2.4 洒布透层油

(1)提前1~5 h(根据气温确定)将路面均匀洒少量的雾状水,使路面处于稍许湿润状态,有利于透层油的渗透。

(2)对洒布车喷嘴与洒油管进行加热,确保每个喷嘴及洒油管无堵塞。调整好喷嘴的喷射角度和高度,使各相邻喷嘴的喷雾扇在下角能有一定宽度的重叠。

(3)设定洒布车透层油洒布量参数,设定参数根据试洒确定。

(4)启动洒布车并同时打开喷油阀,洒布时应保持稳定的速度(此速度应与试洒时一致,采用智能洒布车时车速不大于6 km/h),沥青洒布车整个洒布宽度内必须喷洒均匀,不允许出现油包。在浇洒沥青时,先洒靠近中央分隔带的一个车道,由内向外(由高至低),一个车道接着一个车道地喷洒,下一个车道与前一个车道原则上不重叠喷洒,但不能露白。

(5)当洒布管喷嘴喷出气泡时,透层沥青已洒完,立即停止洒布,同时抽空管内沥青。洒布车起步或停止时,如有少量透层油流出堆积在一起,及时将透层油扫均匀或撒布细砂后扫除,以防止面层摊铺碾压时出现泛油现象。

(6)路面边角处采用人工喷枪洒布,做到均匀,不露花白,不过多重叠。

(7)每天洒布完成后必须用柴油清洗洒布车油管与喷嘴,确保不被沥青阻塞。

(8)试验室在透层洒布时应对透层油洒布量及洒布温度进行检测,及时将检测结果反馈给路面工程师进行洒布量复核调整。

9.5.2.5 封闭交通养护

透层油施工完后封闭交通至少48 h,保证透层渗透时间。无机结合料基层透层施工完后严禁通车,必须通车路段需紧跟洒油车撒布一层5 mm碎石,洒布量为10 kg/m²。透层施工完成开放交通后尽量避免泥土等杂物污染。

9.6 质量标准

(1)经试洒布确定的洒布车行走速度不得随意更改,以保证喷洒均匀及洒布量符合规范要求。

(2)对洒布车无法喷洒的局部路段,经监理工程师同意后采用人工手持喷枪洒布。

(3)试验人员按检测频率对洒布量进行检测,保证施工质量。

(4)透层质量检查项目及质量标准见表9-8。

表 9-8　透层质量检查项目及质量标准

项目	检查频率	质量要求或允许误差	试验方法
洒布量	1 处/5000 m²	不小于设定值	摆盘称单位面积收取的沥青量
渗透深度	1 处/5000 m²	不小于 5 mm	挖孔
洒布量总量检验	每日 1 次，逐日评定	±10%	每日施工长度的实际用量与计划用量比较，T 0982
外观检查	随时、全面	外观均匀一致，与基层表面牢固黏结，不起皮，无油包和基层外露等现象，无多余透层油、无污染	目测

9.7　成品保护

（1）施工过程中应加强对路缘石、绿化等附属工程的保护，采用塑料布或编织布覆盖保护。

（2）透层沥青洒布后，严禁车辆、行人通行，设置围挡保护。

（3）透层施工完成后必须进行养生，确保透层油完全渗入、挥发或破乳，养生完成后尽早铺筑沥青封层，防止工程车辆损坏透层。

（4）透层施工完后，应注意各种油类、泥土、杂物污染。

9.8　安全环保措施

9.8.1　安全措施

（1）认真学习并掌握沥青路面工程的安全知识，参加施工人员必须进行体检，患有慢性结膜炎、角膜炎、各种泪道炎、眼皮炎，对光过度敏感，患阳光湿疹、阳光痒疹等疾病的人不能从事沥青工作。脸和手的皮肤受伤者（擦伤、破口等）亦不能参与沥青工程施工。

（2）从事沥青工作人员，必须穿工作服，戴口罩、手套，露在外面的手、脸和颈部需涂抹防护药膏。

（3）工作人员收工后，必须用热水洗澡，用蘸有酒精或花露水的棉花擦脸，并用香粉或滑石粉敷脸。

（4）皮肤上的沥青迹印可用凡士林油擦净，皮肤被沥青烧伤的部分可用煤油洗涤，以除去沥青迹印，然后用高锰酸钾溶液洗涤，并尽可能浸浴在该溶液中。

（5）透层油在运输、装卸、洒布过程中，要求防止透层油溅出污染路面或行人。

（6）沥青存放场地要有防灭火系统，并对灭火系统进行定期检查，并制订好起火紧急预案。

（7）定期对乳化沥青机和透层油洒布车等机械进行保养，对各种压力容器、管道进行检查,确保施工时设备和人员的安全。

（8）透层施工现场应进行交通封闭,严禁在透层施工时其他施工车辆或社会车辆、行人、牲畜进入。

（9）对液体沥青中稀释用的煤油、轻柴油等易燃易爆物品,贮存的库房和场地应保持阴凉、通风、干燥,电气设施应符合防爆要求,不准架设临时性电路,工作结束或下班,应进行防火检查,切断电源。应有明显的安全警示标语和"严禁烟火"标志。

9.8.2 环保措施

（1）机械和车辆应在专门的清洗场地清洗,清洗的污水应进行沉淀后排出,废油应采用专门回收桶回收,统一燃烧处理。

（2）施工道路应保持平整,设立施工道路养护、维修和清扫专职人员,保持道路清洁和运行状态良好。

（3）路面施工时应做到文明施工,施工现场和施工道路应定期洒水,防止扬尘污染。

（4）清洗路面施工污水应排入中央分隔带水沟或边沟,防止污水污染树木或边坡植草。

（5）透层油洒布后如遇急降暴雨,应组织人员对施工区域内的排水沟用砂袋或碎石堵塞过滤冲刷的透层油,防止流入农田、菜地或鱼塘。

（6）粉尘、扬尘、燃油产生的污染物对人体健康有害,对受影响的施工人员应做好劳动保护。

（7）项目在施工期内,应在采取有效管理、优化施工工艺等综合管理措施的前提下,最大限度地减缓对社会和生态环境的影响。保护建设路域社会和生态环境,以较低的资源代价和环境代价换取较高的、良性的公路建设。

9.9 质量记录

（1）透层油质量检验记录表。

（2）透层油洒布量、渗透深度质检记录表。

（3）透层油洒布总量检验记录表。

（4）透层施工日志。

（5）透层施工影像资料。

10　粘层施工工艺

10.1　总则

10.1.1　适用范围

粘层的作用是使各面层之间、面层与构造物黏结成一个整体。粘层主要起胶结作用，对材料的要求也主要在黏结强度和抗剪强度方面，改性乳化沥青较之乳化沥青在这方面有较大的改善。符合下列情况之一时，必须喷洒粘层油，其用于：

(1)双层式或三层式热拌热铺沥青混合料路面的沥青层之间。

(2)水泥混凝土路面、沥青稳定碎石基层或旧沥青路面层上加铺沥青层。

(3)路缘石、雨水口、检查井等构造物与新铺沥青混合料接触的侧面。

本标准适用于各种等级公路和城市道路的粘层。

10.1.2　参考标准和规范

(1)中华人民共和国行业标准《公路路基路面现场测试规程》(JTG E60—2008)。

(2)中华人民共和国行业标准《公路沥青路面施工技术规范》(JTG F40—2004)。

(3)中华人民共和国行业标准《公路工程质量检验评定标准》(JTG F80/1—2017)。

(4)中华人民共和国行业标准《公路工程沥青及沥青混合料试验规程》(JTJ E20—2011)

10.2　术语

10.2.1　粘层

粘层指的是为了加强路面的沥青层与沥青层之间、沥青层与水泥混凝土路面之间的黏接而洒铺的沥青材料薄层。

10.2.2　乳化沥青

石油沥青与水在乳化剂、稳定剂等的作用下经乳化加工制得的均匀的沥青产品，也称沥青乳液。在我国相应技术规范中，按照用途分为喷洒型和拌和型乳化沥青；按电荷的不同，乳化沥青可分为阳离子、阴离子和非离子乳化沥青；按照破乳速度的快慢，乳化沥青可分为快裂(RS)、中裂(MS)、慢裂(SS)三种。

10.2.3 改性乳化沥青

在制作乳化沥青的过程中同时加入聚合物胶乳,或将聚合物胶乳与乳化沥青成品混合,或对聚合物改性沥青进行乳化加工得到的乳化沥青产品。

10.2.4 液体沥青

用汽油、煤油、柴油等溶剂将石油沥青稀释而成的沥青产品,也称轻制沥青或稀释沥青,如常用的煤油稀释沥青。

10.3 施工准备

10.3.1 技术准备

(1)熟悉粘层的施工工艺,对施工人员进行技术培训,提出施工要求和质量标准并进行技术交底,使施工人员自觉地按照规范施工,按标准控制质量。

(2)在粘层施工前应组织质检人员对沥青面层进行质量缺陷调查,质量缺陷包括纵横向裂缝、油料污染等,对质量缺陷做好书面和影像记录,并拿出相应的处理措施,待处理合格后才允许施工。

(3)粘层油宜采用快裂或中裂乳化沥青、改性乳化沥青,也可采用快、中凝液体石油沥青,其规格和质量应符合规范的要求,所使用的基质沥青标号宜与主层沥青混合料相同。一般都采用乳化沥青或改性乳化沥青。

10.3.2 材料准备

(1)粘层材料应根据设计文件要求,确定材料的技术标准和用量,结合项目工程情况制订本项目粘层材料采购计划表。

(2)对附近符合粘层施工技术标准要求的各粘层油供应厂家进行询价,对产品及供货服务质量和价格进行综合对比,选定1~2家供货商签订供货合同。

(3)粘层施工材料可项目自制。粘层开工前两个月可根据当地粘层油的供货情况,结合项目使用数量及自制设备和原材料采购情况分析后决策粘层施工材料准备方案。

(4)为了保证粘层施工时粘层油能顺利供应和周转,可要求材料供应商或项目部自己在沥青拌和场或施工现场附近配备粘层油贮存罐,贮存罐要求体积为 $10 \sim 30 \, m^3$,可密封贮存。

(5)乳化沥青在使用和贮存时严禁不同粒子电荷的乳化沥青混装,在施工过程中如果要变换不同粒子电荷的乳化沥青,必须要用变换后乳化沥青的乳化剂兑水稀释后对之前所有的乳化沥青贮存罐、沥青洒布车等进行清洗,否则会造成乳化沥青分离。乳化沥青宜存放在立式罐中,并保持适当搅拌。贮存期以不离析、不冻结、不破乳为度。

(6)乳化沥青可利用胶体磨等乳化机械在沥青拌和厂制备。先将水升温至 $50 \sim 60℃$,然后将乳化剂掺入水中搅拌成乳液备用,乳化剂掺量根据乳化剂产品不同由厂家提供,然后将基质沥青升温至 $135 \sim 150℃$,通过沥青泵与乳液泵的流量计调节沥青与乳液的掺配比例,最后通过胶体磨生产出乳化沥青。乳化沥青制成后应及时使用，存放期内要求不离析、不冻结、不破乳。制备乳化沥青用的基质沥青，对高速公路和一级公路，宜符合道路石油沥青 A、B 级沥青的要求，其他情况可采用 C 级沥青。

（7）液体石油沥青在制作、贮存、使用的全过程中必须通风良好，并有专人负责，确保安全。基质沥青的加热温度严禁超过 140℃，液体沥青的贮存温度不得高于 50℃。

（8）施工前必须检查各种材料的来源和质量。对经招标程序购进的沥青等重要材料，供货单位必须提交最新检测的正式试验报告。从国外进口的材料应提供该批材料的船运单。所有材料都应按规定取样检测，经质量认可后方可订货。

（9）各种材料都必须在施工前以"批"为单位进行检查，不符合规范技术要求的材料不得进场。对沥青是指从同一来源、同一次购入且储入同一沥青罐的同一规格的沥青为一"批"。材料试样的取样数量与频度按现行试验规程的规定进行。

（10）进场的各种材料的来源、品种、质量应与招标及提供的样品一致，不符要求的材料严禁使用。

10.3.3　主要机具（见表 10 – 1）

表 10 – 1　粘层施工主要机具

机器名称	数　量	机器名称	数　量
沥青洒布车	1 台	沥青车	1 台
洒水车	1 台	乳化沥青生产设备	1 台
乳化沥青贮存罐	1 个		

（1）清扫设备在施工前应对清洁设备进行检查，并保持良好工作状态。

（2）调试乳化沥青制作设备，特别检查沥青管道及导热油管导的密封性，检查乳化沥青生产后到贮存罐和贮存罐到装车的合理性。

（3）传统的沥青洒布车操作麻烦，喷洒量不准，洒布不均，特别是在喷洒起步和结束时效果更差，然而过量喷洒或喷洒不足会影响路面的施工质量。因此，粘层油施工作业应选用具备强喷功能、罐内循环功能、准确计量功能、喷头组合调整功能及带手动喷枪的智能型沥青洒布车喷洒，克服旧式设备靠车速控制洒布量，在起步时洒布量过多、行进中花白、结束时洒布量过少的现象，保证了洒布量的均匀性。

10.3.4　作业条件

（1）开工前作业现场应完成清扫，现场便道要保持畅通、湿润，施工现场安全设施准备就绪，封闭粘层施工段落，合理引导施工车辆通行。

（2）保持施工路面干净整洁、无污染等。

（3）遇大风、浓雾、正在下雨或即将降雨天气，不得洒布粘层沥青。洒布粘层沥青的气温不应低于 10℃，且是稳定而上升的温度。当路面潮湿时不得洒布粘层沥青。

10.3.5 劳动力组织

表 10 – 2　粘层施工劳动力组织

工种	人数	工作地点	职责范围
施工队长	1	整个施工现场	负责组织施工管理工作、协助总指挥工作等
洒布车操作人员	1	整个施工现场	负责洒布车操作
洒布车司机	1	整个施工现场	负责洒布车驾驶
技术员	1	整个施工现场	负责施工现场质量检测
杂工	10	整个施工现场	负责清扫路面和粘层油洒布
总计	14		

注：此表为一个作业班施工配备人员，未计后勤、行政等人员。

10.4　工艺设计和控制要求

10.4.1 技术要求

（1）粘层油品种和用量，应根据下承层的类型和路面结构确定，并符合表 10 – 3 的要求。当粘层油上铺筑薄层大空隙排水路面时，粘层油的用量宜增加到 $0.6 \sim 1.0 \ L/m^2$。在沥青层之间兼作封层而喷洒的粘层油宜采用改性沥青或改性乳化沥青，其用量宜不少于 $1.0 \ L/m^2$。

表 10 – 3　沥青路面粘层材料的规格和用量表

下卧层类型	液体沥青		乳化沥青	
	规格	用量/(L·m^{-2})	规格	用量/(L·m^{-2})
新建沥青层或旧沥青路面	AL(M) – 3 ~ AL(M) – 6 AL(S) – 3 ~ AL(S) – 6	0.3 ~ 0.5	PC – 3 PA – 3	0.3 ~ 0.6
水泥混凝土	AL(M) – 3 ~ AL(M) – 6 AL(S) – 3 ~ AL(S) – 6	0.2 ~ 0.4	PC – 3 PA – 3	0.3 ~ 0.5

注：表中用量是指包括稀释剂和水分等在内的液体沥青、乳化沥青的总量。乳化沥青中的残留物含量以 50% 为基准。

（2）粘层油宜采用沥青洒布车喷洒，并选择适宜的喷嘴，洒布速度和喷洒量保持稳定。当采用机动或手摇的手工沥青洒布机喷洒时，必须由熟练的技术工人操作，均匀洒布。气温低于 10℃ 时不得喷洒粘层油，寒冷季节施工不得不喷洒时可以分成两次喷洒。路面潮湿时不得喷洒粘层油，用水洗刷后需待表面干燥后喷洒。

（3）喷洒的粘层油必须成均匀雾状，在路面全宽度内均匀分布成一薄层，不得有洒花漏空或成条状，也不得流淌。喷洒不足的要补洒，喷洒过量处应予刮除。喷洒粘层油后，严禁运料车外的其他车辆和行人通过。

（4）粘层油宜在路面施工当天洒布，待乳化沥青破乳、水分蒸发完成，或稀释沥青中的稀释剂基本挥发完成后，紧跟着铺筑沥青层，确保粘层不受污染。

（5）粘层油质量检测：对于液体沥青、乳化沥青的技术要求，施工单位每车自检一次，并留样备查，乳化沥青试验项目：筛上剩余量、蒸发残留物含量、破乳速度、残留物针入度、软化点、延度等；液体沥青试验项目：黏度、蒸馏体积、蒸馏后残留物针入度、软化点、延度、含水量、闪点等；不合格的液体沥青、乳化沥青坚决不允许使用。

10.4.2　材料质量要求

（1）乳化沥青：沥青路面粘层可采用优质快裂或中裂乳化沥青，质量要求见表10-4。

表10-4　粘层用乳化沥青技术要求

试验项目		单位	品种及代号		试验方法
			阳离子	阴离子	
			喷洒用	喷洒用	
			PC-3	PA-3	
破乳速度			快裂或中裂	快裂或中裂	T 0658
粒子电荷			阳离子（+）	阴离子（-）	T 0653
筛上残留物（1.18 mm筛），不大于		%	0.1	0.1	T 0652
黏度	恩格拉黏度 E_{25}		1~6	1~6	T 0622
	沥青标准黏度计 $C_{25.3}$	s	8~20	8~20	T 0621
蒸发残留物	残留分含量，不小于	%	50	50	T 0651
	溶解度，不小于	%	97.5	97.5	T 0607
	针入度（25℃）	dmm	45~150	45~150	T 0604
	延度（15℃），不小于	cm	40	40	T 0605
与粗集料的黏附性，裹附面积，不小于			2/3	2/3	T 0654
与粗、细粒式集料拌和试验			—	—	T 0659
水泥拌和试验的筛上剩余，不大于		%	—	—	T 0657
常温贮存稳定性： 　1 d，不大于 　5 d，不大于		%	1 5	1 5	T 0655

注：1. P为喷洒型，C、A分别表示阳离子、阴离子乳化沥青；

2. 黏度可选用恩格拉黏度计或沥青标准黏度计之一测定；

3. 表中的破乳速度、与集料的黏附性、拌和试验的要求与所使用的石料品种有关，质量检验时应采用工程上实际的石

料进行试验,仅进行乳化沥青产品质量评定时可不要求此三项指标;

4.贮存稳定性根据施工实际情况选用试验时间,通常采用 5 d,乳液生产后能在当天使用时也可用 1 d 的稳定性;

5.当乳化沥青需要在低温冰冻条件下贮存或使用时,尚需按 T 0656 进行 −5℃ 低温贮存稳定性试验,要求没有粗颗粒、不结块;

6.如果乳化沥青是将高浓度产品运到现场经稀释后使用时,表中的蒸发残留物等各项指标指稀释前乳化沥青的要求。

（2）液体沥青:沥青路面粘层可采用优质液体沥青,质量要求见表 10 −5。

表 10 − 5   粘层用液体石油沥青技术要求

试验项目		单位	中凝				慢凝				试验方法
			AL(M)−3	AL(M)−4	AL(M)−5	AL(M)−6	AL(S)−3	AL(S)−4	AL(S)−5	AL(S)−6	
黏度	$C_{25.5}$	S	16 ~ 25	26 ~ 40	41 ~ 100	101 ~ 200	16 ~ 25	26 ~ 40	41 ~ 100	101 ~ 200	T 0621
	$C_{60.5}$										
蒸馏体积	225℃前	%	<3	<2	0	0					T 0632
	315℃前	%	<17	<14	<8	<5					
	360℃前	%	<30	<25	<20	<15	<25	<20	<15	<5	
蒸馏后残留物	针入度(25℃)	dmm	100 ~ 300	100 ~ 300	100 ~ 300	100 ~ 300					T 0604
	延度(25℃)	Cm	>60	>60	>60	>60					T 0605
	浮漂度(5℃)	S					<30	<40	<45	<50	T 0631
闪点(TOC 法)		℃	>65	>65	>65	>65	>100	>100	>120	>120	T 0633
含水量,不大于		%	0.2	0.2	0.2	0.2	2.0	2.0	2.0	2.0	T 0612

（3）改性乳化沥青:沥青路面粘层可采用快裂或中裂改性乳化沥青,质量要求见表 10 −6。

表 10 − 6   改性乳化沥青技术要求

试验项目		单位	品种及代号 PCR	试验方法
破乳速度			快裂或中裂	T0658
粒子电荷			阳离子(+)	T0653
筛上剩余量(1.18 mm),不大于		%	0.1	T0652
黏度	恩格拉黏度 E_{25}		1 ~ 10	T0622
	沥青标准黏度 $C_{25,3}$	s	8 ~ 25	T0621

续表 10-6

试验项目		单位	品种及代号 PCR	试验方法
蒸发残留物	含量，不小于	%	50	T0651
	针入度(100 g，25℃，5 s)	dmm	40~120	T0604
	软化点，不小于	℃	50	T0606
	延度(5℃)不小于	cm	20	T0605
	溶解度(三氯乙烯)，不小于	%	97.5	T0607
与矿料的黏附性，裹覆面积，不小于			2/3	T0654
贮存稳定性	1 d，不大于	%	1	T0655
	5 d，不大于	%	5	T0655

注：1. 破乳速度、与集料黏附性、拌和试验，与所使用的石料品种有关。工程上施工质量检验时应采用实际的石料试验，仅进行产品质量评定时可不对这些指标提出要求；

2. 贮存稳定性根据施工实际情况选择试验天数，通常采用 5 d，乳液生产后能在第二天使用完时也可选用 1 d。个别情况下改性乳化沥青 5 d 的贮存稳定性难以满足要求，如果经搅拌后能够达到均匀一致并不影响正常使用，此时要求改性乳化沥青运至工地后存放在附有搅拌装置的贮存罐内，并不断地进行搅拌，否则不准使用。

3. 当改性乳化沥青或特种改性乳化沥青需要在低温冰冻条件下贮存或使用时，尚需按 T0656 进行 -5℃ 低温贮存稳定性试验，要求没有粗颗粒、不结块。

10.4.3 职业安全健康要求

10.4.3.1 职业安全健康目标

(1)杜绝职业健康安全重伤及以上事故的发生；

(2)施工生产安全事故轻伤发生率控制在 5‰ 以内；

(3)员工定期体检率达到 100%；

(4)预防职业病的发生；

(5)提高全员的健康安全防范意识，安全教育普及率达到 100%。

10.4.3.2 安全健康要求

(1)严格执行特种作业的规定，杜绝无上岗证、无培训资格证的操作人员上岗。

(2)做好所有施工人员的安全教育培训工作，杜绝一切安全事故。

(3)粘层施工人员应做好自身安全防护用品，穿戴口罩、手套、工作服等安全防护用品，杜绝安全事故和职业病发生。

(4)粘层施工应做好防暑降温措施，施工现场随时供应防暑药品。

(5)项目部应建立项目职业健康安全事故应急处理预案。

10.4.4 环境要求

(1)粘层施工中必须采取有效措施，防治施工中产生的废气、废水、废渣、粉尘、恶臭气体及噪声振动等对环境的污染和危害。

（2）粘层施工中应对施工技术人员和工人进行环境保护技术交底，杜绝施工中的大气、噪声、水、固体污染。

（3）项目部项目部应建立项目环境污染应急处理预案。

（4）粘层施工应当采用资源利用率高、污染物排放量少的设备和工艺。

（5）制订施工中环境保护检查制度，对施工中不满足环境保护要求的设备、工艺应强行停止，整改后才允许开工。

10.5 工艺要求

10.5.1 工艺流程(见图10-1)

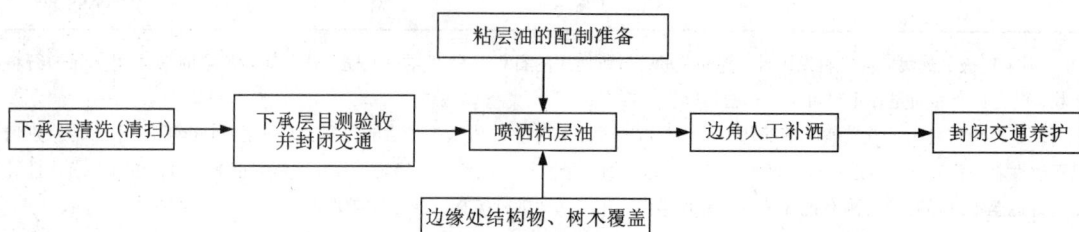

图10-1 施工工艺流程图

10.5.2 操作工艺

10.5.2.1 下承层准备

洒布粘层前，封闭道路交通，采用清扫车或水车将下承层表面的杂物扫除或清洗干净，必要时辅以铁铲铲除清扫不掉的硬泥，待路面干燥后洒布粘层油，以利于沥青面层与基层或下面层的黏结。无机结合料基层洒布粘层应在沥青面层施工前2d内施工。下承层经监理工程师检查合格后方可喷洒粘层沥青。

10.5.2.2 边缘处结构物、树木覆盖

浇洒粘层前，对路缘石、水沟及喷洒区附近的树木采用土工布或薄膜防护，以免溅上沥青导致污染。

10.5.2.3 粘层油的准备

（1）根据施工计划计算粘层油用量，申报粘层油制作或采购数量。

（2）试验室应同监理一起对成品粘层油进行取样试验，检测项目根据粘层油品种确定。试验合格后将粘层油装入洒布车后应过磅，称量每车粘层油的重量，作好记录后才运至施工现场，每天施工完成后计算平均洒布量。

10.5.2.4 洒布粘层油

（1）洒布前应对洒布车喷嘴与洒油管进行加热，确保每个喷嘴及洒油管无堵塞。调整好喷嘴的喷射角度和高度，使各相邻喷嘴的喷雾扇在下角能有少量5cm的重叠。

（2）设定洒布车粘层油洒布量参数，设定参数根据试洒确定。

(3)启动洒布车并同时打开喷油阀，洒布时应保持稳定的速度(此速度应与试洒时一致，采用智能洒布车时车速不大于 6 km/h)，沥青洒布车整个洒布宽度内必须喷洒均匀，不允许出现油包。在浇洒沥青时，先洒靠近中央分隔带的一个车道，由内向外(由高至低)，一个车道接着一个车道地喷洒，下一个车道与前一个车道原则上不重叠喷洒，但不能露白。

(4)当洒布管喷嘴喷出气泡时，粘层油沥青已洒完，立即停止洒布，同时抽空管内沥青。洒布车起步或停止时，如有少量粘层油流出堆积在一起，及时将粘层油扫均匀或撒布细砂后扫除，以防止面层摊铺碾压时出现泛油现象。

(5)路面边角处采用人工喷枪洒布，做到基本均匀不露洒。路缘石、水沟等与沥青路面相接面的水泥砼构造物应人工涂抹粘层油。

(6)每天洒布完成后必须用柴油清洗洒布车油管与喷嘴，确保不被沥青阻塞。

(7)试验室在粘层洒布时应对粘层油洒布量及洒布温度进行检测，及时将检测结果反馈给路面工程师进行洒布量复核调整。

(8)为防止摊铺机履带粘走粘层，可稀撒一些 5~10 mm 小碎石。

10.5.2.5　封闭交通养护

粘层油施工完后封闭交通直至沥青路面施工。对因特殊情况通车对路面造成污染的地段，在沥青路面施工前应重新洒布粘层油。

10.6　质量标准

(1)经试洒布确定的洒布车行走速度不得随意更改，以保证喷洒均匀及洒布量符合规范要求。

(2)对洒布车无法喷洒的局部路段，经监理工程师同意后采用人工手持喷枪洒布。

(3)试验人员按检测频率对洒布量进行检测，保证施工质量。

(4)粘层质量检查项目及质量标准见表 10-7。

表 10-7　粘层质量检查项目及质量标准

项目	检查频率	质量要求或允许误差	试验方法
洒布量	1 处/5000 m²	不小于设定值	摆盘称量单位面积沥青量
洒布量总量检验	每日 1 次逐日评定	±10%	每日施工长度的实际用量与计划用量比较，T 0982
外观检查	随时、全面	外观均匀一致，与基层表面牢固黏结，不起皮，无油包和基层外露等现象，无多余粘层油、无污染	目测

10.7 成品保护

(1)施工过程中应加强对路缘石、绿化等附属工程的保护,采用塑料布或编织布覆盖保护。

(2)粘层沥青洒布后,严禁车辆、行人通行,设置围挡保护。

(3)粘层施工完成后保持一定间隔时间,确保粘层油油分挥发或破乳,及时铺筑沥青面层。

(4)粘层施工完后,应注意各种油类、泥土、杂物污染。

10.8 安全环保措施

10.8.1 安全措施

(1)认真学习并掌握沥青路面工程的安全知识,参加施工人员必须进行体检,患有慢性结膜炎、角膜炎、各种泪道炎、眼皮炎,对光过度敏感,患阳光湿疹、阳光痒疹等疾病的人不能从事沥青工作。脸和手的皮肤受伤者(擦伤、破口等)亦不能参与沥青工程施工。

(2)从事沥青工作人员,必须穿工作服,戴口罩、手套,露在外面的手、脸和颈部需涂抹防护药膏。

(3)工作人员收工后,必须用热水洗澡,用蘸有酒精或花露水的棉花擦脸,并用香粉或滑石粉敷脸。

(4)皮肤上的沥青迹印可用凡士林油擦净,皮肤被沥青烧伤的部分可用煤油洗涤,以除去沥青迹印,然后用高锰酸钾溶液洗涤,并尽可能浸浴在该溶液中。

(5)粘层油在运输、装卸、洒布过程中,要求防止粘层油溅出污染路面或行人。

(6)沥青存放场地要有防灭火系统,并对灭火系统进行定期检查,并制订好起火紧急预案。

(7)定期对乳化沥青机和粘层油洒布车等机械进行保养,对各种压力容器、管道进行检查,确保施工时设备和人员的安全。

(8)粘层施工现场应进行交通封闭,严禁在粘层施工时其他施工车辆或社会车辆、行人、牲畜进入。

(9)对液体沥青中稀释用的煤油、轻柴油等易燃易爆物品,贮存的库房和场地应保持阴凉、通风、干燥,电气设施应符合防爆要求,不准架设临时性电路,工作结束或下班时应进行防火检查,切断电源。应有明显的安全警示标语和"严禁烟火"标志。

10.8.2 环保措施

(1)机械和车辆应在专门的清洗场地清洗,清洗的污水应进行沉淀后排出,废油应采用专门回收桶回收,统一燃烧处理。

(2)施工道路应保持平整,设立施工道路养护、维修和清扫专职人员,保持道路清洁和运行状态良好。

（3）路面施工时应做到文明施工，施工现场和施工道路应定期洒水，防止扬尘污染。

（4）清洗路面施工污水应排入中央分隔带水沟或边沟，防止污水污染树木或边坡植草。

（5）粘层油洒布后如遇急降暴雨，应组织人员对施工区域内的排水沟用砂袋或碎石堵塞过滤冲刷的粘层油，防止流入农田、菜地或鱼塘。

（6）粉尘、扬尘、燃油产生的污染物对人体健康有害，对受影响的施工人员应做好劳动保护。

（7）项目在施工期内，应在采取有效管理、优化施工工艺等综合管理措施的前提下，最大限度地减缓对社会和生态环境的影响。保护建设路域社会和生态环境，以较低的资源代价和环境代价换取较高的、良性的公路建设。

10.9　质量记录

（1）粘层油质量检验记录表。

（2）粘层油洒布量质检记录表。

（3）粘层油洒布总量检验记录表。

（4）粘层施工日志。

（5）粘层施工影像资料。

11 稀浆封层施工工艺

11.1 总则

11.1.1 适用范围

本标准适用于稀浆封层一般用于二级及二级以下公路的预防性养护，也适用于新建公路的下封层。

11.1.2 参考标准和规范

（1）中华人民共和国行业标准《公路沥青路面施工技术规范》（JTG F40—2004）。
（2）中华人民共和国行业标准《路面稀浆罩面技术规程》（CJJ/T 66—2011）。
（3）中华人民共和国行业标准《公路工程质量检验评定标准》（JTG F80/1—2017）。
（4）中华人民共和国行业标准《公路工程沥青及沥青混合料试验规程》（JTG E20—2011）。
（5）中华人民共和国行业标准《公路路基路面现场测试规程》（JTG E60—2008）。

11.2 术语

11.2.1 稀浆封层

稀浆封层是用适当级配的石屑或砂、填料（水泥、石灰、粉煤灰、石粉等）与乳化沥青、外掺剂和水，按一定比例拌和而成的流动状态的沥青混合料，将其均匀地摊铺在路面上形成的沥青封层。按照矿料级配的不同，稀浆封层可以分为细封层（Ⅰ型）、中封层（Ⅱ型）和粗封层（Ⅲ型），分别以 ES－1、ES－2、ES－3 表示；按照是否掺加了聚合物改性剂，稀浆封层可以分为稀浆封层和改性稀浆封层。

11.2.2 乳化沥青

乳化沥青是石油沥青与水在乳化剂、稳定剂等的作用下经乳化加工制得的均匀的沥青产品，也称沥青乳液。在我国相应技术规范中，按照用途分为喷洒型和拌和型乳化沥青；按电荷的不同，乳化沥青可分为阳离子、阴离子和非离子乳化沥青；按照破乳速度的快慢，乳化沥青可分为快裂（RS）、中裂（MS）、慢裂（SS）三种。

11.2.3 稠度

反映稀浆混合料施工和易性和用水量的指标。

11.2.4 可拌和时间

按照一定配合比进行稀浆混合料的拌和试验时，从掺入(改性)乳化沥青开始搅拌至明显感到搅拌困难时(混合料开始凝结)所用的时间。

11.2.5 初乳时间

稀浆混合料摊铺到路面至混合料表面用吸水纸轻压后看不到褐色斑点的时间。

11.2.6 初凝时间

稀浆混合料从摊铺至混合料黏聚力达到 $1.2 N\cdot m$ 所用的时间。

11.2.7 开放交通时间

稀浆混合料从摊铺至混合料黏聚力达到 $2.0 N\cdot m$ 所用的时间。

11.2.8 湿轮磨耗试验

用于检验乳化沥青稀浆封层混合料成形后的耐磨耗性能，用以确定稀浆封层混合料的最佳沥青含量的试验。

11.2.9 碾压试验

用于测定乳化沥青稀浆封层混合料中是否有过量沥青，控制沥青用量上限，与湿轮磨耗试验一起确定乳化沥青稀浆封层混合料的最佳沥青用量的试验。

11.2.10 轮辙变形试验

用负荷轮试验仪模拟车轮在成形后的稀浆混合料上碾压，通过一定作用次数后，测定试样的车辙深度和宽度变化，以试样单位厚度的车辙深度和单位宽度的横向变形评价混合料的抗车辙能力。

11.3 施工准备

11.3.1 技术准备

(1)熟悉稀浆封层的施工工艺，对施工人员进行技术培训，提出施工要求和质量标准并进行技术交底，使施工人员自觉地按照规范施工，按标准控制质量。

(2)稀浆封层施工前应对下承层组织中间交工验收，验收合格后才允许施工。

(3)在稀浆封层施工前应组织质检人员对下承层进行质量缺陷调查，质量缺陷包括：纵横向裂缝、坑洞、松散、沉陷、龟裂、宽度不够等，对质量缺陷做好书面和影像记录，并拿出相应的处理措施，待处理合格后才允许施工。

（4）正式施工前应进行试验段的试铺并上报试验路总结报告，达到技术要求并经认可后方可进行施工。

（5）稀浆封层采用的材料可根据设计文件确定，在开工前应对各材料进行取样试验，试验合格后才允许使用。

（6）稀浆封层开工前应上报稀浆封层配合比，配合比按《公路沥青路面施工技术规范》（JTG F40—2004）进行试配，报监理处批准后才允许施工。

（7）多雨潮湿地区的高速公路、一级公路的沥青面层空隙率较大，有严重渗水可能，或铺筑基层不能及时铺筑沥青面层而需通行车辆时，宜在喷洒透层油后铺筑下封层，且做到完全密水。

11.3.2　材料准备

稀浆封层材料应根据设计文件要求，确定材料的技术标准和用量，结合项目工程情况制订本项稀浆封层材料采购计划表。其主要材料包括：集料、填料（水泥、石灰、粉煤灰、石粉等）与乳化沥青、外掺剂和水。

（1）集料。

①寻找工程所在地附近石料场，取样检测石料是否满足设计要求，如果难满足设计要求，扩大寻找范围，选择应以集料质量合格、综合单价较低为原则。

②选择最佳的集料场，料场场地必须坚固并且做好防水和排水措施。

③根据施工进度计划和工程量进行备料，不同种类和粒径的石料应分开堆放。

④施工用的矿料必须过筛，清除超大粒径的石料，以免大粒径石料给拌和、摊铺带来不利影响。

⑤对筛后的矿料进行质量检查，按规定的取样方法进行取样。检测的结果必须符合要求，与实验室的结果应一致。

⑥施工用矿料的含水量应尽可能小。下雨前，用防水面料覆盖矿料，避免被雨水淋湿。

⑦施工装料前，应将矿料翻堆几次，尽可能保证矿料含水量一致、级配均匀。

⑧备料前，必须取样做集料的配伍性实验，以验证是否满足要求。

（2）乳化沥青。

①使用前必须检查有无离析、失稳现象。

②使用前必须抽检，抽检结果必须符合设计要求。

③桶装乳化沥青，在使用前应搅拌均匀。

（3）填料。

填料应检测细度、含水量，小于0.075 mm的颗粒含量应不少于75%。水泥、熟石灰、硫酸铵、粉煤灰均不得含泥土杂质，并应干燥、疏松，没有聚团和结块。

（4）水。

施工拌和时的外加水宜采用饮用水，确保pH在7左右并无有害杂质。

（5）添加剂。

施工用的添加剂与室内试验时所用的添加剂应为同一品牌和同一生产厂家，并达到工业级纯净标准，添加量不应超出设计用量。

(6)施工前必须检查各种材料的来源和质量。对经招标程序购进的沥青、集料等重要材料,供货单位必须提交最新检测的正式试验报告。从国外进口的材料应提供该批材料的船运单。对首次使用的集料,应检查生产单位的生产条件、加工机械、覆盖层的清理情况。所有材料都应按规定取样检测,经质量认可后方可订货。

(7)各种材料都必须在施工前以"批"为单位进行检查,不符合规范技术要求的材料不得进场。对各种矿料是以同一料源、同一次购入并运至生产现场的相同规格材料为一"批";对沥青是指从同一来源、同一次购入且储入同一沥青罐的同一规格的沥青为一"批"。材料试样的取样数量与频度按现行试验规程的规定进行。

(8)工程开始前,必须对材料的存放场地、防雨和排水措施进行确认,不符合规范要求时材料不得进场。进场的各种材料的来源、品种、质量应与招标及提供的样品一致,不符要求的材料严禁使用。

11.3.3　主要机具(见表 11-1)

表 11-1　稀浆封层施工主要机具

机器名称	数量	机器名称	数量
稀浆封层摊铺车	1 台	沥青车	1 台
洒水车	2 台	胶轮压路机	1 台
装载机	1 台	沥青贮存罐	1 个
自卸式运输车	1 台		

11.3.4　作业条件

(1)开工前作业现场应完成清扫,现场便道要保持畅通、湿润,施工现场安全设施准备就绪,封闭稀浆封层施工段落,合理引导施工车辆禁止通行。

(2)保持施工路面基层干净整洁,无污染,基层上不得有积水等。

(3)遇大风、浓雾、正在下雨或即将降雨天气,不得摊铺稀浆封层。雨天禁止施工。

11.3.5　劳动力组织(见表 11-2)

表 11-2　稀浆封层施工劳动力组织

工种	人数	工作地点	职责范围
施工队长	1	整个施工现场	负责组织施工管理工作、协助总指挥工作等
封层车操作人员	1	整个施工现场	负责稀浆封层车操作
封层车司机	1	整个施工现场	负责稀浆封层车驾驶
压路机操作人员	1	整个施工现场	负责压路机操作
装载机操作人员	1	整个施工现场	负责装载机操作

续表 11-2

工种	人数	工作地点	职责范围
技术员	1	整个施工现场	负责施工现场质量检测
杂工	10	整个施工现场	负责清扫路面和稀浆封层混合料洒布
总计	16		

注：此表为一个作业班施工配备人员，未计后勤、行政等人员。

11.4 工艺设计和控制要求

11.4.1 技术要求

（1）稀浆封层混合料的室内试验技术指标应满足表 11-3 的要求。

表 11-3 稀浆封层混合料技术要求

项目	单位	稀浆封层	试验方法
可拌和时间	s	>120	手工拌和
稠度	cm	2~3	T 0751
黏聚力试验 30 min（初凝时间） 60 min（开放交通时间）	 N·m N·m	（仅适用于快开放 交通的稀浆封层） ≥1.2 ≥2.0	T 0754
负荷轮碾压试验（LWT） 黏附砂量 轮迹宽度变化率[1]	 g/m² %	（仅适用于重交通 道路表层时） <450 —	T 0755
湿轮磨耗试验的磨耗值（WTAT） 浸水 1 h 浸水 6 d	 g/m² g/m²	 <800 —	T 0752

注：负荷轮碾压试验（LWT）的宽度变化率适用于需要修补车辙的情况。

（2）稀浆封层施工过程中注意表面平整、密实、均匀、无松散、无花白料、无轮迹、无划痕，横向接缝对接平顺。

（3）稀浆封层铺筑后的表面不得有超粒径料拖拉的严重划痕，横向接缝和纵向接缝处不得出现余料堆积或缺料现象，用 3 m 直尺测量接缝处的不平整度不得大于 6 mm。微表处不得有横向波浪和深度超过 6 mm 的纵向条纹。经养生和初期交通碾压稳定的稀浆封层和微表处，在行车作用下应不飞散且完全密水。

（4）稀浆封层两幅纵缝搭接的宽度不宜超过 80 mm，横向接缝宜做成对接缝。分两层摊铺时，第一层摊铺后至少应开放交通 24 h 后方可进行第二层摊铺。

11.4.2 材料质量要求

（1）（改性）乳化沥青。

稀浆封层用（改性）乳化沥青应符合表 11 −4、表 11 −5 中的规定。

表 11 −4 稀浆封层用改性乳化沥青技术要求

试验项目		单位	品种及代号 BCR	试验方法
破乳速度			慢裂	T 0658
粒子电荷			阳离子（ + ）	T 0653
筛上剩余量(1.18 mm)，不大于		%	0.1	T 0652
黏度	恩格拉黏度 E_{25}		3 ~ 30	T 0622
	沥青标准黏度 $C_{25.3}$	s	12 ~ 60	T 0621
蒸发残留物	含量，不小于	%	60	T 0651
	针入度(100 g, 25℃, 5 s)	dmm	40 ~ 100	T 0604
	软化点，不小于	℃	53	T 0606
	延度(5℃)，不小于	cm	20	T 0605
	溶解度(三氯乙烯)，不小于	%	97.5	T 0607
与矿料的黏附性，裹覆面积，不小于			—	T 0654
贮存稳定性	1 d，不大于	%	1	T 0655
	5 d，不大于	%	5	T 0655

注：1.破乳速度、与集料黏附性、拌和试验，与所使用的石料品种有关。工程上施工质量检验时应采用实际的石料试验，仅进行产品质量评定时可不对这些指标提出要求；

2.当用于填补车辙时，BCR 蒸发残留物的软化点宜提高至不低于 55℃；

3.贮存稳定性根据施工实际情况选择试验天数，通常采用 5 d，乳液生产后能在第二天使用完时也可选用 1 d。个别情况下改性乳化沥青 5 d 的贮存稳定性难以满足要求，如果经搅拌后能够达到均匀一致并不影响正常使用，此时要求改性乳化沥青运至工地后存放在附有搅拌装置的贮存罐内，并不断地进行搅拌，否则不准使用。

4.当改性乳化沥青或特种改性乳化沥青需要在低温冰冻条件下贮存或使用时，尚需按 T0656 进行 −5℃低温贮存稳定性试验，要求没有粗颗粒、不结块。

表 11 - 5　稀浆封层用乳化沥青技术要求

试验项目		单位	品种及代号		试验方法
			阳离子	阴离子	
			拌和用	拌和用	
			BC - 1	BA - 1	
破乳速度			慢裂或中裂	慢裂或中裂	T 0658
粒子电荷			阳离子(+)	阴离子(-)	T 0653
筛上残留物(1.18 mm 筛)，不大于		%	0.1	0.1	T 0652
黏度	恩格拉黏度 E_{25}		2~30	2~30	T 0622
	道路标准黏度 $C_{25.3}$	s	10~60	10~60	T 0621
蒸发残留物	残留分含量，不小于	%	55	55	T 0651
	溶解度，不小于	%	97.5	97.5	T 0607
	针入度(25℃)	dmm	45~150	45~150	T 0604
	延度(15℃)，不小于	cm	40	40	T 0605
与粗集料的黏附性，裹附面积，不小于			—	—	T 0654
与粗、细粒式集料拌和试验			均匀	均匀	T 0659
水泥拌和试验的筛上剩余，不大于		%			T 0657
常温贮存稳定性： 1 d，不大于 5 d，不大于		%	1 5	1 5	T 0655

注：1. P 为喷洒型，B 为拌和型，C、A、N 分别表示阳离子、阴离子、非离子乳化沥青；

2. 黏度可选用恩格拉黏度计或沥青标准黏度计之一测定；

3. 表中的破乳速度、与集料的黏附性、拌和试验的要求与所使用的石料品种有关，质量检验时应采用工程上实际的石料进行试验，仅进行乳化沥青产品质量评定时可不要求此三项指标；

4. 贮存稳定性根据施工实际情况选用试验时间，通常采用 5 d，乳液生产后能在当天使用时也可用 1 d；

5. 当乳化沥青需要在低温冰冻条件下贮存或使用时，尚需按 T 0656 进行 -5℃ 低温贮存稳定性试验，要求没有粗颗粒、不结块；

6. 如果乳化沥青是将高浓度产品运到现场经稀释后使用时，表中的蒸发残留物等各项指标指稀释前乳化沥青的要求。

（2）集料。

稀浆封层应选择坚硬、粗糙、耐磨、洁净的集料。各项性能应符合表 11 - 6、表 11 - 7、表 11 - 8、表 11 - 9 的要求。其中稀浆封层通过 4.75 mm 筛的合成矿料的砂当量不得低于 50%。当用于抗滑表层时，还应符合表 11 - 6 中有关磨光值的要求。细集料宜采用碱性石料生产的机制砂或洁净的石屑，对集料中的超粒径颗粒必须筛除。

表 11-6 稀浆封层混合料粗集料质量技术标准

指　标	单位	高速公路及一级公路		其他等级公路	试验方法
		表面层	其他层次		
石料压碎值，不大于	%	26	28	30	T 0316
洛杉矶磨耗损失，不大于	%	28	30	35	T 0317
表观相对密度，不小于	—	2.60	2.50	2.45	T 0304
吸水率，不大于	%	2.0	3.0	3.0	T 0304
坚固性，不大于	%	12	12	—	T 0314
针片状颗粒含量，不大于	%	15	18	20	
其中粒径大于 9.5 mm，不大于	%	12	15	—	T 0312
其中粒径小于 9.5 mm，不大于	%	18	20		
水洗法 <0.075 mm 颗粒含量，不大于	%	1	1	1	T 0310
软石含量，不大于	%	3	5	5	T 0320

注：1. 坚固性试验可根据需要进行；

2. 用于高速公路、一级公路时，多孔玄武岩的视密度可放宽至 2.45 t/m³，吸水率可放宽至3%，但必须得到建设单位的批准，且不得用于 SMA 路面；

3. 对 S14 即 3~5 规格的粗集料，针片状颗粒含量可不予要求，<0.075 mm 含量可放宽到3%。

表 11-7 稀浆封层混合料用细集料质量要求

项目	单位	高速公路、一级公路	其他等级公路	试验方法
表观相对密度，不小于	—	2.50	2.45	T0328
坚固性(>0.3 mm 部分)，不小于	%	12	—	T0340
含泥量(小于0.075 mm 的含量)，不大于	%	3	5	T0333
砂当量，不小于	%	60	50	T0334
亚甲蓝值，不大于	g/kg	25		T0349
棱角性(流动时间)，不小于	%	30	—	T0345

注：坚固性试验可根据需要进行。

表 11-8 稀浆封层矿料级配

级配类型	通过下列筛孔(mm)的质量百分率/%							
	9.5	4.75	2.36	1.18	0.6	0.3	0.15	0.075
ES-1		100	90~100	65~90	40~65	25~42	15~30	10~20
ES-2	100	90~100	65~90	45~70	30~50	18~30	10~21	5~15
ES-3	100	70~90	45~70	28~50	19~34	12~25	7~18	5~15

表 11 – 9　稀浆封层用于抗滑表层时粗集料磨光值的技术要求

雨量气候区	潮湿区	湿润区	半干区	干旱区
年降雨量/mm	>1000	1000 ~ 500	500 ~ 250	< 250
粗集料的磨光值 PSV(不小于)	42	40	38	36

（3）水是构成稀浆混合料的重要组成部分,它的用量大小将决定稀浆混合料的稠度和密实度。稀浆混合料的水相是由矿料中的水、乳液中的水和拌和时的外加水构成的。任何一种混合料都可由集料、乳液及有限范围的外加水组成稳定的稀浆。

①矿料中的水:一般矿料的含水量为 3% ~5%,矿料中的含水量对于混合料中的用水量是次要的。矿料含水量过大主要影响矿料的容重,而且容易在矿料斗里产生架桥现象,影响矿料的传送,因此矿料输出量应随其含水量不同作出相应调整。矿料的含水量还将影响稀浆封层的成形,含水量饱和的矿料,其成形开放交通的时间需要更长。

②沥青乳液中的水:沥青乳液中含有 35% ~45% 的水。

③拌和时的外加水:典型的外加水质量比范围是干矿料质量的 6% ~11%。外加水低于 6% 的稀浆混合料太稠太干,不便于摊铺;而外加水高于 11% 时,稀浆混合料太稀,发生离析、流淌,变得不稳定,而且可能产生集料下沉、沥青上浮的现象,成形后表面一层油膜而下面都是花白的松散集料,与原路面黏接不牢,容易成片起皮脱落,因此慎重控制外加水量对于保证稀浆封层质量至关重要。对于机械摊铺,推荐 9% 的外加水量,施工现场可根据集料与机械的情况作适当的调整。总含水量(包括外加水、乳液中含水和矿料中含水)应控制为矿料质量的 12% ~20%。

④稀浆封层用水不得含有有害的可溶性盐类、能引起化学反应的物质和其他污染物,一般采用可饮用水。

（4）填料。

①稀浆封层矿料中可以掺加矿粉、水泥、消石灰等填料。填料应干燥、疏松,无结团,<0.075 mm 含量应大于 75%。

②矿粉的主要作用是改善矿料级配。水泥、消石灰等具有化学活性的填料的主要作用是调整稀浆混合料的可拌和时间、成浆状态和成形速度等。

③填料的掺加量必须通过混合料设计试验确定。

（5）添加剂。

①添加剂的主要作用是调节稀浆封层混合料可拌和时间、破乳速度、开放交通时间等施工性能,并在一定程度上改变混合料的路用性能。

②常用的添加剂包括无机盐类添加剂、有机类添加剂等。应根据使用要求和成本综合考虑选择合适的添加剂。对于阳离子乳化沥青混合料,无机盐类添加剂一般会延长可拌和时间,延缓成形;有机类添加剂除具有无机盐类添加剂的相关功效外,还可以减小稀浆封层混合料的稠度,改善施工和易性。

③添加剂种类的选择和剂量的确定是混合料设计的一项重要内容,添加剂的掺加不应对混合料路用性能产生不利影响。

④未经试验验证的添加剂不得在施工中采用。

11.4.3　职业健康安全要求

(1)职业安全健康目标：

①杜绝职业健康安全重伤及以上事故的发生；

②施工生产安全事故轻伤发生率控制在5‰以内；

③员工定期体检率达到100%；

④预防职业病的发生；

⑤提高全员的健康安全防范意识，安全教育普及率达到100%。

(2)严格执行特种作业的规定，杜绝无上岗证、无培训资格证的操作人员上岗。

(3)做好所有施工人员的安全教育培训工作，杜绝一切安全事故。

(4)稀浆封层施工人员应做好自身安全防护措施，穿戴口罩、手套、工作服等安全防护用品，杜绝安全事故和职业病发生。

(5)稀浆封层施工应做好防暑降温措施，施工现场随时供应防暑药品。

(6)项目部应建立项目职业健康安全事故应急处理预案。

11.4.4　环境要求

(1)雨、雪、雾天、大风5级以上时严禁施工，在路面基层潮湿的情况下，也不能施工。

(2)气温要求：封层施工宜选择在干燥和炎热的季节。并在最高温度低于15℃时期到来之前半个月及雨季到来之前结束。

(3)稀浆封层施工中必须采取有效措施，防治施工中产生的废气、废水、废渣、粉尘、恶臭气体及噪声振动等对环境的污染和危害。

(4)稀浆封层施工中应对施工技术人员和工人进行环境保护技术交底，杜绝施工中的大气、噪声、水、固体污染。

(5)项目部项目部应建立项目环境污染应急处理预案。

(6)稀浆封层施工应当采用资源利用率高、污染物排放量少的设备和工艺。

(7)制订施工中环境保护检查制度，对施工中不满足环境保护要求的设备、工艺应强行停止，整改后才允许开工。

11.5　施　工　工　艺

11.5.1　工艺流程(见图11-1)

11.5.2　操作工艺

11.5.2.1　下承层准备

将下承层表面清扫、清洗干净后，检查路面无水、平整、干燥，经监理工程师检查合格并封闭交通后方可进行稀浆封层施工。

11.5.2.2　施工放样

根据路幅宽度、摊铺槽宽度确定摊铺次数和宽度，并沿摊铺方向画出控制线。

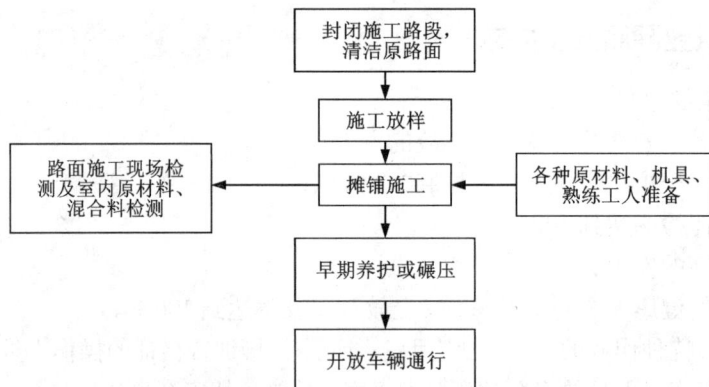

图 11 - 1 施工工艺流程图

11.5.2.3 摊铺施工

(1)混合料拌和。

将集料、乳化沥青、水、外加剂等材料装入稀浆封层车内,根据配合比添加各种材料进入拌和机,材料要按顺序进料,先投入集料,边拌和边注入水,矿料湿润后加入乳化沥青,拌出合格的稀浆混合料。此时试验室及时检测混合料的稠度,应控制为 2~3 cm。

(2)混合料摊铺。

当摊铺箱中的混合料达到箱体的1/3~1/2时,稀浆封层车平稳起步,并逐步达到正常作业行驶速度,摊铺车在行驶过程中方向杆应对准控制线,保证摊铺线形平顺。

摊铺过程中应不停地调整分料器手柄,向摊铺箱的两个半箱加料,保持混合料均匀,同时调整转向,改变混合料流动的方向,使其均匀摊铺。

施工中应根据摊铺箱中混合料的多少,通过喇叭与司机沟通调整车速,在改变作业速度时应平稳,严禁大起大落。稀浆封层机工作时应尽量保持匀速前进,确保铺筑厚度均匀、表面平整,摊铺过程中应及时检测摊铺厚度。

当铺筑过程中发现有一种材料用完时,应立即停止铺筑,重新装料后再继续进行。稀浆封层的最低施工温度不得低于10℃,严禁在雨天施工,摊铺后尚未成形混合料遇雨时应予铲除。

11.5.2.4 碾压

稀浆封层施工完成,达到初凝时间后混合料不粘轮胎时,采用胶轮压路机碾压。

11.5.2.5 接缝处理

稀浆封层的横向接缝应作成对接接缝,施工步骤为:

(1)用油毡将前一施工段末端1~3 m覆盖,保证油毡末端与稀浆封层材料边缘平齐。

(2)摊铺车后退,使摊铺槽后缘落在油毡上。

(3)启动摊铺车开始摊铺。

(4)将油毡连同上面的稀浆封层混合料取走,倒入废料车中;清洗油毡,以备下次使用。

稀浆封层的纵向接缝应做成搭接接缝,为了保证接缝的平整,搭接宽度不宜过大,一般控制在30~70 mm较为合适。接缝处高出量不应大于6 mm。

11.5.2.6 开放交通

稀浆封层铺筑后,应待乳液破乳、水分蒸发、干燥成形后方可开放交通。经养生和初期交通碾压稳定的稀浆封层，在行车作用下应不飞散且完全密水。

11.6　质量标准

施工前应对原材料进行检查，并有合格签证记录。对施工程序、工艺流程、检测手段进行检查。在施工过程中工程质量检查的内容、频率、标准，应符合表 11 - 10，表 11 - 11。当检查结果达不到规定要求时，应追加检测数量，查找原因，做出处理。

表 11 -10　公路稀浆封层施工过程中工程质量的控制标准

项　目		检查频度及单点检验评价方法	质量要求或允许偏差	试验方法
外观		随时	表面平整，均匀一致，无拖痕，无显著离析，接缝顺畅	目测
油石比		每日 1 次总量评定	±0.3%	每日实际沥青用量与总集料数量，总量检验
厚度		每公里 5 个断面	±10%	钢尺测量，每幅中间及两侧各 1 点
矿料级配	0.075 mm	每日 1 次取 2 个试样筛分的平均值	±2%	T 0725
	0.15 mm		±3%	
	0.3 mm		±4%	
	0.6、1.18、2.36、4.75、9.5 mm		±5%	
湿轮磨耗试验		每周 1 次	符合设计要求	从工程取样按 T 0752 进行

表 11 -11　公路沥青路面稀浆封层交工检查与验收质量标准

检查项目	检查频度（每一幅车行道）	质量要求或允许偏差		试验方法
		高速公路、一级公路	其他等级公路	
平均厚度	每 1 公里 3 点	-10%	-10%	挖小坑量测，取平均
渗水系数	每 1 km　3 处	10 mL/min	10 mL/min	T 0971
路表构造深度	每 1 km　5 点	符合设计要求	—	T 0961 T 0962
路面摩擦系数摆值	每 1 km　5 点	符合设计要求	—	T 0964
横向力系数	全线连续	符合设计要求	—	T 0965

11.7 成品保护

(1)施工前应当对将要施工的段落进行交通管制，防止车辆驶入未成形的稀浆封层，对稀浆封层造成破坏，必要时设置围栏保护。

(2)施工过程中应加强对路缘石、绿化等附属工程的保护，必要时采用塑料布或编织袋布覆盖保护。

(3)稀浆封层铺筑后，必须待乳液破乳、水分蒸发、干燥成形后方可开放交通。

(4)稀浆封层铺筑后，应注意防止各种油类、泥土、杂物污染。

11.8 安全环保措施

11.8.1 安全措施

(1)认真学习并掌握沥青路面工程的安全知识，参加沥青路面工程的施工人员必须进行体检，患有慢性结膜炎、角膜炎、各种泪道炎、眼皮炎，对光过度敏感，患阳光湿疹、阳光痒疹等疾病的人不能从事沥青工作。脸和手的皮肤受伤者(擦伤、破口等)亦不能参与沥青工程施工。

(2)从事沥青工作人员，必须穿工作服，戴口罩、手套，露在外面的手、脸和颈部需涂抹防护药膏。

(3)工作人员收工后，必须用热水洗澡，用蘸有酒精或花露水的棉花擦脸，并用香粉或滑石粉敷脸。

(4)皮肤上的沥青迹印可用凡士林油擦净，皮肤被沥青烧伤的部分可用煤油洗涤，以除去沥青迹印，然后用高锰酸钾溶液洗涤，并尽可能浸浴在该溶液中。

(5)乳化沥青在运输、装卸、洒布过程中，要求防止乳化沥青溅出污染路面或行人。

(6)沥青存放场地要有防灭火系统，并对灭火系统进行定期检查，并制订好起火紧急预案。

(7)定期对乳化沥青机和稀浆封层洒布车等机械进行保养，对各种压力容器、管道进行检查，确保施工时设备和人员的安全。

(8)稀浆封层施工现场应进行交通封闭，严禁在稀浆封层施工时其他施工车辆或社会车辆、行人、牲畜进入。

(9)对煤油、汽油等易燃易爆物品，贮存的库房和场地应保持阴凉、通风、干燥，电气设施应符合防爆要求，不准架设临时性电路，工作结束或下班时应进行防火检查，切断电源。应有明显的安全警示标语和"严禁烟火"标志。

11.8.2 环保措施

(1)机械和车辆应在专门的清洗场地清洗，清洗的污水应进行沉淀后排出，废油应采用专门回收桶回收，统一燃烧处理。

(2)施工道路应保持平整，设立施工道路养护、维修和清扫专职人员，保持道路清洁和运行状态良好。

(3)路面施工时应做到文明施工,施工现场和施工道路应定期洒水,防止扬尘污染。

(4)清洗路面施工污水应排入中央分隔带水沟或边沟,防止污水污染树木或边坡植草。

(5)稀浆封层施工后(乳化沥青未破乳前)如遇急降暴雨,应组织人员对施工区域内的排水沟用砂袋或碎石堵塞过滤冲刷的稀浆封层油,防止流入农田、菜地或鱼塘,并对摊铺的稀浆封层铲除。

(6)粉尘、扬尘、燃油产生的污染物对人体健康有害,对受影响的施工人员应做好劳动保护。

(7)项目在施工期内,应在采取有效管理、优化施工工艺等综合管理措施的前提下,最大限度地减缓对社会和生态环境的影响。保护建设路域社会和生态环境,以较低的资源代价和环境代价换取较高的、良性的公路建设。

(8)生产废料处理:应首先考虑废料的回收利用。对不同材料可分类回收,交废物收购站处理。

11.9 质量记录

(1)稀浆封层质量检验记录表。

(2)稀浆封层原材料质量检验记录表。

(3)稀浆封层混合料质量检验记录表。

(4)稀浆封层施工日志。

(5)稀浆封层施工影像资料。

12 同步碎石封层施工工艺

12.1 总则

12.1.1 适用范围

同步碎石封层,属于沥青路面的单层沥青表面处治下封层。多雨潮湿地区的高速公路、一级公路的沥青面层空隙率较大,有严重渗水可能,或铺筑基层后不能及时铺筑面层而需通行车辆时,宜铺筑同步碎石下封层。

12.1.2 参考标准和规范

(1)中华人民共和国行业标准《公路路基路面现场测试规程》(JTG E60—2008)。
(2)中华人民共和国行业标准《公路沥青路面施工技术规范》(JTG F40—2004)。
(3)中华人民共和国行业标准《公路工程质量检验评定标准》(JTG F80/1—2017)。
(4)中华人民共和国行业标准《公路工程沥青及沥青混合料试验规程》(JTJ E20—2011)。

12.2 术语

12.2.1 封层

为封闭表面空隙、防止水分侵入沥青面层或基层而铺筑的沥青混合料薄层。铺筑在沥青面层表面的称为上封层,铺筑在沥青面层下面、基层表面的称为下封层。

12.2.2 同步碎石封层

用专用设备即同步碎石封层车将碎石和沥青(含改性沥青或改性乳化沥青)同步铺洒在路面上,经压实后作为沥青路面下封层。

12.2.3 改性沥青

掺加橡胶、树脂、高分子聚合物、天然沥青、磨细的橡胶粉或者其他材料等外掺剂(改性剂),使沥青或沥青混合料的性能得以改善而制成的沥青结合料。

12.2.4　改性乳化沥青

在制作乳化沥青的过程中同时加入聚合物胶乳，或将聚合物胶乳与乳化沥青成品混合，或对聚合物改性沥青进行乳化加工得到的乳化沥青产品。

12.3　施工准备

12.3.1　技术准备

（1）熟悉施工图纸、相关技术规范和同步碎石封层的施工工艺，对施工人员进行技术培训，提出施工要求和质量标准并进行技术交底，使施工人员自觉地按照规范施工，按标准控制质量。

（2）在同步碎石封层施工前应组织质检人员对下承层进行质量缺陷调查，质量缺陷包括：纵横向裂缝，坑洞，透层起皮、露白等，对质量缺陷做好书面和影像记录，并拿出相应的处理措施，待处理合格后才允许施工。

（3）正式施工前应进行试验段的试铺，达到技术要求并经认可后方可进行施工，严格按照《公路沥青路面施工技术规范》的有关要求进行施工，控制材料温度、施工长度、沥青洒布范围和洒布量。

12.3.2　材料准备

（1）同步碎石封层材料应根据设计文件要求，确定材料的技术标准和用量，结合项目工程情况制订本项目同步碎石封层材料采购计划表。

（2）同步碎石封层所用集料技术要求与沥青混合料用石料基本相同，是洁净、干燥、无风化、无杂质、形状规整，并具有足够的强度和耐磨耗性的单级配集料。优先选用中性偏碱的石料，如玄武岩、安山岩、辉绿岩、闪长岩等；对强碱性石料应慎重选用，一般不考虑使用大理岩、石英岩等酸性石料。通常所用中、下面层相同的石料，集料要求是经过反击（锤式）破碎的集料，且必须经水洗风干或拌和楼烘干，以保证集料洁净、干燥、无石粉和尘土。

（3）因为同步碎石封层集料为单级配碎石，单独一次性采购较难，所以应在封层开工前1个月准备料源，避免影响封层和面层施工。

（4）封层碎石材料贮存地方应排水畅通、防尘、防雨。

（5）同步碎石封层一般采用乳化沥青、改性乳化沥青、基质沥青、改性沥青等材料，根据项目设计文件选定相应规格的沥青品种。

（6）同步碎石封层沥青材料应充分考虑施工中材料的周转、贮存、运输方便，可根据不同沥青材料配备不同的贮存罐、转运车等设备。

（7）施工前必须检查各种材料的来源和质量。对经招标程序购进的沥青、集料等重要材料，供货单位必须提交最新检测的正式试验报告。从国外进口的材料应提供该批材料的船运单。对首次使用的集料，应检查生产单位的生产条件、加工机械、覆盖层的清理情况。所有材料都应按规定取样检测，经质量认可后方可订货。

（8）各种材料都必须在施工前以"批"为单位进行检查，不符合规范技术要求的材料不得进场。对各种矿料是以同一料源、同一次购入并运至生产现场的相同规格材料为一"批";对沥青是指从同一来源、同一次购入且储入同一沥青罐的同一规格的沥青为一"批"。材料试样的取样数量与频度按现行试验规程的规定进行。

(9)工程开始前,必须对材料的存放场地、防雨和排水措施进行确认,不符合规范要求时材料不得进场。进场的各种材料的来源、品种、质量应与招标及提供的样品一致,不符要求的材料严禁使用。

12.3.3 主要机具(见表12-1)

表12-1 同步碎石封层施工主要机具

机器名称	数量	机器名称	数量
沥青碎石同步洒布车	1台	胶轮压路机	1台
洒水车	1台	6~8t钢轮压路机	1台
森林灭火器	3台	沥青加热罐	1个
装载机	1台		

12.3.4 作业条件

(1)同步碎石封层宜选择在干燥和较热的季节施工,遇大风、浓雾、正在下雨或即将降雨天气,不得进行同步碎石封层施工。施工时段的气温不应低于10℃。

(2)同步碎石封层铺筑前应保持施工路面下承层干净整洁、无污染等,且质量缺陷均处理完毕。

(3)人员、材料、机具等准备到位。

12.3.5 劳动力组织(见表12-2)

表12-2 同步碎石封层施工劳动力组织

工种	人数	工作地点	职责范围
施工队队长	1	整个施工现场	负责组织施工管理工作、协助总指挥工作等
封层车操作人员	1	整个施工现场	负责同步碎石封层操作
封层车司机	1	整个施工现场	负责同步碎石封层车驾驶
压路机操作人员	1	整个施工现场	负责压路机操作
装载机操作人员	1	整个施工现场	负责装载机操作
技术员	1	整个施工现场	负责施工现场质量检测
杂工	10	整个施工现场	负责清扫路面和同步碎石封层混合料洒布
总计	16		

注:此表为一个作业班施工配备人员,未计后勤、行政等人员。

12.4　工艺设计和控制要求

12.4.1　技术要求

（1）同步碎石封层沥青与碎石洒布量：同步碎石封层沥青与碎石洒布量根据设计图纸和业主相关文件要求控制，无要求时也可采用《公路沥青路面施工技术规范》（JTG F40—2004）中单层沥青表面处治中沥青与碎石的洒布量来控制，见表 12 - 3。

表 12 - 3　同步碎石封层材料规格和用量

沥青种类	封层厚度/mm	集料（m³/1000 m²）		沥青或乳液用量（kg·m⁻²）
		规格	用量	
石油沥青	1.0	S12	7 ~ 9	1.0 ~ 1.2
	1.5	S10	12 ~ 14	1.4 ~ 1.6
乳化沥青	0.5	S14	7 ~ 9	0.9 ~ 1.0

注：1. 表中的乳液用量按乳化沥青的蒸发残留物含量 60% 计算，如沥青含量不同应予折算；

　　2. 在高寒地区及干旱风沙大的地区，可超出高限 5% ~ 10%。

（2）同步碎石封层洒布温度：根据不同的设计要求，同步碎石封层沥青洒布温度也有所不同，普通热沥青的洒布温度控制为 150 ~ 160℃，SBS 改性热沥青的洒布温度控制为 170 ~ 180℃，最高温度不得超过 190℃，改性乳化沥青或乳化沥青采用常温洒布，保证沥青雾状喷洒而形成均匀、等厚度的沥青膜。

（3）同步碎石封层洒布时机：在沥青面层下面洒布同步碎石封层时，宜在铺筑沥青层前 1 ~ 2 d 洒布，保证沥青路面施工 1 ~ 2 d 工作面即可，结合合理施工组织，尽量使沥青混合料运料车在封层上通行距离尽可能短，避免通行破坏封层中沥青膜。

（4）同步碎石封层中碎石洒布标定：同步碎石封层车在封层施工前应对碎石洒布进行均匀性、洒布总量标定。先将封层车料斗装满碎石，选一段平坦的路面上进行标定，按封层车正常洒布行驶速度下通过调整设定碎石下料口的张度来达到设计碎石用量，碎石洒布量可在封层车洒布宽度内不同位置内测定，整个测定过程中封层车沥青泵处于停止状态。

12.4.2　材料质量要求

12.4.2.1　矿料质量要求

（1）同步碎石封层所用集料技术要求与沥青混合料用石料基本相同，是洁净、干燥、无风化、无杂质、形状规整，并具有足够的强度和耐磨耗性的单级配中性偏碱的集料。具体物理力学性能见表 12 - 4。

表 12 - 4 同步碎石封层用粗集料质量技术要求

指标	单位	合格值	试验方法
石料压碎值,不大于	%	28	T 0316
表观相对密度,不小于	t/m³	2.50	T 0304
吸水率,不大于	%	3.0	T 0304
针片状颗粒含量(混合料),不大于	%	18	
其中粒径大于9.5 mm,不大于	%	15	T 0312
其中粒径小于9.5 mm,不大于	%	20	
水洗法 <0.075 mm 颗粒含量,不大于	%	1	T 0310
软石含量,不大于	%	5	T 0320

(2)同步碎石封层所用集料规格应采用单一级配,超最大、最小筛网集料应小于或等于10%。

12.4.2.2 沥青质量要求

同步碎石封层一般采用乳化沥青、改性乳化沥青、基质沥青、改性沥青等材料,根据项目设计文件选定相应规格的沥青品种,常用改性沥青或改性乳化沥青,应符合表12 - 5、表12 - 6。

表 12 - 5 聚合物改性沥青技术要求

指标	单位	SBS 类（Ⅰ类）				SBR 类（Ⅱ类）			EVA、PE 类（Ⅲ类）				试验方法
		Ⅰ - A	Ⅰ - B	Ⅰ - C	Ⅰ - D	Ⅱ - A	Ⅱ - B	Ⅱ - C	Ⅲ - A	Ⅲ - B	Ⅲ - C	Ⅲ - D	
针入度 25℃,100 g,5 s	dmm	> 100	80 - 100	60 - 80	40 - 60	> 100	80 - 100	60 - 80	> 80	60 - 80	40 - 60	30 - 40	T 0604
针入度指数 PI,不小于			- 1.2	- 0.8	- 0.4	0	- 1.0	- 0.8	- 0.6	- 1.0	- 0.8	- 0.6	- 0.4	T 0604
延度5℃,5 cm/min,不小于	cm	50	40	30	20	60	50	40		—			T 0605
软化点 $T_{R\&B}$,不小于	℃	45	50	55	60	45	48	50	48	52	56	60	T 0606
运动黏度[1]135℃,不大于	Pas	3											T 0625 T 0619
闪点,不小于	℃	230				230			230				T 0611
溶解度,不小于	%	99				99			—				T 0607
弹性恢复 25℃,不小于	%	55	60	65	75	—							T 0662
黏韧性,不小于	N·m	—				5			—				T 0624
韧性,不小于	N·m	—				2.5			—				T 0624

续表 12 – 5

指标	单位	SBS 类（Ⅰ类）				SBR 类（Ⅱ类）			EVA、PE 类（Ⅲ类）				试验方法
		Ⅰ-A	Ⅰ-B	Ⅰ-C	Ⅰ-D	Ⅱ-A	Ⅱ-B	Ⅱ-C	Ⅲ-A	Ⅲ-B	Ⅲ-C	Ⅲ-D	
贮存稳定性[2]													
离析，48 h 软化点差，不大于	℃	2.5				—			无改性剂明显析出、凝聚				T 0661
TFOT(或 RTFOT)后残留物													
质量变化，不大于	%	1.0											T 0610 或 T 0609
针入度比25℃，不小于	%	50	55	60	65	50	55	60	50	55	58	60	T 0604
延度 5℃，不小于	cm	30	25	20	15	30	20	10	—				T 0605

注：1. 表中135℃运动黏度可采用《公路工程沥青及沥青混合料试验规程》(JTJ E20—2011)中的"沥青布氏旋转黏度试验方法(布洛克菲尔德黏度计法)"进行测定。若在不改变改性沥青物理力学性质并符合安全条件的温度下易于泵送和拌和，或经证明适当提高泵送和拌和温度时能保证改性沥青的质量，容易施工，可不要求测定。

2. 贮存稳定性指标适用于工厂生产的成品改性沥青。现场制作的改性沥青对贮存稳定性指标可不作要求，但必须在制作后，保持不间断地搅拌或泵送循环，保证使用前没有明显的离析。

表 12 – 6　改性乳化沥青技术要求

试验项目		单位	PCR	试验方法
破乳速度			快裂或中裂	T 0658
粒子电荷			阳离子(+)	T 0653
筛上剩余量(1.18 mm)，不大于		%	0.1	T 0652
黏度	恩格拉黏度 E_{25}		1 ~ 10	T 0622
	沥青标准黏度 $C_{25,3}$	s	8 ~ 25	T 0621
蒸发残留物	含量，不小于	%	50	T 0651
	针入度(100 g, 25℃, 5 s)	dmm	40 ~ 120	T 0604
	软化点，不小于	℃	50	T 0606
	延度(5℃)，不小于	cm	20	T 0605
	溶解度(三氯乙烯)，不小于	%	97.5	T 0607
与矿料的黏附性，裹覆面积，不小于			2/3	T 0654
贮存稳定性	1 d，不大于	%	1	T 0655
	5 d，不大于	%	5	T 0655

注：1. 破乳速度、与集料黏附性、拌和试验，与所使用的石料品种有关。工程上施工质量检验时应采用实际的石料试验，仅进行产品质量评定时可不对这些指标提出要求；

2. 当用于填补车辙时，BCR 蒸发残留物的软化点宜提高至不低于55℃；

3. 贮存稳定性根据施工实际情况选择试验天数，通常采用5 d，乳液生产后能在第二天使用完时也可选用1 d。个别情况下改性乳化沥青5 d 的贮存稳定性难以满足要求，如果经搅拌后能够达到均匀一致并不影响正常使用，此时要求改性乳化沥青运至工地后存放在附有搅拌装置的贮存罐内，并不断地进行搅拌，否则不准使用。

4. 当改性乳化沥青或特种改性乳化沥青需要在低温冰冻条件下贮存或使用时，尚需按 T 0656 进行 -5℃低温贮存稳定性试验，要求没有粗颗粒、不结块。

12.4.3 职业健康安全要求

（1）职业安全健康目标：

①杜绝职业健康安全重伤及以上事故的发生；

②施工生产安全事故轻伤发生率控制在 5‰以内；

③员工定期体检率达到 100%；

④预防职业病的发生；

⑤提高全员的健康安全防范意识，安全教育普及率达到 100%。

（2）严格执行特种作业的规定工作，杜绝无上岗证、无培训资格证的操作人员上岗。

（3）做好所有施工人员的安全教育培训，杜绝一切安全事故。

（4）同步碎石封层施工人员应做好自身安全防护措施，穿戴口罩、手套、工作服等安全防护用具，杜绝安全事故和职业病发生。

（5）同步碎石封层施工应做好防暑降温措施，施工现场随时供应防暑药品。

（6）项目部应建立项目职业健康安全事故应急处理预案。

12.4.4 环境要求

（1）同步碎石封层施工中必须采取有效措施，防治施工中产生的废气、废水、废渣、粉尘、恶臭气体及噪声振动等对环境的污染和危害。

（2）同步碎石封层施工中应对施工技术人员和工人进行环境保护技术交底，杜绝施工中的大气、噪声、水、固体污染。

（3）项目部应建立项目环境污染应急处理预案。

（4）同步碎石封层施工应当采用资源利用率高、污染物排放量少的设备和工艺。

（5）制订施工中环境保护检查制度，对施工中不满足环境保护要求的设备、工艺应强行停止，整改后才允许开工。

12.5 施工工艺

12.5.1 工艺流程（见图 12 - 1）

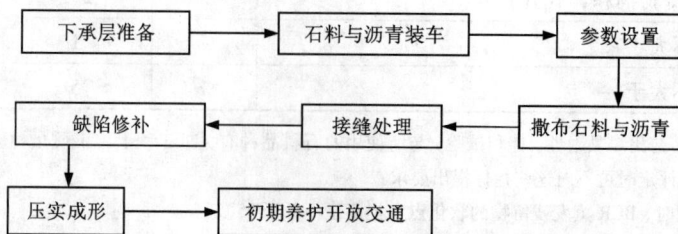

图 12 - 1 施工工艺流程

12.5.2 操作工艺

12.5.2.1 下承层准备

同步碎石封层施工前，封闭道路交通，采用清扫车或洒水车将下承层表面的所有的杂物扫除和清洗干净，必要时辅以铁铲铲除清扫不掉的硬泥，待路面干燥后施工。下承层经监理工程师检查合格后方可同步碎石封层施工。

12.5.2.2 铲装石料

用装载机将石料装入同步碎石封层车，装入料斗的石料应与料斗左右挡板的高度持平，防止因料过多而撒落地上。因碎石用量较大，可先将碎石运至施工现场备料，减少封层车装碎石来回时间。试验室应对碎石的级配、含泥量和含水量等指标进行取样检测。

12.5.2.3 抽取沥青

沥青泵温度达到要求时开始抽取沥青，并注意沥青罐标尺的变化，防止抽油冒罐。在抽取沥青时，应检查抽油管及其接头是否密封良好，严禁沥青飞溅。试验室应对沥青取样进行各项指标试验。

12.5.2.4 洒布参数设定

打开启动阀门，使其处于管路循环状态，喷洒杆沥青温度与沥青罐内温度保持一致。在封层车智能控制器上设定沥青洒布量和行驶速度等参数。行车速度一般设定为 60 ~ 70 m/min。

12.5.2.5 撒布摊铺

使发动机处于高速旋转状态，设定沥青、石料的喷洒高度及用量，打开石料撒布器与沥青喷洒杆。在摊铺过程中，随时调整左右喷洒杆，保证接缝的完整性。洒布时应符合下列要求：

(1)封层铺筑过程中，封层洒布车要行驶平稳、匀速；

(2)普通热沥青的洒布温度控制为 150 ~ 160℃，SBS 改性热沥青的洒布温度控制在 170 ~ 180℃，最高温度不得超过 190℃；

(3)根据交通量、旧路状况、气候条件、集料情况、封层厚度与封层用途等确定单位面积的沥青洒布量与石料撒布量，以确保石料埋入深度(沥青爬高高度)与石料覆盖率。

(4)从左向右进行封层施工时，施工第一幅时，应在左侧石料撒布器上加上夹板，防止石料飞溅，施工最后一幅时，在右侧采用同样方法。洒布中间路幅时，要保持右侧沥青喷洒宽度比石料的喷洒宽度多 8 ~ 10 cm。

(5)撒布施工过程中试验室应对碎石、沥青洒布量和沥青洒布温度进行检测，检测结果及时反馈施工员，以进行洒布量调整。

(6)缺陷修复。

①当发现浇洒沥青后有空白时，应及时进行人工补洒；当有沥青积聚时应刮除，防止因沥青结合料的不均匀喷洒导致石料的剥离、斑纹、泛油。

②当发现有油条时，应及时关闭喷油嘴和料门，检查喷油嘴的压力是否符合要求，料门是否被大粒径石料堵塞。

③当发现有泛油时，应在泛油处补撒嵌缝料并扫匀。当有过多的浮动石料时，应扫出路面，并不得搓动已经黏着在位的石料。

④当车内任何一种材料用完时，应立即关闭所有输送材料的阀门，一般是先关石料开关，后关沥青开关，要留有 50 cm 的沥青油膜，以便接缝。然后将封层车按前进方向开出施工作业段。

（7）接缝处理。

①横缝的处理。在施工初始前的新旧路面及前后两车喷洒时产生的接茬应搭接良好。横缝可采用对接法处理。在每段接茬处，用油毡纸横铺在本段起洒点前及终点后，其长度为 1 m，以杜绝重叠洒油、重叠洒料的情况出现，避免影响平整度并杜绝油包出现。

②纵缝的处理。沥青洒布要保证行车直顺，在施工下一幅时，封层左侧石料的撒布应与上一幅右侧的石料对齐，保证纵缝对接良好，接缝沥青重叠部分不得超过 10 cm，避免泛油。

（8）压实及成形

用改性沥青作为胶结料进行封层时，当封层车前进约 10 m 左右时，用 9～13 t 以上胶轮压路机跟机碾压。相邻两幅初压完成后，即可进行错轮碾压，全幅遍数为 2～3 遍。碾压时，碾压时每次轮迹重叠 30 cm，碾压速度先慢后快，控制为 2～4 km/h。

（9）施工结束。

施工结束要清洁封层车。清洗时一般按以下步骤进行：

①施工结束，收标杆、喷洒杆、洒布器，放下料斗驶回指定清洗场地。

②到达清洗场地停好车位。打开洒布器、喷洒杆。

③关闭出口阀，打开过滤器上的通气阀。调整沥青结合稳控器处于手动状态，让沥青泵与管路里的沥青流回沥青罐。

④关闭启动阀门组，打开喷油嘴，让剩余沥青喷出管路并逐个喷嘴清洗，清洗时一定要彻底，不能把沥青留在沥青罐、喷油嘴内。

⑤清洗完毕，回收洒布器、喷洒杆，关闭过滤器上的通气阀，使稳控器处于自动状态。关闭喷洒杆自动循环的启动阀门，关闭燃烧器、液压开关、发动机。

⑥将封层车驶入无过往车辆、无斜坡的指定安全地点停放。

（10）乳化沥青同步碎石封层应待乳化沥青破乳后方可进行下道工序施工，沥青同步碎石封层在碾压结束且沥青温度冷却后方进行下道工序施工。同步碎石封层施工后严禁车辆通行，面层施工运料车也应尽量减少其在封层上行走的距离，保护封层不受破坏。

12.6　质量标准

（1）施工前应对原材料按检测频率进行检测，并有合格签证记录。在施工过程中对施工程序、工艺流程、检测手段进行检测。当检查结果达不到规定要求时，应追加检测数量，查找原因，做出处理。

（2）同步碎石封层施工中各材料装入洒布车后应过磅，称量每车各材料的重量，做好记录后才运至施工现场。每车施工的各材料都应过磅，如遇特殊原因施工结束，对没有用完的各材料也应过磅称量重量，并做好记录，用于各材料总量计算。

（3）同步碎石封层工程质量的控制标准见表 12-7。

表 12 - 7　同步碎石封层工程质量的控制标准表

项目	检查频度及 单点检验评价方法	质量要求或允许偏差	试验方法
外观	随时	集料嵌挤密实，沥青撒布均匀， 无花白料，接头无油包	目测
集料及沥青用量	每日 1 次，逐日评定	±10%	每日施工长度的实际用量 与计划用量比较，T 0982
沥青洒布温度	每车 1 次评定	符合规范规定	温度计测量
宽度	检测每个断面逐个评定	±30 mm	T 0911

12.7　成品保护

（1）施工面层之前应当对将要施工的段落进行交通管制，防止车辆驶入未成形的封层，对同步碎石封层造成破坏，必要时设置围栏保护。

（2）施工过程中应加强对路缘石、绿化等附属工程的保护，必要时采用塑料布或编织袋布覆盖保护。

（3）同步碎石封层施工完后，为保护沥青膜不受破坏，原则上不向外开放交通，如果因特殊原因要开放交通，必须应设专人指挥交通或设置障碍物控制行车，限制行车速度不超过20 km/h。

（4）同步碎石封层施工完后，应注意防止各种油类、泥土、杂物污染。

12.8　安全环保措施

12.8.1　安全措施

（1）认真学习并掌握沥青路面工程的安全知识，参加沥青路面工程的施工人员必须进行体检，患有慢性结膜炎、角膜炎、各种泪道炎、眼皮炎，对光过度敏感，患阳光湿疹、阳光痒疹等疾病的人不能从事沥青工作。脸和手的皮肤受伤者（擦伤、破口等）亦不能参与沥青工程施工。

（2）从事沥青工作人员，必须穿工作服，戴口罩、手套，露在外面的手、脸和颈部需涂抹防护药膏。

（3）工作人员收工后，必须用热水洗澡，用蘸有酒精或花露水的棉花擦脸，并用香粉或滑石粉敷脸。

（4）皮肤上的沥青迹印可用凡士林油擦净，皮肤被沥青烧伤的部分可用煤油洗涤，以除去沥青迹印，然后用高锰酸钾溶液洗涤，并尽可能浸浴在该溶液中。

（5）同步碎石封层车在运输、装卸、洒布过程中，要求防止沥青油溅出污染路面或行人。

（6）沥青存放场地要有防灭火系统，并对灭火系统进行定期检查，并制订好起火紧急预案。

（7）定期对乳化沥青机和同步碎石封层车等机械进行保养，对各种压力容器、管道进行检查，确保施工时设备和人员的安全。

（8）同步碎石封层施工现场应进行交通封闭，严禁在同步碎石封层施工时其他施工车辆或社会车辆、行人、牲畜进入。

12.8.2　环保措施

（1）机械和车辆应在专门的清洗场地清洗，清洗的污水应进行沉淀后排出，废油应采用专门回收桶回收，统一燃烧处理。

（2）施工道路应保持平整，设立施工道路养护、维修和清扫专职人员，保持道路清洁和运行状态良好。

（3）路面施工时应做到文明施工，施工现场和施工道路应定期洒水，防止扬尘污染。

（4）清洗路面施工污水应排入中央分隔带水沟或边沟，防止污水污染树木或边坡植草。

（5）乳化沥青洒布后如遇急降暴雨，应组织人员对施工区域内的排水沟用砂袋或碎石堵塞过滤冲刷的乳化沥青，防止流入农田、菜地或鱼塘。

（6）粉尘、扬尘、燃油产生的污染物对人体健康有害，对受影响的施工人员应做好劳动保护。

（7）项目在施工期内，应在采取有效管理、优化施工工艺等综合管理措施的前提下，最大限度地减缓对社会和生态环境的影响。保护建设路域社会和生态环境，以较低的资源代价和环境代价换取较高的、良性的公路建设。

12.9　质量记录

（1）同步碎石封层材料质量检验记录表。
（2）同步碎石封层质检记录表。
（3）同步碎石封层施工日志。
（4）同步碎石封层施工影像资料。

13 沥青表面处治面层施工工艺

13.1 总则

13.1.1 适用范围

沥青表面处治面层是用沥青和集料按层铺或拌和方法施工,厚度不超过 3 cm 的薄层路面面层。由于处治层很薄,一般不起提高强度作用,其主要作用是抵抗行车的磨耗和大气作用,增强防水性,提高平整度,改善路面的行车条件。

沥青表面处治适用于三级及三级以下公路的沥青面层。各种封层适用于加铺薄层罩面、磨耗层、水泥混凝土路面上的应力缓冲层、各种防水和密水层、预防性养护罩面层。

13.1.2 参考标准和规范

(1)中华人民共和国行业标准《公路路基路面现场测试规程》(JTJ E60—2008)。
(2)中华人民共和国行业标准《公路沥青路面施工技术规范》(JTG F40—2004)。
(3)中华人民共和国行业标准《公路工程质量检验评定标准》(JTG F80/1—2017)。
(4)中华人民共和国行业标准《公路工程沥青及沥青混合料试验规程》(JTJ E20—2011)。

13.2 术语

13.2.1 沥青表面处治面层

沥青表面处治面层是用沥青和集料按层铺或拌和方法施工,厚度不超过 3 cm 的薄层路面面层。

13.2.2 石油沥青(天然沥青)

石油在自然界长期受地壳挤压、变化,并与空气、水接触逐渐变化而形成的、以天然状态存在的石油沥青,其中常混有一定比例的矿物质。按形成的环境可以分为湖沥青、岩沥青、海底沥青、油页岩等。

13.2.3　改性沥青

掺加橡胶、树脂、高分子聚合物、天然沥青、磨细的橡胶粉或者其他材料等外掺剂(改性剂),使沥青或沥青混合料的性能得以改善而制成的沥青结合料。

13.2.4　乳化沥青

石油沥青与水在乳化剂、稳定剂等的作用下经乳化加工制得的均匀的沥青产品,也称沥青乳液。

13.2.5　改性乳化沥青

在制作乳化沥青的过程中同时加入聚合物胶乳,或将聚合物胶乳与乳化沥青成品混合,或对聚合物改性沥青进行乳化加工得到的乳化沥青产品。

13.3　施工准备

13.3.1　技术准备

(1)熟悉沥青表面处治面层的施工工艺,对施工人员进行技术培训,提出施工要求和质量标准并进行技术交底,使施工人员自觉地按照规范施工,按标准控制质量。

(2)沥青表面处治面层施工前应对下承层组织中间交工验收,验收合格后才允许施工。

(3)在沥青表面处治面层施工前应组织质检人员对下承层进行质量缺陷调查,质量缺陷包括:纵横向裂缝、坑洞、松散、沉陷、龟裂、宽度不够等,对质量缺陷做好书面和影像记录,并拿出相应的处理措施,待处理合格后才允许施工。

(4)沥青表面处治面层正式施工前应进行试验段的试铺,以确定施工工艺、机械配备、人员组织、压实遍数等,达到技术要求并经认可后方可进行施工。

(5)沥青表面处治面层采用的材料可根据设计文件确定,在开工前应对各材料进行取样试验,试验合格后才允许使用。

(6)沥青表面处治面层开工前应上报沥青表面处治面层施工开工报告,报监理处批准后才允许施工。

(7)沥青表面处治面层开工前应进行施工放样,根据坐标控制点和水准控制点进行中桩和高程放样测量。

13.3.2　材料准备

沥青表面处治面层材料应根据设计文件要求,确定材料的技术标准和用量,结合项目工程情况制订材料采购计划表。其主要材料包括:集料、沥青(包括石油沥青或乳化沥青)。

(1)施工前必须检查各种材料的来源和质量。对经招标程序购进的沥青、集料等重要材料,供货单位必须提交最新检测的正式试验报告。从国外进口的材料应提供该批材料的船运单。对首次使用的集料,应检查生产单位的生产条件、加工机械、覆盖层的清理情况。所有材料都应按规定取样检测,经质量认可后方可订货。

（2）各种材料都必须在施工前以"批"为单位进行检查，不符合规范技术要求的材料不得进场。对各种集料是以同一料源、同一次购入并运至生产现场的相同规格材料为一"批"；对沥青是指从同一来源、同一次购入且储入同一沥青罐的同一规格的沥青为一"批"。材料试样的取样数量与频度按现行试验规程的规定进行。

（3）工程开始前，必须对材料的存放场地、防雨和排水措施进行确认，不符合规范要求时材料不得进场。进场的各种材料的来源、品种、质量应与招标及提供的样品一致，不符要求的材料严禁使用。

（4）集料采购应寻找工程所在地附近石料场，取样检测石料是否满足设计要求，选择应以集料质量合格、综合单价较低为原则。

（5）根据施工进度计划和工程量进行备料，不同种类和粒径的石料应分开堆放，沥青材料包括石油沥青或乳化沥青，不管采用哪种沥青，都应根据沥青表面处治面层施工工艺和施工计划配备沥青贮藏罐，确保沥青在使用过程中周转顺利。

（6）集料生产应根据施工计划进行，原则上最好选定一家碎石场，但根据需要可以选定2~3家碎石场同时供货，但应统一规格、分别堆放。

13.3.3　主要机具（见表13-1）

表13-1　沥青表面处治面层施工主要机具

机器名称	数　量	机器名称	数　量
碎石撒布车	1台	沥青洒布车	1台
洒水车	1台	压路机	2台
沥青运输车	1台	沥青贮存罐	1个
装载机	1台	自卸式汽车	1台

13.3.3.1　装载机

主要是用来完成矿料的装卸。对装载机的要求，除了能保证正常工作状态外，关键是装载高度要满足上料需求。

13.3.3.2　碎石撒布车、沥青洒布车

碎石撒布车在使用前应进行严格的撒布计量标定工作，根据试撒确定碎石的撒布量与行车速度。沥青撒布车在使用前应进行严格的撒布计量标定工作，根据试洒确定沥青的撒布量、洒油管高度与行车速度，应采用智能沥青撒布车，可以根据行车速度和设定撒布量，自动调节沥青泵的撒布流量，从而达到均匀、稳定的沥青撒布量。撒布设备的喷嘴应适用于沥青的稠度，确保能成雾状，与洒油管成15°~25°的夹角，洒油管的高度应使同一地点接受2~3个喷油嘴喷洒的沥青，不得出现花白条。碎石撒布车、沥青洒布车可以合二为一，选用同步碎石车进行沥青与碎石同步撒布，这样可以在高温情况下，增加碎石和沥青的黏结性。

13.3.3.3　压路机

沥青表面处治面层施工用压路机采用6~8 t和8~12 t光轮压路机或胶轮压路面，根据施工进度、面积确定压路机的数量。

13.3.4　作业条件

（1）沥青表面处治面层施工前，基层必须清扫干净。当需要安装路缘石时，应在路缘石安装完成后施工。路缘石应予遮盖。

（2）在清扫干净的碎（砾）石路面上铺筑沥青表面处治面层时，应喷洒透层油。在旧沥青路面、水泥混凝土路面、块石路面上铺筑沥青表面处治路面时，可在第一层沥青用量中增加10%～20%，不再另洒透层油或粘层油。

（3）沥青表面处治宜选择在干燥和较热的季节施工，并在日最高温度低至15℃到来以前半个月及雨季前结束。

13.3.5　劳动力组织（见表13-2）

表13-2　沥青表面处治面层施工劳动力组织

工种	人数	工作地点	职责范围
施工队长	1	整个施工现场	负责组织施工管理工作、协助总指挥工作等
沥青、碎石车操作人员	3	整个施工现场	负责沥青、碎石撒布操作
司机	3	整个施工现场	负责车辆驾驶
压路机操作人员	2	整个施工现场	负责压路机操作
装载机操作人员	1	整个施工现场	负责装载机操作
技术员	1	整个施工现场	负责施工现场质量检测
杂工	15	整个施工现场	负责清扫路面和碎石、沥青洒布
总计	26		

注：此表为一个作业班施工配备人员，未计后勤、行政等人员。

13.4　工艺设计和控制要求

13.4.1　技术要求

（1）沥青表面处治施工中各种材料的规格和用量应根据沥青的品种和施工的厚度满足表13-3要求。

表 13 – 3　沥青表面处治材料规格和用量

沥青种类	类型	厚度/mm	集料/(m³·1000 m⁻²)						沥青或乳液用量/(kg·m⁻²)			
			第一层		第二层		第三层		第一次	第二次	第三次	合计用量
			规格	用量	规格	用量	规格	用量				
石油沥青	单层	1.0	S12	7~9					1.0~1.2			1.0~1.2
		1.5	S10	12~14					1.4~1.6			1.4~1.6
	双层	1.5	S10	12~14	S12	7~8			1.4~1.6	1.0~1.2		2.4~2.8
		2.0	S9	16~18	S12	7~8			1.6~1.8	1.0~1.2		2.6~3.0
		2.5	S8	18~20	S12	7~8			1.8~2.0	1.0~1.2		2.8~3.2
	三层	2.5	S8	18~20	S12	12~14	S12	7~8	1.6~1.8	1.2~1.4	1.0~1.2	3.8~4.4
		3.0	S6	20~22	S12	12~14	S12	7~8	1.8~2.0	1.2~1.4	1.0~1.2	4.0~4.6
乳化沥青	单层	0.5	S14	7~9					0.9~1.0			0.9~1.0
	双层	1.0	S12	9~11	S14	4~6			1.8~2.0	1.0~1.2		2.8~3.2
	三层	3.0	S6	20~22	S10	9~11	S12 S14	4~6 3.5~4.5	2.0~22	1.8~2.0	1.0~1.2	4.8~5.4

注：1. 表中的乳液用量按乳化沥青的蒸发残留物含量60%计算，如沥青含量不同应予折算。

2. 在高寒地区及干旱风沙大的地区，可超出高限 5%~10%。

（2）沥青表面处治施工应确保各工序紧密衔接，每个作业段长度应根据施工能力确定，并在当天完成。人工撒布集料时应等距离划分段落备料。

（3）沥青表面处治面层施工中沥青洒布温度控制应根据根据气温及沥青标号选择，石油沥青宜为 130~170℃，乳化沥青在常温下洒布，加温洒布的乳液温度不得超过 60℃。

13.4.2　材料质量要求

13.4.2.1　矿料质量要求

（1）沥青表面处治面层所用集料技术要求与沥青混合料用石料基本相同，是洁净、干燥、无风化、无杂质、形状规整，并具有足够的强度和耐磨耗性的单级配中性偏碱的集料。具体物理力学性能见表 13 – 4。

表 13 – 4　沥青表面处治面层粗集料质量技术要求

指标	单位	合格值	试验方法
石料压碎值，不大于	%	28	T 0316
表观相对密度，不小于	t/m³	2.50	T 0304
吸水率，不大于	%	3.0	T 0304
针片状颗粒含量(混合料)，不大于	%	18	
其中粒径大于 9.5 mm，不大于	%	15	T 0312
其中粒径小于 9.5 mm，不大于	%	20	
水洗法 <0.075 mm 颗粒含量，不大于	%	1	T 0310
软石含量，不大于	%	5	T 0320

（2）沥青表面处治所用集料规格应按设计要求采用单一级配，超最大、最小筛网集料应小于或等于 10%。

13.4.2.2 沥青质量要求

沥青表面处治面层一般采用乳化沥青、改性乳化沥青、基质沥青、改性沥青等材料，根据项目设计文件选定相应规格的沥青品种，常用改性沥青或改性乳化沥青，质量应符合表 13 - 5、表 13 - 6 的要求。

表 13 - 5　聚合物改性沥青技术要求

指标	单位	SBS 类（Ⅰ类）				SBR 类（Ⅱ类）			EVA、PE 类（Ⅲ类）				试验方法
		Ⅰ - A	Ⅰ - B	Ⅰ - C	Ⅰ - D	Ⅱ - A	Ⅱ - B	Ⅱ - C	Ⅲ - A	Ⅲ - B	Ⅲ - C	Ⅲ - D	
针入度（25℃），100 g, 5 s	dmm	>100	80 ~ 100	60 ~ 80	40 ~ 60	>100	80 ~ 100	60 ~ 80	>80	60 ~ 80	40 ~ 60	30 ~ 40	T 0604
针入度指数 PI，不小于		-1.2	-0.8	-0.4	0	-1.0	-0.8	-0.6	-1.0	-0.8	-0.6	-0.4	T 0604
延度(5℃)，5 cm/min，不小于	cm	50	40	30	20	60	50	40					T 0605
软化点 $T_{R\&B}$，不小于	℃	45	50	55	60	45	48	50	48	52	56	60	T 0606
运动黏度[1] (135℃)，不大于	Pa·s	3											T 0625 T 0619
闪点，不小于	℃	230				230			230				T 0611
溶解度，不小于	%	99				99			—				T 0607
弹性恢复(25℃)，不小于	%	55	60	65	75	—			—				T 0662
黏韧性，不小于	N·m	—				5			—				T 0624
韧性，不小于	N·m	—				2.5			—				T 0624
贮存稳定性[2]													
离析，48 h 软化点差，不大于	℃	2.5				—			无改性剂明显析出、凝聚				T 0661
TFOT(或 RTFOT)后残留物													
质量变化，不大于	%	1.0											T 0610 或 T 0609
针入度比(25℃)，不小于	%	50	55	60	65	50	55	60	50	55	58	60	T 0604
延度(5℃)，不小于	cm	30	25	20	15	30	20	10	—				T 0605

注：1. 表中135℃运动黏度可采用《公路工程沥青及沥青混合料试验规程》(JTG E20—2011)中的"沥青布氏旋转黏度

试验方法(布洛克菲尔德黏度计法)"进行测定。若在不改变改性沥青物理力学性质并符合安全条件的温度下易于泵送和拌和,或经证明适当提高泵送和拌和温度时能保证改性沥青的质量,容易施工,可不要求测定。

2.贮存稳定性指标适用于工厂生产的成品改性沥青。现场制作的改性沥青对贮存稳定性指标可不作要求,但必须在制作后,保持不间断的搅拌或泵送循环,保证使用前没有明显的离析。

表13-6 改性乳化沥青技术要求

试验项目		单位	PCR	BCR	试验方法
破乳速度			快裂或中裂	慢裂	T 0658
粒子电荷			阳离子(+)	阳离子(+)	T 0653
筛上剩余量(1.18 mm),不大于		%	0.1	0.1	T 0652
黏度	恩格拉黏度 E_{25}		1 ~ 10	3 ~ 30	T 0622
	沥青标准黏度 $C_{25.3}$	s	8 ~ 25	12 ~ 60	T 0621
蒸发残留物	含量,不小于	%	50	60	T 0651
	针入度(100 g, 25℃, 5 s)	dmm	40 ~ 120	40 ~ 100	T 0604
	软化点,不小于	℃	50	53	T 0606
	延度(5℃),不小于	cm	20	20	T 0605
	溶解度(三氯乙烯),不小于	%	97.5	97.5	T 0607
与矿料的黏附性,裹覆面积,不小于			2/3	2/3	T 0654
贮存稳定性	1 d,不大于	%	1	1	T 0655
	5 d,不大于	%	5	5	T 0655

注:1.破乳速度、与集料黏附性、拌和试验,与所使用的石料品种有关。工程上施工质量检验时应采用实际的石料试验,仅进行产品质量评定时可不对这些指标提出要求。

2.当用于填补车辙时,BCR 蒸发残留物的软化点宜提高至不低于 55℃。

3.贮存稳定性根据施工实际情况选择试验天数,通常采用 5 d,乳液生产后能在第二天使用完时也可选用 1 d。个别情况下改性乳化沥青 5 d 的贮存稳定性难以满足要求,如果经搅拌后能够达到均匀一致并不影响正常使用,此时要求改性乳化沥青运至工地后存放在附有搅拌装置的贮存罐内,并不断地进行搅拌,否则不准使用。

4.当改性乳化沥青或特种改性乳化沥青需要在低温冰冻条件下贮存或使用时,尚需按 T 0656 进行 -5℃ 低温贮存稳定性试验,要求没有粗颗粒、不结块。

13.4.3 职业健康安全要求

13.4.3.1 职业安全健康目标

(1)杜绝职业健康安全重伤及以上事故的发生;

(2)施工生产安全事故轻伤发生率控制在 5‰ 以内;

(3)员工定期体检率达到 100%;

(4)预防职业病的发生;

(5)提高全员的健康安全防范意识,安全教育普及率达到 100%。

13.4.3.2 安全健康要求

(1)严格执行特种作业的规定,杜绝无上岗证、无培训资格证的操作人员上岗。

（2）做好所有施工人员的安全教育培训工作，杜绝一切安全事故。

（3）沥青表面处治面层施工人员应做好自身安全防护措施，穿戴口罩、手套、工作服等安全防护用具，杜绝安全事故和职业病发生。

（4）沥青表面处治面层施工应做好防暑降温措施，施工现场并随时供应防暑药品。

（5）项目部应建立项目职业健康安全事故应急处理预案。

13.4.4 环境要求

（1）沥青表面处治面层施工中必须采取有效措施，防治施工中产生的废气、废水、废渣、粉尘、恶臭气体及噪声振动等对环境的污染和危害。

（2）沥青表面处治面层施工中应对施工技术人员和工人进行环境保护技术交底，杜绝施工中的大气、噪声、水、固体污染。

（3）项目部应建立项目环境污染应急处理预案。

（4）沥青表面处治面层施工应当采用资源利用率高、污染物排放量少的设备和工艺。

（5）制订施工中环境保护检查制度，对施工中不满足环境保护要求的设备、工艺应强行停止，整改后才允许开工。

13.5 施工工艺

13.5.1 工艺流程（见图13-1）

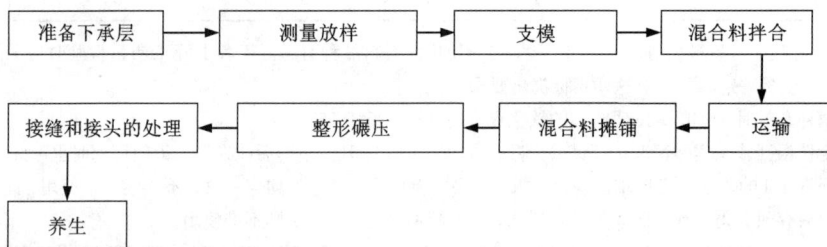

准备下承层 → 测量放样 → 支模 → 混合料拌合

接缝和接头的处理 ← 整形碾压 ← 混合料摊铺 ← 运输

养生

图13-1 施工工艺流程图

13.5.2 操作工艺

13.5.2.1 清扫基层

沥青表处施工前应封闭交通，将下承层表面用清扫车清扫或用水车清洗干净，检查路面无积水、干燥后，经监理工程师检查合格方可进行施工。

13.5.2.2 洒布第一层沥青。

第一层沥青要洒布均匀，当发现洒布沥青后有空、边时，应立即用人工补洒，有积聚时应立即刮除。施工时应采用沥青洒布车喷洒沥青，其洒布长度应与矿料撒布能力相协调。

沥青的撒布温度根据气温及沥青标号选择，石油沥青宜为130~170℃，乳化沥青在常温下撒布，加温撒布的乳液温度不得超过60℃。前后两车喷洒的接茬处用铁板或建筑纸铺1~

1.5 m，使搭接良好。分几幅浇洒时，纵向搭接宽度宜为 100～150 mm。洒布第二、三层沥青的搭接缝应错开。

洒布第一层沥青应检测沥青洒布温度和洒布量，应符合规范要求。

13.5.2.3 撒布第一层矿料

洒布主层沥青后应立即用集料撒布机或人工撒布第一层主集料。人工撒布集料时应及时扫匀，达到全面覆盖、厚度一致、集料不重叠也不露出沥青的要求。局部有缺料时适当找补，集料过多的将多余集料扫出。两幅搭接处，第一幅洒布沥青应暂留 100～150 mm 宽度不撒布石料，待第二幅一起撒布。

13.5.2.4 碾压

撒布主集料后，不必等全段撒布完，立即用 6～8 t 钢筒双轮压路机从路边向路中心碾压 3～4 遍，每次轮迹重叠约 300 mm。碾压速度开始不宜超过 2 km/h，以后可适当增加。

13.5.2.5 撒布每二、三层沥青与矿料

第二、三层的施工方法和要求应与第一层相同，但可以采用 8 t 以上的压路机碾压，也可采用轮胎压路机碾压。

13.5.2.6 清洗沥青洒布车

施工完毕后，应及时认真清洗沥青洒布车的油管及喷嘴，以防堵塞，影响下次的施工。

13.5.2.7 开放交通及初期养护

乳化沥青表面处治应待破乳、水分蒸发并基本成形后方可开放交通，热洒沥青表面处治在碾压结束沥青温度下降至 50℃后可开放交通。

沥青表面处治后，应进行初期养护。当发现有泛油时，应在泛油部位补撒均匀与最后一层矿料规格相同的嵌缝料；当有过多的浮动矿料，应扫出路外；当出现其他损坏现象时，应及时修补。

13.6 质量标准

13.6.1 控制标准

沥青表面处治面层施工中应加强施工过程中的质量控制，主控制标准见表 13 - 7。

表 13 - 7 沥青表面处治面层施工过程中工程质量的控制标准

项目	检查频度及 单点检验评价方法	质量要求或允许偏差	试验方法
外观	随时	集料嵌挤密实，沥青洒布均匀，无花白料，接头无油包	目测
集料及沥青用量	每日 1 次，逐日评定	±10%	每日施工长度的实际用量与计划用量比较，T 0982
沥青洒布温度	每车 1 次评定	符合规范规定	温度计测量
厚度（路中及路侧各 1 点）	不少于每 2000 m² 一点，逐点评定	-5 mm	T 0912

续表 13 – 7

项目	检查频度及 单点检验评价方法	质量要求或允许偏差	试验方法
平整度（最大间隙）	随时，以连续 10 尺的平均值评定	10 mm	T 0931
宽度	检测每个断面逐个评定	±30 mm	T 0911
横坡度	检测每个断面逐个评定	±0.5%	T 0911

13.6.2 实测项目

沥青表面处治面层交工验收的基本要求、实测项目见表 13 – 8。

表 13 – 8 实测项目

项次	检 查 项 目		规定值或允许偏差	检查方法和频率	权值
1	平整度	σ/mm	4.5	平整度仪：全线每车道连续按每 100 m 计算 IRI 或 σ	3
		IRI/(m·km^{-1})	7.5		
		最大间隙 h/mm	10	3 m 直尺：每 200 m 测 2 处 × 10 尺	
2	弯沉值/0.01 mm		符合设计要求	按相关规范检查	2
3	厚度/mm	代表值	−5	每 200 m 每车道 1 点	3
		合格值	−10		
4	沥青总用量/(kg·m^{-2})		±10%	每工作日每层洒布查 1 次	3
5	中线平面偏位/mm		30	经纬仪：每 200 m 测 4 点	1
6	纵断高程/mm		±20	水准仪：每 200 m 测 4 断面	2
7	宽度/mm	有侧石	±30	尺量：每 200 m 测 4 处	2
		无侧石	不小于设计		
8	横坡/%		±0.5	水准仪：每 200 m 测 4 断面	2

注：沥青总用量按《公路路基路面现场测试规程》中 T 0892 的方法，每工作日每层洒布沥青检查一次，并计算同一路段的单位面积的总沥青用量。

外观鉴定：

(1)表面平整密实，不应有松散、油包，油丁、波浪、泛油、封面料明显散失等现象。

(2)无明显碾压轮迹。

(3)面层与路缘石及其他构筑物应密贴接顾，不得有积水现象。不符合要求时，每处减 1～2 分。

13.6.3 基本要求

(1)在新建或旧路的表层进行表面处治时，应将表面的泥砂及一切杂物清除干净，底层必须坚实、稳定、平整，保持干燥后才可施工。

（2）沥青材料的各项指标和石料的质量、规格、用量应符合设计要求和施工规范的规定。

（3）沥青浇洒应均匀，无露白，不得污染其他构筑物。

（4）嵌缝料必须趁热撒铺，扫布均匀，不得有重叠现象，压实平整。

13.7　成品保护

（1）施工沥青表面处治面层之前应当对将要施工的段落进行交通管制，防止车辆驶入对沥青表面处治面层造成破坏，必要时设置围栏保护。

（2）施工过程中应加强对路缘石、绿化等附属工程的保护，必要时采用塑料布或编织袋布覆盖保护。

（3）沥青表面处治面层施工完后，为保护沥青膜不受破坏，原则上不向外开放交通，如果因特殊原因要开放交通，必须应设专人指挥交通或设置障碍物控制行车，限制行车速度不超过 20 km/h。

（4）沥青表面处治面层施工完后，应注意防止各种油类、泥土、杂物污染。

13.8　安全环保措施

13.8.1　安全措施

（1）认真学习并掌握沥青路面工程的安全知识，参加沥青路面工程的施工人员必须进行体检，患有慢性结膜炎、角膜炎、各种泪道炎、眼皮炎，对光过度敏感，患阳光湿疹、阳光痒疹等疾病的人不能从事沥青工作。脸和手的皮肤受伤者(擦伤、破口等)亦不能参与沥青工程施工。

（2）从事沥青工作人员，必须穿工作服，戴口罩、手套，露在外面的手、脸和颈部需涂抹防护药膏。

（3）工作人员收工后，必须用热水洗澡，用蘸有酒精或花露水的棉花擦脸，并用香粉或滑石粉敷脸。

（4）皮肤上的沥青迹印可用凡士林油擦净，皮肤被沥青烧伤的部分可用煤油洗涤，以除去沥青迹印，然后用高锰酸钾溶液洗涤，并尽可能浸浴在该溶液中。

（5）沥青表面处治面层车在运输、装卸、撒布过程中，要求防止沥青油溅出污染路面或行人。

（6）沥青存放场地要有防灭火系统，并对灭火系统进行定期检查，并制订好起火紧急预案。

（7）定期对乳化沥青机和沥青洒布车等机械进行保养，对各种压力容器、管道进行检查，确保施工时设备和人员的安全。

（8）沥青表面处治面层施工现场应进行交通封闭，严禁在沥青表面处治面层施工时其他施工车辆或社会车辆、行人、牲畜进入。

13.8.2　环保措施

（1）机械和车辆应在专门的清洗场地清洗，清洗的污水应进行沉淀后排出，废油应采用专门回收桶回收，统一燃烧处理。

（2）施工道路应保持平整，设立施工道路养护、维修和清扫专职人员，保持道路清洁和运行状态良好。

（3）路面施工时应做到文明施工，施工现场和施工道路应定期洒水，防止扬尘污染。

（4）清洗路面施工污水应排入中央分隔带水沟或边沟，防止污水污染树木或边坡植草。

（5）乳化沥青洒布后如遇急降暴雨，应组织人员对施工区域内的排水沟用砂袋或碎石堵塞过滤冲刷的乳化沥青，防止流入农田、菜地或鱼塘。

（6）粉尘、扬尘、燃油产生的污染物对人体健康有害，对受影响的施工人员应做好劳动保护。

（7）项目在施工期内，应在采取有效管理、优化施工工艺等综合管理措施的前提下，最大限度地减缓对社会和生态环境的影响。保护建设路域社会和生态环境，以较低的资源代价和环境代价换取较高的、良性的公路建设。

13.9　质量记录

（1）沥青表面处治面层材料质量检验记录表。
（2）沥青表面处治面层质检记录表。
（3）沥青表面处治面层施工日志。
（4）沥青表面处治面层施工影像资料。

14 沥青贯入式面层施工工艺

14.1 总则

14.1.1 适用范围

本标准适用于三级及三级以下公路沥青面层，也可以作为沥青路面的联结层或基层。

14.1.2 参考标准和规范

(1)中华人民共和国行业标准《公路路基路面现场测试规程》(JTG E60—2008)。
(2)中华人民共和国行业标准《公路沥青路面施工技术规范》(JTG F40—2004)。
(3)中华人民共和国行业标准《公路工程质量检验评定标准》(JTG F80/1—2017)。
(4)中华人民共和国行业标准《公路工程沥青及沥青混合料试验规程》(JTG E20—2011)。

14.2 术语

14.2.1 沥青贯入式面层

沥青贯入式面层是在初步压实的碎石(或破碎砾石)上，分层浇洒沥青、撒布嵌缝料，或再在上部铺筑热拌沥青混合料面层，经压实而成的沥青面层。

14.2.2 石油沥青（天然沥青）

石油在自然界长期受地壳挤压、变化，并与空气、水接触逐渐变化而形成的、以天然状态存在的石油沥青，其中常混有一定比例的矿物质。按形成的环境可以分为湖沥青、岩沥青、海底沥青、油页岩等。

14.2.3 改性沥青

掺加橡胶、树脂、高分子聚合物、天然沥青、磨细的橡胶粉或者其他材料等外掺剂(改性剂)，使沥青或沥青混合料的性能得以改善而制成的沥青结合料。

14.2.4 乳化沥青

石油沥青与水在乳化剂、稳定剂等的作用下经乳化加工制得的均匀的沥青产品，也称沥青乳液。在我国相应技术规范中，按照用途分为喷洒型和拌和型乳化沥青；按电荷的不同，乳化沥青可分为阳离子、阴离子和非离子乳化沥青；按照破乳速度的快慢，乳化沥青可分为快裂(RS)、中裂(MS)、慢裂(SS)三种。

14.2.5 改性乳化沥青

在制作乳化沥青的过程中同时加入聚合物胶乳，或将聚合物胶乳与乳化沥青成品混合，或对聚合物改性沥青进行乳化加工得到的乳化沥青产品。

14.3 施工准备

14.3.1 技术准备

(1)熟悉沥青贯入式路面的施工工艺，对施工人员进行技术培训，提出施工要求和质量标准并进行技术交底，使施工人员自觉地按照规范施工，按标准控制质量。

(2)沥青贯入式路面施工前应对下承层组织中间交工验收，验收合格后才允许施工。

(3)在沥青贯入式路面施工前应组织质检人员对下承层进行质量缺陷调查，质量缺陷包括：纵横向裂缝、坑洞、松散、沉陷、龟裂、宽度不够等，对质量缺陷做好书面和影像记录，并拿出相应的处理措施，待处理合格后才允许施工。

(4)沥青贯入式路面正式施工前应进行试验段的试铺，以确定施工工艺、松铺系数、机械配备、人员组织、压实遍数等，达到技术要求并经认可后方可进行施工。

(5)沥青贯入式路面采用的材料可根据设计文件确定，在开工前应对各材料进行取样试验，试验合格后才允许使用。

(6)沥青贯入式路面开工前应上报沥青贯入式路面施工开工报告，报监理处批准后才允许施工。

(7)沥青贯入式路面开工前应进行施工放样，根据坐标控制点和水准控制点进行中桩和高程放样测量。

14.3.2 材料准备

沥青贯入式路面材料应根据设计文件要求，确定材料的技术标准和用量，结合项目工程情况制订本项沥青贯入式路面材料采购计划表。其主要材料包括：集料、沥青(包括石油沥青或乳化沥青)。

(1)施工前必须检查各种材料的来源和质量。对经招标程序购进的沥青、集料等重要材料，供货单位必须提交最新检测的正式试验报告。从国外进口的材料应提供该批材料的船运单。对首次使用的集料，应检查生产单位的生产条件、加工机械、覆盖层的清理情况。所有材料都应按规定取样检测，经质量认可后方可订货。

(2)各种材料都必须在施工前以"批"为单位进行检查，不符合规范技术要求的材料不得进场。对各种集料是以同一料源、同一次购入并运至生产现场的相同规格材料为一"批"；对沥青是指从同一来源、同一次购入且储入同一沥青罐的同一规格的沥青为一"批"。材料试样的取样数量与频度按现行试验规程的规定进行。

（3）工程开始前，必须对材料的存放场地、防雨和排水措施进行确认，不符合规范要求时材料不得进场。进场的各种材料的来源、品种、质量应与招标及提供的样品一致，不符要求的材料严禁使用。

（4）集料采购应寻找工程所在地附近石料场，集料的粒径满足各相应粒级的规格要求。如果难以满足规范要求，扩大寻找范围，选择应以集料质量合格、综合单价较低为原则。

（5）根据施工进度计划和工程量进行备料，不同种类和粒径的石料应分开堆放，沥青材料包括石油沥青或乳化沥青，不管采用哪种沥青，都应根据沥青贯入式路面施工工艺和施工计划配备沥青贮藏罐，确保沥青在使用过程中周转顺利。

（6）集料生产应根据施工计划进行，原则上最好选定一家采石场，但根据需要可以选定2~3家采石场同时供货，但应统一规格、分别堆放。

14.3.3　主要机具（见表14-1）

表14-1　沥青贯入式面层施工主要机具

机器名称	数　量	机器名称	数　量
碎石撒布车	1台	沥青洒布车	1台
洒水车	2台	压路机	根据施工进度、面积确定数量，但不低于2台
沥青运输车	1台	沥青贮存罐	1个
装载机	1台	沥青加热设备	1套
自卸式汽车	3台		

14.3.3.1　装载机

主要是用来完成矿料的装卸。对装载机的要求，除了能保证正常工作状态外，关键是满足施工进度和装载高度的要求。

14.3.3.2　碎石洒布车

碎石洒布车在使用前应进行严格的洒布计量标定工作，根据试洒确定碎石的撒布量与行车速度。

14.3.3.3　压路机

沥青贯入式路面施工用压路机采用6~8 t和8~12 t光轮压路机，根据施工进度、面积确定压路机的数量。

14.3.3.4　沥青洒布车

沥青洒布车在使用前应进行严格的洒布计量标定工作，根据试洒确定沥青的洒布量、洒油管高度与行车速度，最好采用智能沥青洒布车，可以根据行车速度和设定洒布量，自动调节沥青泵的洒布流量，从而达到均匀、稳定的沥青洒布量。

14.3.3.5 集料洒布车

沥青贯入式路面施工中的嵌缝材料应采用集料洒布车洒布,确保洒布均匀性。

14.3.4 作业条件

(1)沥青贯入式路面施工前,基层必须清扫干净。当需要安装路缘石时,应在路缘石安装完成后施工。浇洒沥青前路缘石应予遮盖。

(2)乳化沥青贯入式路面必须浇洒透层或粘层沥青。沥青贯入式路面厚度小于或等于5 cm时,也应浇洒透层或粘层沥青。

(3)沥青贯入式路面宜选择在干燥和较热的季节施工,并宜在日最高温度降低至15℃以前半个月结束,使贯入式结构层通过开放交通碾压成形。

14.3.5 劳动力组织

表14-2 沥青贯入式面层施工劳动力组织

工种	人数	工作地点	职责范围
施工员	1	整个施工现场	负责组织施工管理工作、协助总指挥工作等
沥青、碎石、集料车司机	3	整个施工现场	负责沥青、碎石、集料车驾驶
沥青、碎石车操作人员	2	整个施工现场	负责沥青、碎石撒布操作
自卸汽车司机	2	整个施工现场	负责车辆驾驶
压路机操作人员	1	整个施工现场	负责压路机操作
装载机操作人员	1	整个施工现场	负责装载机操作
技术员	1	整个施工现场	负责施工现场质量检测
杂工	15	整个施工现场	负责清扫路面和混合料洒布
总计	26		

注:此表为一个作业班施工配备人员,未计后勤、行政等人员。

14.4 工艺设计和控制要求

14.4.1 技术要求

(1)沥青贯入式面层施工中各种材料的规格和用量应根据沥青的品种和施工的厚度满足表14-3、表14-4要求。

表 14－3　沥青贯入式面路面材料规格和用量

（用量单位：集料：$m^3/1000\,m^2$，沥青及沥青乳液：kg/m^2）

沥青品种	石油沥青					
厚度/cm	4		5		6	
规格和用量	规格	用量	规格	用量	规格	用量
封层料	S14	3~5	S14	3~5	S13(S14)	4~6
第三遍沥青		1.0~1.2		1.0~1.2		1.0~1.2
第二遍嵌缝料	S12	6~7	S11(S10)	10~12	S11(S10)	10~12
第二遍沥青		1.6~1.8		1.8~2.0		2.0~2.2
第一遍嵌缝料	S10(S9)	12~14	S8	12~14	S8(S6)	16~18
第一遍沥青		1.8~2.1		2.4~2.6		2.8~3.0
主层石料	S5	45~50	S4	55~60	S3(S4)	66~76
沥青总用量	4.4~5.1		5.2~5.8		5.8~6.4	

沥青品种	石油沥青				乳化沥青			
厚度/cm	7		8		4		5	
规格和用量	规格	用量	规格	用量	规格	用量	规格	用量
封层料	S13(S14)	4~6	S13(S14)	4~6	S13(S14)	4~6	S14	4~6
第五遍沥青								0.8~1.0
第四遍嵌缝料							S14	5~6
第四遍沥青					S14	0.8~1.0		1.2~1.4
第三遍嵌缝料	S10(S11)	1.0~1.2		1.0~1.2		5~6	S12	7~9
第三遍沥青		11~13		11~13	S12	1.4~1.6		1.5~1.7
第二遍嵌缝料	S6(S8)	2.4~2.6	S10(S11)	2.6~2.8		7~8	S10	9~11
第二遍沥青；		18~20		20~22	S9	1.6~1.8		1.6~1.8
第一遍嵌缝料	S2	3.3~3.5	S6(S8)	4.4~4.2		12~14	S8	10~12
第一遍沥青		80~90		95~100	S5	2.2~2.4		2.6~2.8
主层石料			S1(S2)			40~45	S4	50~55
沥青总用量	6.7~7.3		7.6~8.2		6.0~6.8		7.4~8.5	

注：1. 煤沥青贯入式的沥青用量可较石油沥青用量增加 15%～20%；

2. 表中乳化沥青是指乳液的用量，并适用于乳液浓度约为 60% 的情况，如果浓度不同，用量应予换算；

3. 在高寒地区及干旱风沙大的地区，可超出高限，再增加 5%～10%。

表 14-4　上拌下贯式路面的材料规格和用量

（用量单位：集料：$m^3/1000\ m^2$，沥青及沥青乳液：kg/m^2）

沥青品种	石油沥青					
厚度/cm	4		5		6	
规格和用量	规格	用量	规格	用量	规格	用量
第二遍嵌缝料	S12	5～6	S12(S11)	7～9	S12(S11)	7～9
第二遍沥青		1.4～1.6		1.6～1.8		1.6～1.8
第一遍嵌缝料	S10(S9)	12～14	S8	16～18	S8(S7)	16～18
第一遍沥青		2.0～2.3		2.6～2.8		3.2～3.4
主层石料	S5	45～50	S4	55～60	S3(S2)	66～76
沥青总用量	3.4～3.9		4.2～4.6		4.8～5.2	

沥青品种	石油沥青		乳化沥青			
厚度/cm	7		5		6	
规格和用量	规格	用量	规格	用量	规格	用量
第四遍嵌缝料					S14	4～6
第四遍沥青				4～6		1.3～1.5
第三遍嵌缝料			S14	1.4～1.6	S12	8～10
第三遍沥青				9～10		1.4～1.6
第二遍嵌缝料	S10(S11)	8～10	S12	1.8～2.0	S9	8～12
第二遍沥青；		1.7～1.9		15～17		1.5～1.7
第一遍嵌缝料	S6(S8)	18～20	S8	2.5～2.7	S6	24～26
第一遍沥青		4.0～4.2		50～55		2.4～2.6
主层石料	S2(S3)	80～90	S4		S3	50～55
沥青总用量	5.7～6.1		5.9～6.2		6.7～7.2	

注：1. 煤沥青贯入式的沥青用量可较石油沥青用量增加 15%～20%；

2. 表中乳化沥青是指乳液的用量，并适用于乳液浓度约为 60% 的情况；

3. 在高寒地区及干旱风沙大的地区，可超出高限，再增加 5%～10%。

4. 表面加铺拌和层部分的材料规格及沥青（或乳化沥青）用量按热拌沥青混合料（或乳化沥青碎石混合料路面）的有关规定执行。

（2）沥青贯入式路面的厚度宜为 4～8 cm，但乳化沥青贯入式路面的厚度不宜超过 5 cm。当贯入层上部加铺拌和的沥青混合料面层成为上拌下贯式路面时，拌和层的厚度宜不小于 1.5 cm。

（3）沥青贯入式路面的最上层应撒布封层料或加铺拌和层。沥青贯入层作为联结层使用时，可不撒表面封层料。

（4）贯入式路面各层分次沥青用量应根据施工气温及沥青标号等在规定范围内选用，在寒冷地带或施工季节气温较低、沥青针入度较小时，沥青用量宜用高限。在低温潮湿气候下用乳化沥青贯入时，应按乳液总用量不变的原则进行调整，上层较正常情况适当增加，下层较正常情况适当减少。

（5）铺筑上拌下贯式路面时，贯入层不撒布封层料，拌和层应紧跟贯入层施工，使上下成为一整体，贯入部分采用乳化沥青时应待其破乳、水分蒸发且成形稳定后方可铺筑拌和层，当拌和层与贯入部分不能连续施工，且要在短期内通行施工车辆时，贯入层部分的第二遍嵌缝料应增加用量 $2 \sim 3 \ m^3/1000 \ m^2$，在摊铺拌和层沥青混合料前，应作补充碾压，并浇洒粘层沥青。

14.4.2 材料质量要求

（1）主层集料（主层碎石）。

①碎石宜选用接近正方体或棱形体的矿料，要求洁净、干燥，具有足够的强度和耐磨性，防止风化石、石英、长石、方解石等杂石侵入，严格控制针、片状颗粒含量。沥青贯入层主层集料中大于粒径范围中值的数量不宜少于50%。当使用破碎砾石时，其破碎面应符合表14-5的要求。

表 14-5 粗集料对破碎面的要求

路面部位或混合料类型	具有一定数量破碎面颗粒的含量/%		试验方法 T 0346
	1 个破碎面	2 个或 2 个以上破碎面	
沥青贯入式路面	80	60	

②沥青贯入层的主层集料最大粒径宜与贯入层厚度相当。当采用乳化沥青时，主层集料最大粒径可采用厚度的 $0.8 \sim 0.85$ 倍，数量宜按压实系数 $1.25 \sim 1.30$ 计算。

（2）嵌缝料（粒径小于主层集料的碎石）和主层碎石一样选择有棱角、嵌挤性好的坚硬石料。各层嵌缝料应符合表14-3、表14-4对其规格的严格规定。

（3）沥青材料包括石油沥青或乳化沥青，采用乳化沥青时应用快裂性（PC-1、PA-1）乳化沥青，贯入式路面的结合料宜用石油沥青。

14.4.3 职业健康安全要求

（1）职业安全健康目标：

①杜绝职业健康安全重伤及以上事故的发生；

②施工生产安全事故轻伤发生率控制在5‰以内；

③员工定期体检率达到100%；

④预防职业病的发生；

⑤提高全员的健康安全防范意识，安全教育普及率达到100%。

（2）严格执行特种作业的规定，杜绝无上岗证、无培训资格证的操作人员上岗。

（3）做好所有施工人员的安全教育培训工作，杜绝一切安全事故。

（4）沥青贯入式路面施工人员应做好自身安全防护措施，穿戴口罩、手套、工作服等安全防护用具，杜绝安全事故和职业病发生。

（5）沥青贯入式路面施工应做好防暑降温措施，施工现场随时供应防暑药品。

（6）项目部应建立项目职业健康安全事故应急处理预案。

14.4.4　环境要求

（1）雨、雪、雾天、大风5级以上时严禁施工，在路面基层潮湿的情况下，也不能施工。

（2）气温要求：封层施工宜选择在干燥和炎热的季节。并在日最高温度降低至15℃到来之前半个月结束。

（3）沥青贯入式路面施工中必须采取有效措施，防治施工中产生的废气、废水、废渣、粉尘、恶臭气体及噪声振动等对环境的污染和危害。

（4）沥青贯入式路面施工中应对施工技术人员和工人进行环境保护技术交底，杜绝施工中的大气、噪声、水、固体污染。

（5）项目部应建立项目环境污染应急处理预案。

（6）沥青贯入式路面施工应当采用资源利用率高、污染物排放量少的设备和工艺。

（7）制订施工中环境保护检查制度，对施工中不满足环境保护要求的设备、工艺应强行停止，整改后才允许开工。

14.5　施工工艺

14.5.1　工艺流程（见图14-1）

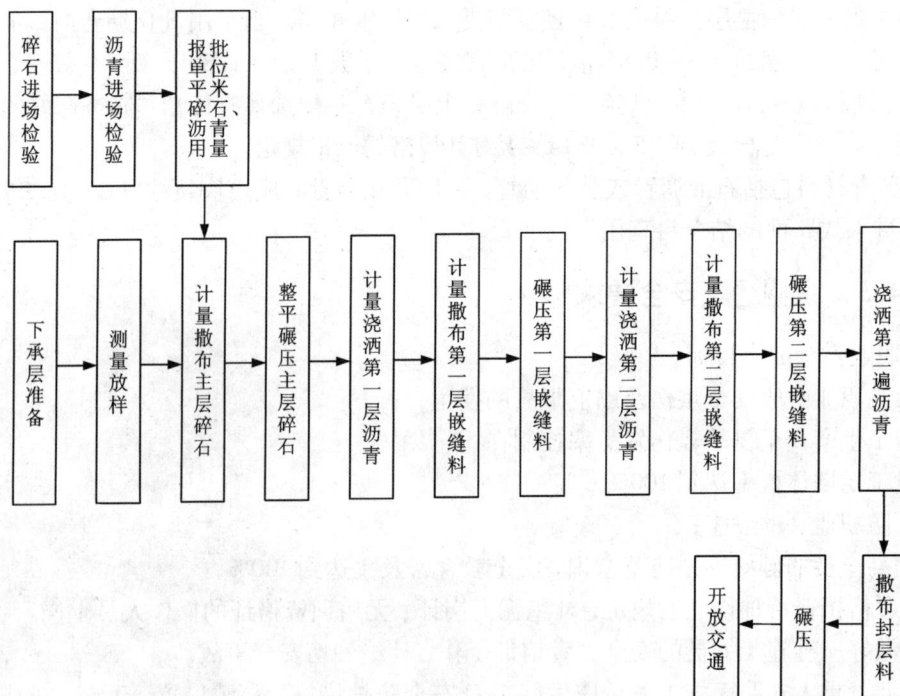

图14-1　施工工艺流程图

14.5.2　操作工艺

（1）下承层准备。

沥青贯入式路面施工前应封闭交通，将下承层表面用清扫车清扫或用水车清洗干净，检查路面无积水、干燥后，经监理工程师检查合格方可进行施工。

（2）撒布整平主层集料。

计算主层集料的材料用量，采用碎石撒布车、或人工摊铺主层集料。铺筑后严禁车辆通行。

（3）碾压主层集料。

撒布后应采用 6～8 t 的双光轮压路机自路两侧向路中心碾压，碾压速度宜为 2 km/h，每次轮迹重叠约 30 cm，碾压一遍后检验路拱和纵向坡度，当不符合要求时，应调整找平后再压。然后用重型的钢轮压路机碾压，每次轮迹重叠 1/2 左右，宜碾压 4～6 遍，直至主层集料嵌挤稳定，无显著轮迹为止。

（4）浇洒第一层沥青。

沥青的撒布温度根据气温及沥青标号选择，石油沥青宜为 130℃～170℃，煤沥青宜为 80℃～120℃，乳化沥青在常温下洒布，加温洒布的乳液温度不得超过 60℃。前后两车喷洒的接茬处用铁板或建筑纸铺 1～1.5 m，使搭接良好。分几幅浇洒时，纵向搭接宽度宜为 100 mm～150 mm。撒布第二、三层沥青的搭接缝应错开。采用乳化沥青贯入时，为防止乳液下漏过多，可在主层集料碾压稳定后，先撒布一部分上一层嵌缝料，再浇洒主层沥青。

（5）撒布第一层嵌缝料。

采用集料撒布车或人工撒布第一层嵌缝料。撒布后尽量扫匀，不足处应人工找补。当使用乳化沥青时，石料撒布必须在乳液破乳前完成。

（6）碾压第一层嵌缝料。

立即用 8～12 双光轮压路机碾压嵌缝料，轮迹重叠轮宽的 1/2 左右，宜碾压 4～6 遍，直至稳定为止。碾压时随压随扫，使嵌缝料均匀嵌入。因气温较高使碾压过程中发生较大推移现象时，应立即停止碾压，待气温稍低时再继续碾压。

（7）按上述方法浇洒第二层沥青、撒布第二层嵌缝料，然后碾压，再浇洒第三层沥青。

（8）按撒布嵌缝料方法撒布封层料。

（9）采用 6～8 t 压路机作最后碾压，宜碾压 2～4 遍，然后开放交通。

14.6　质量标准

沥青贯入式路面施工中应加强施工过程中的质量控制，主控制标准见表 14 - 6。

表 14 - 6　沥青贯入式路面施工过程中工程质量的控制标准

项目	检查频度及单点检验评价方法	质量要求或允许偏差	试验方法
外观	随时	集料嵌挤密实，沥青撒布均匀，无花白料，接头无油包	目测
集料及沥青用量	每日 1 次，总量评定	±10%	每日施工长度的实际用量与计划用量比较，T 0982
沥青洒布温度	每车 1 次，逐点评定	符合本规范规定	温度计测量
厚度	每 2000 m² 1 点，逐点评定	-5 mm 或设计厚度的 -8%	T 0912
平整度（最大间隙）	随时，以连续 10 尺的平均值评定	8 mm	T 0931
宽度	检测每个断面	±30 mm	T 0911
横坡度	检测每个断面	±0.5%	T 0911

沥青贯入式路面交工验收的基本要求、实测项目(表 14 - 7)及外观鉴定。

(1)基本要求：

①沥青材料的各项指标应符合设计和施工规范规定的要求。

②各种材料的规格和用量应符合设计要求和施工规范规定。

③主层集料必须平整，嵌挤稳定，沥青贯入应深透，浇洒应均匀，不得污染其他构筑物。

④嵌缝料必须趁热撒铺，扫料均匀，不得有重叠现象。

⑤沥青贯入式面层施工前，应先做好路面结构层与路肩的排水措施，使雨水及时排出路面。

(2)实测项目。

表 14 - 7　贯入式沥青路面实测项目表

项次	检查项目		规定值或允许偏差	检查方法和频率
1	平整度	σ/mm	3.5	平整度仪：全线每车道连续按每 100 m 计算 IRI 或 σ
		IRI/(m·km^{-1})	5.8	
		最大间隙 h/mm	8	3 m 直尺：每 200 m 测 2 处 ×10 m
2	弯沉值/0.01 mm		≤设计值	按标准 JTG F80/1—2004 附录 I 检查
3	厚度/mm	代表值	-8%H 或 -5 mm	每 20 m 每车道 1 点
		极值	-15%H 或 -10 mm	

续表 14 –7

项次	检查项目		规定值或允许偏差	检查方法和频率
4	沥青总用量/(kg·m^{-2})		±0.5%	每工作日每层洒布沥青按 T 0982 查 1 次
5	中线平面偏差/mm		30	经纬仪：每 200 m 4 点
6	纵断高程/mm		±20	水准仪：每 200 m 4 断面
7	宽度/mm	有侧石	±30	尺量：每 200 m 4 处
		无侧石	不小于设计	
8	横坡/%		±0.5	水准仪：每 200 m 4 断面

(3)外观鉴定：

①表面应平整密实，不应有松散、裂缝、油包、油丁、波浪、泛油等现象，有上述缺陷的面积之和不超过受检面积的 0.2% 。

②表面无明显碾压轮迹。

③面层与路缘石及其他构筑物应接顺，无积水现象。

14.7　成品保护

(1)贯入式沥青路面封层施工碾压完后，即可开放交通，并通过开放交通补充压实，达到成形稳定。通车初期应设专人指挥交通或设置障碍物控制行车，限制行车速度不超过 20 km/h，严禁蓄力车及铁轮车行驶，使路面全部宽度均匀压实。

(2)贯入式沥青路面通车后应注意初期养护，当发现有泛油时，应在泛油处均匀补撒与最后一层石料规格相同的嵌缝料，过多的浮料应扫出路外。

(3)施工过程中应加强对路缘石、绿化等附属工程的保护，必要时采用塑料布或编织袋布覆盖保护。

(4)贯入式沥青路面通车后，应注意防止各种油类、泥土、杂物污染。

14.8　安全环保措施

14.8.1　安全措施

(1)认真学习并掌握沥青路面工程的安全知识，参加沥青路面工程的施工人员必须进行体检，患有慢性结膜炎、角膜炎、各种泪道炎、眼皮炎，对光过度敏感，患阳光湿疹、阳光痒疹等疾病的人不能从事沥青工作。脸和手的皮肤受伤者(擦伤、破口等)亦不能参与沥青工程施工。

(2)从事沥青工作人员，必须穿工作服，戴口罩、手套，露在外面的手、脸和颈部需涂抹防护药膏。

(3)工作人员收工后，必须用热水洗澡，用蘸有酒精或花露水的棉花擦脸，并用香粉或滑石粉敷脸。

(4)皮肤上的柏油迹印可用凡士林油擦净,皮肤被柏油烧伤的部分可用煤油洗涤,以除去柏油迹印,然后用高锰酸钾溶液洗涤,并尽可能浸浴在该溶液中。

(5)乳化沥青在运输、装卸、洒布过程中,要求防止乳化沥青溅出污染路面或行人。

(6)沥青存放场地要有防灭火系统,并对灭火系统进行定期检查,并制订好起火紧急预案。

(7)定期对乳化沥青机和碎石、沥青洒布车等机械进行保养,对各种压力容器、管道进行检查,确保施工时设备和人员的安全。

(8)贯入式沥青路面施工现场应进行交通封闭,严禁在贯入式沥青路面施工时其他施工车辆或社会车辆、行人、牲畜进入。

(9)对煤油、汽油等易燃易爆物品,贮存的库房和场地应保持阴凉、通风、干燥,电气设施应符合防爆要求,不准架设临时性电路,同时设置明显的安全警示标语。工作结束或下班时应进行防火检查,切断电源。应有明显的安全警示标语和"严禁烟火"标志。

14.8.2 环保措施

(1)机械和车辆应在专门的清洗场地清洗,清洗的污水应进行沉淀后排出,废油应采用专门回收桶回收,统一燃烧处理。

(2)施工道路应保持平整,设立施工道路养护、维修和清扫专职人员,保持道路清洁和运行状态良好。

(3)路面施工时应做到文明施工,施工现场和施工道路应定期洒水,防止扬尘污染。

(4)清洗路面施工污水应排入中央分隔带水沟或边沟,防止污水污染树木或边坡植草。

(5)沥青贯入式路面施工后(乳化沥青未破乳前)如遇急降暴雨,应组织人员对施工区域内的排水沟用砂袋或碎石堵塞过滤冲刷的乳化沥青,防止流入农田、菜地或鱼塘。

(6)粉尘、扬尘、燃油产生的污染物对人体健康有害,对受影响的施工人员应做好劳动保护。

(7)项目在施工期内,应在采取有效管理、优化施工工艺等综合管理措施的前提下,最大限度地减缓对社会和生态环境的影响。保护建设路域社会和生态环境,以较低的资源代价和环境代价换取较高的、良性的公路建设。

(8)生产废料处理:应首先考虑废料的回收利用。对不同材料可分类回收,交废物收购站处理。

14.9 质量记录

(1)沥青贯入式路面质量检验记录表。

(2)沥青贯入式路面原材料质量检验记录表。

(3)沥青贯入式路面施工日志。

(4)沥青贯入式路面施工影像资料。

(5)测量记录。

15　水泥混凝土路面滑模摊铺施工工艺

15.1　总则

15.1.1　适用范围

本标准适用于二级以上新建、改扩建公路、城市道路、机场跑道、停机坪、货场、停车场及桥面等水泥混凝土工程施工。

15.1.2　参考标准和规范

(1)中华人民共和国行业标准《公路水泥混凝土路面施工技术规范》(JTG F30—2003)。

(2)中华人民共和国行业标准《公路工程水泥及水泥混凝土试验规程》(JTG E30—2005)。

(3)中华人民共和国行业标准《公路工程施工安全技术规范》(JTG F90—2015)。

(4)中华人民共和国国家标准《混凝土外加剂应用技术规范》(GB 50119—2013)。

(5)中华人民共和国行业标准《公路工程质量检验评定标准》(土建工程)(JTG F80/1—2017)。

15.2　术语

15.2.1　滑模水泥混凝土

满足滑模机械工艺摊铺工作性、强度及耐久性等要求的较低塑性水泥混凝土材料。

15.2.2　水泥混凝土路面滑模施工

一种采用滑模摊铺机摊铺水泥混凝土路面的施工工艺方式。其特征是不架设边缘固定模板,将布料、松方控制、高频振捣棒组、挤压成形滑动模板、拉杆插入、抹面等机构安装在一台可自行的机械上,通过基准线控制,能够一遍摊铺出密实度高、动态平整度优良、外观几何形状准确的水泥混凝土路面。

15.2.3　前置钢筋支架法

混凝土路面铺筑过程中,布料前在基层上预先安置胀缝或缩缝传力杆钢筋支架的一种施工方法。

15.2.4 传力杆插入装置

滑模摊铺机配备的一种可自动插入缩缝传力杆的装置。

15.2.5 碱集料反应

指混凝土中的碱和环境中可能渗入的碱与集料中的碱活性矿物成分在混凝土固化后缓慢发生导致混凝土破坏的化学反应。

15.2.6 工作性

混凝土拌和物在浇筑、振捣、挤压成形、抹平等一系列操作过程中，易于流动、塑形、抹面、达到稳定和密实的程度。它是拌和物流动性、可塑性、稳定性和易密性的综合体现。

15.3 施工准备

15.3.1 技术准备

（1）审核图纸、设计文件和熟悉施工技术规范，编制路面施工组织设计。

（2）人员培训与技术交底：在摊铺开始前，对施工、试验、机械、管理等岗位的技术人员进行技术交底、对各工种技术工人进行技术操作培训及二次技术交底。技术人员、操作工人对工序衔接、各工序技术要求做到心中有数，把握操作要点。

15.3.2 材料准备

（1）主要原材料：水泥、粉煤灰、碎石、河砂、钢筋、外加剂、养生材料。按施工进度要求，水泥、粉煤灰、碎石、河砂、钢筋、外加剂等材料在有一定储量的情况下，确保正常施工供应，并由实验人员按规范规定标准进行检验，确保原材料质量符合设计标准要求方可施工。

（2）施工配合比设计：配合比设计要满足混凝土抗弯拉强度、工作性、耐久性和经济性的要求，应特别注意的是，要保证滑模施工的最佳工作性、稳定性和可滑性的独特工艺要求。

15.3.3 主要机具

（1）钢筋加工设备：钢筋切断机、折弯机、电焊机等。

（2）测量设备：水准仪、全站仪、钢卷尺等。

（3）摊铺成形配套设备：布料机（或挖掘机）、滑模摊铺机、拉毛养生机、刻槽机、锯缝机、发电机及振捣设备、辅助钢模、水车等。

（4）拌和设备：计算机自动控制强制式混凝土拌和楼、装载机、发电机、供水泵、蓄水池、外加剂池等。

（5）运输设备：自卸运输汽车。

（6）成品保护设备：防雨篷、路障、警戒线等。

15.3.4　作业条件

（1）拌和站设置：一般宜设置在摊铺路段的中间位置，并能使拌和站的布置满足材料储运、存放、混合料拌和、运输、供电、供水及场地防水、排水等使用要求。

（2）拌和站及配套设备应安装、检测、调试、保养完毕并处于良好状态，拌和机拌和能力应保障摊铺以 1.0~2.0 m/min 速度正常进行，并备齐可供 10 d 以上的材料以便连续摊铺施工需要。

（3）基层、封层的检查验收及修补。

（4）道路、通信准备：确保施工时运送混凝土的道路畅通，不得延误运输时间和损坏基层，并保证摊铺现场和拌和站之间的通信畅通。

（5）路面摊铺前，应进行不少于 200 m 长的试验铺筑段，以便检验机械性能、机械配套组合、施工工艺、施工工艺参数、路面的成形质量控制、生产时拌和站与摊铺现场之间的协调能力等能否达到路面质量要求，否则加以调整。路面厚度、摊铺宽度、基准线设置、接缝设置、钢筋设置等均应与实际工程相同。

15.3.5　劳动力组织（见表 15-1）

表 15-1　水泥混凝土路面滑模摊铺施工劳动力组织

分支机构	人数	工作地点	职责范围
现场施工负责人	1	整体施工过程	负责总体施工，工、料、机的协调组织
路面工程师	1	施工现场	负责路面现场施工技术管理
滑模摊铺机组	4	摊铺机现场操作	由机长或值班机长负责指挥，主机手、副机手和辅助人员进行滑模摊铺机施工操作、清洗、保养、加燃料及润滑油、加水、调整和监视等工作
现场施工班	26	施工现场	由前台工长负责指挥车辆卸料，人工或机械布料，胀缝支架、缩缝支架、桥头双层钢筋网、枕梁肋梁及桥面钢筋网的运输、安装，路面修整、接头的人工施工，拉毛，锯缝，喷养生剂，发电，油料水供应等全部现场需要人工辅助的工作
测量班	6	施工现场	由测量组长负责，任务是提前完成预计施工段拉线测量和设置安装，需要水准仪 2 台、测杆若干根、1 km 左右双侧拉线和拉线桩；同时完成基层的交工复测、中桩和线形的恢复测量以及滑模摊铺水泥混凝土路面各几何参数的自检
搅拌站	20	拌和站	由站长负责管理和调度各拌和楼、装载机、水电供应、钢筋木材构件加工制作及装车

续表 15 – 1

分支机构	人数	工作地点	职责范围
车队	20	施工线路	自备运输车辆时，由车队长负责混凝土运输、现场供水、供油、养护剂、钢筋木材等进出运输。在车队设立保养维修服务组，负责车辆和各种施工机械的维修保养
实验室	7	实验室及现场	由实验室主任负责各种施工原材料的进场检验；混凝土配合比、稠度、抗折强度控制及检验；混凝土路面的钻芯（板厚、劈裂强度）检验；路面平整度检验；外加剂剂量控制和配制；出具各种原材料及工程质量的自检报告
材料供应	7	拌和站料仓	由专人负责水泥、钢筋、砂石料、木材、燃料、外加剂、辅助材料和各种电气、机械易损件和备件供应。水泥必须有专人负责联络，视施工进度保证及时供应。砂石料、水泥、钢筋等大宗物资由磅站负责称量控制
生活及保卫	10	整个施工现场	食堂及保卫。负责做饭送饭和工具、机具、机械、物资、材料的安全
总计	102		

注：此表为一个作业班施工配备人员。

15.4 工艺设计和控制要求

15.4.1 技术要求

（1）施工速度快：其施工速度要求达 1 ~ 3 m/min，平均速度 1.5 m/min，日进度单幅 1 km/d。

（2）施工规模大：每天混凝土需求量 2000 m³ 左右。

（3）自动化程度高：是普通人工摊铺机摊铺的 8 ~ 15 倍。

（4）智能化程度高：①具有一定的自控功能；②具有路面线形和路拱自动形成功能；③具备防施工差错及自我保护功能；④能对每个工作状态进行监控。

（5）混凝土坍落度必须控制为 20 ~ 40 mm。

（6）必须配备计算机控制的拌和楼，而且当拌和楼计算机发生故障，为防止料冲误差，不允许手工操作，必须修好再拌和生产。

15.4.2 材料质量要求

15.4.2.1 水泥

高速公路、一级公路水泥混凝土路面所用的水泥应采用抗折强度高、收缩小、耐磨性强、抗冻性好的道路硅酸盐水泥、硅酸盐水泥或普通硅酸盐水泥。

15.4.2.2　粉煤灰

高速公路、一级公路水泥混凝土粉煤粉掺量为不超过水泥用量12%的Ⅰ、Ⅱ级静电场收集的干原状或磨细干粉煤灰，不得使用储灰池中的湿排灰、湿灰和结块粉煤灰。

15.4.2.3　外加剂

通常使用的外加剂为早强减水剂、缓凝减水剂、缓凝高效减水剂、引气减水剂。为保障混凝土的工作性能，滑模摊铺混凝土必须使用引气剂，它可增大新拌混凝土的黏聚性，改善和易性，防止泌水离析，提高混凝土的匀质性。

15.4.2.4　拌和及养护用水

混凝土拌和用水需满足以下四项基本要求：

（1）不影响混凝土和易性及凝结时间；

（2）无损于强度及其发展；

（3）不降低耐久性，不造成侵蚀和钢筋锈蚀；

（4）不污染混凝土表面，且不改变混凝土色泽。

15.4.2.5　集料

粗集料的强度和压碎值、最大粒径、针片状含量及含泥量均应满足设计规范要求，并不与混凝土发生碱集料反应。

细集料的细度模数、比表面积、级配、含泥量均需符合设计和规范要求。

15.4.2.6　钢筋

高速公路、一级公路水泥混凝土路面接缝钢筋——传力杆、拉杆、钢筋网、角隅钢筋，均应满足 A3 号碳素钢筋的化学及物理力学性能的要求。

15.4.2.7　养生材料

养生材料主要包括养生剂、养生膜、土工布、旧麻袋及水。

15.4.2.8　接缝材料

（1）胀缝接缝板：在目前使用的各类胀缝板材当中，泡沫橡胶缝胀缝板是性能和使用效果较理想的胀缝板材料。

（2）填缝材料：无压自流灌入时，可按《公路水泥混凝土路面接缝材料》(JT/T 203)要求的20 s执行，而使用压力灌入工具和机具时，可将灌入稠度放宽到100 s。使用有压灌入机具时，灌满填缝料即可。

15.4.3　职业健康安全要求

（1）职业安全健康目标：

①杜绝职业健康安全重伤及以上事故的发生；

②施工生产安全事故轻伤发生率控制在5‰以内；

③员工定期体检率达到100%；

④预防职业病的发生；

⑤提高全员的健康安全防范意识，安全教育普及率达到100%。

（2）严格执行特种作业的规定，杜绝无上岗证、无培训资格证的操作人员上岗。

（3）做好所有施工人员的安全教育培训工作，杜绝一切安全事故。

（4）施工人员应做好自身安全防护措施，穿戴口罩、手套、工作服等安全防护用具，杜绝安全事故和职业病发生。

（5）施工应做好防暑降温措施，施工现场随时供应防暑药品。

（6）项目部应建立项目职业健康安全事故应急处理预案。

15.4.4 环境要求

（1）施工中必须采取有效措施，防治施工中产生的废气、废水、废渣、粉尘、恶臭气体及噪声振动等对环境的污染和危害。

（2）施工中应对施工技术人员和工人进行环境保护技术交底，杜绝施工中的大气、噪声、水、固体污染。

（3）项目部应建立项目环境污染应急处理预案。

（4）施工应当采用资源利用率高、污染物排放量少的设备和工艺。

（5）制订施工中环境保护检查制度，对施工中不满足环境保护要求的设备、工艺应强行停止，整改后才允许开工。

15.5 施工工艺

15.5.1 工艺流程（见图15-1）

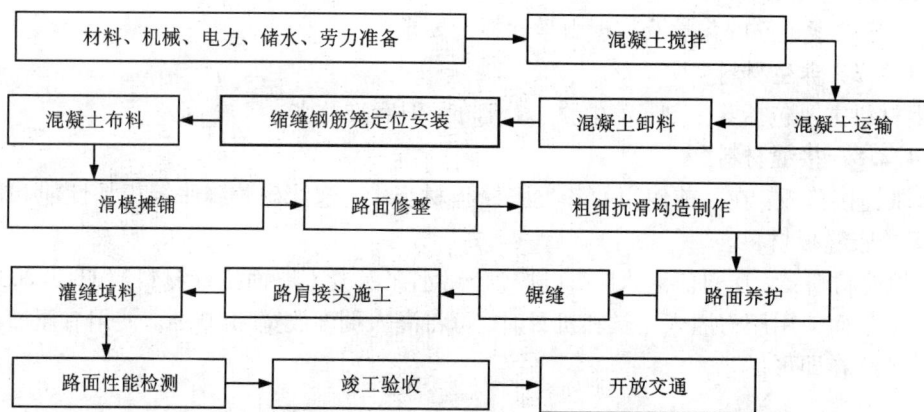

材料、机械、电力、储水、劳力准备 → 混凝土搅拌

混凝土布料 ← 缩缝钢筋笼定位安装 ← 混凝土卸料 ← 混凝土运输

滑模摊铺 → 路面修整 → 粗细抗滑构造制作

灌缝填料 ← 路肩接头施工 ← 锯缝 ← 路面养护

路面性能检测 → 竣工验收 → 开放交通

图15-1 施工工艺流程

15.5.2 操作工艺

15.5.2.1 拉线测量设置

（1）用全站仪按设计坐标准确放出挂线点的位置，测量放样的质量要求和允许偏差符合相应测量规范的规定，并不能超出规范对路面精确度的规定，一般直线段为10 m，弯道为5 m一桩，进行准确挂线，误差不能超过2 mm。

（2）传力杆支架固定点放样（摊铺机无传力杆插入装置时）：一个传力杆支架用2×4个

点来固定。可以制作一个放样模,借助放好的挂线点,用模板来放出固定点,并在固定点处用冲击钻钻孔,直径 14 mm,深 70 mm,在钻好的孔中打入木钉。

15.5.2.2　混凝土拌和

(1)拌和站的实际生产能力至少应满足滑模摊铺机连续摊铺 1 m/min 以上的要求。

(2)拌和站需经过检测、标定,并配备有计算机自动称料和砂含水率自动反馈控制系统,拌和料计算精度应符合规范要求,并有相关检定单位的检定合格证书。

(3)外加剂应以稀释溶液加入:溶液于施工前一天按要求配制好,施工中连续不断地拌和均匀,并每隔一段时间清除池底沉淀。

(4)拌和质量检验和控制:按规范要求检验混凝土的各项指标,预留抗弯拉强度和抗压强度试件,控制混凝土出厂温度为 10~35℃。拌和时间为 70~120 s,混凝土拌和物均匀一致,每盘料之间的坍落度最大允许偏差为 ±10 mm。

15.5.2.3　混凝土运输

(1)车辆选择:通常选用 10~15 t 的自卸汽车,车厢底必须平顺无坑槽。根据施工进度、运量、运距及路况,确定车型及车辆总数。

(2)运输时间:保证混凝土运到现场适宜摊铺,并宜小于拌和物的初凝时间 1 h,同时也短于摊铺允许最长时间 0.5 h。

(3)运输技术要求:装卸料时防止混凝土产生离析。运输过程中要防止漏浆、漏料和污染路面,为避免水分散失,应遮盖混合物表面。装车前,要冲洗干净车厢并洒水湿润,但不允许积水。

15.5.2.4　水泥混凝土路面滑模摊铺前的检查项目

(1)检查板厚:用钢尺测量,单车道测 3 点、双车道测 5 点、每 200 m 10 个断面均值为该路段平均板厚。

(2)检查辅助施工设备机具。

(3)横向连接摊铺检查:前次摊铺路面纵缝的溜肩、胀模宽出部位应切割顺直。前次摊铺安装的侧边拉杆应校正、拉直,缺少的拉杆应钻孔锚固植入。纵向施工缝的缝壁上半部应涂刷沥青。

15.5.2.5　安装钢筋网及传力杆

(1)传力杆安装:按设计位置先放样打好木钉,摆放传力杆支架。

(2)传力杆支架检查合格后,人工配合挖掘机将混凝土布入传力杆中,再用插入式振捣器振捣,切忌传力杆支架过多覆盖混凝土与过分振实,以免因松铺密实度不均,造成经摊铺机振捣后传力杆处面板厚度不均、收缩不一致,平整度受到影响。

(3)补强段路面连续钢筋网安装:在摊铺路面补强地段施工时按钢筋距离底面的高度绑好架立筋。架立筋采用"N"形状,接地处向两边相反方向弯曲一小段,防止倾覆。为保证钢筋在板中的准确位置,切忌把钢筋网先安放在应放位置,以免影响卸料或被料车压坏。

15.5.2.6　滑模摊铺普通水泥混凝土路面的布料

(1)布料前应清扫、洒水湿润基层。

(2)滑模摊铺普通水泥混凝土路面,必须有专人指挥车辆均匀卸料。滑模摊铺时,机前的最高料位不得高于滑模摊铺机前松方高度控制板顶面,料位的正常高度在螺旋布料器叶片最高点以下,亦不得缺料。

（3）采用布料机施工，松铺系数应视坍落度大小由试铺确定，当坍落度在 10～50 mm 时，松铺系数宜为 1.08～1.15。

（4）采用布料机以外的布料方式摊铺钢筋混凝土路面、桥面或搭板时，禁止任何机械直接开上钢筋网。

15.5.2.7　滑模摊铺机的操作要领

（1）操作手操作滑模摊铺机应缓慢、匀速，连续不间断地摊铺，一般宜为 1 m/min 左右。

（2）摊铺中，操作手应随时调整松方高度控制板进料位置，开始应略设高些，以保证进料。正常状态下应保持振捣仓内砂浆料位高于振捣棒 100 mm 左右，料位高低上下波动宜控制在 ±30 mm 之内。

（3）滑模摊铺机以正常摊铺速度施工时，振捣频率可在 6000～11000 r/min 之间调整，宜采用 9000 r/min 左右。应防止混凝土过振、漏振、欠振。操作手应随时根据混凝土的稠度大小，调整摊铺的速度和振捣频率。

（4）滑模摊铺纵坡较大的路面，上坡时，挤压底板前仰角宜适当调小，同时，适当调小抹平板压力；下坡时，前仰角宜适当调大，抹平板压力也宜调大。抹平板合适的压力宜为板底 3/4 长度接触路面抹面。

（5）滑模摊铺弯道和渐变段路面时，单向横坡，使滑模摊铺机跟线摊铺，应随时观察并调整抹平板内外侧的抹面距离，防止压垮边缘。摊铺中央路拱时，在计算机控制条件下，输入弯道和渐变段边缘及拱中几何参数，计算机自动控制生成路拱。

（6）摊铺单车道路面，应视路面的设计要求配置一侧或双侧打纵缝拉杆的机械装置。侧向拉杆装置的正确插入位置应在挤压底板的中下或偏后部。压力应满足一次打（推）到位的要求，不允许多次打入。

（7）操作手应随时密切观察所摊铺的路面效果，注意调整和控制摊铺速度、振捣频率以及夯实杆、振动搓平梁和抹平板位置、速度和频率。硬刻槽路面的砂浆表层厚度宜控制为 2～3 mm。

（8）连接摊铺时，滑模摊铺机一侧履带上前次水泥混凝土路面的时间应控制在养护 7 d 以后，最短不得少于 5 d。

15.5.2.8　滑模摊铺结束后的工作

（1）将滑模摊铺机驶离工作面，先将所有传感器从基准线上脱开，并解除滑模摊铺机上基准线自动跟踪控制，再升起机架，用水冲洗干净黏附的混凝土，已结硬在滑模摊铺机上的混凝土，应轻轻敲击打掉。清理干净后，应对与混凝土接触的机件喷涂废机油或吹干防锈，同时对滑模摊铺机进行当日保养，如加油加水、打润滑油等。

（2）设置横向施工缝：应先将从滑模摊铺机振动仓内脱出的厚砂浆铲除丢弃，然后设置施工缝端模和侧模，插入拉杆和传力杆，并用水准仪测量面板高程和横坡。为使下次摊铺能紧接着施工缝开始，两侧模板应向内各收进 20～40 mm 且宜小不宜大，长度与滑模摊铺机侧模板等长或略长。混凝土摊铺辅以人工振捣密实，应采用长度 3 m 以上抄平器保证端头和结合部位的平整度。横向施工缝应符合规范要求，可采用第二天硬切齐施工缝端部的做法，切缝部位应满足平整度、高程和横坡要求，可使用缩缝传力杆钢筋支架，上部锯开，下部凿除混凝土。

15.5.2.9　滑模摊铺机混凝土路面纵向接缝施工

(1)纵向接缝:混凝土板的纵缝必须与路中线平行。纵缝间距(即板宽)应根据滑模摊铺机摊铺宽度、路面总宽、车道分隔线和硬路肩位置综合确定。

(2)纵向缩缝:当水泥混凝土路面使用滑模摊铺机一次摊铺两个车道宽度时,应设置纵向缩缝,其位置宜按车道宽度设置。

(3)纵向施工缝:当滑模摊铺机一次摊铺宽度小于路面总宽度时,有纵向缝。位置宜与车道线一致,其构造采用平缝加拉杆型。纵向施工缝的拉杆在前一次摊铺时,应采用滑模摊铺机的侧向拉杆装置插入。

15.5.2.10　横向接缝

(1)横向施工缝:每天摊铺结束或摊铺中因故中断,且中断时间超过初凝的2/3时,应设置横向施工缝。横向施工缝的位置宜与胀缝或缩缝相重合。横向施工缝应与路中心线垂直。

(2)胀缝施工:滑模摊铺水泥混凝土路面的胀缝宜采用前置法施工,也可采用预留胀缝位置,气温高时再施工胀缝,但应设胀缝加强传力杆钢筋支架。前置法施工时,应预先加工好胀缝钢筋支架,传力杆无沥青涂层的一端焊接在支架上,接缝板夹在两支架之间。施工前运至现场,无布料机时,待摊铺至胀缝位置前方1~2 m处,将支架准确定位,用钢钎将支架和胀缝板锚固在基层上,保证支架不位移,胀缝板不倾斜,然后卸料或布料,用手持振捣棒振实胀缝板两侧的混凝土,滑模摊铺机通过,有布料机时,应将带传力杆的缩缝支架或胀缝支架提前安装固定,采用侧向上料方式施工,应与钢筋网同时加工安装好。胀缝宜不待混凝土硬化,即剔除胀缝板上部的混凝土,嵌入20 mm×20 mm的木条,修整好表面。在填缝之前,凿去接缝板顶部的木条,涂黏结剂后,嵌入多孔橡胶条或灌填缝料。胀缝板及钢筋支架两侧,宜各短于摊铺宽度30 mm。胀缝板应连续贯通整个路面板宽度。

(3)横向缩缝:缩缝应等间距布置,一般采用5 m板长。不宜采用1/6斜缩缝和不等间距的缩缝。当不得不调整板长时,最大板长应小于或等于5.5 m,最小板长不宜小于板宽。在特重交通量的水泥混凝土路面上或渠化交通严重的收费站广场,全部缩缝宜设传力杆。传力杆可用滑模摊铺配备的传力杆自动插入装置在摊铺时植入,或使用钢筋定位支架前置法施工。

(4)切缝:横向缩缝、施工缝上部槽口应采用切缝法施工。切缝方式有全部硬切缝、软硬结合切缝和全部软切缝3种。采用哪种切缝方式施工,应视施工地区下午1~3时最高温度与凌晨1~3时最低温度的温差决定。

(5)前后连接摊铺:先摊铺好的混凝土板沿切缝已断裂的地点应做上记号。后摊铺路面切缝时,已断开的缩缝应提前软切缝。

(6)纵向缩缝可全部硬切缝,最长时间不宜超过48 h。

15.5.2.11　滑模摊铺混凝土路面修整

(1)摊铺工程中的修整。滑模摊铺机应采用自动抹平板装置进行抹面,以消除表面气孔和石子移动带来的缺陷。自动抹平板的压力不可过大,应随摊铺的纵坡变化而随时调整。对表面上少量局部麻面和明显缺料部位,应在挤压板后或搓平梁前,最好在抹平板前表面补充适量砂浆,让搓平梁和抹平板机械修整。滑模摊铺的混凝土面板在下列情况下,可用人工进行局部少量修整:

①人工操作抹面抄平器修整摊铺机后表面的缺陷,禁止整个表面用加铺薄砂浆层修补路

面高程。

②对打侧向拉杆时被挂坏的侧边，滑模摊铺机连续铺装桥面时上桥梁台阶，振捣漏料部位，抹平板未抹到的边缘，出现倒边、踏边、溜肩现象处，应顶侧模或上部支方铝管，边缘补料修整。左右连接摊铺的纵缝处应进行适量修整。

③对滑模摊铺机起步摊铺段及施工接头，应采用水准仪抄平，采用大于 3 m 的方铝管修整。

（2）路面硬化后的修整，如果混凝土路面已硬化，发现施工接头或局部平整度不满足要求，可在水泥混凝土路面摊铺后 3 ~ 10 d 内，用最粗级磨头的水磨石机磨到规定的平整度。

15.5.2.12　抗滑构造施工

滑模摊铺水泥混凝土路面抗滑构造的施工制作应符合下述规定：

（1）滑模摊铺机后宜设钢支架，拖挂 1 ~ 3 层叠合麻布或棉布，洒水湿润后，软拖制作细观抗滑构造，布片接触面的拖行长度以 0.7 ~ 1.5 m 为宜，细度模数偏大的粗砂，拖行长度取小值，偏细中砂取大值。人工修整过的路面，微观抗滑构造已被抹掉，必须再拖麻布处理，以恢复微观抗滑构造。

（2）当日施工进度超过 500 m 时，宏观抗滑构造制作宜选用拉毛机械施工，没有拉毛机时，可采用人工拉槽方式。在混凝土表面泌水完毕 20 ~ 30 min 内应及时进行拉槽。拉槽深度应为 2 ~ 3 mm，槽宽 3 ~ 5 mm，槽间距 15 ~ 25 mm。可施工等间距和非等间距的抗滑槽，同时考虑减小噪音时，宜采用后者。衔接间距应保持一致。

（3）采用硬刻槽方式制作宏观抗滑构造时，其几何尺寸与第（2）条相同。硬刻槽机重量宜重不宜轻，最小整刻宽度不应小于 500 mm。硬刻槽时不应掉边角，路面摊铺 3 d 后可开始硬刻槽，并宜于两周内完成。

（4）对平整度不佳的路面施工接头，桥面、桥头搭板，局部经磨平达标后，应采用人工凿毛或喷砂法做出微观抗滑构造，宏观构造可采用硬刻方式制作。

15.5.2.13　混凝土路面养生

（1）养生方式的选择：混凝土板抗滑构造软拉制作完毕后应立即养生。滑模摊铺水泥混凝土路面宜采用喷洒养生剂及保湿覆盖的方式养生。在雨季或养生用水充足的情况下，也可采用覆盖土工布、旧麻袋等洒水湿养生方式，不宜使用围水养生方式。昼夜温差较大的地区，路面摊铺后 3 d 内宜采取覆盖保温措施，防止发生裂缝和断板。

（2）养生剂养生：水泥混凝土路面采用喷洒养生剂方式养生时，养生剂喷洒量、成膜厚度、适宜的喷洒时间应通过现场试验确定。

（3）盖塑料薄膜养生：盖塑料薄膜的时间，以不压没微观抗滑构造为准。薄膜厚度（韧度）应合适，宽度应大于覆盖面 600 mm。两条薄膜对接时，重叠宽度不应小于 400 mm，薄膜在路面上应加细土或砂盖严实，并防止被钢筋挂烂及被风吹破或掀走。养生期间应始终保持薄膜完整，薄膜破裂时应立即补盖或修补。

（4）覆盖洒水湿养生：使用土工布、麻袋、草袋等覆盖物养生，应及时洒水，在任何气候条件下，均应保证覆盖物底部在养生期间始终处于潮湿状态，并由此确定每天洒水遍数。

（5）养生时间：一般养生天数宜为 14 ~ 21 d，不应少于 14 d。掺粉煤灰的水泥混凝土路面，最短养生时间不宜小于 28 d。

（6）养生期保护：混凝土板在养生期间和填缝前，严禁人、畜、车辆通行，在达到设计强度40%时，撤除养生覆盖物后，行人方可通行。在确需行人、畜力车、人力车、汽车横穿平面道口时，在路面养生期间，应搭建临时便桥。

15.5.2.14 填缝

(1)混凝土板养生期满后，缝槽口应及时填缝。在填缝时，必须保持缝内清洁，防止砂石等杂物掉入缝内。填缝材料应符合设计的技术要求。

(2)采用常温施工式或加热施工式填缝料填缝，应符合下列规定：

①填缝前，应采用压缩水和压缩空气彻底清除接缝中砂石及其他污染物，确保缝壁及内部清洁、干燥。

②当使用常温施工式聚(氨)酯和硅树脂等填缝料时，按规定比例将两组分材料按1 h所需灌缝量混合均匀，并应随拌随用。当使用加热施工式填缝料时，将填缝料加热至规定温度。加热过程中应不断搅拌均匀，将填缝料熔化并保温使用。

③灌注填缝料必须在缝槽口干燥清洁状态下进行，缝壁检查擦不出灰尘为可灌标准。适宜的缩缝填缝形状系数应为2~4，填缝灌注深度宜为20~30 mm。高速公路、一级公路应使用专用工具，先挤压填入多孔泡沫塑料柔性背衬材料，再填缝。二、三级公路料的灌注高度，夏天宜与板面齐平，冬天宜低于板面1~2 mm。填缝必须饱满、均匀、连续贯通。填缝材料应与缝壁黏结好，不开裂，不渗水。

④常温施工式填缝料的养生期，冬季宜为24 h，夏季宜为12 h。在填缝料养生期内(特别是反应型常温填缝料在固化前)，应封闭交通。

(3)采用预制嵌缝条填缝，应符合下列规定：

①嵌入嵌缝条必须在缝槽口干燥清洁状态下进行。

②黏结剂应均匀地涂在缝壁上部(1/2以上深度)，形成一层连续的约1 mm厚的黏结剂膜，以便黏结紧密，不渗水。

③嵌缝条在嵌入过程中应使用专用工具，在长度方向既不拉伸也不压缩，保持自然状态；在宽度方向应压缩40%~60%嵌入。嵌缝条高度宜为25 mm。

④填缝黏结剂固化后，应将胀缝两端多余的嵌缝条齐路面边缘裁掉。

⑤嵌缝条施工期间和黏结剂固化前，应封闭交通。

(4)纵缝填缝，纵向缩缝填缝与横向缩缝相同。

15.5.2.15 季节性施工

(1)雨季施工：雨季施工备有足够的防雨篷、塑料薄膜。摊铺过程中如遭遇降雨，影响路面质量时停止施工。已被雨水轻微冲刷过的路面，平整度和微观抗滑构造满足要求者，宏观抗滑构造硬刻槽恢复。对被暴雨冲刷后，路面平整度严重劣化的部分，尽早铲除重铺。

(2)夏季施工：当现场气温≥30℃时，避开中午施工。若不能避开，采取对砂石料遮盖，抽用地下冷水拌和，自卸车加遮盖，加缓凝剂、保塑剂或适当加大缓凝减水剂剂量等技术措施施工。任何条件下拌和物温度不得超过35℃。

(3)冬季施工：拌和站出料温度不得低于10℃，摊铺时温度不低于5℃。养生方式为先洒养生剂，再加盖塑料薄膜保温，再盖保温材料保温。养生期混凝土板的温度不低于5℃。

15.5.2.16 成品检测及交工验收

路面施工完工后，对全线进行包括平整度、弯拉强度和板厚三大关键指标进行检测，并提交全线检测结果、施工总结报告及全部原始记录等齐全资料，申请交工验收。

15.6 质量标准

(1)水泥强度、物理性能和化学成分应符合国家标准及有关规范的规定。

(2)粗细集料、水、外掺剂及接缝填缝料符合设计和施工规范要求。

(3)接缝的位置、规格、尺寸及传力杆、拉力杆的设置应符合设计要求。

(4)路面拉毛或机具压槽等抗滑措施,其构造深度符合施工规范要求。

(5)面层与其他构造物相接应平顺,检查井井盖顶面高程高于周边路面 1~3 mm。雨水口高程按设计比路面低 5~8 mm,路面边缘无积水现象。

(6)混凝土路面铺筑后按施工规范要求养生。

(7)公路混凝土路面质量应按表 15-2 执行。原材料、拌和物的质量应按《公路水泥混凝土路面施工技术规范》(JTG F30—2003)中表 5.4.4 及表 6.2.7 执行。

表 15-2 公路水泥混凝土路面实测项目允许偏差标准

项次	检查项目		规定值或允许值		检查方法和频率
			高速、一级公路	Ⅱ、Ⅲ级公路	
1	弯拉强度/MPa		满足设计要求 符合《公路水泥混凝土施工技术规范》附录 A.1 的规定		每班留 2~4 组试件,日进度 <500 m 取 2 组;≥500 m 取 3 组;≥1000 m 取 4 组,测 f_{cx}、f_{min}、c_v
2	板厚度/mm		代表值≥-5;极限≥-10,c_{vw} 值符合设计规定		路面摊铺宽度内每 100 m 左右各 2 处,连续摊铺每 100 m 单边 1 处,参考芯样
3	平整度	σ/mm	≤1.2	≤2.0	所有车道连续检测
		IRI/m·km^{-1}	≤2.0	≤3.2	
		3 m 直尺最大间隙 Δh/mm	≤3(合格率应为≥90%)	≤5(合格率应为≥90%)	每半幅车道 100 m 处 10 尺
4	抗滑构造深度/mm	一般路基	0.70~1.10	0.50~0.90	铺砂法,每幅 200 mL 处
		特殊路基	0.80~1.20	0.60~1.00	
5	相邻板高差/mm		≤2	≤3	尺测:每 200 m 纵横缝 2 条,每条 3 处
6	连接摊铺纵缝高差/mm		平均≤3 极值≤5	平均≤5 极值≤7	尺测:每 200 m 纵向工作缝,每条 3 处,每处间隔 2 m³ 尺,共 9 尺
7	接缝顺直度/mm		≤10		20 m 拉线测:每 200 m 6 条
8	中线平面偏位/mm		≤20		全站仪:每 200 m 6 点

续表 15-2

项次	检查项目	规定值或允许值		检查方法和频率
		高速、一级公路	Ⅱ、Ⅲ级公路	
9	路面宽度/mm	≤±20		尺测：每200 m 6条
10	纵断高程/mm	±10	±15	水准仪：每200 m 6点
11	横坡度/%	±0.15	±0.25	水准仪：每200 m 6个断面
12	断板率/‰	≤2	≤4	断板面板块占总块数比例
13	脱皮印痕裂纹露石缺边掉角/‰	≤2	≤3	量实际面积，并计算与总面积比
14	路缘石顺直度和高度/mm	≤20	≤20	200 m拉线，每200 m 4处
15	灌缝饱满度/mm	≤2	≤3	尺测：每200 m 6个断面
16	切缝深度/mm	≥50	≥50	不宜偏浅，超过10 mm
17	胀缝表面缺陷	不应有	不应有	每条观察填缝及缺边掉角
18	胀缝板连浆/mm	≤20	≤30	每块胀缝板安装时测量
	胀缝板倾斜/mm	≤20	≤25	尺测：每块胀缝板两侧
	胀缝板弯曲和位移/mm	≤20	≤15	尺测：每块胀缝板3处
19	传力杆偏斜	≤10	≤13	钢筋保护层测定仪：每车道4根

15.7 成品保护

(1)施工过程中妥善保护好已有的桩位、水准点。

(2)基层、封层修补完善后多加保护，最好能封闭交通，不能封闭交通的路段实行交通管制，禁止重车通行；通行的车辆密封，防止杂物撒落于路面。

(3)模板安装好后，严禁任何机械、车辆碰撞。一旦被碰撞变位，应立即重新测量纠正。

(4)运送混凝土的车辆装料前，应清洗车斗，排干积水，以免影响拌和料的质量。

(5)安装好的钢筋网、拉杆、传力杆、胀缝等要严格保护，严禁任何机械、车辆冲撞。

15.8 安全环保措施

15.8.1 安全措施

(1)在拌和站的拌和锅内清理黏结混凝土时，必须关闭主电机电源，并在主开关上挂警示红牌，要两人以上方可进行，一人清理，一人值守操作台。

(2)拌和站机械上料时，在铲斗及拉铲活动范围内，人员不得逗留和通过。

(3)运输车辆应鸣笛倒退，并有专人指挥和查看车后。

(4)施工中,机械设备严禁非操作人员使用。夜间施工,应有照明设备和明显的警示标志。

(5)施工中严禁所有的操作机械设备的操作手擅离岗位,严禁用手或工具触碰正在运转的机件。

(6)施工现场必须做好交通安全工作。交通繁忙的路口应设立标志,并有专人指挥。

(7)夜间施工,路口及基准线桩附近应设置警示灯或反光标志,设有专职电工管理灯光照明。

(8)施工机械停放在通车道路上,周围必须设置明显的安全标志,正对行车方向应提前200 m引导车辆转向,夜间应以红灯警示。

(9)施工机电设备应有专人负责保养、维修和看管,施工现场的电机、电线、电缆应尽量放置在无车辆、人、畜通行的部位,确保用电安全。

(10)现场操作人员必须按规定佩戴防护用具。使用有毒、易燃的燃料、填缝料、外加剂、水泥或粉煤灰时,其防毒、防火、防尘等应按有关规定严格执行。

(11)所有施工机械、电力、燃料、动力等的操作部位,严禁吸烟和有任何明火。摊铺机、拌和站、储油站、发电站、配电站等重要施工设备上应配备消防设施,确保防火安全。

(12)停工或夜间必须有专人值班保卫,严防原材料、机械、机具、零件等失窃。

(13)在施工缝等断开处设立标志,避免车辆、行人掉入。

15.8.2　环保措施

(1)拌和站、生活区、路面施工段应经常清理环境卫生,排除积水,并及时整治运输道路和停车场地,做到文明施工。

(2)施工路段和拌和场应经常洒水防尘,经常清理路上废弃物。

(3)搅拌楼、运输车辆和摊铺设备的清洗污水不得随意排放;每台拌和楼宜设置清洗污水的沉淀池或净化设备,车辆应在有污水沉淀或净化设备的清洗场地进行清洗。

(4)废弃的水泥混凝土、基层残渣和所有机械设备的修理残渣和油污等废弃物应分类集中堆放或掩埋。

(5)拌和场原材料的施工现场临时堆放的材料均应分类、有序堆放。施工现场的钢筋、工具、机械设备等应摆放整齐。

15.9　质量记录

(1)原材料(水泥、粉煤灰、粗集料、细集料、外加剂、钢筋、填缝料)进场复验报告。

(2)混凝土配合比试验报告。

(3)桩位放样检查记录。

(4)模板安装及检查记录。

(5)混凝土拌和物的检查记录。

(6)钢筋网、传力杆、拉杆、胀缝的制作及安装检查记录。

(7)混凝土施工检查记录。

(8)胀缝施工检查记录。

(9)切缝施工检查记录。

(10)混凝土养护施工检查记录。

(11)路面刻槽施工检查记录。

(12)灌缝施工检查记录。

(13)混凝土强度试验报告。

(14)路面钻孔取芯试验报告。

(15)路面平整度检验报告。

(16)路面抗滑构造深度检测报告。

(17)水泥混凝土面层质量检测报告。

16 连续配筋水泥混凝土路面滑模摊铺施工工艺

16.1 总则

16.1.1 适用范围

适用于二级以上新建、改扩建公路、城市道路、机场跑道、停机坪、货场、停车场及桥面等水泥混凝土工程施工。

16.1.2 参考标准和规范

(1)中华人民共和国行业标准《公路水泥混凝土路面施工技术规范》(JTG F30—2003)。
(2)中华人民共和国行业标准《公路工程水泥及水泥混凝土试验规程》(JTG E30—2005)。
(3)中华人民共和国行业标准《公路工程施工安全技术规范》(JTG F90—2015)。
(4)中华人民共和国国家标准《混凝土外加剂应用技术规范》(GB 50119—2013)。
(5)中华人民共和国行业标准《公路工程质量检验评定标准》(土建工程)(JTG F80/1—2017)。

16.2 术语

16.2.1 滑模水泥混凝土

满足滑模机械工艺摊铺工作性、强度及耐久性等要求的较低塑性水泥混凝土材料。

16.2.2 水泥混凝土路面滑模施工

一种采用滑模摊铺机摊铺水泥混凝土路面的施工工艺方式。其特征是不架设边缘固定模板,将布料、松方控制、高频振捣棒组、挤压成形滑动模板、拉杆插入、抹面等机构安装在一台可自行的机械上,通过基准线控制,能够一遍摊铺出密实度高、动态平整度优良、外观几何形状准确的水泥混凝土路面。

16.2.3 前置钢筋支架法

混凝土路面铺筑过程中，布料前在基层上预先安置胀缝或缩缝传力杆钢筋支架的一种施工方法。

16.2.4 传力杆插入装置

滑模摊铺机配备的一种可自动插入缩缝传力杆的装置。

16.2.5 碱集料反应

指混凝土中的碱和环境中可能渗入的碱与集料中的碱活性矿物成分在混凝土固化后缓慢发生导致混凝土破坏的化学反应。

16.3 施工准备

16.3.1 技术准备

(1)审核图纸、设计文件和熟悉施工技术规范，编制路面施工组织设计。

(2)人员培训与技术交底：在摊铺开始前，对施工、试验、机械、管理等岗位的技术人员进行技术交底、对各工种技术工人进行技术操作培训及二次技术交底。技术人员、操作工人对工序衔接、各工序技术要求做到心中有数，把握操作要点。

16.3.2 材料准备

(1)原材料：按施工进度要求，水泥、碎石、河砂、钢筋、外加剂等材料在有一定储量的情况下，确保正常施工供应，并由实验人员按规范规定标准进行检验，确保原材料质量符合设计标准要求。

(2)施工配合比设计：配合比设计要满足混凝土抗弯拉强度、工作性、耐久性和经济性的要求，应特别注意的是，要保证滑模施工的最佳工作性、稳定性和可滑性的独特工艺要求。

16.3.3 主要机具

(1)钢筋加工设备：钢筋切断机、折弯机、电焊机等。

(2)测量设备：水准仪、全站仪、钢卷尺等。

(3)摊铺成形配套设备：布料机(或挖掘机)、滑模摊铺机、拉毛养生机、刻槽机、锯缝机、发电机及振捣设备、辅助钢模、水车等。

(4)拌和设备：强制式混凝土拌和楼、装载机、发电机、供水泵、蓄水池、外加剂池等。

(5)运输设备：自卸运输汽车。

(6)成品保护设备：防雨篷、路障、警戒线等。

16.3.4 作业条件

(1)拌和站设置：一般宜设置在摊铺路段的中间位置，并能使拌和站的布置满足材料储运、存放、混合料拌和、运输、供电、供水及场地防水、排水等使用要求。

（2）拌和站及配套设备应安装、检测、调试、保养完毕并处于良好状态，拌和机拌和能力应保障摊铺以 1.0~2.0 m/min 速度正常进行，并备齐可供 10 d 以上的材料以便连续摊铺施工需要。

（3）基层、封层的检查验收及修补。

（4）道路、通信准备：确保施工时运送混凝土的道路畅通，不得延误运输时间和损坏基层，并保证摊铺现场和拌和站之间的通信畅通。

（5）路面摊铺前，应进行不少于 200 m 长的试验铺筑段，机械性能、组合、施工工艺、路面砼成形质量、协调及路面厚度、摊铺宽度、基准线设置、接缝设置、钢筋设置等均是否与实际设计相同。

16.3.5 劳动力组织（见表 16-1）

表 16-1　连续配筋水泥混凝土路面滑模摊铺施工劳动力组织

分支机构	人数	工作地点	职责范围
现场施工负责人	1	整体施工过程	负责总体施工，工、料、机的协调，组织。
路面工程师	1	施工现场	负责路面现场施工技术管理。
滑模摊铺机组	4	摊铺机现场操作	由机长或值班机长负责指挥，主机手、副机手和辅助人员进行滑模摊铺机施工操作、清洗、保养、加燃料及润滑油、加水、调整和监视传感器及摊铺机各工作机构的工作情况，包括机械打拉杆和传力杆
现场施工班	35	施工现场	由前台工长负责指挥车辆卸料，人工或机械布料，胀缝支架、缩缝支架、钢筋网的运输、安装，路面修整、接头的人工施工，拉毛，锯缝，喷养生剂，发电，油料水供应等全部现场需要人工辅助的工作
测量班	6	施工现场	由测量组长负责，任务是提前完成预计施工段拉线测量和设置安装，需要水准仪两台、测杆若干根、1 km 左右双侧拉线和拉线桩；同时完成基层的交工复测、中桩和线形的恢复测量以及滑模摊铺水泥混凝土路面各几何参数的自检
拌和站	20	拌和站	由站长负责管理和调度各拌和楼、装载机、水电供应、钢筋木材构件加工制作及装车
车队	20	施工线路	自备运输车辆时，由车队长负责混凝土运输、现场供水、供油、养护剂、钢筋木材等进出运输。在车队设立保养维修服务组，负责车辆和各种施工机械的维修保养
实验室	7	实验室及现场	由实验室主任负责各种施工原材料的进场检验；混凝土配合比、稠度、抗折强度控制及检验；混凝土路面的钻芯（板厚、劈裂强度）检验；路面平整度检验；外加剂剂量控制和配制；出具各种原材料及工程质量的自检报告

续表 16 - 1

分支机构	人数	工作地点	职责范围
材料供应	7	拌和站料仓	由专人负责水泥、钢筋、砂石料、木材、燃料、外加剂、辅助材料和各种电气、机械易损件和备件供应。水泥必须有专人负责联络，视施工进度保证及时供应。砂石料、水泥、钢筋等大宗物资由磅站负责称量控制
生活及保卫	10	整个施工现场	食堂及保卫。负责做饭送饭和工具、机具、机械、物资、材料的安全
总计	111		

注：此表为一个作业班施工配备人员。

16.4　工艺设计和控制要求

16.4.1　技术要求

(1)施工速度较快：其施工速度要求可达 1~2 m/min，平均速度 1 m/min，日进度单幅 0.6 km/d。

(2)施工规模大：每天混凝土需求量 1500 m³ 左右。

(3)自动化程度高：是普通人工摊铺机摊铺的 5~10 倍。

(4)智能化程度高：①具有一定的自控功能；②具有路面线形和路拱自动形成功能；③具备防施工差错及自我保护功能；④能对每个工作状态进行监控。

(5)混凝土坍落度必须控制为 30~50 mm。

(6)钢筋定位必须准确无误。

(7)必须配备计算机控制的拌和楼，而且当拌和楼计算机发生故障，为防止料冲误差，不允许手工操作，必须修好再拌和生产。

16.4.2　材料质量要求

16.4.2.1　水泥

高速公路、一级公路水泥混凝土路面所用的水泥应采用抗折强度高、收缩小、耐磨性强、抗冻性好的道路硅酸盐水泥、硅酸盐水泥或普通硅酸盐水泥。

16.4.2.2　粉煤灰

高速公路、一级公路水泥混凝土粉煤粉掺量为不超过水泥用量 12% 的Ⅰ、Ⅱ级静电场收集的干原状或磨细干粉煤灰，不得使用储灰池中的湿排灰、湿灰和结块粉煤灰。

16.4.2.3　外加剂

通常使用的外加剂为早强减水剂、缓凝减水剂、缓凝高效减水剂、引气减水剂。为保障混凝土的工作性能，滑模摊铺混凝土必须使用引气剂，它可增大新拌混凝土的黏聚性，改善和易性，防止泌水离析，提高混凝土的匀质性。

16.4.2.4 拌和及养护用水

混凝土拌和用水需满足以下四项基本要求：

（1）不影响混凝土和易性及凝结时间；

（2）无损于强度及其发展；

（3）不降低耐久性，不造成侵蚀和钢筋锈蚀；

（4）不污染混凝土表面，且不改变混凝土色泽。

16.4.2.5 集料

粗集料的强度和压碎值、最大粒径、针片状含量及含泥量均应满足设计规范要求，并不与混凝土发生碱集料反应。

细集料的细度模数、比表面积、级配、含泥量均需符合设计规范要求。

16.4.2.6 钢筋

高速公路、一级公路水泥混凝土路面接缝钢筋——传力杆、拉杆、钢筋网、角隅钢筋，均应满足 A3 号碳素钢筋的化学及物理力学性能的要求。

16.4.2.7 养生材料

养生材料主要包括养生剂、养生膜及水。

16.4.2.8 接缝材料

（1）胀缝接缝板：在目前使用的各类胀缝板材当中，泡沫橡胶缝胀缝板是性能和使用效果较理想的胀缝板材料。

（2）填缝材料：无压自流灌入时，可按《公路水泥混凝土路面接缝材料》（JT/T 203）要求的 20 s 执行，而使用压力灌入工具和机具时，可将灌入稠度放宽到 100 s。使用有压灌入机具，灌满填缝料即可。

16.4.3 职业健康安全要求

（1）职业安全健康目标：

①杜绝职业健康安全重伤及以上事故的发生；

②施工生产安全事故轻伤发生率控制在 5‰以内；

③员工定期体检率达到 100%；

④预防职业病的发生；

⑤提高全员的健康安全防范意识，安全教育普及率达到 100%。

（2）严格规定执行作业的规定，杜绝无上岗证、无培训资格证的操作人员上岗。

（3）做好所有施工人员的安全教育培训工作，杜绝一切安全事故。

（4）施工人员应做好自身安全防护措施，穿戴口罩、手套、工作服等安全防护用具，杜绝安全事故和职业病发生。

（5）施工应做好防暑降温措施，施工现场随时供应防暑药品。

（6）项目部应建立项目职业健康安全事故应急处理预案。

16.4.4 环境要求

（1）施工中必须采取有效措施，防治施工中产生的废气、废水、废渣、粉尘、恶臭气体及噪声振动等对环境的污染和危害。

（2）施工中应对施工技术人员和工人进行环境保护技术交底，杜绝施工中的大气、噪声、水、固体污染。

（3）项目部应建立项目环境污染应急处理预案。

（4）施工应当采用资源利用率高、污染物排放量少的设备和工艺。

（5）制订施工中环境保护检查制度，对施工中不满足环境保护要求的设备、工艺应强行停止，整改后才允许开工。

16.5　施工工艺

16.5.1　工艺流程（见图 16-1）

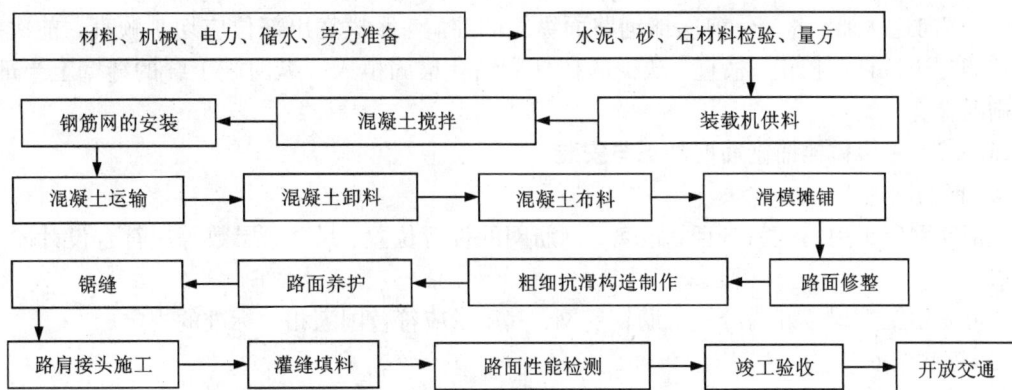

```
┌─────────────────────────────┐      ┌─────────────────────────┐
│材料、机械、电力、储水、劳力准备│─────▶│水泥、砂、石材料检验、量方│
└─────────────────────────────┘      └─────────────────────────┘

┌─────────────┐   ┌─────────────┐   ┌─────────────┐
│钢筋网的安装  │◀──│混凝土搅拌    │◀──│装载机供料    │
└─────────────┘   └─────────────┘   └─────────────┘

┌─────────┐  ┌─────────┐  ┌─────────┐  ┌─────────┐
│混凝土运输│─▶│混凝土卸料│─▶│混凝土布料│─▶│滑模摊铺  │
└─────────┘  └─────────┘  └─────────┘  └─────────┘

┌─────┐  ┌─────────┐  ┌───────────────┐  ┌─────────┐
│锯缝  │◀─│路面养护  │◀─│粗细抗滑构造制作│◀─│路面修整  │
└─────┘  └─────────┘  └───────────────┘  └─────────┘

┌───────────┐  ┌─────────┐  ┌───────────┐  ┌─────────┐  ┌─────────┐
│路肩接头施工│─▶│灌缝填料  │─▶│路面性能检测│─▶│竣工验收  │─▶│开放交通  │
└───────────┘  └─────────┘  └───────────┘  └─────────┘  └─────────┘
```

图 16-1　施工工艺流程图

16.5.2　操作工艺

16.5.2.1　拉线测量设置

用全站仪按设计坐标准确放出挂线点的位置，测量放样的质量要求和允许偏差符合相应测量规范的规定，并不能超出规范对路面精确度的规定，一般直线段为 10 m，弯道为 5 m 一桩，进行准确挂线，误差不能超过 2 mm。

16.5.2.2　混凝土拌和

（1）拌和站的实际生产能力至少应满足滑模摊铺机连续摊铺 1 m/min 以上的要求。

（2）拌和站需经过检测、标定，并配备有计算机自动称料和砂含水率自动反馈控制系统，拌和料计算精度应符合规范要求，并有相关检定单位的检定合格证书。

（3）外加剂应以稀释溶液加入：溶液于施工前一天按要求配制好，施工中连续不断地拌和均匀，并每隔一段时间清除池底沉淀。

（4）拌和质量检验和控制：按规范要求检验混凝土的各项指标，预留抗弯拉强度和抗压强度试件，控制混凝土出厂温度为 10~35℃。拌和时间为 70~120 s，混凝土拌和物均匀一致，每盘料之间的坍落度最大允许偏差为 ±10 mm。

16.5.2.3 混凝土运输

（1）车辆选择：通常选用10～15 t的自卸汽车，车厢底必须平顺无坑槽。根据施工进度、运量、运距及路况，确定车型及车辆总数。

（2）运输时间：保证混凝土运到现场适宜摊铺，并宜小于拌和物的初凝时间1 h，同时也短于摊铺允许最长时间0.5 h。

（3）运输技术要求：装卸料时防止混凝土产生离析。运输过程中要防止漏浆、漏料和污染路面，为避免水分散失，应遮盖混合物表面。装车前，要冲洗干净车厢并洒水湿润，但不允许积水。

16.5.2.4 水泥混凝土路面滑模摊铺前的检查项目

（1）检查板厚：用钢尺测量，单车道测3点、双车道测5点、每200 m 10个断面均值为该路段平均板厚。

（2）检查辅助施工设备机具。

（3）横向连接摊铺检查：前次摊铺路面纵缝的溜肩、胀模宽出部位应切割顺直。前次摊铺安装的侧边拉杆应校正、板直，缺少的拉杆应钻孔锚固植入。纵向施工缝的缝壁上半部，应涂刷沥青。

16.5.2.5 滑模摊铺钢筋网加工与安装

（1）钢筋网加工。

①钢筋网所采用的钢筋直径、距离，钢筋网的设置位置、尺寸、层数等应符合设计图纸的要求。

②可采用工厂焊接好的冷轧带肋钢筋网，其质量应符合国家相关标准的规定。

（2）钢筋网安装。

①钢筋网应采用预先架设安装方式。

②单层钢筋网的安装高度应在面板下$(1/3～1/2)h$处，外侧钢筋中心至接缝或自由边的距离不宜小于100 mm，并应配置4～3个/m²焊接支架或三角形架立钢筋支座，保证在拌和物堆压下钢筋基本不下陷、不移位，单层钢筋网不得使用砂浆或混凝土垫块架立。

③钢筋网的主受力钢筋应设置在弯拉应力最大的位置。

④双层钢筋网底部到基层表面应有不小于30 mm的保护层，顶部离面板表面有不小于50 mm的耐磨保护层。

⑤横向连接摊铺的钢筋混凝土路面之间的拉杆数量应比普通混凝土路面加密1倍。双车道整体摊铺的路面板钢筋网应整体连续，可不设纵缝。

（3）钢筋网及钢筋骨架的质量检验。

①路面钢筋网及钢筋骨架的焊接和绑扎的精确度应符合规范要求。

②搭接焊和帮条焊时钢筋的搭接长度：双面焊不小于5d(钢筋直径)；单面焊不小于10d，钢筋绑扎搭接长度不小于35d。

③摊铺前应检验绑扎或焊接安装好的钢筋网和钢筋骨架，不得有贴地、变形、位移、松脱和开焊现象。

④开铺前必须按上述要求对所有在路面中预埋及后安装的钢筋结构作质量检验，验收合格后，方可开始铺筑。

⑤设接缝的钢筋混凝土路面在摊铺面板时，每张钢筋网片边缘100 mm须作标记，以便

准确对位切纵、横缩缝。纵、横向接缝部位的传力杆、拉杆、钢筋网表面应涂防锈涂层或包裹防锈塑料套管。

16.5.2.6 滑模摊铺普通水泥混凝土路面的布料

（1）布料前应清扫、洒水湿润基层。

（2）滑模摊铺普通水泥混凝土路面，必须有专人指挥车辆均匀卸料。滑模摊铺时，机前的最高料位不得高于滑模摊铺机前松方控制板顶面，料位的正常高度在螺旋布料器叶片最高点以下，亦不得缺料。

（3）采用布料机施工，松铺系数应视坍落度大小由试铺确定，当坍落度在20~50 mm时，松铺系数宜为1.08~1.15。

（4）采用布料机以外的布料方式摊铺钢筋混凝土路面、桥面或搭板时，禁止任何机械直接开上钢筋网。

16.5.2.7 钢筋混凝土路面摊铺作业

（1）拌和物的坍落度可比相应铺筑方式普通混凝土路面规定大10~20 mm。

（2）滑模摊铺机摊铺钢筋混凝土路面时可适当增大振捣频率或减速摊铺。拌和物塌落度相同时，钢筋混凝土路面的振捣密实持续时间应比普通混凝土路面的规定时间延长5~10 s。

（3）在一块钢筋网连续面板内，应防止摊铺中断，每块板内不应留施工缝，必须摊铺到达横断缝位置或钢筋网片的端部，方可停止。应加强对机械装备的维修保养，将故障率降到最低。

（4）摊铺被迫中断时，必须设置横向施工缝，纵向钢筋应保持连续，穿过接缝，并应用1倍数量的长度不小于2 m的纵向钢筋作加密处理，横向施工缝距最近横缝的距离不应小于5 m。

16.5.2.8 连续配筋混凝土路面的端部锚固结构施工

（1）施工前应按设计图纸对锚固结构位置、尺寸进行测量放样。

（2）端部锚固结构应按设计尺寸和配筋要求施工，确保锚固效果。

（3）地梁施工应按设计位置和尺寸开挖地槽，并应尽量避免扰动和超挖两侧基层、垫层及路基，尺寸较规矩、超挖较少时，可不设侧模，否则应设侧模。拆模后应回填超挖部位并夯实路基和垫层，基层应采用贫混凝土修复。岩石路基上可直接将钢筋锚固在岩基中。地梁钢筋应与路面钢筋相焊接，地梁混凝土采用振捣棒分层振实，并应与面板浇筑成整体。地梁与路面混凝土合拢温度宜控制为20~25℃，或在当地年平均气温时合拢。

（4）宽翼缘工字钢梁施工应按设计枕垫板尺寸在基层上挖槽，再安装钢筋骨架，并浇筑钢筋混凝土枕垫板。枕垫板表面应预留与工字钢梁的焊接锚固钢筋，并铺设滑动隔离层。安装并焊接宽翼缘工字钢后，再摊铺面板。应确保搁置在枕垫板上的连续配筋混凝土路面板端部可自由滑动，面板端部与工字槽内连接部位以胀缝填缝料填塞。

16.5.2.9 滑模摊铺机的操作要领

（1）操作手操作滑模摊铺机应缓慢、匀速，连续不间断地摊铺。一般宜为1 m/min左右。

（2）摊铺中，操作手应随时调整松方高度控制板进料位置，开始应略设高些，以保证进料。正常状态下应保持振捣仓内砂浆料位高于振捣棒100 mm左右，料位高低上下波动宜控制在±30 mm之内。

（3）滑模摊铺机以正常摊铺速度施工时，振捣频率可在6000~11000 r/min调整，宜采用

9000 r/min 左右。应防止混凝土过振、漏振、欠振。操作手应随时根据混凝土的稠度大小调整摊铺的速度和振捣频率。

（4）滑模摊铺纵坡较大的路面，上坡时，挤压底板前仰角宜适当调小，同时，适当调小抹平板压力；下坡时，前仰角宜适当调大，抹平板压力也宜调大。抹平板合适的压力宜为板底3/4 长度接触路面抹面。

（5）滑模摊铺弯道和渐变段路面时，单向横坡，使滑模摊铺机跟线摊铺，应随时观察并调整抹平板内外侧的抹面距离，防止压垮边缘。摊铺中央路拱时，在计算机控制条件下，输入弯道和渐变段边缘及拱中几何参数，计算机自动控制生成路拱。

（6）操作手应随时密切观察所摊铺的路面效果，注意调整和控制摊铺速度，振捣频率、夯实杆、振动搓平梁和抹平板位置、速度和频率。硬刻槽路面的砂浆表层厚度宜控制为 2 ~ 3 mm。

（7）连接摊铺时，滑模摊铺机一侧履带上前次水泥混凝土路面的时间应控制在养护 7 d 以后，最短不得少于 5 d。

16.5.2.10　滑模摊铺结束后的工作

（1）将滑模摊铺机驶离工作面，先将所有传感器从基准线上脱开，并解除滑模摊铺机上基准线自动跟踪控制，再升起机架，用水冲洗干净黏附的混凝土，已结硬在滑模摊铺机上的混凝土应轻轻敲打掉。清理干净后，应对与混凝土接触的机件喷涂废机油或吹干防锈，同时对滑模摊铺机进行当日保养，如加油加水、打润滑油等。

（2）横向接缝：每天摊铺结束或摊铺中因故中断，且中断时间超过初凝的2/3 时，应设置横向施工缝。横向施工缝应与路中心线垂直。

16.5.2.11　滑模摊铺混凝土路面修整

（1）摊铺工程中的修整。滑模摊铺机应采用自动抹平板装置进行抹面，以消除表面气孔和石子移动带来的缺陷。自动抹平板的压力不可过大，应随摊铺的纵坡变化而随时调整。对表面上少量局部麻面和明显缺料部位，应在挤压板后或搓平梁前，最好在抹平板前表面补充适量砂浆，让搓平梁和抹平板机械修整。滑模摊铺的混凝土面板在下列情况下，可用人工进行局部少量修整：

①人工操作抹面抄平器修整摊铺机后表面的缺陷，禁止整个表面用加铺薄砂浆层修补路面高程。

②滑模摊铺机连续铺装桥面时上桥梁台阶，振捣漏料部位，抹平板未抹到的边缘，出现倒边、踏边、溜肩现象处，应顶侧模或上部支方铝管，边缘补料修整。左右连接摊铺的纵缝处应进行适量修整。

③对滑模摊铺机起步摊铺段及施工接头，应采用水准仪抄平，采用大于 3 m 的方铝管边测边修整。

（2）路面硬化后的修整，如果混凝土路面已硬化，发现施工接头或局部平整度不满足要求，可在水泥混凝土路面摊铺后 3 ~ 10 d 内，用最粗级磨头的水磨石机磨到规定的平整度。

16.5.2.12　抗滑构造施工

滑模摊铺水泥混凝土路面抗滑构造的施工制作应符合下述规定：

（1）滑模摊铺机后宜设钢支架，拖挂 1 ~ 3 层叠合麻布或棉布，洒水湿润后，软拖制作细观抗滑构造，布片接触面的拖行长度以 0.7 ~ 1.5 m 为宜，细度模数偏大的粗砂，拖行长度取小值，偏细中砂取大值。人工修整过的路面，微观抗滑构造已被抹掉，必须再拖麻袋处理，以恢复微观抗滑构造。

（2）当日施工进度超过 500 m 时，宏观抗滑构造制作宜选用拉毛机械施工，没有拉毛机时，可采用人工拉槽方式。在混凝土表面泌水完毕 20～30 min 内应及时进行拉槽。拉槽深度应为 2～3 mm，槽宽 3～5 mm，槽间距 15～25 mm。可施工等间距和非等间距的抗滑槽，同时考虑减小噪音时，宜采用后者。衔接间距应保持一致。

（3）采用硬刻槽方式制作宏观抗滑构造时，其几何尺寸与第（2）条相同。硬刻槽机重量宜重不宜轻，最小整刻宽度不应小于 500 mm。硬刻槽时不应缺边掉角，路面摊铺 3 d 后可开始硬刻槽，并宜于两周内完成。

（4）对平整度不佳的路面施工接头，桥面、桥头搭板，局部经磨平达标后，应采用人工凿毛或喷砂法做出微观抗滑构造，宏观构造可采用硬刻方式制作。

16.5.2.13　混凝土路面养生

（1）养生方式的选择：混凝土板抗滑构造软拉制作完毕后应立即养生。滑模摊铺水泥混凝土路面宜采用喷洒养生剂及保湿覆盖的方式养生。在雨季或养生用水充足的情况下，也可采用覆盖土工布、旧麻袋等洒水湿养生方式。不宜使用围水养生方式。昼夜温差较大的地区，路面摊铺后 3 d 内宜采取覆盖保温措施，防止发生裂缝和断板。

（2）养生剂养生：水泥混凝土路面采用喷洒养生剂方式养生时，养生剂喷洒量、成膜厚度、适宜的喷洒时间应通过现场试验确定。

（3）盖塑料薄膜养生：盖塑料薄膜的时间，以不压没微观抗滑构造为准。薄膜厚度（韧度）应合适，宽度应大于覆盖面 600 mm。两条薄膜对接时，搭接宽度不应小于 400 mm，薄膜在路面上应加细土或砂盖严实，并防止被钢筋挂烂及被风吹破或掀走。养生期间应始终保持薄膜完整，薄膜破裂时应立即补盖或修补。

（4）覆盖洒水湿养生：使用土工布、麻袋、草袋等覆盖物养生，应及时洒水，在任何气候条件下，均应保证覆盖物底部在养生期间始终处于潮湿状态，并由此确定每天洒水遍数。

（5）养生时间：一般养生天数宜为 14～21 d，不应少于 14 d。掺粉煤灰的水泥混凝土路面，最短养生时间不宜小于 28 d。

（6）养生期保护：混凝土板在养生期间和填缝前，严禁人、畜、车辆通行，在达到设计强度 40%，撤除养生覆盖物后，行人方可通行。在确需行人、畜力车、人力车、汽车横穿平面道口时，在路面养生期间，应搭建临时便桥。

16.5.2.14　季节性施工

（1）雨季施工：雨季施工备有足够的防雨篷、塑料薄膜。摊铺过程中如遭遇降雨，影响路面质量时停止施工。已被雨轻微冲刷过的路面，平整度和微观抗滑构造满足要求者，宏观抗滑构造硬刻槽恢复。对被暴雨冲刷后，路面平整度严重劣化的部分，尽早铲除重铺。

（2）夏季施工：当现场气温 ≥30℃ 时，避开中午施工。若不能避开，采取对砂石料遮盖，抽用地下冷水拌和，自卸车加遮盖，加缓凝剂、保塑剂或适当加大缓凝减水剂剂量等技术措施施工。任何条件下拌和物温度不得超过 35℃。

（3）冬季施工：拌和站出料温度不得低于 10℃，摊铺时温度不低于 5℃。养生方式为先洒养生剂，再加盖塑料薄膜保温，再盖保温材料保温。养生期混凝土板的温度不低于 5℃。

16.5.2.15 成品检测及交工验收

路面施工完工后，对全线进行包括平整度、弯拉强度和板厚三大关键指标进行检测，并提交全线检测结果、施工总结报告及全部原始记录等齐全资料，申请交工验收。

16.6 质量标准

（1）水泥强度、物理性能和化学成分应符合国家标准及有关规范的规定。

（2）粗细集料、水、外掺剂符合设计和施工规范要求。

（3）路面拉毛或机具压槽等抗滑措施，其构造深度符合施工规范要求。

（4）面层与其他构造物相接应平顺，检查井井盖顶面高程高于周边路面 1～3 mm。雨水口高程按设计比路面低 5～8 mm，路面边缘无积水现象。

（5）混凝土路面铺筑后按施工规范要求养生。

（6）路面钢筋网及钢筋骨架的焊接和绑扎的精度应符合《公路水泥混凝土路面施工技术规范》（JTG F30—2013）中表 8.1.4－1 的要求；摊铺前应检验绑扎或焊接安装好的钢筋网和钢筋骨架，不得有贴地、变形、移位、松脱和开焊现象，路面钢筋网及钢筋骨架安装位置允许偏差应符合《公路水泥混凝土路面施工技术规范》（JTG F30—2013）中表 8.1.4－2 的要求。

（7）公路混凝土路面质量应按表 15－2 执行。原材料、拌和物的质量应按《公路水泥混凝土路面施工技术规范》（JTG F30—2013）中表 5.4.4 及表 6.2.7 执行。

16.7 成品保护

（1）施工过程中妥善保护好已有的桩位、水准点。

（2）基层、封层修补完善后多加保护，最好能封闭交通，不能封闭交通的路段实行交通管制，禁止重车通行；通行的车辆密封，防止杂物撒落于路面。

（3）模板安装好后，严禁任何机械、车辆碰撞。一旦被碰撞变位，应立即重新测量纠正。

（4）运送混凝土的车辆装料前，应清洗车斗，排干积水，以免影响拌和料的质量。

（5）安装好的钢筋网要严格保护，严禁任何机械、车辆冲撞。

16.8 安全环保措施

16.8.1 安全措施

（1）在拌和站的拌和锅内清理黏结混凝土时，必须关闭主电机电源，并在主开关上挂警示红牌，要两人以上方可进行，一人清理，一人值守操作台。

（2）拌和站机械上料时，在铲斗及拉铲活动范围内，人员不得逗留和通过。

（3）运输车辆应鸣笛倒退，并有专人指挥和查看车后。

（4）施工中，机械设备严禁非操作人员使用。夜间施工，应有照明设备和明显的警示标志。

(5)施工中严禁所有的操作机械设备的操作手擅离岗位，严禁用手或工具触碰正在运转的机件。

(6)施工现场必须做好交通安全工作。交通繁忙的路口应设立标志，并有专人指挥。

(7)夜间施工，路口及基准线桩附近应设置警示灯或反光标志，设有专职电工管理灯光照明。

(8)施工机械停放在通车道路上，周围必须设置明显的安全标志，正对行车方向应提前200 m引导车辆转向，夜间应以红灯警示。

(9)施工机电设备应有专人负责保养、维修和看管，施工现场的电机、电线、电缆应尽量放置在无车辆、人、畜通行的部位，确保用电安全。

(10)现场操作人员必须按规定佩戴防护用具。使用有毒、易燃的燃料、填缝料、外加剂、水泥或粉煤灰时，其防毒、防火、防尘等应按有关规定严格执行。

(11)所有施工机械、电力、燃料、动力等的操作部位，严禁吸烟和有任何明火。摊铺机、拌和站、储油站、发电站、配电站等重要施工设备上应配备消防设施，确保防火安全。

(12)停工或夜间必须有专人值班保卫，严防原材料、机械、机具、零件等失窃。

(13)在施工缝等断开处设立标志，避免车辆、行人掉入。

16.8.2　环保措施

(1)拌和站、生活区、路面施工段应经常清理环境卫生，排除积水并及时整治运输道路和停车场地，做到文明施工。

(2)施工路段和拌和场应经常洒水防尘，经常清理路上废弃物。

(3)搅拌楼、运输车辆和摊铺设备的清洗污水不得随意排放；每台拌和楼宜设置清洗污水的沉淀池或净化设备，车辆应在有污水沉淀或净化设备的清洗场地进行清洗。

(4)废弃的水泥混凝土、基层残渣和所有机械设备的修理残渣和油污等废弃物应分类集中堆放或掩埋。

(5)拌和场原材料的施工现场临时堆放的材料均应分类、有序堆放。施工现场的钢筋、工具、机械设备等应摆放整齐。

16.9　质量记录

(1)原材料(水泥、粉煤灰、粗集料、细集料、外加剂、钢筋、填缝料)进场复验报告。

(2)混凝土配合比试验报告。

(3)桩位放样检查记录。

(4)模板安装及检查记录。

(5)混凝土拌和物的检查记录。

(6)钢筋网的制作及安装检查记录。

(7)混凝土施工检查记录。

(8)切缝施工检查记录。

(9)混凝土养护施工检查记录。

(10)路面刻槽施工检查记录。

（11）灌缝施工检查记录。

（12）混凝土强度试验报告。

（13）路面钻孔取芯试验报告。

（14）路面平整度检验报告。

（15）路面抗滑构造深度检测报告。

（16）水泥混凝土面层质量检测报告。

17　三辊轴机组铺筑水泥混凝土路面施工工艺

17.1　总则

17.1.1　适用范围

本标准适用于各级新建、改扩建公路、城市道路、县乡公路、机场跑道、停机坪等水泥混凝土面板厚度在 300 mm 内的工程施工，也可适用于桥面工程施工。

17.1.2　参考标准和规范

(1)中华人民共和国行业标准《公路水泥混凝土路面施工技术规范》(JTG F30—2003)。

(2)中华人民共和国行业标准《公路工程集料试验规程》(JTG E42—2005)。

(3)中华人民共和国行业标准《公路工程质量检验评定标准》(土建工程)(JTG F80/1—2017)。

(4)中华人民共和国国家标准《混凝土外加剂应用技术规范》(GB 50119—2013)。

(5)中华人民共和国行业标准《公路工程施工安全技术规范》(JTG F90—2015)。

(6)中华人民共和国行业标准《公路工程水泥及水泥混凝土试验规程》(JTG E30—2005)。

17.2　术语

17.2.1　三辊轴机组铺筑

采用振捣机、三辊轴整平机等机组铺筑混凝土路面的施工工艺。

17.2.2　工作性

混凝土拌和物在浇筑、振捣、挤压成形、抹平等一系列操作过程中，易于流动、塑形、抹面、达到稳定和密实的程度。它是拌和物流动性、可塑性、稳定性和易密性的综合体现。

17.3 施工准备

17.3.1 技术准备

(1)开工前由设计单位路面设计负责人向施工及监理单位进行设计图纸及文件技术交底。

(2)审查图纸、设计文件和熟悉施工技术规范;编制路面施工组织设计。

(3)校核平面及高程控制桩,恢复路线中桩及边桩,桩间距为直线段 10 m,缓和曲线段和圆曲线段 5 m。

(4)人员培训与施工技术交底:对施工技术人员进行一级技术交底,对操作工人班组进行二级技术、安全、环保交底。

17.3.2 材料准备

(1)原材料:水泥、石子、砂、外加剂、钢筋等大宗材料按施工进度要求保证储量和供应,由持证材料员和试验员按规定进行检验,确保原材料质量符合相应标准。

(2)施工配合比的确定:设计配合比要满足混凝土抗弯拉强度、工作性、耐久性和经济性的要求,施工配合比应根据天气、季节及运距等的变化,微调减水剂、引气剂或保塑剂的掺量,保证施工现场混凝土的振动黏度系数、坍落度等工作性适宜于三辊轴机组摊铺,且波动最小。同时,根据当天不同时间的气温变化微调加水量,维持坍落度基本稳定。

(3)路面摊铺前,应进行不少于 200 m 长的试验铺筑段,以便检验机械性能、机械配套组合、施工工艺、施工工艺参数、路面的成形质量控制、生产时拌和站与摊铺现场之间的协调能力等能否达到路面质量要求,否则加以调整。

17.3.3 主要机具

(1)钢筋加工设备:钢筋锯断机、折弯机、电焊机等。

(2)测量设备:水准仪、全站仪、钢卷尺等。

(3)模板:侧模板、端模板、钢钎等。

(4)拌和设备:计算机自动控制强制式混凝土拌和楼、装载机、发电机、供水泵、蓄水池、外加剂池等。

(5)运输设备:自卸运输汽车。

(6)摊铺设备:三辊轴整平机、小型挖机、排式振捣器、拉杆插入机、刮尺等。

(7)成品保护设备:防雨篷、路障、警戒线等。

(8)切缝设备:锯缝机、发电机。

(9)养生设备:喷雾器、洒水车、塑料薄膜或旧麻袋等。

17.3.4 作业条件

(1)拌和站设置:一般宜设置在摊铺路段的中间位置,并能使拌和站的布置满足材料储运、存放、混合料拌和、运输、供电、供水、钢筋加工及场地防水、排水等使用要求。

（2）拌和站及配套设备应安装、检测、调试、保养完毕处于待用状态，备齐可供使用 7 d 以上的材料，配合比设计满足设计要求。

（3）基层、封层的检查验收及修补：检测基层的强度、压实度、结构层厚度、平整度、高程、横坡等，各项指标均应满足规范要求，否则应修整，使之符合要求为止。对于基层裂缝，根据情况可采用沥青材料灌缝等方法处理，对于表面松散处，则在凿除后用 C20 混凝土进行修补。封层如出现局部损坏，则采用相同的封层材料进行修补。

（4）人员培训与技术交底：在摊铺开始前，对施工、试验、机械、管理等岗位的技术人员进行技术交底，对各工种技术工人进行技术操作培训。技术人员、操作工人对工序衔接、各工序技术要求做到心中有数，把握操作要点，不经培训不得上岗操作。

（5）道路、通信准备：确保施工时运送混凝土的道路畅通，不得延误运输时间和损坏基层。要在摊铺现场和拌和站之间建立快速有效的通信指挥系统，有专人不间断值班，进行生产协调和指挥。

17.3.5 劳动力组织（见表 17-1）

表 17-1 三辊轴机组铺筑水泥混凝土路面施工劳动力组织

分支机构	人数	工作地点	职责范围
三辊轴摊铺机组	5	三辊轴摊铺机现场操作	现场负责人 1 人，路面工程师 1 人，现场操作机手 1 人，辅助工 2 人
现场施工班	16	施工现场	装模工 8 人，整平 2 人，拉纹 2 人，混凝土养护 2 人，混凝土修饰 2 人
测量班	3	施工现场	由测量组长负责，任务是提前完成预计施工段拉线测量和设置安装，同时完成基层的交工复测、中桩和线形的恢复测量及水泥混凝土路面各几何参数的自检
拌和站	6	拌和站	由站长负责管理和调度各搅拌楼、装载机、钢筋木材构件加工制作及装车
车队	10	施工线路	自备运输车辆时，由车队长负责混凝土运输、现场供水、供油、养护剂、钢筋木材等进出运输。在车队设立保养维修服务组，负责车辆和各种施工机械的维修保养
实验室	3	实验室及现场	由实验室主任负责各种施工原材料的进场检验；混凝土配合比、稠度、抗折强度控制及检验；混凝土路面的钻芯（板厚、劈裂强度）检验；路面平整度检验；外加剂剂量控制和配制；出具各种原材料及工程质量的自检报告
材料供应	3	拌和站料仓	由专人负责水泥、钢筋、砂石料、木材、燃料、外加剂、辅助材料和各种电气、机械易损件和备件供应。水泥必须有专人负责联络，视施工进度保证及时供应。砂石料、水泥、钢筋等大宗物资由磅站负责称量控制
电工	1	整个施工现场	负责现场动力、照明、通信等电器系统的维修保护
生活及保卫	4	整个施工现场	食堂及保卫。负责做饭送饭和工具、机具、机械、物资、材料的安全
总计	51		

注：此表为一个作业班施工配备人员。

17.4　工艺设计和控制要求

17.4.1　技术要求

（1）三辊轴依靠密排式振捣棒组保证路面混凝土振捣密实。

（2）施工工艺的机械化程度适中，设备投入少，技术容易掌握，操作较简单。

（3）三辊轴机组施工比较适用于我国二、三、四级公路及县乡公路水泥混凝土路面的施工。

（4）必须配备强制式拌和楼生产，不得采用自落滚筒式搅拌机，严禁使用人工控制加水量。

17.4.2　材料质量要求

17.4.2.1　水泥

水泥混凝土路面优先采用抗折强度高、收缩小、耐磨性强、抗冻性好的道路硅酸盐水泥、硅酸盐水泥或普通硅酸盐水泥。

17.4.2.2　粉煤灰

水泥混凝土粉煤粉掺量为不超过水泥用量20%的Ⅰ、Ⅱ级静电场收集的干原状或磨细干粉煤灰，不得使用储灰池中的湿排灰、湿灰和结块粉煤灰。

17.4.2.3　外加剂

通常使用的外加剂为早强减水剂、缓凝减水剂、缓凝高效减水剂。

17.4.2.4　拌和及养护用水

混凝土拌用水需满足以下四项基本要求：

（1）不影响混凝土和易性及凝结时间；

（2）无损于强度及其发展；

（3）不降低耐久性，不造成侵蚀和钢筋锈蚀；

（4）不污染混凝土表面，且不改变混凝土色泽。

17.4.2.5　集料

粗集料的强度和压碎值、最大粒径、针片状含量及含泥量均应满足设计规范要求，并不与混凝土发生碱集料反应。

细集料的细度模数、比表面积、级配、含泥量均需符合设计规范要求。

17.4.2.6　钢筋

水泥混凝土路面接缝钢筋——传力杆、拉杆、钢筋网、角隅钢筋，均应满足 A3 号碳素钢筋的化学及物理力学性能的要求。

17.4.2.7　养生材料

养生材料主要包括养生剂、养生膜、土工布、旧麻袋及水。

17.4.2.8　接缝材料

（1）胀缝接缝板：在目前使用的各类胀缝板材当中，泡沫橡胶缝胀缝板是性能和使用效果较理想的胀缝板材料。

（2）填缝材料：无压自流灌入时，可按《公路水泥混凝土路面接缝材料》（JT/T 203）要求的20 s执行，而使用压力灌入工具和机具时，可将灌入稠度放宽到100 s。使用有压灌入机具时，灌满填缝料即可。

17.4.3　职业健康安全要求

（1）职业安全健康目标：

①杜绝职业健康安全重伤及以上事故的发生；

②施工生产安全事故轻伤发生率控制在5‰以内；

③员工定期体检率达到100%；

④预防职业病的发生；

⑤提高全员的健康安全防范意识，安全教育普及率达到100%。

（2）严格执行特种作业的规定，杜绝无上岗证、无培训资格证的操作人员上岗。

（3）做好所有施工人员的安全教育培训工作，杜绝一切安全事故。

（4）施工人员应做好自身安全防护措施，穿戴口罩、手套、工作服等安全防护措用具，杜绝安全事故和职业病发生。

（5）施工应做好防暑降温措施，施工现场随时供应防暑药品。

（6）项目部应建立项目职业健康安全事故应急处理预案。

17.4.4　环境要求

（1）施工中必须采取有效措施，防治施工中产生的废气、废水、废渣、粉尘、恶臭气体及噪声振动等对环境的污染和危害。

（2）施工中应对施工技术人员和工人进行环境保护技术交底，杜绝施工中的大气、噪声、水、固体污染。

（3）项目部应建立项目环境污染应急处理预案。

（4）施工应当采用资源利用率高、污染物排放量少的设备和工艺。

（5）制订施工中环境保护检查制度，对施工中不满足环境保护要求的设备、工艺应强行停止，整改后才允许开工。

17.5　施工工艺

17.5.1　工艺流程（见图17-1）

17.5.2　操作工艺

17.5.2.1　测量放样及模板安装

（1）测量放样：支立模板前在基层上进行模板安装及摊铺位置的测量放样，每10 m布设中桩和边桩；每100 m布设临时水准点。核对路面高程、面板分块、胀缝和构造物位置。测量放样的质量要求和允许偏差符合相应测量规范的规定，并不能超出规范对模板安装精确度的规定。

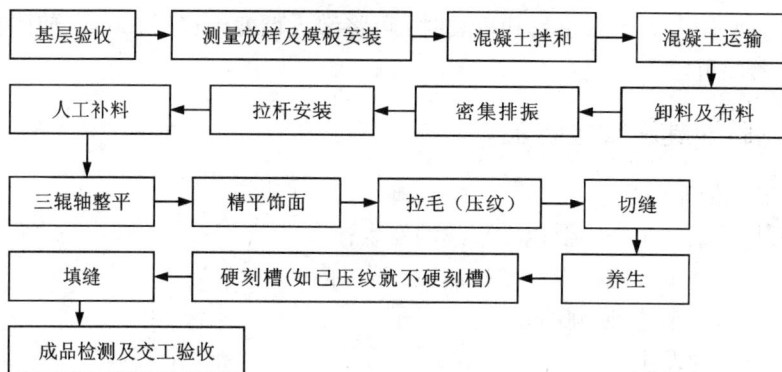

基层验收 → 测量放样及模板安装 → 混凝土拌和 → 混凝土运输

人工补料 ← 拉杆安装 ← 密集排振 ← 卸料及布料

三辊轴整平 → 精平饰面 → 拉毛（压纹） → 切缝

填缝 ← 硬刻槽（如已压纹就不硬刻槽） ← 养生

成品检测及交工验收

图 17-1　三辊轴机组铺筑水泥混凝土路面施工工艺流程

（2）模板的要求：模板采用刚度足够的槽钢制成；模板的高度应为面板设计厚度；长度以两人能够搬动为准，一般为 3～5 m，在小半径弯道可使用小于 3 m 的模板；模板的加工精度要满足规范要求；模板侧面按设计要求预留拉杆孔；模板数量不少于 2 d 的摊铺需要。

（3）模板的安装：模板安装的平面位置和高度通过拉线绳进行控制；模板垂直度通过垫木楔方法调整；底部的空隙用砂浆封堵；模板之间采用螺栓连接，模板的固定采用背部焊接钢筋固定支架，支架间距在 1 m 以内，用钢钎固定；模板内侧与混凝土接触表面涂脱模剂。模板安装稳固、顺直、平整、无扭曲，相邻模板连接紧密平顺，模板底部不得有漏浆、前后错茬、高低错台等现象。模板能承受摊铺、振捣、整平等设备的冲击和振动而不变形、不位移。

（4）模板的安装精度：模板安装完毕后，对平面位置、高程、宽度、顶面平整度等进行检查，检查结果满足规范要求，特别要检查板厚是否满足要求；如果偏厚一点可以直接铺筑；如若略薄，则按 1/500 纵坡调整来保证面层厚度要求，如偏差过大，则先处理基层，确保面层厚度。

（5）模板的拆除：当混凝土抗压强度不小于 8.0 MPa 时方可拆模。拆模时不允许采用大锤强击拆模，可使用专用的工具，不能损坏板边、板角和传力杆、拉杆周围的混凝土，同时不能损坏模板。拆下的模板及时清除砂浆等物，并矫正变形和修复局部损坏。

17.5.2.2　混凝土拌和

（1）拌和楼的设备和容量要满足三辊轴摊铺机的需要，对于高等级公路路面施工单车道要求达到 40 m³/h，双车道要求达到 60 m³/h 以上。

（2）拌和楼需经过标定，并配备和采用有计算机自动称料和砂含水率自动反馈控制系统的拌和楼进行生产，每天打印出混凝土配料的统计数据和误差。如发现配料误差大于精度要求，分析原因，排除故障，保证拌和精度。定期测定集料含水率，并进行混凝土的配合比调整。

（3）最短拌和时间：根据拌和物的黏聚性、均匀性及强度稳定性由试拌确定最短拌和时间。

（4）外加剂以溶液掺拌：溶液于施工前 1 d 配制好，施工中连续不断地拌和均匀，并每隔一段时间清除池底沉淀。

(5)拌和质量检验和控制:按规范要求检验混凝土的各项指标,预留抗弯拉强度和抗压强度试件,控制混凝土出厂温度为 10~35℃。混凝土拌和物均匀一致,每盘料之间的坍落度允许误差为 10 mm。

17.5.2.3 混凝土运输

(1)车辆选择:通常选用 10~15 t 的自卸卡车,根据施工进度、运量、运距及路况,确定车型及车辆总数。

(2)运输时间:保证混凝土运到现场适宜摊铺,并宜短于拌和物的初凝时间 1 h,同时也短于摊铺允许最长时间 0.5 h。

(3)运输技术要求:运送混凝土的车辆,在装卸料时防止混凝土离析。驾驶员要了解混凝土的运输、摊铺、振实、成形完成的允许最长时间。运输过程中要防止漏浆、漏料,避免污染路面,避免水分散失应遮盖混合物表面。装车前,要冲洗干净车厢并洒水湿润,但不允许积水。自卸汽车运输的最大距离为 15 km,超过时要采用混凝土搅拌运输车。

17.5.2.4 卸料及布料

(1)布料前应将其清扫干净,并洒水润湿。

(2)必须有专人指挥车辆均匀卸料;在摊铺宽度范围内,宜分多堆卸料。可用人工进行布料,在有条件情况下可配备挖掘机布料。采用人工布料时,尽量防止布料整平过的混凝土表面留下踩踏的脚印,还要防止将泥土踩踏入路面中。布料速度与摊铺速度相适应,并不宜低于 30~40 m/h。

(3)布料的松铺系数根据混凝土拌和物的坍落度和路面横坡大小确定,一般为 1.08~1.25。坍落度大时,取低值;坍落度小时,取高值。超高路段,横坡高的一侧取高值,横坡低的一侧取低值。布料后混合料表面大致平整,不得有明显的凹陷。

17.5.2.5 密排振实

(1)混合物布料长度大于 10 m 时,可开始振捣作业。

(2)振捣作业采用插入密排振捣棒组时,间歇插入振捣,每次移动距离不宜超过振捣棒有效作用半径的 1.5 倍,并不得大于 0.5 m,振捣时间宜为 15~30 s。

(3)采用排式振捣机连续施行振捣时,作业速度宜控制在 1.5 m/min 以内,振捣速度匀速缓慢,振捣连续不间断地进行,其作业速度以拌和物表面不露粗集料,液化表面不再冒气泡,并泛出水泥浆为准。

17.5.2.6 拉杆安装

(1)面板振实后,立即安装纵缝拉杆。

(2)单车道摊铺的混凝土路面,在侧模预留孔中按设计要求插入拉杆。

(3)一次摊铺双车道路面时,除在侧模孔中插入拉杆外,还应在中间纵缝部位,使用拉杆插入机在纵缝处插入拉杆,插入机每次移动的距离与拉杆间距相同。

17.5.2.7 人工补料

在三辊轴滚压前,振实料位高度宜高于模板顶面 5~20 mm,在滚压后进行观察,混凝土表面过高时人工铲除,过低时用混合料补平,应使表面大致平整,无踩踏和混合料分层离析现象,严禁使用水泥浆找平。

17.5.2.8 三辊轴整平

(1)作业单元划分:三辊轴整平机按作业单元分段整平,作业单元长度宜为 20~30 m,

振捣机振实与三辊轴整平两道工序之间的时间间隔不宜超过 15 min。

（2）滚压方式与遍数：在一个作业单元长度内，采用前进振动、后退滚压的方式作业，宜分别进行 2~3 遍。滚压遍数与料位高差、坍落度、整平机的重量和振捣强度有关，主要依靠经验和经过试铺确定。

（3）料位的高、低控制：在作业时，要有人处理三辊轴前料位的高、低情况，过高时，人工铲除，三辊轴下有间隙时，应使用混合料补足。

（4）静滚整平：滚压完成后，将振动辊轴抬离模板，用整平轴前后静滚整平，直到平整度符合要求、表面砂浆厚度均匀为止，静滚遍数一般为 4~8 遍。

（5）表面砂浆控制：表面砂浆厚度宜控制在 4 mm 左右，被振动轴提起向前推移的水泥砂浆，逐渐变稀浆，要人工刮除丢弃，刮除的砂浆不能再用于路面内，上一作业单元的水泥砂浆不得向下一个作业单元推赶。

17.5.2.9　精平饰面

（1）整平饰面：三辊轴摊铺的整平施工宜在混凝土初凝时间的 1/3 以内完成，并立即用刮尺进行第一遍饰面，一般在摊铺后半小时内进行，过迟时均匀效果较差。在推拉过程中，调整好刮尺底面与路面的接触角度，刮尺底面前缘离开路面。用长 3~5 m 的饰面刮尺，纵向摆放，从路面以外沿横坡方向，由板的一边向另一边拉刮，使表面砂浆沿横向也均匀分布。第一遍用刮尺整平饰面，应在整平轴静滚整平后尽快进行，推拉刮尺的速度应均匀，刮尺在推拉方向的前缘离开浆面，使刮出的浆被刮尺始终压住，刮尺推拉方向与浆面保持一定的角度。

（2）精平饰面：第一遍刮尺饰面后留下的浆条，必须进行第二遍刮尺饰面。第二遍或最后一遍刮尺饰面以不留下明显的浆条为宜，宜在混凝土初凝时间的 1/2 以前完成。

17.5.2.10　拉纹

摊铺完毕或精整平表面后，使用钢支架拖挂 1~3 层叠合麻布、帆布或棉布，洒水湿润后作拉毛处理。布片接触路面的长度以 7~1.5 m 为宜，细度模数偏大的粗砂，拖行长度取小值；砂较细，取大值。人工修整表面时，使用木抹，用钢抹修整过的光面，必须再进行拉毛处理，以恢复细观抗滑构造。拉毛完工后应立即拉纹。

17.5.2.11　切缝施工

横向缩缝、纵向缩缝、施工缝上部的槽口均采用切缝法施工。锯缝要及时，不能过早也不能过晚。要根据水泥的凝结时间、外加剂类型和气候条件等因素通过实践来确定合适的锯缝时间。首次摊铺的锯缝时间可根据施工温度与施工后时间的乘积为 250（温度小时）或混凝土抗压强度达到 5.0~10 MPa 来大致掌握，横向缩缝最长不能超过 24 h，纵向缩缝不能超过 48 h，切缝宽度为 3~8 mm，深度为 1/5~1/4 板厚。横向缩缝间距按设计要求或 5 m，要求与中线垂直，若一次摊铺过长，每隔 10~20 m 跳切，之后再按 5 m 切，以减少断板率。纵缝切缝尺寸与横缝相同，要求与路线平行，且线形顺直、圆滑。切缝完成后，立即用高压水枪将残余砂浆冲洗干净。

17.5.2.12　面板的养生

混凝土路面铺筑完成，如是采用软拉抗滑构造，制作完毕后立即进行养生。三辊轴摊铺水泥混凝土路面宜采用喷洒养生剂加覆盖的方式养生，在雨季或养生用水充足的情况下，也可覆盖保湿膜、土工布、麻袋等洒水湿养生方式。

（1）养生剂养生：养生剂喷洒应均匀，成膜厚度足以形成完全封闭水分的薄膜，表面颜色一致。喷洒时间为表面混凝土泌水完毕后进行。一般养生天数为 14～21 d，养生期内严禁开放交通。

（2）覆盖养生：使用保湿膜、土工布、麻袋等覆盖物洒水保湿养生，及时洒水，保持混凝土表面始终处于潮湿状态。昼夜温差大于 10℃ 以上地区或日平均温度小于或等于 5℃ 施工的混凝土路面，应采取保湿保温养生措施。

17.5.2.13 硬刻槽施工

硬刻槽使用硬刻槽机，宜在摊铺后约 72 h，混凝土不掉边、不掉角的情况下开始，半个月内完成。考虑到路面需要保养，故一般选在保养 7～10 d 后开始刻槽。槽宽 4～6 mm，槽深 3～5 mm，采用变间距刻槽，间距 1.6～2.4 cm。刻槽完成后，立即用高压水枪将残余泥浆冲洗干净。

17.5.2.14 填缝施工

（1）填缝材料：一般有 3 种：常温施工式填缝料、加热施工式填缝料、预制多孔橡胶条制品。

（2）施工工艺：以常温施工式填缝料为例，填缝前，采用高压水和压缩空气彻底清除接缝中的砂石及其他污染物，确保缝壁内部清洁、干燥。必要时先用 3～4 mm 宽单锯片补切，把不易冲洗干净的杂物清除出来。具体要求是缝壁上口无灰尘。用滚轮将多孔泡沫塑料柔性垫条挤压到规定深度，一般为 20～30 mm，保证所灌填的缩缝材料深度均匀、一致。缩缝填料形状系数控制为 2～4。按规定比例（厂家已按比例放入不同的容器中）把不同种类的聚氨酯混合到一起，充分摇匀，并应随拌随用，不要配制过多，以免造成浪费。将配制好的材料倒入专用灌壶中，均匀灌入已压好背衬条的缩缝中，由于路面存在横坡，呈液体状的材料因自重流向低处，这样高处内就会发生缺料现象，此时应隔 20 min 后重新填缝一次，靠近中央分隔带部分约长 100 mm 范围内，应灌满整个缝深，以封闭中央分隔带的路表渗水。填缝料的高度，夏天宜与板平，冬天应低于板面 1～2 mm。填缝必须饱满、均匀、连续贯通，不开裂、不渗水。

（3）养护期：视温度和季节确定养护期长短，冬天 24 h，夏天 12 h。填缝期间禁止车辆通行。

17.5.2.15 成品检测及交工验收

路面施工完工后，对全线进行包括平整度、弯拉强度和板厚三大关键指标进行检测，并提交全线检测结果、施工总结报告及全部原始记录等齐全资料，申请交工验收。

17.5.2.16 季节性施工

（1）雨季施工：雨季施工备有足够的防雨篷、塑料薄膜。摊铺过程中如遭遇降雨，影响路面质量时停止施工。已被雨轻微冲刷过的路面，平整度和微观抗滑构造满足要求者，宏观抗滑构造硬刻槽恢复。对被暴风雨冲刷后路面平整度严重劣化的部分，尽早铲除重铺。

（2）夏季施工：当现场气温大于等于 30℃ 时，避开中午施工。若不能避开，采取对砂石料遮盖，抽用地下冷水拌和，自卸车加遮盖，加缓凝剂、保塑剂或适当加大缓凝减水剂剂量等技术措施施工。任何条件下，拌和物温度不得超过 35℃。

（3）冬季施工：拌和物中优选和掺加早强剂或促凝剂。选用水化热大的 R 型水泥或水泥用量较多的 32.5 级水泥，不掺粉煤灰。拌和站出料温度不得低于 10℃，摊铺时温度不低于

5℃。养生方式为先洒养生剂,再加盖塑料薄膜保温,再盖保温材料保温。养生期混凝土板的温度不低于5℃。

(4)大风天气施工:在日照较强空气干燥的春秋多风季节或山区、沿海经常刮风地区,采取措施防止路面发生塑性收缩开裂,大于6级风时停止施工。

17.6　质量标准

(1)基层质量必须符合规定要求,并进行弯沉值测定,验算的基层整体弹性模量应满足设计要求。

(2)水泥强度、物理性能和化学成分应符合国家标准及有关规范的规定。

(3)粗细集料、水、外掺剂及接缝填缝料符合设计和施工规范要求。

(4)施工配合比根据现场测定水泥混凝土的实际强度进行计算,并经试验,选择采用最佳配合比。

(5)接缝的位置、规格、尺寸及传力杆、拉力杆的设置应符合设计要求。

(6)路面拉毛或机具压槽等抗滑措施,其构造深度符合施工规范要求。

(7)面层与其他构造物相接应平顺,检查井盖顶面高程高于周边路面1～3 mm。雨水口高程按设计比路面低5～8 mm,路面边缘无积水现象。

(8)混凝土路面铺筑后按施工规范要求养生。

(9)公路混凝土路面质量标准应按表15-2执行。原材料、混合物的质量应按《公路水泥混凝土路面施工技术规范》(JTG F30—2013)中表5.4.4及表6.2.7执行。

17.7　成品保护

(1)施工过程中妥善保护好已有的桩位、水准点。

(2)基层、封层修补完善后多加保护,最好能封闭交通,不能封闭交通的路段实行交通管制,禁止重车通行;通行的车辆密闭,防止杂物撒落于路面。

(3)模板安装好后,严禁任何机械、车辆碰撞。一旦被碰撞变位,应立即重新测量纠正。

(4)运送混凝土的车辆装料前,应洗净车斗,排干积水,以免影响拌和物的质量。

(5)安装好的钢筋网、拉杆、传力杆、胀缝等要严格保护,严禁任何机械、车辆冲撞。

(6)混凝土板养生初期,严禁人、畜、车辆通行,在达到混凝土设计强度的40%后,行人方可踏入,但不能破坏用于养生的薄膜。在路面养生期间,平面道口应搭建临时便桥。面板达到设计强度后,方可开放交通。

17.8　安全环保措施

17.8.1　安全措施

(1)在拌和楼的拌和锅内清理黏结混凝土时,必须关闭主电机电源,并在主开关上挂警示红牌,要两人以上方可进行,一人清理,一个值守操作台。

(2)拌和楼机械上料时,在铲斗及拉铲活动范围内,人员不得逗留和通过。

(3)运输车辆应鸣笛倒退,并有专人指挥和查看车后。

(4)施工中,机械设备严禁非操作人员使用。夜间施工,应有照明设备和明显的警示标志。

(5)施工中严禁所有的机械设备的操作手擅离岗位,严禁用手或工具触碰正在运转的机件。

(6)施工现场必须做好交通安全工作。交通繁忙的路口应设立标志,并有专人指挥。

(7)夜间施工,路口及基准线桩附近应设置警示灯或反光标志,设有专职电工管理灯光照明。

(8)施工机械停放在通车道路上,周围必须设置明显的安全标志,正对行车方向应提前200 m引导车辆转向,夜间应以红灯示警。

(9)施工机电设备应有专人负责保养、维修和看管,施工现场的电机、电线、电缆应尽量放置在无车辆、人、畜通行的部位,确保用电安全。

(10)现场操作人员必须按规定佩戴防护用具。使用有毒、易燃的燃料、填缝料、外加剂、水泥或粉煤灰时,其防毒、防火、防尘等应按有关规定严格执行。

(11)所有施工机械、电力、燃料、动力等的操作部位,严禁吸烟和有任何明火。三轴机、拌和楼、储油站、发电站、配电站等重要施工设备上应配备消防设施,确保防火安全。

(12)停工或夜间必须有专人值班保卫,严防原材料、机械、机具及零件等失窃。

(13)在施工缝等断开处设立标志,避免车辆、行人掉入。

17.8.2　环保措施

(1)拌和站、生活区、路面施工段应经常清理环境卫生,排除积水,并及时整治运输道路和停车场地,做到文明施工。

(2)施工路段和拌和场应经常洒水防尘,经常清理路上废弃物。

(3)搅拌楼、运输车辆和摊铺设备的清洗污水不得随意排放;每台拌和楼宜设置清洗污水的沉淀池或净化设备,车辆应在有污水沉淀或净化设备的清洗场进行清洗。

(4)废弃的水泥混凝土、基层残渣和所有机械设备的修理残渣和油污等废弃物应分类集中堆放或掩埋。

(5)拌和场原材料的施工现场临时堆放的材料均应分类、有序堆放。施工现场的钢筋、工具、机械设备等应摆放整齐。

17.9　质量记录

(1)原材料(水泥、粉煤灰、粗集料、细集料、外加剂、钢筋、填缝料)进场复验报告。

(2)混凝土配合比试验报告。

(3)桩位放样检查记录。

(4)模板安装及检查记录。

(5)混凝土拌和物的检查记录。

(6)钢筋网、传力杆、拉杆、胀缝的制作及安装检查记录。

（7）混凝土施工检查记录。

（8）胀缝施工检查记录。

（9）切缝施工检查记录。

（10）混凝土养护施工检查记录。

（11）路面刻槽施工检查记录。

（12）灌缝施工检查记录。

（13）混凝土强度试验报告。

（14）路面钻孔取芯试验报告。

（15）路面平整度检测报告。

（16）路面抗滑构造深度检测报告。

（17）水泥混凝土面层质量检验报告。

18　碾压混凝土路面施工工艺

18.1　总则

18.1.1　适用范围

本标准适用于各级新建、改扩建公路、城市道路、机场跑道、停机坪、货场、停车场等路面的基层和二级及以下公路的面层。

18.1.2　参考标准和规范

(1)中华人民共和国行业标准《公路水泥混凝土路面施工技术规范》(JTG F30—2003)。

(2)中华人民共和国行业标准《公路工程水泥及水泥混凝土试验规程》(JTG E30—2005)。

(3)中华人民共和国行业标准《公路工程施工安全技术规范》(JTG F90—2015)。

(4)中华人民共和国国家标准《混凝土外加剂应用技术规范》(GB 50119—2013)。

(5)中华人民共和国行业标准《公路工程质量检验评定标准》(土建工程)(JTG F80/1—2017)。

18.2　术语

18.2.1　碾压混凝土路面铺筑

采用特干硬性水泥混凝土拌和物,使用沥青摊铺机摊铺、压路机械碾压密实成形的混凝土路面施工工艺。

18.2.2　碾压混凝土压实度

干硬性混凝土拌和物现场压实后的湿密度与配合比设计时标准压实(空隙率为4%)下湿密度之比。

18.3　施工准备

18.3.1　技术准备

（1）审核图纸、设计文件和熟悉施工技术规范，编制路面施工组织设计。

（2）人员培训与技术交底：在摊铺开始前，对施工、试验、机械、管理等岗位的技术人员进行技术交底、对各工种技术工人进行技术操作培训及二次技术交底。技术人员、操作工人对工序衔接、各工序技术要求做到心中有数，把握操作要点。

18.3.2　材料准备

（1）原材料：按施工进度要求，水泥、碎石、河砂、钢筋、外加剂等材料在有一定储量的情况下，确保正常施工供应，并由实验人员按规范规定标准进行检验，确保原材料质量符合设计标准要求。

（2）施工配合比设计：配合比设计要满足混凝土抗弯拉强度、工作性、耐久性和经济性的要求，应特别注意的是，要保证碾压施工混凝土拌和物的最佳含水量、含气量、级配及易压实成形性能的工艺要求。

18.3.3　主要机具

（1）钢筋加工设备：钢筋切断机、折弯机、电焊机等。

（2）测量设备：水准仪、全站仪、钢卷尺等。

（3）摊铺成形配套设备：沥青摊铺机、压路机、刻槽机、锯缝机、辅助钢模、水车、加油车、空压机等。

（4）拌和设备：强制式混凝土拌和楼、装载机、发电机、供水泵、蓄水池、外加剂池等。

（5）运输设备：自卸运输汽车。

（6）成品保护设备：防雨篷、路障、警戒线等。

18.3.4　作业条件

（1）拌和站设置：一般宜设置在摊铺路段的中间位置，并能使拌和站的布置满足材料储运、存放、混合料拌和、运输、供电、供水及场地防水、排水等使用要求。

（2）拌和站及配套设备应安装、检测、调试、保养完毕并处于良好状态，拌和机拌和能力应保障摊铺以 0.6~1.0 m/min 速度正常进行，并备齐可供 10 d 以上的材料以便连续摊铺施工需要。

（3）面层施工前必须对下承层的质量进行检查验收，下承层的质量必须满足相应标准要求。

（4）道路、通信准备：确保施工时运送混凝土的道路畅通，不得延误运输时间和损坏基层，并保证摊铺现场和拌和站之间的通信畅通。

（5）路面摊铺前，应进行不少于 200 m 长的试验铺筑段，机械性能、组合、施工工艺、路面砼成形质量、协调及路面厚度、摊铺宽度、基准线设置、接缝设置、钢筋设置等均是否与实际设计相同。

18.3.5　劳动力组织

碾压混凝土路面施工劳动力组织如表 18 - 1 所示。

表 18 - 1　碾压混凝土路面施工劳动力组织

分支机构	人数	工作地点	职责范围
现场负责人	1	施工现场	负责现场调度
路面工程师	1	施工现场	负责施工工艺和流程
摊铺机组	3	摊铺机现场操作	现场操作机手 1 人,辅助工 2 人
现场施工班	19	施工现场	装模工 8 人,挂线 2 人,混凝土修饰 4 人,整形 2 人,压路机手 3 人
测量班	3	施工现场	由测量组长负责,任务是提前完成预计施工段拉线测量和设置安装,同时完成基层的交工复测、中桩和线形的恢复测量及水泥混凝土路面各几何参数的自检
拌和站	12	拌和站	由站长负责管理和调度各搅拌楼、装载机、钢筋木材构件加工制作及装车
车队	10	施工线路	自备运输车辆时,由车队长负责混凝土运输、现场供水、供油、养护剂、钢筋木材等进出运输。在车队设立保养维修服务组,负责车辆和各种施工机械的维修保养
实验室	3	实验室及现场	由实验室主任负责各种施工原材料的进场检验;混凝土配合比、稠度、抗折强度控制及检验;混凝土路面的钻芯(板厚、劈裂强度)检验;路面平整度检验;外加剂剂量控制和配制;出具各种原材料及工程质量的自检报告
材料供应	4	拌和站料仓	由专人负责水泥、钢筋、砂石料、木材、燃料、外加剂、辅助材料和各种电气、机械易损件和备件供应。水泥必须有专人负责联络,视施工进度保证及时供应。砂石料、水泥、钢筋等大宗物资由磅站负责称量控制
电工	1	整个施工现场	负责现场动力、照明、通信等电器系统的维修保护
生活及保卫	6	整个施工现场	食堂及保卫。负责做饭送饭和工具、机具、机械、物资、材料的安全
总计	63		

注:此表为一个作业班施工配备人员。

18.4　工艺设计和控制要求

18.4.1　技术要求

（1）摊铺路面必须使用大型沥青混凝土摊铺机摊铺，以保证路面的均匀性和平整度。压实采用重型压路机，以保证其密实性。

（2）必须配备强制式搅拌楼生产，不得采用自落滚筒式搅拌机，严禁使用人工控制加水量。

（3）必须在水泥初凝之前压实，以保证其强度。

（4）必须控制好混合料的含水量，达到最佳含水量时摊铺压实。

18.4.2　材料质量要求

18.4.2.1　水泥

水泥混凝土路面优先采用抗折强度高、收缩小、耐磨性强、抗冻性好的道路硅酸盐水泥、硅酸盐水泥或普通硅酸盐水泥。

18.4.2.2　外加剂

通常使用的外加剂为引气剂、缓凝减水剂、缓凝高效减水剂。

18.4.2.3　拌和及养护用水

混凝土拌和用水需满足以下四项基本要求：

①不影响混凝土和易性及凝结时间；

②无损于强度及其发展；

③不降低耐久性，不造成侵蚀和钢筋锈蚀；

④不污染混凝土表面，且不改变混凝土色泽。

18.4.2.4　集料

粗集料的强度和压碎值、最大粒径、针片状含量及含泥量均应满足设计规范要求，并不与混凝土发生碱集料反应。

细集料的细度模数、比表面积、级配、含泥量均需符合设计规范要求。

18.4.2.5　钢筋

水泥混凝土路面钢筋均应满足 A3 号碳素钢筋的化学及物理力学性能的要求。

18.4.2.6　养生材料

养生材料主要包括养生剂、养生膜及水。

18.4.2.7　接缝材料

（1）胀缝接缝板：在目前使用的各类胀缝板材当中，泡沫橡胶缝胀缝板是性能和使用效果较理想的胀缝板材料。

（2）填缝材料：无压自流灌入时，可按《公路水泥混凝土路面接缝材料》（JT/T 203）要求的 20 s 执行，而使用压力灌入工具和机具时，可将灌入稠度放宽到 100 s。使用有压灌入机具时，灌满填缝料即可。

18.4.3　职业健康安全要求

(1)职业安全健康目标:

①杜绝职业健康安全重伤及以上事故的发生;

②施工生产安全事故轻伤发生率控制在5‰以内;

③员工定期体检率达到100%;

④预防职业病的发生;

⑤提高全员的健康安全防范意识,安全教育普及率达到100%。

(2)严格执行特种作业的规定,杜绝无上岗证、无培训资格证的操作人员上岗。

(3)做好所有施工人员的安全教育培训工作,杜绝一切安全事故。

(4)施工人员应做好自身安全防护措施,穿戴口罩、手套、工作服等安全防护用具,杜绝安全事故和职业病发生。

(5)施工应做好防暑降温措施,施工现场随时供应防暑药品。

(6)项目部应建立项目职业健康安全事故应急处理预案。

18.4.4　环境要求

(1)施工中必须采取有效措施,防治施工中产生的废气、废水、废渣、粉尘、恶臭气体及噪声振动等对环境的污染和危害。

(2)施工中应对施工技术人员和工人进行环境保护技术交底,杜绝施工中的大气、噪声、水、固体污染。

(3)项目部应建立项目环境污染应急处理预案。

(4)施工应当采用资源利用率高、污染物排放量少的设备和工艺。

(5)制订施工中环境保护检查制度,对施工中不满足环境保护要求的设备、工艺应强行停止,整改后才允许开工。

18.5　施工工艺

18.5.1　工艺流程(见图18-1)

碾压混凝土路面施工工艺图如图18-1所示。

18.5.2　操作工艺

18.5.2.1　拉线测量设置

用全站仪按设计资料恢复中桩位置和结构层边线。施工应采用钢丝引导控制高程的方法,10 m设置一个控制桩,施工前准确布设。

18.5.2.2　混凝土拌和

拌和机采用带有自动计量系统的大型拌和机是保证碾压混凝土路面工程质量、工程进度和经济指标的前提。对于一般带有自动计量系统的拌和机,加水量的控制比较准确,最大的问题就是砂石含水量变化时能否自动检测并自动修正砂石和水的用量。因此,推荐带有自动

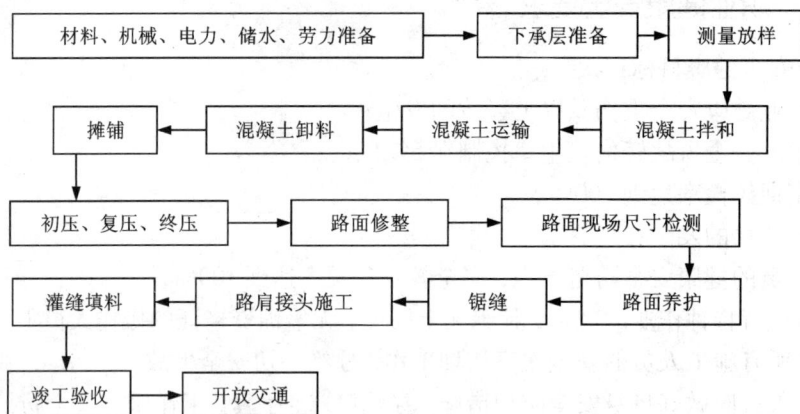

图 18-1　碾压混凝土路面施工工艺图

检测砂石含水量的拌和机，或配备附加的快速砂石含水量测定系统。影响拌和效果的主要因素是拌和时间，选用间歇式拌和机时，拌和时间可以根据混合料的拌和效果进行调整，但选用连续式拌和机时必须注意拌和效果能达到均匀性的要求。

18.5.2.3　混凝土运输

（1）车辆选择：通常选用 10～15 t 的自卸卡车，车厢底必须平顺无孔槽。根据施工进度、运量、运距及路况，确定车型及车辆总数。

（2）运输时间：保证混凝土运到现场适宜摊铺，并宜小于拌和物的初凝时间 1 h，同时也短于摊铺允许最长时间 0.5 h。

（3）运输技术要求：装卸料时防止混凝土产生离析。运输过程中要防止漏料和污染路面，为避免水分散失应遮盖混合物表面。装车前，要冲洗干净车厢并洒水湿润，但不允许积水。

18.5.2.4　碾压水泥混凝土摊铺作业

（1）摊铺前应洒水湿润基层。

（2）摊铺作业应均匀、连续，摊铺过程中不得随意变换速度或停顿。

（3）摊铺速度可按计算确定，并宜控制在 0.6～1.0 m/min 范围内。

$$V = MK/60bh$$

式中：V——摊铺速度（m/min）；

$\quad\quad M$——搅拌机产量（m³/h）；

$\quad\quad b$——摊铺宽度（m）；

$\quad\quad h$——成形后的路面厚度（m）；

$\quad\quad K$——效率系数，一般为 85～95，搅拌机为 1 台选低值，多台可取高值。

（4）螺旋分料器转速应与摊铺速度相适应，保证两边缘料位充足。

（5）拉杆设置应与摊铺同步进行，并根据设计间距设醒目的定位标记，保证准确打入拉杆。

（6）铺筑弯道路段时，应及时调整左右两侧分料器的转速，保证两侧供料均衡；弯道超高路面摊铺应确保超高部位的供料充足。

（7）摊铺过后，应立即对所摊铺混凝土表面进行检查，局部缺料部位应及时补料。局部粗料集中的部位，应采用湿筛砂浆进行弥补。

18.5.2.5　碾压水泥混凝土碾压操作要领

碾压段长度以 30 ~ 40 m 为宜。直线段碾压时，压路机应从外侧向路中心碾压；平曲线有超高路段，由底侧向高侧、自内向外碾压，压完全宽为 1 遍。碾压作业应均匀、速度稳定，并按初压、复压和终压三个阶段进行。

（1）初压应采用钢轮压路机或振动压路机静压，静压重叠量宜为 1/3 ~ 1/4 钢轮宽度，初压遍数宜为 2 遍。

（2）复压应采用振动压路机振动碾压，重叠量宜为 1/3 ~ 1/2 振动碾压宽度。振动压路机起步、倒车和转向均应缓慢柔顺，严禁振动压路机中途急停、急拐、紧急起步及快速倒车。复压遍数按检测达到规定压实度进行控制，一般宜为 2 ~ 6 遍。

（3）终压应采用轮胎压路机静压。终压遍数应以弥合表面微裂纹和消除轮迹为停压标准，一般宜为 2 ~ 8 遍。

（4）初压、复压和终压作业应密切衔接配合、一气呵成，中间不应停顿、等候和拖延，也不得相互干扰。宜尽量缩短全部碾压作业完成时间。如有局部晒干和风干迹象，应及时喷雾。压实后表面应及时覆盖，并洒水养生。

18.5.2.6　横向施工缝施工

横向施工缝设置形式宜为"台阶式"。其施工工序如下：

（1）在施工终点处设纵向斜坡，作为压路机碾压过渡段。碾压结束后，将切缝外侧混凝土刨除，形成台阶。

（2）第二天摊铺开始，后退 150 ~ 200 mm 切割施工缝，切割深度宜为 80 ~ 100 mm，将平整度合格部位以外斜坡刨除。

（3）涂刷水泥浆后，纵向连接摊铺新路面，硬化后切施工缝。

18.5.2.7　胀缝施工

在邻近构筑物、小半径平曲线两端和凹形竖曲线纵坡变换处应至少各设两条胀缝。其余路段可不设置胀缝。胀缝形式可为混凝土枕垫式或钢板枕垫式。

18.5.2.8　碾压混凝土路面质量要求

碾压混凝土路面铺筑质量除应符合相关规定外，尚应符合下列要求：

（1）应严格控制 VC 值、松铺系数、离析和碾压遍数，保证碾压作业完成后的整个混凝土路面板厚度一致、均匀密实，密实度必须达到配合比设计的规定值。板厚和均质性可用钻芯方式检验。

（2）碾压成形后的面板应达到公路等级所规定的平整度。

（3）碾压终了后的面板表面不应有可见微裂纹或轮迹。

18.5.2.9　抗滑构造施工

碾压水泥混凝土路面抗滑构造的施工制作应符合下述规定：

（1）采用硬刻槽方式制作宏观抗滑构造时，其几何尺寸为：刻槽深度 2 ~ 4 mm，槽宽 3 ~ 5 mm，槽间距 15 ~ 25 mm。硬刻槽机重量宜重不宜轻，最小整刻宽度不应小于 500 mm。硬刻槽时不应缺边掉角，路面摊铺 3 d 后可开始硬刻槽，并宜于两周内完成。

（2）对平整度不佳的路面施工接头，桥面、桥头搭板，局部经磨平达标后，应采用人工凿毛或喷砂法做出微观抗滑构造，宏观构造可采用硬刻方式制作。

18.5.2.10 碾压混凝土养生

（1）养生方式的选择：混凝土碾压完毕后应立即养生。在雨季或养生用水充足的情况下，也可采用覆盖土工布、旧麻袋等洒水湿养生方式。不宜使用围水养生方式。昼夜温差较大的地区，路面摊铺后 3 d 内宜采取覆盖保温措施防止发生裂缝和断板。

（2）养生剂养生：水泥混凝土路面采用喷洒养生剂方式养生时，养生剂喷洒量、成膜厚度、适宜的喷洒时间应通过现场试验确定。

（3）盖塑料薄膜养生：盖塑料薄膜的时间，以不压没微观抗滑构造为准。薄膜厚度（韧度）应合适，宽度应大于覆盖面 600 mm。两条薄膜对接时，搭接宽度不应小于 400 mm，薄膜在路面上应加细土或砂盖严实，并防止被钢筋挂烂及被风吹破或掀走。养生期间应始终保持薄膜完整，薄膜破裂时应立即补盖或修补。

（4）覆盖洒水湿养生：使用土工布、麻袋、草袋等覆盖物养生，应及时洒水，在任何气候条件下，均应保证覆盖物底部在养生期间始终处于潮湿状态，并由此确定每天洒水遍数。

（5）养生时间：一般养生天数宜为 14～21 d，不应少于 14 d。掺粉煤灰的水泥混凝土路面，最短养生时间不宜小于 28 d。

（6）养生期保护：混凝土板在养生期间和填缝前，严禁人、畜、车辆通行，在达到设计强度的 40%，撤除养生覆盖物后，行人方可通行。在确需行人、畜力车、人力车、汽车横穿路口时，在路面养生期间，应搭建临时便桥。

18.5.2.11 填缝

（1）混凝土板养生期满后，缝槽口应及时填缝。在填缝时，必须保持缝内清洁，防止砂石等杂物掉入缝内。填缝材料应符合设计的技术要求。

（2）采用常温施工式或加热施工式填缝料填缝，应符合下列规定：

①填缝前，应采用压缩水和压缩空气彻底清除接缝中的砂石及其他污染物，确保缝壁及内部清洁、干燥。

②当使用常温施工式聚（氨）酯和硅树脂等填缝料时，按规定比例将两组分材料按 1 h 所需灌缝量混合均匀，并应随拌随用。当使用加热施工式填缝料时，将填缝料加热至规定温度。加热过程中应不断搅拌均匀，将填缝料熔化并保温使用。

③灌注填缝料必须在缝槽口干燥清洁状态下进行，缝壁检查擦不出灰尘为可灌标准。适宜的缩缝填缝形状系数应为 2～4，填缝灌注深度宜为 20～30 mm。二、三级公路料的灌注高度，夏天宜与板面齐平，冬天宜低于板面 1～2 mm。填缝必须饱满、均匀、连续贯通。填缝材料应与缝壁黏结好，不开裂，不渗水。

④常温施工式填缝料的养生期，冬季宜为 24 h，夏季宜为 12 h。在填缝料养生期内（特别是反应型常温填缝料在固化前），应封闭交通。

（3）采用预制嵌缝条填缝，应符合下列规定：

①嵌入嵌缝条必须在缝槽口干燥清洁状态下进行。

②黏结剂应均匀地涂在缝壁上部（1/2 以上深度），形成一层连续的约 1 mm 厚的黏结剂膜，以便黏结紧密，不渗水。

③嵌缝条在嵌入过程中应使用专用工具，在长度方向既不拉伸也不压缩，保持自然状态；在宽度方向应压缩 40%～60% 嵌入。嵌缝条高度宜为 25 mm。

④填缝黏结剂固化后，应将胀缝两端多余的嵌缝条齐路面边缘裁掉。

⑤嵌缝条施工期间和黏结剂固化前，应封闭交通。

(4)纵缝填缝，纵向缩缝填缝应与横向缩缝相同。

18.5.2.12　季节性施工

(1)雨季施工：雨季施工备有足够的防雨篷、塑料薄膜。摊铺过程遭遇降雨，当降雨影响路面质量时停止施工。已被雨轻微冲刷过的路面，平整度和微观抗滑构造满足要求者，宏观抗滑构造硬刻槽恢复。对被暴雨冲刷后路面平整度严重劣化的部分，尽早铲除重铺。

(2)夏季施工：当现场气温≥30℃时，避开中午施工。若不能避开，采取对砂石料遮盖，抽用地下冷水拌和，自卸车加遮盖，加缓凝剂、保塑剂或适当加大缓凝减水剂剂量等技术措施施工。任何条件下，拌和物温度不得超过35℃。

(3)冬季施工：拌和站出料温度不得低于10℃，摊铺时温度不低于5℃。养生方式为先洒养生剂，再加盖塑料薄膜保温，再盖保温材料保温。养生期混凝土板的温度不低于5℃。

18.5.2.13　成品检测及交工验收

路面施工完工后，对全线进行包括平整度、弯拉强度和板厚三大关键指标进行检测，并提交全线检测结果、施工总结报告及全部原始记录等齐全资料，申请交工验收。

18.6　质量标准

(1)水泥强度、物理性能和化学成分应符合国家标准及有关规范的规定。

(2)粗细集料、水、外掺剂及接缝填缝料符合设计和施工规范要求。

(3)接缝的位置、规格、尺寸及传力杆、拉力杆的设置应符合设计要求。

(4)路面抗滑构造深度符合施工规范要求。

(5)面层与其他构造物相接应平顺，检查井井盖顶面高程高于周边路面 1~3 mm。雨水口高程按设计比路面低 5~8 mm，路面边缘无积水现象。

(6)混凝土路面铺筑后按施工规范要求养生。

(7)公路混凝土路面质量应按表 15-2 执行。原材料、拌和物的质量应按《公路水泥混凝土路面施工技术规范》(JTG F30—2013)中表 5.4.4 及表 6.2.7 执行。

18.7　成品保护

(1)施工过程中妥善保护好已有的桩位、水准点。

(2)基层、封层修补完善后多加保护，最好能封闭交通，不能封闭交通的路段实行交通管制，禁止重车通行；通行的车辆密封，防止杂物撒落于路面。

(3)模板安装好后，严禁任何机械、车辆碰撞。一旦被碰撞变位，应立即重新测量纠正。

(4)运送混凝土的车辆装料前，应洗净车斗，排干积水，以免影响拌和料的质量。

(5)安装好的钢筋网、拉杆、传力杆、胀缝等要严格保护，严禁任何机械、车辆冲撞。

18.8　安全环保措施

18.8.1　安全措施

(1)在拌和站的拌和锅内清理黏结混凝土时,必须关闭主电机电源,并在主开关上挂警示红牌,要两人以上方可进行,一人清理,一人值守操作台。

(2)拌和站机械上料时,在铲斗及拉铲活动范围内,人员不得逗留和通过。

(3)运输车辆应鸣笛倒退,并有专人指挥和查看车后。

(4)施工中,机械设备严禁非操作人员使用。夜间施工,应有照明设备和明显的警示标志。

(5)施工中严禁所有的操作机械设备的操作手擅离岗位,严禁用手或工具触碰正在运转的机件。

(6)施工现场必须做好交通安全工作。交通繁忙的路口应设立标志,并有专人指挥。

(7)夜间施工,路口及基准线桩附近应设置警示灯或反光标志,设有专职电工管理灯光照明。

(8)施工机械停放在通车道路上,周围必须设置明显的安全标志,正对行车方向应提前200 m引导车辆转向,夜间应以红灯警示。

(9)施工机电设备应有专人负责保养、维修和看管,施工现场的电机、电线、电缆应尽量放置在无车辆、人、畜通行的部位,确保用电安全。

(10)现场操作人员必须按规定佩戴防护用具。使用有毒、易燃的燃料、填缝料、外加剂、水泥或粉煤灰时,其防毒、防火、防尘等应按有关规定严格执行。

(11)所有施工机械、电力、燃料、动力等的操作部位,严禁吸烟和有任何明火。摊铺机、拌和站、储油站、发电站、配电站等重要施工设备上应配备消防设施,确保防火安全。

(12)停工或夜间必须有专人值班保卫,严防原材料、机械、机具、零件等失窃。

(13)在施工缝等断开处设立标志,避免车辆、行人掉入。

18.8.2　环保措施

(1)拌和站、生活区、路面施工段应经常清理环境卫生,排除积水、并及时整治运输道路和停车场地,做到文明施工。

(2)施工路段和拌和场应经常洒水防尘,经常清理路上废弃物。

(3)拌和楼、运输车辆和摊铺设备的清洗污水不得随意排放;每台拌和楼宜设置清洗污水的沉淀池或净化设备,车辆应在有污水沉淀或净化设备的清洗场地进行清洗。

(4)废弃的水泥混凝土、基层残渣和所有机械设备的修理残渣和油污等废弃物应分类集中堆放或掩埋。

(5)拌和场原材料的施工现场临时堆放的材料均应分类、有序堆放。施工现场的钢筋、工具、机械设备等应摆放整齐。

18.9　质量记录

（1）原材料（水泥、粉煤灰、粗集料、细集料、外加剂、钢筋、填缝料）进场复验报告。

（2）混凝土配合比试验报告。

（3）桩位放样检查记录。

（4）模板安装及检查记录。

（5）混凝土拌和物的检查记录。

（6）钢筋网、传力杆、拉杆、胀缝的制作及安装检查记录。

（7）混凝土施工检查记录。

（8）胀缝施工检查记录。

（9）切缝施工检查记录。

（10）混凝土养护施工检查记录。

（11）路面刻槽施工检查记录。

（12）灌缝施工检查记录。

（13）混凝土强度试验报告。

（14）路面钻孔取芯试验报告。

（15）路面平整度检验报告。

（16）路面抗滑构造深度检测报告。

（17）水泥混凝土面层质量检测报告。

19 超薄磨耗层施工工艺

19.1 总 则

19.1.1 适用范围

本标准适用于高等级公路、城市道路养护的技术，也可用于新建路面的抗滑层。

19.1.2 参考标准和规范

(1)中华人民共和国行业标准《公路沥青路面施工技术规范》(JTG F40—2004)。

(2)中华人民共和国行业标准《公路工程集料试验规程》(JTG E42—2005)。

(3)中华人民共和国行业标准《公路工程沥青及沥青混合料试验规程》(JTG E20—2011)。

(4)中华人民共和国行业标准《公路工程质量检验评定标准》(土建工程)(JTG F80/1—2017)。

(5)中华人民共和国行业标准《公路养护技术规范》(JTG H10—2009)。

(6)中华人民共和国行业标准《公路工程施工安全技术规范》(JTG F90—2015)。

19.2 术 语

19.2.1 超薄磨耗层

超薄磨耗层是将间断级配热拌沥青混合料与乳化沥青相结合的一项技术，能够解决路面轻微裂缝、轻微松散，车辙(小于 15 mm)，路面渗水，表面贫油、老化，抗滑性能降低等病害。它使用专用设备超薄磨耗层进行施工，施工过程包括改性乳化沥青喷洒以及紧随其后的改性沥青混合料的摊铺、压路机碾压成形。其铺装厚度一般为 15 ~ 25 mm。从施工工艺方面来划分，可分为同步施工超薄磨耗层和分步施工超薄磨耗层。

19.2.2 同步施工超薄磨耗层

指采用特殊机械同步完成乳化改性沥青洒布与沥青混合料摊铺的超薄磨耗层。

19.2.3　分步施工超薄磨耗层

指先利用沥青洒布设备进行乳化低标号沥青的洒布，然后再用普通摊铺设备对沥青混合料进行摊铺的超薄磨耗层。

19.3　施工准备

19.3.1　技术准备

(1)审核图纸、设计文件和熟悉施工技术规范，编制路面施工组织设计。超薄磨耗层混合料应通过配合比设计，符合技术要求后方可用于施工。超薄磨耗层施工前，应对原路面进行检查，确认原路面已进行了处治。

(2)人员培训与技术交底：在摊铺开始前，对施工、试验、机械、管理等岗位的技术人员进行技术交底、对各工种技术工人进行技术操作培训及二次技术交底。技术人员、操作工人对工序衔接、各工序技术要求做到心中有数，把握操作要点。

19.3.2　材料准备

19.3.2.1　沥青

现场要储备足够的具有加温和搅拌功能的沥青存储罐，以储备充足的沥青，保证施工的连续供应。

19.3.2.2　集料

(1)应按设计要求准备各种规格的集料，对不同料场、批次的材料应进行检测验收。

(2)集料应堆放于清洁、干燥、地基稳定、排水良好、有硬质铺面的场地上，不同规格的集料应分开堆放。

(3)集料宜采用分层堆放的方法，在整个堆料区逐层向上堆放，以防止集料离析。

19.3.2.3　矿粉

(1)必须采用憎水性的石灰岩或岩浆岩中的强基性岩石加工，细度应符合规范要求。

(2)如果采用袋装矿粉，应储存于排水良好、地势较高的地方，并需设防雨棚，防止受潮结团。

(3)散放矿粉应检查生产厂储存情况，防止受潮、结团。

19.3.3　主要机具

(1)超薄磨耗层系统采用专用设备 NovaPaver 进行施工。超薄磨耗层必须包含受料斗、传送带、乳化沥青储罐、改性乳化沥青喷洒和计量系统、宽度可调节的振动熨平板等部分。

(2)检验测量设备：3 m直尺、平整度仪等。

(3)拌和设备：装载机、发电机、供水泵、蓄水池、外加剂池等。

(4)运输设备：自卸车、交通车辆。

(5)配套设备：压路机、空压机、洒水车、废料收集车、铁锹等。

(6)成品保护设备：防雨篷、路障、警戒线等。

19.3.4 作业条件

（1）超薄磨耗层系统主要用于预防性养护和矫正性养护，并不能作为结构补强层。原路面存在的裂缝、坑槽、龟裂、网裂等病害必须事先进行修补、灌缝处理。

（2）施工现场应设专人管理交通，施工路段应设明显标志控制交通。

（3）为了保证与原路面的良好黏结，要求原路面清洁。原路面上的松散材料、泥、杂草、油污和其他杂物都会影响超薄磨耗层与原路面的黏结，造成脱皮现象。

（4）渗水严重的路面，宜在雨季到来前完成超薄磨耗层摊铺。

19.3.5 劳动力组织

超薄磨耗层施工工艺超薄磨耗层劳动力组织如表 19 - 1 所示。

表 19 - 1　超薄磨耗层劳动力组织

工种	人数	工作地点	职责范围
施工队长	1	整个施工现场	负责跟班组织施工管理工作、协助总指挥工作等
工长	1	摊铺现场	负责跟班组织施工，协调各工种交叉作业等
技术员	1	整个施工现场	负责跟班解决施工中的技术问题、编写技术措施等
安全员	3	整个施工现场	负责跟班检查安全措施、安全措施的执行情况及安全教育工作，对安全生产负责
质量检查员	1	整个施工现场	负责跟班检查工程质量，组织各工种交接及质量保证措施的执行情况，对工程质量负责
测量工	1	施工现场	负责放样、高程等测量工作
超薄磨耗层操作工	4	摊铺现场	负责超薄磨耗层的摊铺
边角修补操作工	6	摊铺现场	负责微表处作业起讫接头、边角人工修补
装载机司机	1	备料场	负责微表处的集料装车、加料
自卸卡车司机	2	备料场至摊铺现场	负责微表处的集料和其他材料运输
交通分流摇旗指挥人员	2	摊铺现场	负责现场引导车辆减速、变道等工作
配合车辆驾驶员	4	摊铺现场	负责洒水车、乳化沥青运输车、沥青洒布车的操作控制及保养维修
电工	1	整个施工现场	负责现场动力、照明、通信等电器系统的维修保护
材料员	1	材料仓库	负责施工材料供应及管理
杂工	4	整个施工现场	负责老路面处理开挖及空洞修补、垃圾搬运及现场清理等
总计	33		

注：此表为一个作业班施工配备人员，未计后勤、行政等人员。

19.4　工艺设计和控制要求

19.4.1　技术要求

（1）超薄磨耗层路面施工必须在高温环境下施工，施工温度低于10℃时不适宜进行路面施工。

（2）不得在雨天施工。施工中遇雨或者施工后混合料尚未完全成形时遇雨的，应在雨后将无法正常成形的材料层铲除。

（3）施工前必须提供混合料的设计报告，在确认材料没有发生变化和符合要求后，方可施工。

（4）施工前应对摊铺机的性能、标定和设定以及辅助施工车辆配套情况、性能等进行检查。当改性乳化沥青蒸发残留物含量和矿料含水量发生变化，必须调整摊铺机的设定，确认材料配比符合设计配比后才可施工。

（5）施工过程中应对混合料油石比、矿料级配、稳定度、流值、空隙率、残留稳定度；混合料出厂温度、运到现场温度、摊铺温度、初压温度、碾压终了温度；混合料拌和均匀性进行检测，具体检测频率、标准根据混合料类型、具体项目实际施工控制要求确定。

19.4.2　材料质量要求

施工前必须提供材料的检验报告，并确认符合要求。材料的质量检查应以同一料源、同一次购入并运至生产现场（或储入同一储罐）的相同规格品种的集料、改性乳化沥青等为一"批"进行检查。

19.4.2.1　集料

（1）粗集料。

所选粗集料应为典型高等级公路路面使用集料，满足我国关于抗滑表层的使用质量要求标准或在高等级路面表面层有成功应用的先例。直径大于4.75 mm的粗集料必须满足表19-2的各项指标。破碎砾石、玄武岩、白云石、沙石和燧石，或其他类似材料均可作为沥青混合料的粗集料，也可两种或更多不同材料混合使用，但是在进行复配时，应在工程师的指导下，按比例调配均匀。

表19-2　粗集料性能指标

试验	试验方法		指标
洛杉矶磨耗损失%	ASTM C 131	T 0317—2000	28（最大值）
细长扁平颗粒含量%	ASTM D 4791	T 0312—2000	10（最大值）
单个破碎面/%	ASTM 5821	T 0346—2000	100（最小值）
两个或多个破碎面/%	ASTM 5821	T 0346—2000	90（最小值）
狄法尔磨耗损失/%	ASTM TP 58—00		18（最大值）
坚固性/%	AASHTO T 104—94	T 0314—2000	12（最大值）

（2）细集料。

直径小于4.75 mm的细集料必须是机制砂（100%破碎加工而成），应该洁净、干燥、无风化、无杂质，与沥青有良好的黏结能力。性能指标满足表19-3要求。

表19-3　细集料性能指标

试验	试验方法		规范
砂当量/%	AASHTO T176—00	T 0334—1994	60（最小值）
亚甲基兰/(mg·g⁻¹)	AASHTO TP57—99		10（最大值）
细集料棱角性试验/%	AASHTO T 304—96	T 0344—2000	40（最小值）

19.4.2.2　填料

沥青混合料的填料宜采用石灰岩等憎水性石料经磨细得到的矿粉，矿粉要求干燥、洁净，其质量满足表19-4的要求。

表19-4　填料性能指标

0.6 mm方孔筛通过率	100%
0.075 mm方孔筛通过率	75%~100%

注意：表19-1、表19-2、表19-3所列各项指标是集料选择的目标值，但不应被认为是选择集料的唯一依据。

19.4.2.3　沥青黏结料

沥青黏结料性能必须满足超薄磨耗层整体设计要求，以实现系统的路用性能，同时，沥青黏结料必须满足表19-5的性能要求。

表19-5　沥青黏结料性能指标

试验		方法		规范
针入度，25℃，100 g，5 s/0.1 mm		ASTM D5	T 0604—2000	50（最小值）
软化点 TR&B/℃		ASTM D36	T 0606—2000	65（最小值）
密度（15℃）/(g·cm⁻³)		ASTM D70	T 0603—1993	实测
延度 5℃，5 cm/min/cm		ASTM D-113	T 0605—1993	20（最小值）
48 h离析/℃		ASTM D5976	T 0661—2000	2（最大值）
旋转黏度135℃，Pa·s		ASTM D4402	T 0625—2000	3（最大值）
测力延度比（4℃），5 cm/min/%		ASTM D226		0.3（最小值）
弹性恢复（25℃）/%		ASTM D6084—97	T 0662—2000	70（最小值）
旋转薄膜加热试验残留物 163℃，75 min	质量损失/%	ASTM D2872	T 0610—1993	1.0（最大值）
	针入度比/%	ASTM D5	T 0604—2000	60（最小值）
	延度（5℃，5 cm/min）/cm	ASTM D-113	T 0605—1993	15（最小值）

19.4.2.4 聚合物改性乳化沥青

聚合物改性乳化沥青性能必须满足超薄磨耗层系统整体设计要求,以实现系统的路用性能,同时,聚合物改性乳化沥青必须满足表19-6的要求。

表19-6 聚合物改性乳化沥青性能指标

试验		试验方法		指标
赛波特黏度试验(25℃)/s		ASTM D244	T 0623—1993	20～100
储藏稳定性试验(24 h)/%		ASTM D244	T 0656—1993	1.0(最大值)
筛上剩余量试验[①]/%		ASTM D244	T 0652—1993	0.05(最大值)
蒸馏固含量试验[②]/%		ASTM D244		63.0(最小值)
蒸馏后石油馏分/%		ASTM D244		2.0(最大值)
破乳速度	35 mL, 0.02 N, CaCl$_2$	ASTM D244		40
	35 mL, 0.8%, 气溶胶 OT	ASTM D244		40
蒸馏残留物性能试验				
针入度, 25℃, 100 g, 5 s, 0.1 mm		ASTM D5	T 0604—2000	60～150
溶解度(三氯乙烯)/%		ASTM D2042	T 0607—1993	97.5(最小值)
延度(10℃, 5 cm/min)/cm		ASTM D113	T 0605—1993	40(最小值)
弹性恢复(10℃)/%		AASHTO T301		60(最小值)

注:①如果现场施工效果良好,可以不进行筛上剩余量试验。
②改性乳化沥青进行试验时,必须达到最高温度200℃±5℃并保持15 min。

19.4.2.5 混合料设计

混合料设计集料配合比必须满足表19-7指标要求。

表19-7 混合料要求

方孔筛大小	4.75 mm-A 型	9.5 mm-B 型	12.5 mm-C 型
通过重量百分比			
ASTM	设计限值%	设计限值%	设计限值%
19 mm[1]			100
12.5 mm		100	85～100
9.5 mm	100	85～100	60～80
4.75 mm	40～55	28～38	28～38
2.36 mm	22～32	25～32	25～32
1.18 mm	15～25	15～23	15～23
0.6 mm	10～18	10～18	10～18

续表 19 – 7

方孔筛大小	通过重量百分比		
	4.75 mm – A 型	9.5 mm – B 型	12.5 mm – C 型
0.3 mm	8 ~ 13	8 ~ 13	8 ~ 13
0.15 mm	6 ~ 10	6 ~ 10	6 ~ 10
0.075 mm	4 ~ 7	4 ~ 7	4 ~ 7
混合料沥青含量/%	5.0 ~ 5.8	4.8 ~ 5.6	4.6 ~ 5.6
典型厚度/mm	15	18	20

注：推荐使用 16 mm 方孔筛通过率为 100% 的集料。含有 16 mm 以上集料的沥青混合料施工要求提高摊铺厚度。

19.4.3　职业健康安全要求

（1）职业安全健康目标：

①杜绝职业健康安全重伤及以上事故的发生；

②施工生产安全事故轻伤发生率控制在 5‰ 以内；

③员工定期体检率达到 100%；

④预防职业病的发生；

⑤提高全员的健康安全防范意识，安全教育普及率达到 100%。

（2）严格执行特种作业的规定，杜绝无上岗证、无培训资格证的操作人员上岗。

（3）做好所有施工人员的安全教育培训工作，杜绝一切安全事故。

（4）施工人员应做好自身安全防护措施，穿戴口罩、手套、工作服等安全防护用具，杜绝安全事故和职业病发生。

（5）施工应做好防暑降温措施，施工现场随时供应防暑药品。

（6）项目部应建立项目职业健康安全事故应急处理预案。

19.4.4　环境要求

（1）施工中必须采取有效措施，防治施工中产生的废气、废水、废渣、粉尘、恶臭气体及噪声振动等对环境的污染和危害。

（2）施工中应对施工技术人员和工人进行环境保护技术交底，杜绝施工中的大气、噪声、水、固体污染。

（3）项目部应建立项目环境污染应急处理预案。

（4）施工应当采用资源利用率高、污染物排放量少的设备和工艺。

（5）制订施工中环境保护检查制度，对施工中不满足环境保护要求的设备、工艺应强行停止，整改后才允许开工。

19.5　施工工艺

19.5.1　工艺流程

磨耗层工工艺流程图如图 19 - 1 所示。

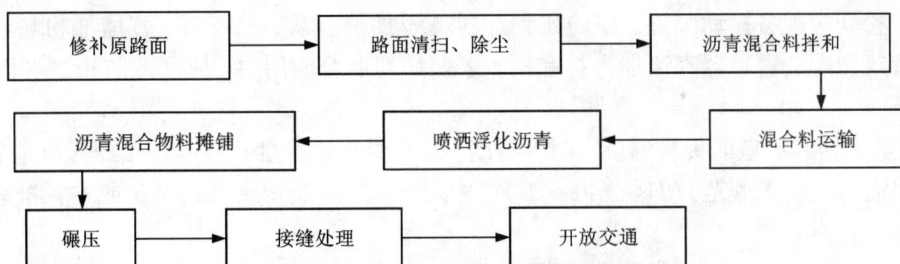

```
┌──────────┐     ┌──────────┐     ┌──────────────┐
│ 修补原路面 │ ──> │路面清扫、除尘│ ──> │ 沥青混合料拌和 │
└──────────┘     └──────────┘     └──────────────┘
                                          │
                                          ▼
┌──────────────┐   ┌──────────┐    ┌──────────┐
│沥青混合物料摊铺│<──│喷洒浮化沥青│<── │ 混合料运输 │
└──────────────┘   └──────────┘    └──────────┘
     │
     ▼
┌────────┐     ┌────────┐     ┌────────┐
│  碾压  │ ──> │ 接缝处理 │ ──> │ 开放交通 │
└────────┘     └────────┘     └────────┘
```

图 19 - 1　磨耗层工工艺流程图

19.5.2　操作工艺

19.5.2.1　修补原路面

做超薄磨耗层前，原路面结构强度必须满足要求，否则应首先进行补强处理。原路面的病害必须进行修复，修复方法与要求见表 19 - 8。

表 19 - 8　原路面修复方法

病害类型		分级	处理方法	备注
裂缝类	横裂，不规则裂缝	宽度 >5 mm[①]	灌缝	
		宽度 <5 mm	可不处理	
	纵裂	轻	分析成因后选择合适的方法	
	龟裂	重	分析成因后对面层、基层甚至土基进行挖补	
突起变形类	拥包	轻	可不处理	
	波浪	重	方法见规范[②]	
松散类	坑槽、脱皮、麻面、松散	重	处理，方法见规范[②]	
沉陷变形类	车辙	深度 <25 mm	采用微表处车辙填充	
		25 mm < 深度 <40 mm	双层微表处车辙填充或按规范方法处理	
		深度 >40 mm	沉陷 - 分析成因后选择合适的方法处理	
其他类	泛油、冻涨、翻浆	轻	方法见规范[②]，表面宏观构造深度丧失的情况下，宜采用双层微表处	

注：①路面温度 15℃左右时的裂缝宽度。

②《公路沥青路面养护技术规范》（JTJ 073.2—2001）。

19.5.2.2 路面清扫

先拣出施工范围内的大的土块、砖头及其他比较大的杂物，并用铲子、铁刷子将粘在路面上的泥块、修补留下的油斑等清除干净。然后用扫帚将前面清理后留下的杂物扫出路缘石以外，最后用鼓风机将浮尘吹净。在有顽固污迹清扫不掉时要用水浸泡几分钟后用铲子或刷子进行清理，然后用水再冲刷一遍，使污迹完全清除，最后用鼓风机将施工范围内的水吹干。

19.5.2.3 沥青混合料拌和

（1）集料和改性沥青应按标准配合比确定的用量送进拌和机，矿粉直接从窗口加入。拌和机的矿粉仓应配备振动装置，以防矿粉起拱。添加消石灰、水泥时，宜增加粉料仓，也可由专用管线和螺旋送料器直接加入拌和锅。若与矿粉混合使用时，应注意防止二者因密度不同而离析。

（2）送入拌和机里的集料温度、沥青温度、混合料出厂温度、摊铺和碾压温度应符合《公路沥青路面施工技术规范》（JTG F40—2004）中表 5.2.2 - 2、表 5.2.2 - 3 或本标准表 19 - 9 的要求。

表 19 - 9　热拌改性沥青混凝土的施工温度

沥青种类	改性沥青/℃
沥青加热温度	160 ~ 170
矿料加热温度	180 ~ 200
沥青混合料出厂温度	165 ~ 180
运输到现场温度，不低于	160
摊铺温度，不低于	160
初压温度，不低于	150
终压温度，不低于	110

试拌过程中，应通过现场温度测量对计算机打印的温度进行检验，并在一段连续施工的工艺流程中保证温度的均衡性，以保证混合料摊铺温度和碾压温度适宜。

改性沥青混合料温度应采用具有金属探测针的插入式数显温度计量取，不宜采用玻璃温度计测量，在运料车上测量时，宜在车厢侧板下方打一个小孔插入不少于 15 cm 量取。碾压温度可借助于螺丝刀分几次在路面上打洞后迅速插入温度计测量得到。

（3）把规定数量的集料和改性沥青送进拌和机后，应把这两种材料充分拌和，直至所有集料颗粒完全均匀地被沥青膜裹覆，改性沥青材料也完全均匀分布到整个混合料中，以混合料中无花白石子、无沥青团块、乌黑发亮为宜。每盘的生产周期不宜少于 45 s（其中干拌时间不少于 10 s）。

（4）对混合料拌和的均匀性应随时进行检查，如果出现花白石子，应停机分析原因，予以改进。其原因大致如下：搅拌时间不够；细颗粒矿料比例增大，特别是加入矿粉量（包括水泥或石灰等填料）增多；料门关闭不严；沥青用量不够；矿料或沥青加热温度不够等。可能是其中一项原因，也可能是其中的几项原因。如果混合料颜色枯黄灰暗，可能的原因有：拌和温度过高、改性沥青用量不够、粉料过多、石料不干、柴油燃烧不透等。对出现花白、枯黄灰暗的混合料必须废弃不用。

（5）热拌改性沥青混合料拌和机应有贮料仓，为保证连续摊铺，可提前拌和混合料，将拌好的沥青混合料送入贮料仓中暂存，待开始摊铺后再运至摊铺现场。

（6）沥青混合料配合比控制。拌好的沥青混合料应进行质量跟踪抽检，检查集料级配、油石比等指标，发现问题及时调整生产配合比，集料级配应在标准配合比目标值的容许偏差范围内，并不得超出规定级配的范围。目标值的容许偏差以具体工程项目要求为准。

（7）逐盘打印混合料用油量、各热料仓集料用量及沥青混合料重量，绘制油石比波动图。

19.5.2.4　混合料运输

（1）运送热拌改性沥青混合料的卡车载重量宜为 15～30 t，应有紧密、清洁、光滑的金属底板，底板应涂一薄层洗衣粉水溶液（不要用油水混合液），以防止混合料粘到底板上，但不得有多余残液积留在车厢底部。装料前，卡车底板应排干积水。车轮胎如有泥土，必须冲洗干净。

（2）施工前应对全体驾驶员进行培训，加强对汽车的保养，避免运料途中汽车抛锚，导致混合料冷却受损。装料时汽车应按照前、后、中的顺序来回移动，避免混合料离析。任何情况下，运料车在运输过程中都应采用双层覆盖措施，同时加盖保温毡和帆布篷（如果内层的保温毡在运输过程中可能被风吹起时，还应在保温毡上配重物施压），以防表面混合料降温结成硬壳。运料汽车应在摊铺机前 10～30 cm 处停住，不得撞击摊铺机；卸料过程中运料汽车应挂空挡，靠摊铺机推动前进，以确保摊铺层的平整度。

（3）热拌改性沥青混合料装车后应及时测试温度，发现温度过高或过低，混合料有烧焦失粘、花白现象时应予废弃。

（4）混合料运输车在摊铺机前头以后退方式缓慢接近摊铺机，但不得撞击摊铺机，应在摊铺前 10 cm 左右停下，挂空挡，靠摊铺机推动运料车前进。

（5）施工过程中摊铺机前方应有运料车在等候卸料，开始摊铺时在施工现场等候卸料的运料车不宜少于 5 辆，以保证连续摊铺。连续摊铺对保证平整度是十分重要的。

（6）热拌改性沥青混合料运至摊铺地点后应凭运料单接收，并检查拌和质量和混合料温度。不符合温度要求或已经结成团块、已遭雨淋湿的混合料不得铺筑。

（7）运料车辆应行驶在平整坚实的道路上，对行驶路线的坑槽应及时维修，减轻车辆颠簸，以免混合料离析。运料车不得超载运输，不得急刹车、急弯掉头，以免对透层、封层造成损坏。

19.5.2.5　喷洒乳化沥青、摊铺沥青混合料

NovaPaver 设备能够一次性完成改性乳化沥青喷洒、热沥青混合料摊铺及熨平。可在改性乳化沥青喷洒后 5 s 内进行热沥青混合料摊铺。在热沥青混合料摊铺之前，超薄磨耗层履带或其他部位不能接触喷洒在路面上的改性乳化沥青。

（1）改性乳化沥青在 60～80℃的温度下喷洒，喷洒量必须精确计量，以保证路面摊铺均匀。针对具体施工情况，由专业实验室设计喷洒量，并在现场由工程师根据具体路面情况进行调整。

（2）热沥青混合料摊铺在所有改性乳化沥青喷洒表面上，并由电加热的振动熨平板进行熨平。摊铺前应根据松铺厚度、纵横坡度调整好摊铺机的初始状态。摊铺机开始摊铺前必须提前对熨平板预热至 100℃以上，铺筑过程中必须开动熨平板的振动或捶击等夯实装置。

（3）摊铺速度应与拌和机供料速度协调，摊铺机必须缓慢均匀、连续不间断地摊铺，不得随意变换速度或中途停顿，以提高平整度，减少混合料离析。摊铺速度宜控制为 2～6 m/min，当

发现混合料出现明显的离析、波浪、裂缝、拖痕时，应分析原因，予以清除。

（4）路缘石、边沟、积水井和其他结构物与沥青混合料的接触面上应均匀涂上一层粘层沥青，然后才能紧靠着这些接触面摊铺沥青混合料。

（5）热拌改性沥青混合料的摊铺温度应符合要求，并应根据沥青标号、黏度、气温、摊铺层厚度合理选用。摊铺沥青混合料时气温宜在20℃以上，当气温低于10℃时，不宜摊铺热拌沥青混合料。

（6）摊铺过程中应跟踪检查摊铺层厚度及横坡度，并按《公路沥青路面施工技术规范》（JTG F40—2004）附录G所述的总量控制方法，由混合料总量与摊铺面积校验平均厚度，不符合要求时应根据铺筑情况及时进行调整。

（7）用机械摊铺的混合料，不应人工反复修整。当出现下列情况时，可用人工作局部找补或更换混合料：

①横断面不符合要求；

②构造物接头部位缺料；

③摊铺带边缘局部缺料；

④表面明显不平整；

⑤局部混合料明显离析；

⑥摊铺机后有明显的拖痕。

人工找补或更换混合料应在现场主管人员指导下进行。缺陷较严重时，应予铲除，并调整摊铺机或改进摊铺工艺。当属机械原因引起严重缺陷时，应立即停止摊铺。

19.5.2.6　碾压

超薄磨耗层系统碾压必须在路面温度降至90℃之前进行。用9～12 t的双钢轮压路机碾压3次。压路机不能静止停留在刚刚摊铺好的热沥青混合料表面上。必须在超薄磨耗层摊铺后立刻进行压实。压路机必须维护良好，具备可靠操作稳定性，装备有皂液水添加系统和刮板，从而防止新摊铺热沥青混合料粘在碾压辊上。碾压通常以静态方式进行。工程师确定碾压操作宽度，新的路面在碾压完成、路面温度冷却到50℃之前不能开放交通。

19.6　质量标准

19.6.1　基本要求

（1）改性沥青混合料的矿料质量及矿料级配应符合设计要求和施工规范的规定，按规范要求频率进行检验。

（2）严格控制各种矿料和沥青用量，严格控制矿料加热温度、改性沥青加热温度及混合料出料温度。

（3）改性沥青材料及混合料的各项指标应符合设计标准和施工规范要求，按规范要求进行改性沥青检验、混合料马歇尔试验、混合料级配检验、沥青含量检验，检验频率应符合规范要求。矿料级配、沥青含量、马歇尔稳定度等结果的合格率应不小于97%。

（4）拌和后的改性沥青混合料应均匀一致，无花白、无粗细分离和结团成块现象，温度符合规范要求。

（5）摊铺时应严格控制摊铺厚度和平整度，避免离析，控制摊铺温度、碾压温度，碾压至要求的压实度。

19.6.2　外观质量

（1）表面应平整密实，不应有泛油、松散、裂缝和明显离析现象。

（2）纵向、横向接缝应紧密平顺，与路缘石及其他结构物应紧贴平顺，不得有积水和漏水现象。

19.6.3　实测项目

超薄磨耗层施工工艺实测允许误差如表 19 – 10 所示。

表 19 – 10　允许误差范围

通过指定筛孔百分率	4.75 mm – A 型	9.5 mm – B 型	12.5 mm – C 型
方孔筛大小	允许误差/%	允许误差/%	允许误差/%
19 mm	—	—	—
12.5 mm	—	—	±5
9.5 mm	—	±5	—
4.75 mm	±5	±4	±4
2.36 mm	±4	±4	±4
1.18 mm	±4	—	—
0.075 mm	±1.0	±1.0	±1.0
沥青黏结料含量/%	±0.3	±0.3	±0.3
厚度控制/mm	±2	±3	±5

注：该控制指标为最低标准，实际控制指标可根据道路等级、业主要求和施工条件适当提高。同时，需要随时对新铺路面外观进行目测，表面必须平整密实，不得有轮迹、裂缝、推挤、油斑、油包、离析等现象。接缝必须紧密平顺，无跳车。此外，沥青混合料的拌和、摊铺、碾压、开放交通温度均符合要求。

19.6.4　质量检查与验收

根据超薄磨耗层系统特殊的路面使用性能，结合我国热沥青混凝土路面的国家验收标准，建议测试内容如表 19 – 11 所示。

表 19 – 11　超薄磨耗层施工质量检查与验收表

项目	规范允许误差		规范	
	高速公路、一级公路	一般公路	每千米测点数	合格评定方法
厚度	±3 mm	±5 mm	5	代表值满足
宽度	±2 cm	±3 cm	20	单点测值

续表 19 – 11

项目	规范允许误差		规范	
	高速公路、一级公路	一般公路	每千米测点数	合格评定方法
沥青用量	±0.3%	±0.5%	1	单个测值
矿料级配	设计级配范围内	设计级配范围内	1	单个测值
构造深度	≥1.0 mm	≥0.8 mm	1	
摩擦系数 BPN	≥45	≥45	1	
平整度	较原路面有提高		10	代表值满足

19.7 成品保护

(1)施工过程中妥善保护好已有的路缘石、绿化带。

(2)通行的车辆密封,防止杂物撒落于路面。

(3)施工过程的交通管制十分重要,一方面是为了保证施工人员和机具安全;另一方面也可防止车辆驶入未成形的微表处层,影响路面美观。

(4)运送集料的车辆装料前,应洗净车斗,排干积水,以免影响拌和料的质量。

19.8 安全环保措施

19.8.1 安全措施

(1)在拌和锅内清理黏结混凝土时,要两人以上方可进行,一人清理,一人值守操作台。

(2)拌和站机械上料时,在铲斗及拉铲活动范围内,人员不得逗留和通过。

(3)运输车辆应鸣笛倒退,并有专人指挥和查看车后。

(4)施工中,机械设备严禁非操作人员使用。夜间施工,应有照明设备和明显的警示标志。

(5)施工中严禁所有的操作机械设备的操作手擅离岗位,严禁用手或工具触碰正在运转的机件。

(6)施工现场必须做好交通安全工作。交通繁忙的路口应设立标志,并有专人指挥。

(7)夜间施工,路口及基准线桩附近应设置警示灯或反光标志,设有专职电工管理灯光照明。

(8)施工机械停放在通车道路上,周围必须设置明显的安全标志,正对行车方向应提前200 m引导车辆转向,夜间应以红灯警示。

(9)施工机电设备应有专人负责保养、维修和看管,施工现场的电机、电线、电缆应尽量放置在无车辆、人、畜通行的部位,确保用电安全。

(10)现场操作人员必须按规定佩戴防护用具。使用有毒、易燃的燃料、填缝料、外加剂、水泥或粉煤灰时,其防毒、防火、防尘等应按有关规定严格执行。

（11）所有施工机械、电力、燃料、动力等的操作部位，严禁吸烟和有任何明火。摊铺机、拌和站、储油站、发电站、配电站等重要施工设备上应配备消防设施，确保防火安全。

（12）停工或夜间必须有专人值班保卫，严防原材料、机械、机具、零件等失窃。

（13）在施工缝等断开处设立标志，避免车辆、行人进入。

19.8.2　环保措施

（1）拌和站、生活区、路面施工段应经常清理环境卫生，排除积水并及时整治运输道路和停车场地，做到文明施工。

（2）施工路段和拌和场应经常洒水防尘，经常清理路上废弃物。

（3）搅拌机、运输车辆和摊铺设备的清洗污水不得随意排放。每台拌和楼宜设置清洗污水的沉淀池或净化设备，车辆应在有污水沉淀或净化设备的清洗场地进行清洗。

（4）废弃的水泥混凝土、基层残渣和所有机械设备的修理残渣和油污等废弃物应分类集中堆放或掩埋。

（5）拌和场原材料的施工现场临时堆放的材料均应分类、有序堆放。施工现场的钢筋、工具、机械设备等应摆放整齐。

19.9　质量记录

（1）原路面处理后验收记录，施工测量、放样记录。

（2）原材料（沥青、集料、填料、外掺材料）合格文件证明，试验检测报告及进场合格证。

（3）沥青混凝土配合比设计报告。

（4）沥青混凝土拌和、摊铺、碾压施工记录。

（5）沥青混合料质量检测记录表、现场检验记录表。

20 就地热再生沥青路面施工工艺

20.1 总则

20.1.1 适用范围

本标准适用于仅存在浅层轻微病害的高速公路及一、二级公路沥青路面表面层的就地再生利用，再生层可用作上面层或者中面层。沥青路面就地热再生，再生深度一般为 20 ~ 50 mm。

20.1.2 参考标准和规范

(1)中华人民共和国行业标准《公路养护技术规范》(JTG H10—2009)。
(2)中华人民共和国行业标准《公路沥青路面施工技术规范》(JTG 40—2004)。
(3)中华人民共和国行业标准《公路工程施工安全技术规范》(JTG F90—2015)。
(4)中华人民共和国国家标准《公路工程沥青及沥青混合料试验规程》(JTJ E20—2011)。
(5)中华人民共和国行业标准《公路工程质量检验评定标准》(土建工程)(JTG F80/1—2017)。

20.2 术语

20.2.1 就地热再生

就地热再生是一种预防性养护技术。采用专用的就地热再生设备，对沥青路面进行加热、铣刨，就地掺入一定数量的新沥青、新沥青混合料、再生剂等，经热拌和、摊铺、碾压等工序，一次性实现对表面一定深度范围内的旧沥青混凝土路面再生的技术。它可分为复拌再生、加铺再生两种。

20.2.2 复拌再生

将旧沥青路面加热、铣刨，就地掺加一定数量的再生剂、新沥青、新沥青混合料，经热态拌和、摊铺、压实成形。掺加的新沥青混合料比例一般控制在30%以内。

20.2.3　加铺再生

将旧沥青路面加热、铣刨，就地掺加一定数量的新沥青混合料、再生剂，拌和形成再生混合料，利用再生复拌机的第一熨平板摊铺再生混合料，利用再生复拌机的第二熨平板同时将新沥青混合料摊铺于再生混合料之上，两层一起压实成形。

20.3　施工准备

20.3.1　技术准备

(1)审核图纸、设计文件和熟悉施工技术规范，编制路面施工组织设计。利用就地热再生工艺进行沥青路面维修施工过程中，应引起重视的关键问题有旧沥青路面技术状况的实地勘察、再生沥青混合料的配合比设计、再生沥青混合料的施工及其质量控制等。

(2)人员培训与技术交底。由项目总工程师向各工程师、班组长进行书面的一级技术交底和安全交底，然后由各工程师、班组长向各自部门技术员、操作手进行二级技术交底和安全交底，施工前由路面工程师向辅助工人进行三级技术交底和安全交底。

20.3.2　材料准备

开工前，必须对沥青、集料、再生剂等主要原材料进行调查、取样、检测，符合要求的签订材料供应协议，确保材料供应及时。进场集料需按规格分隔堆放，细集料必须覆盖，粗集料应覆盖，填料严禁受潮。料场及场内道路必须做硬化处理，排水设施应完善，严禁泥土等杂物污染集料。

20.3.3　主要机具

(1)主要机械：再生用路面加热机、路面再生机、压路机。

(2)拌和设备：装载机、发电机、供水泵、蓄水池、外加剂池等。

(3)检验测量设备：3 m 直尺、平整度仪等。

(4)配套设备：空压机、洒水车、废料收集车、铁锹等。

(5)运输设备：自卸车、交通车辆。

(6)成品保护设备：防雨篷、路障、警戒线等。

20.3.4　作业条件

(1)沥青混凝土路面就地热再生只对旧路面表层 2～5 cm 厚的沥青混合料进行再生。

(2)沥青混凝土路面就地热再生需要使用大型的专用机械，施工时的机组长 50～100 m，要具有发挥就地热再生特长的足够的工程规模，要确保现场的施工条件。

20.3.5　劳动力组织

就地热再生施工劳动力组织如表 20-1 所示。

表 20 - 1 就地热再生施工劳动力组织

表 20 - 1　就地热再生施工劳动力组织

工种	人数	工作地点	职责范围
现场施工负责人	1	摊铺现场	负责跟拌和站协调、组织现场施工等
技术员	2	摊铺现场	负责摊铺前、后场的协调、指挥和检查
拌和机手	2	拌和机周边	负责生产合格的混合料、机器维修保养等
拌和站辅助工	5	整个拌和站	负责整个生产过程中的辅助工作
摊铺组	6	摊铺机	负责摊铺机的正常运转，摊铺合格的混合料
碾压组	5	压路机	负责按标准流程进行混合料的碾压
测量组	2	摊铺机周边	负责检测挂线高、松铺厚度
检测组	2	摊铺机周边	负责检测温度、压实度、平整度、表面均匀性
安全员	2	整个施工现场	负责跟班检查安全措施、安全措施的执行情况及安全教育工作，对安全生产负责
施工现场辅助工	16	整个施工现场	负责挂线、指挥倒车、缺陷处理等工作
总计	43		

注：此表为一个作业班施工配备人员，未计后勤、行政等人员。

20.4　工艺设计和控制要求

20.4.1　技术要求

20.4.1.1　施工工艺设计

（1）热再生沥青混合料的性能检验，对热再生沥青混合料取样，进行沥青抽提实验及马歇尔实验，分别检验老沥青性能的恢复情况及再生沥青混凝土的性能指标。

（2）控制好摊铺机的行进速度，尽量少停机，而且厚度要均匀。控制好压路机的碾压工艺，不能急起步、急刹车，行驶要平稳。加强现场监控，配备 3 m 长尺，发现平整度不好时即使查找原因，予以纠正。

（3）沥青路面的压实度是沥青路面质量的重要指标，必须严格控制，必须达到设计文件和规范的要求。要控制好压实度，必须控制好沥青混凝土料的碾压温度、碾压遍数。

20.4.1.2　配合比设计

经过多年使用的旧沥青路面内部会有骨料级配改变和沥青老化两种主要变化，因此就地热再生沥青混合料的配合比设计应分 3 个步骤进行：一是利用芯样和实验室检测设备对旧沥青混合料的级配及油石比进行检验；二是对旧沥青检验及添加剂后沥青的检验；三是再生沥青混合料的配合比设计。

20.4.2　材料质量要求

20.4.2.1　沥青

沥青进场时，每车应出具出厂检验合格报告，进场的沥青按照《公路沥青路面施工技术规范》(JTG F40—2004)表4.2.1-1的要求进行检测,技术指标必须满足规范要求。

20.4.2.2　集料

(1)粗集料。

中、下面层用粗集料应采用具有足够强度和耐磨性的石灰石碎石,上面层粗集料应采用质地坚硬、表面粗糙、耐磨、具有良好嵌挤能力的玄武岩、安山岩、辉绿岩等硬质石料破碎的碎石。碎石应洁净、干燥、无风化、无杂质,其颗粒形状应具有多棱角,接近立方体。粗集料的主要技术指标必须满足《公路沥青路面施工技术规范》(JTG F40—2004)表4.8.2、表4.8.3、表4.8.5和表4.8.7的要求。为确保粗集料的颗粒形状符合要求,沥青面层用粗集料在破碎作业时,不得采用颚式破碎机加工,必须采用反击式、锤击式或圆锥碎石机破碎。

(2)细集料。

可采用质量良好的石灰石石屑,但必须具有较好的颗粒形状。上面层用细集料必须采用由制砂机专门生产的优质机制砂。细集料应干净、坚硬、干燥、无风化、无杂质和其他有害物质,并有良好的颗粒级配。其主要技术指标必须满足《公路沥青路面施工技术规范》(JTG F40—2004)表4.9.2和表4.9.4的要求。

20.4.2.3　填料

填料可采用石灰岩经磨细得到的新鲜矿粉,不应含泥土杂质,要求干燥、洁净、不结团,能自由地从矿粉仓中流出。不得采用0~2.36 mm或0~4.75 mm碎石研磨,应采用2.36 mm以上干净的石灰石碎石研磨。其主要技术指标必须满足《公路沥青路面施工技术规范》(JTG F40—2004)表4.10.1的要求。为提高沥青混合料的水稳性,可采用水泥或石灰作为填料代替部分矿粉,但石灰用量不宜超过集料总量的2%,水泥用量不宜超过集料总量的3%。

20.4.3　职业健康安全要求

(1)职业安全健康目标:

①杜绝职业健康安全重伤及以上事故的发生;

②施工生产安全事故轻伤发生率控制在5‰以内;

③员工定期体检率达到100%;

④预防职业病的发生;

⑤提高全员的健康安全防范意识,安全教育普及率达到100%。

(2)严格执行特种作业的规定,杜绝无上岗证、无培训资格证的操作人员上岗。

(3)做好所有施工人员的安全教育培训工作,杜绝一切安全事故。

(4)施工人员应做好自身安全防护措施,穿戴口罩、手套、工作服等安全防护用具,杜绝安全事故和职业病发生。

(5)施工应做好防暑降温措施,施工现场随时供应防暑药品。

(6)项目部应建立项目职业健康安全事故应急处理预案。

20.4.4　环境要求

(1)施工中必须采取有效措施,防治施工中产生的废气、废水、废渣、粉尘、恶臭气体及噪声振动等对环境的污染和危害。

(2)施工中应对施工技术人员和工人进行环境保护技术交底,杜绝施工中的大气、噪声、水、固体污染。

（3）项目部应建立项目环境污染应急处理预案。

（4）施工应当采用资源利用率高、污染物排放量少的设备和工艺。

（5）制订施工中环境保护检查制度，对施工中不满足环境保护要求的设备、工艺应强行停止，整改后才允许开工。

20.5　施工工艺

20.5.1　工艺流程

就地热再生工艺如图 20-1 所示。

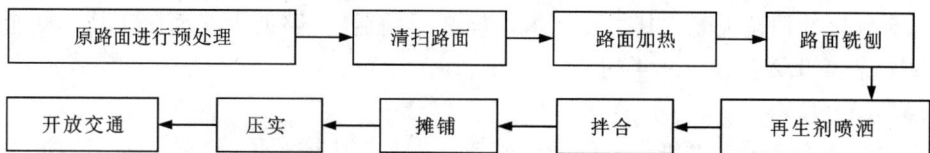

图 20-1　就地热再生施工工艺流程图

20.5.2　操作工艺

20.5.2.1　施工准备

（1）调查周围环境，对周围环境采取隔离措施。

（2）就地热再生施工前，必须对就地热再生无法修复的路面进行预处理。

（3）对旧沥青路面进行实地勘察，钻取芯样，然后进行施工设计和实验室试验，以获得一个满足施工规范要求的骨料级配，进一步确定新沥青和再生剂含量。

（4）根据再生剂厂家提供的经验掺配比和试验结果，将再生剂与老化的沥青按一定比例进行混合，以恢复已老化沥青的各种性能，如表 20-2 所示。

表 20-2　再生剂掺配比及其试验结果

序号	掺配比例	针入度/mm （25℃、0.1 mm）	软化点/℃	延度/cm （15℃）
1	6%	44.6	57.5	>100
2	8%	56.4	55.5	>100
3	10%	70.2	50.0	>100
4	旧沥青	30.4	60.5	—
试验方法		T 0604—2000	T 0606—2000	T 0605—2000

（5）再生剂掺量试验。

将回收的旧沥青按不同剂量掺加再生剂，然后进行再生沥青的常规试验。根据不同地区的气候条件，再生沥青的再生目标标号不同。由于热再生本身的工艺特点，再生沥青的目标标号应略低于地区原来所使用的新沥青标号，以防现新沥青标号太高，造成再生沥青混凝土路面的高温稳定性差。

表 20 – 3　旧沥青掺加再生剂后常规试验结果

试验项目	单位	试验结果						AH – 70
		老化沥青	样组	再生沥青				
				8%	11%	14%		
针入度 (100 g，5 s，25℃)	0.1 mm	29	A	58	83	133		60 ~ 80
			B	59	81	133		
			C	58	87	131		
			平均值	58	84	132		
延度 (5 cm/min)	cm	8.3	15℃	37	54	62		>100
		15.7	25℃	64	>100			
软化点	℃	63	A	49.5	46.5	—		44 ~ 54
			B	49.8	46.8	—		
			平均值	49.7	46.7			

表 20 – 3 表明：随着再生剂用量的增加，沥青明显软化，其针入度、延度提高，软化点降低，这说明旧沥青的路用性能得到了改善。从试验结果看，按旧沥青的 11% 添加再生剂即可满足再生要求。但考虑到旧沥青混合料的油石比比较低，还需要添加一部分新沥青，因此，再生剂的掺加比例初步确定为旧沥青的 10% 。

再生沥青的性能如何，不但要看再生后的常规指标的改善情况，还应看再生沥青的抗老化能力如何。薄膜烘箱加热试验结果表明：再生沥青具备良好的抗老化能力，其试验结果满足现行规范对新沥青的要求，这说明再生沥青可以用于高等公路混凝土路面的铺筑。

表 20 – 4　再生沥青抗老化试验结果

试验项目		试验结果				规范要求	试验方法
		1	2	3	平均		
薄膜加热试验 (163℃，5 h)	质量损失/%	0.76	0.88	0.82	0.82	≤1.0	T 0609
	针入度比/%	62	67	71	67	≥55	T 0609
	延度 25/cm	71	75	82	76	50 ~ 75	T 0609

（6）再生沥青混合料配合比设计。

①旧沥青混合料检验。对旧沥青混合料进行抽提试验得到的矿料进行筛分，以判断旧路面的级配。一般情况下，沥青混凝土路面在进行车荷载和自然因素的反复作用下，会引起矿

料颗粒的疲劳、操作和破碎，使其级配发生变化。

②确定掺加新沥青混合料的级配确定。根据旧路面车辙情况和初步拟定的施工方案，可以确定掺加新沥青混合料的比例，根据这个比例确定掺加新沥青混合料的级配。一般情况下，复拌型就地热再生工艺可以改善旧沥青混合料的级配，但如果旧沥青混合料的级配太差，掺加新沥青混合料的量太少，级配改善的效果会受到影响。

再生沥青混合料的油石比由三部分组成：旧沥青混合料的油石比、掺加的再生剂、新沥青混合料的油石比。由于热再生的工艺局限，新沥青混合料的油石比一般按正常沥青混合料的配合比设计来确定。再生沥青混合料的合成油石比如果还偏小，应考虑再加入一部分新沥青，新沥青一般应混入再生剂，均匀地加入旧沥青混合料。

再生沥青混合料以旧沥青加入再生剂后形成的油石比为最低油石比，然后按一定间隔加入新沥青，做马歇尔试验，用马歇尔试验来确定再生沥青混合料的油石比。假如再生沥青混合料的最佳油石比为 5.1%，旧沥青的油石比为 4.2%，掺加 25% 的新料（油石比按 5%）后的油石比为 4.4%，掺加的再生剂折算后油石比为 0.42%，还需要添加 0.28% 的新沥青。

（7）再生沥青混合料性能试验。

对已完成设计的再生沥青混合料应做车辙试验予以检验。北方寒冷地区还应做冻融试验。假如本次再生沥青混合料的动稳定度在 1300～1700 次/mm，表明再生沥青混合料具有良好的抗车辙能力，再生沥青混合料的马歇尔试验结果如表 20-5 所示。

表 20-5　再生沥青混合料的马歇尔试验结果

油石比/%	密度/(g·cm⁻³)		空隙率/%	饱和率/%	沥青体积进分率/%	矿料间隙率/%	稳定度/kN	流值/0.1 mm	残留稳定度/%
	理论	实际							
4.7	2.590	2.468	5.9	64.7	10.8	16.7	12.1	22.9	66
5.0	2.579	2.489	5.2	69.0	11.6	16.8	11.9	29.0	92
5.3	2.568	2.503	4.5	73.2	12.3	16.8	11.1	32.7	91
5.6	2.557	2.499	3.7	77.7	12.9	16.6	10.4	42.4	8
规范要求	—	—	3.0～6.0	70～85	—	≥14.0	≥7.5	20～40	≥7.5

20.5.2.2　施工前旧路面的清洁

先捡出施工范围内的大的土块、砖头及其他比较大的杂物，并用铲子、铁刷子将粘在路面上的泥块、修补留下的油斑等清除干净。然后用扫帚将前面清理后留下的杂物扫出路缘石以外，最后用鼓风机将浮尘吹净。在有顽固污迹清扫不掉时，要用水浸泡几分钟后用铲子或刷子进行清理，然后再用水冲刷一遍，使污迹完全清除，最后用鼓风机将施工范围内的水吹干。清扫时要始终保证在第一台加热机前有 100 m 的工作段落。

20.5.2.3　加热

加热机的前加热板位于再生车道上，点燃加热板，略微等待一段时间后，开始缓慢移加热机，在其他加热板通过初始位置时，相继点燃。并根据现场情况随时调节燃气压力、进行往复加热、调整加热机的行走速度及加热板与地面之间的高度等，确保路面始终得到均匀的加热。将旧沥青路面加热至所需深度（5 ~ 6 cm）和温度（表面温度达 180℃，内部温度为 130℃左右），使之软化，加热的宽度要比再生铣刨的宽度两边各宽 20 cm。在加热过程中要提高温度的检测频率，根据检测结果及时调整，不能太高也不宜太低。确保加热铣刨、摊铺后的温度控制为 130 ~ 140℃，既不能过高，过高会加剧沥青路面的老化，又不能低，过低会影响再生质量和压实质量。另外在风力较大时要悬挂自制的遮风板，以减少热量的损失。

20.5.2.4　路面铣刨

铣刨机进入铣刨区，设定基准以车架为基础，在复拌机行走的前提下进行铣刨深度参数设定，然后逐渐达到规定的铣刨深度；达到铣刨深度后，复合标尺确认，使耙松地面平整，铣刨宽度满足设计要求，铣刨深度要准确均匀。配备专人负责检查铣刨深度，随时检查，发现铣刨深度误差过大及时调整，铣刨深度误差为 5 mm，尽量做到准确。

20.5.2.5　再生剂掺加

设定再生剂添加量，打开添加剂喷洒开关。再生剂的喷洒剂量现场控制必须多做试验，加强监控，确保再生剂喷洒量准确。摊铺完成后仔细观察路面颜色，及时反馈信息或用量调整，保证达到最佳用量。对再生剂的喷洒装置必须每天进行清理，防止喷嘴堵塞。

20.5.2.6　拌和、摊铺

将喷洒过再生剂的旧料收集到旋转拌和仓中，然后加入新集料，进一步拌和以使新旧料充分进行热量交换，然后加入新沥青，再进行拌和，拌和时间一般为 90 ~ 120 s，最后加入矿粉，再拌和 60 s 出料。成品料进入摊铺器内，按照试验室给的数据，对电脑进行厚度参数的设定。仔细观察熨平板前的混合料数量，必要时清除部分旧料，以保证路面摊铺厚度和路面平整度。适时调整熨平板的宽度，达到与原路面一致。提高对摊铺厚度的检测频率及时调整。

20.5.2.7　碾压

（1）碾压是沥青混凝土施工中的重要一环，碾压必须采用追随、紧跟的碾压组合方式，遵循初压、复压、终压的原则，并严格控制碾压速度。

碾压组合方式见图 20 - 2，碾压速度见表 20 - 6。

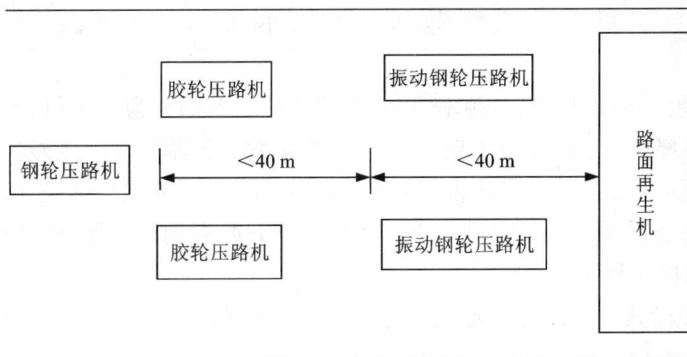

图 20 - 2　碾压组合方式图

表 20－6　压路机碾压速度（km/h）

压路机类型	初压		复压		终压	
	适宜	最大	适宜	最大	适宜	最大
钢轮压路机	2～3	4	3～5	5	3～6	6
轮胶压路机			3～5	6		
振动压路机	2～3 （静压）	3 （静压）	3～4.5 （振动）	5 （振动）	3～6 （静压）	6 （静压）

（2）初压应符合下列要求：

①初压应紧跟摊铺机后在较高温度下碾压，并保持较短的初压区长度，以尽快使表面压实，减少热量散失，并不得产生推移、发裂等现象，压实温度应根据沥青稠度、压路机类型、气温、铺筑层厚度、混合料类型经试铺试压确定，并符合表 20－6 的要求。

②压路机应从外侧向中心碾压，在超高路段则由低向高处碾压，在坡道上应将驱动轮从低处向高处碾压，相邻碾压带应重叠 1/3～1/2 轮宽，最后碾压路中心部分，压完全幅为一遍。当边缘有挡板、路缘石、路肩等支挡时，应紧靠支挡碾压。当边缘无支挡时，可用耙子将边缘的混合料稍稍耙高，然后将压路机的外侧轮伸出边缘 10 cm 以上碾压。也可在边缘先空出宽 30～40 cm，待压完第一遍后，将压路机大部分重量位于已压实过的混合料面上再压边缘，以减少向外推移情况出现。

③应采用钢轮压路机或关闭振动装置的振动压路机碾压 1 遍，其线压力不宜小于 350 N/cm。初压后检查平整度、路拱，必要时予以适当修整。

④碾压时应将驱动轮面向摊铺机。碾压路线及碾压方向不应突然改变，以免混合料产生推移。压路机启动、停止必须减速缓慢进行。

（3）复压应紧接在初压后进行，不得随意停顿，并符合下列要求：

①复压宜采用重型的胶轮压路机、振动压路机。碾压遍数应经试压确定，不宜少于 4 遍，直至达到要求的压实度，并无明显轮迹。

②当采用胶轮压路机时，总质量不宜小于 26 t。相邻碾压带应重叠 1/3～1/2 的碾压轮宽度。

③当采用振动压路机时，振动频率宜为 35～50 Hz，振幅宜为 0.3～0.8 mm，并根据混合料种类、温度和层厚选用，层厚较厚时选用较大的频率和振幅，以产生较大的激振力。厚度较薄时，采用高频率、低振幅，以防止集料破碎。相邻碾压带重叠宽度为 10～20 cm，振动压路机倒车时应先停止振动，并在向另一方向运动后再开始振动，以避免混合料形成鼓包。

（4）终压应紧接在复压后进行。

终压可选用双轮式钢轮压路机或关闭振动的振动压路机碾压，不宜少于两遍，以消除轮迹，提高平整度。路面压实成形的终了温度应不低于 110℃。

（5）碾压注意事项。

①压路机的碾压段长度以与摊铺速度平衡为原则选定，并保持大体稳定。气温高，风速小时，碾压段宜长；气温低，风速大时宜短。气温低于 10℃，一般不宜施工。压路机应紧跟摊铺机碾压。压路机每次应由两端折回的位置成阶梯形地随摊铺机向前推进，使折回处不在

同一横断面上。在摊铺机连续摊铺的过程中，所有压路机不得随意停顿。

②压路机碾压过程中出现沥青混合料粘轮现象时，应立即清除。对于钢轮压路机，可向碾压轮喷水以防粘轮(水中可添加少量表面活性剂)，但必须严格控制喷水量且必须成雾状喷洒。对于胶轮压路机，开始碾压阶段可涂刷少量隔离剂或防黏结剂。

20.5.2.8　接缝处理

施工缝接缝处必须平顺、密实，每天收工时记住松铺刻度值，开工时即按此松铺系数。现场配备小孔筛，接缝出现离析时筛小料填充，以保证接缝质量。再生路面和原路面纵向接缝质量是热再生的施工质量的关键环节，必须做到新旧路面接缝平顺、密实，杜绝松散现象。加热宽度双铣刨度每边宽 10～20 cm 为宜，以保证纵向接缝的温度，从而使纵缝密实无松散。

20.5.2.9　开放交通

热再生沥青混合料路面应待摊铺层完全自然冷却、混合料表面温度低于 50℃ 后，方可开放交通。需要提早开放交通时，可洒水冷却，降低混合料温度。

20.6　质量标准

20.6.1　一般标准

(1)沥青混合料的矿料质量及矿料级配应符合设计要求和施工规范的规定，按规范要求频率进行检验。

(2)严格控制各种矿料和沥青用量及再生剂喷洒用量，严格控制原路面加热温度。

(3)沥青材料及混合料的各项指标应符合设计标准和施工规范要求，按规范要求进行沥青检验、混合料马歇尔试验、混合料级配检验、沥青含量检验，检验频率应符合规范要求。矿料级配、沥青含量、马歇尔稳定度等结果的合格率应不小于 97%。

(4)拌和后的沥青混合料应均匀一致，无花白、无粗细分离和结团成块现象，温度符合规范要求。

(5)摊铺时应严格控制摊铺厚度和平整度，避免离析，控制摊铺温度、碾压温度，碾压至要求的压实度。

20.6.2　外观质量

(1)表面应平整密实，不应有泛油、松散、裂缝和明显离析现象。

(2)纵向、横向接缝应紧密平顺，与路缘石及其他结构物应紧贴平顺，不得有积水和漏水现象。

20.6.3　实测项目

沥青混凝土面层实测项目如表 20 - 7 所示。

20.7 成品保护

(1)施工过程中妥善保护好已有的路缘石、绿化带。

(2)通行的车辆密封，防止杂物撒落于路面。

(3)施工过程的交通管制十分重要，一方面是为了保证施工人员和机具安全，另一方面也可防止车辆驶入未冷却成形的面层，影响路表美观。

(4)运送集料的车辆装料前，应洗净车斗，排干积水，以免影响拌和料的质量。

20.8 安全环保措施

20.8.1 安全措施

(1)在拌和锅内清理黏结混凝土时，要两人以上方可进行，一人清理，一人值守操作台。

(2)拌和站机械上料时，在铲斗及拉铲活动范围内，人员不得逗留和通过。

(3)运输车辆应鸣笛倒退，并有专人指挥和查看车后。

(4)施工中，机械设备严禁非操作人员使用。夜间施工，应有照明设备和明显的警示标志。

(5)施工中严禁所有的操作机械设备的操作手擅离岗位，严禁用手或工具触碰正在运转的机件。

(6)施工现场必须做好交通安全工作。交通繁忙的路口应设立标志，并有专人指挥。

(7)夜间施工，路口及基准线桩附近应设置警示灯或反光标志，设有专职电工管理灯光照明。

(8)施工机械停放在通车道路上，周围必须设置明显的安全标志，正对行车方向应提前200 m引导车辆转向，夜间应以红灯警示。

(9)施工机电设备应有专人负责保养、维修和看管，施工现场的电机、电线、电缆应尽量放置在无车辆、人、畜通行的部位，确保用电安全。

(10)现场操作人员必须按规定佩戴防护用具。使用有毒、易燃的燃料、填缝料、外加剂、水泥或粉煤灰时，其防毒、防火、防尘等应按有关规定严格执行。

(11)所有施工机械、电力、燃料、动力等的操作部位，严禁吸烟和有任何明火。摊铺机、拌和站、储油站、发电站、配电站等重要施工设备上应配备消防设施，确保防火安全。

(12)停工或夜间必须有专人值班保卫，严防原材料、机械、机具、零件等失窃。

(13)在施工缝等断开处设立标志，避免车辆、行人进入。

20.8.2 环保措施

(1)拌和站、生活区、路面施工段应经常清理环境卫生，排除积水并及时整治运输道路和停车场地，做到文明施工。

(2)施工路段和拌和场应经常洒水防尘，经常清理路上废弃物。

(3)搅拌楼、运输车辆和摊铺设备的清洗污水不得随意排放。每台拌和楼宜设置清洗污水的沉淀池或净化设备，车辆应在有污水沉淀或净化设备的清洗场地进行清洗。

（4）废弃的水泥混凝土、基层残渣和所有机械设备的修理残渣和油污等废弃物应分类集中堆放或掩埋。

（5）拌和场原材料的施工现场临时堆放的材料均应分类、有序堆放。施工现场的钢筋、工具、机械设备等应摆放整齐。

20.9　质量记录

（1）原路面处理后验收记录，施工测量、放样记录。

（2）原材料（沥青、集料、填料、外掺材料）合格文件证明，试验检测报告及进场合格证。

（3）沥青混凝土配合比设计报告。

（4）沥青混凝土拌和、摊铺、碾压施工记录。

（5）沥青混合料质量检测记录表、现场检验记录表。

21　沥青路面铣刨摊铺施工工艺

21.1　总　则

21.1.1　适用范围

本标准适用于各级改建(扩建)公路、城市道路、机场跑道等的各结构类型的热拌沥青混合料上、中、下各层次路面大、中修养护。

21.1.2　参考标准和规范

(1)中华人民共和国行业标准《公路沥青路面施工技术规范》(JTG F40—2004)。

(2)中华人民共和国行业标准《公路工程集料试验规程》(JTG E42—2005)。

(3)中华人民共和国行业标准《公路工程沥青及沥青混合料试验规程》(JTG E20—2011)。

(4)中华人民共和国行业标准《公路工程质量检验评定标准》(土建工程)(JTG F80/1—2017)。

(5)中华人民共和国行业标准《公路养护技术规范》(JTG H10—2009)。

(6)中华人民共和国行业标准《公路工程施工安全技术规范》(JTG F90—2015)。

21.2　术　语

铣刨摊铺是一种传统的修补方法,它不仅可用来补修路面面层,而且用来翻修路面结构层,可彻底消除路面龟裂、网裂、坑槽、沉陷、车辙、脱落和桥头涵顶跳车等多种病害,在路面修补中占主要地位。

21.3　施工准备

21.3.1　技术准备

(1)确定沥青混合料拌和楼、运料汽车和材料,所有进场材料必须经过试验,按目标配合比,进行生产配合比试验、验证,确定生产配比。

（2）熟悉图纸、设计文件和相关规范、标准，编制实施性施工组织设计和单项工程施工技术方案和安全技术方案，由项目总工程师向各工程师、班组长进行书面的一级技术交底和安全交底，然后由各工程师、班组长向各自部门技术员、操作手进行二级技术交底和安全交底，施工前由路面工程师向辅助工人进行三级技术交底和安全交底。

（3）配合比设计，包括目标配合比设计、生产配合比设计以及生产配合比验证3个阶段。

①目标配合比设计包括：用工程实际使用的材料按《公路沥青路面施工技术规范》（JTG F40—2004）附录B的方法，优选矿料级配、确定最佳沥青用量，符合配合比设计技术标准和配合比设计检验要求，以此作为目标配合比。

热拌改性沥青混合料的目标配合比设计宜按图21-1的步骤进行。

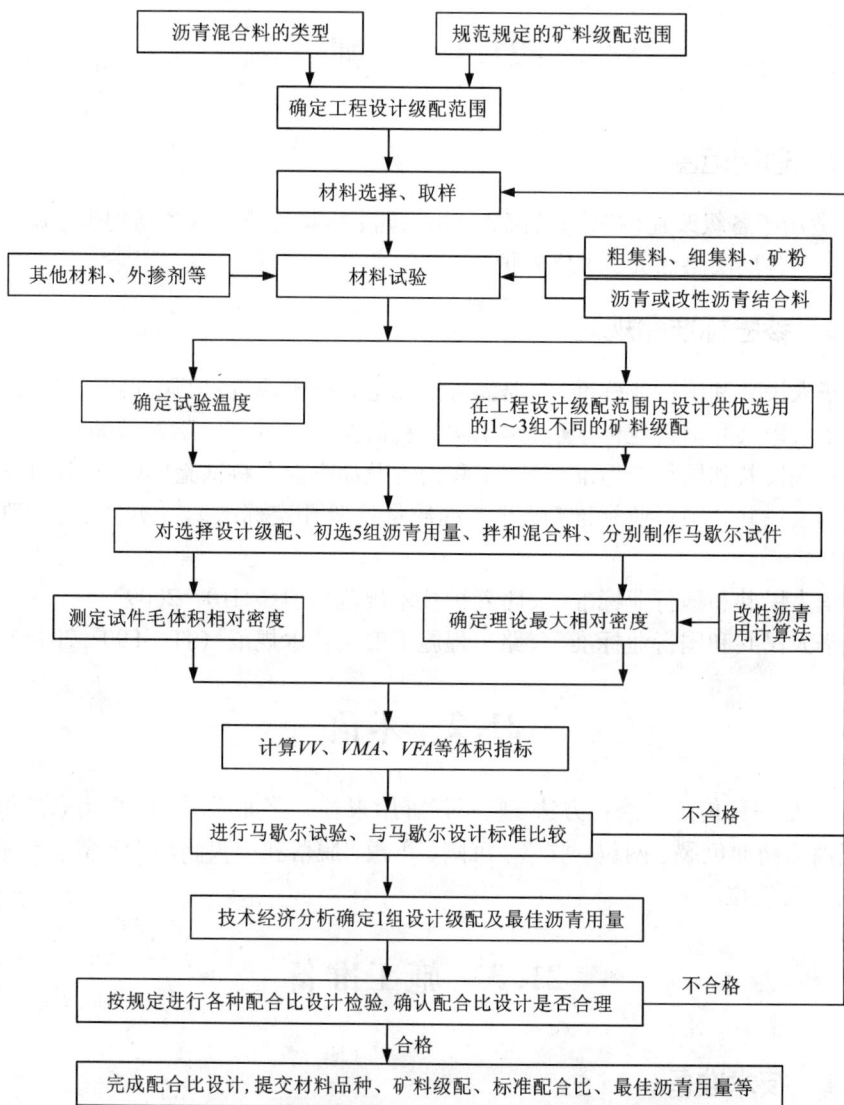

图21-1　热拌改性沥青混合料的目标配合比设计

②生产配合比设计：对间歇式拌和机，应按规定方法，从各热料仓取有代表性试样，进行筛分、计算确定各热料仓的配料比例，供拌和机控制室拌料使用；同时还应选择适宜的振动筛网尺寸和安装角度，尽量使各热料仓的供料大体平衡；并取目标配合比设计的最佳沥青用量 OAC、$OAC \pm 0.3\%$ 等 3 个沥青用量进行马歇尔试验和试拌，通过室内试验及从拌和机取样试验综合确定生产配合比的最佳沥青用量，由此确定的最佳沥青用量与目标配合比设计的结果的差值不宜大于 $\pm 0.2\%$；对连续式拌和机可省略生产配合比设计步骤。

③生产配合比验证(试拌、试铺)：拌和机按生产配合比的结果进行试拌、铺筑试验段，并取样进行马歇尔试验，同时从路上钻取芯样观察空隙率的大小，由此确定生产用的标准配合比。标准配合比的矿料合成级配中，至少应包括 0.075 mm、2.36 mm、4.75 mm 及公称最大粒径筛孔的通过率接近优选的工程设计级配范围的中值，并避免在 0.3 ~ 0.6 mm 处出现"驼峰"。对确定的标准配合比，还应进行车辙试验和水稳定性检验。

21.3.2　材料准备

21.3.2.1　改性沥青

(1)对工厂改性沥青应按规范要求进行质量检验，符合要求后储存在可加热与保温的储藏罐中。储藏罐应配有搅拌装置，根据不同改性沥青类型和等级采用不同的储存温度，使用前应加热到要求的施工温度。

(2)现场改性沥青应按规定的技术要求进行生产，宜随配随用，经检验符合要求方可使用。

21.3.2.2　集料

(1)应按设计要求准备各种规格的集料，对不同料场、批次的材料应进行检测验收。

(2)集料应堆放于清洁、干燥、地基稳定、排水良好、有硬质铺面的场地，不同规格的集料应分开堆放。

(3)集料宜采用分层堆放的方法，在整个堆料区逐层向上堆放，以防止集料离析。

21.3.2.3　矿粉

(1)必须采用憎水性的石灰岩或岩浆岩中的强基性岩石加工，细度应符合规范要求。

(2)如果采用袋装矿粉，应储存于排水良好、地势较高的地方，并需设防雨棚，防止受潮结团。

(3)散放矿粉应检查生产厂储存情况，防止受潮、结团。

21.3.3　主要机具

21.3.3.1　铣刨设备

沥青路面铣刨用铣刨机进行。

21.3.3.2　拌和设备

热拌改性沥青混凝土可采用间隙式拌和机或连续式拌和机，高速公路和一级公路宜采用间歇式拌和机。连续式拌和机使用的集料必须稳定不变，一个工程从多处进料，料源或质量不稳定时不得采用连续式拌和机。

(1)拌和机总拌和能力应满足施工进度需要，拌和机除尘设备完好，能达到环保要求。

(2)冷料仓的数量满足配合比需要，通常不宜小于 5 ~ 6 个，热料仓不宜小于 5 个，具有添加纤维、消石灰等外掺剂的设备。

21.3.3.3 运输设备

热拌改性沥青混凝土运输设备,宜采用较大吨位的自卸车、运料车运输。运输时车厢板上应涂有防止沥青黏结的隔离剂或防黏剂,但不得有余液积聚在车厢底部。车辆必须配备保温夹棉苫布。

21.3.3.4 摊铺设备

热拌改性沥青混凝土应采用沥青摊铺机摊铺,宜采用履带式摊铺机,并配有自动找平装置。

21.3.3.5 压实设备

热拌改性沥青混凝土的压实设备宜采用双钢轮振动压路机、轮胎压路机(吨位宜大于 25 t),沥青路面施工应配备足够数量的压路机,高速公路铺筑双车道沥青路面的压路机数量不宜少于 5 台,压路机类型及轻重组合视结构层类型及厚度而定。

21.3.3.6 试验、测量仪器

试验、测量仪器设备质量稳定可靠,精度满足要求。同时,应经过有资质的计量认证单位检定,并出具检定证书并粘贴合格证。主要试验、测量仪器设备应满足规范的要求。

21.3.3.7 其他设备

装载机、洒水车、空压机、加油车、发电机、切割机、照明设备等。

21.3.4 作业条件

(1)沥青面层铣刨施工前,必须对原层的质量进行检查验收,下承层的质量必须满足相应标准要求,并及时完成施工放样。

(2)要求拌和场地硬化处理,各种规格的材料分开堆放(搭建隔墙),不得混杂;细集料的防雨设施应可靠有效;矿粉宜罐装。

(3)摊铺现场、沥青拌和场及气象站台之间应具有有效的联系手段。

21.3.5 劳动力组织

沥青路面铣刨摊铺施工劳动力组织如表 21-1 所示。

表 22-1 沥青路面铣刨摊铺施工劳动力组织

工种	人数	工作地点	职责范围
现场施工负责人	1	摊铺现场	负责跟拌和站协调、组织现场施工等
技术员	2	摊铺现场	负责摊铺前、后场的协调、指挥和检查
拌和机手	2	拌和机周边	负责生产合格的混合料、机器维修保养等
拌和站辅助工	5	整个拌和站	负责整个生产过程中的辅助工作
摊铺组	6	摊铺机	负责摊铺机的正常运转,摊铺合格的混合料
碾压组	5	压路机	负责按标准流程进行混合料的碾压
测量组	2	摊铺机周边	负责检测挂线高、松铺厚度

续表 21 - 1

工种	人数	工作地点	职责范围
检测组	2	摊铺机周边	负责检测温度、压实度、平整度、表面均匀性
安全员	2	整个施工现场	负责跟班检查安全措施、安全措施的执行情况及安全教育工作，对安全生产负责
施工现场辅助工	16	整个施工现场	负责挂线、指挥倒车、缺陷处理等工作
总计	43		

注：此表为一个作业班施工配备人员，未计后勤、行政等人员。

21.4 工艺设计和控制要求

21.4.1 技术要求

（1）热拌改性沥青混凝土路面施工必须在高温环境下施工，施工温度低于10℃时不适宜进行热拌沥青混凝土路面施工。

（2）由于热拌改性沥青混合料黏度较高，摊铺温度较高，摊铺阻力大，因此相对于普通沥青混合料应采用较慢一些的摊铺速度，一般宜采用 1～3 m/min。

（3）热拌改性沥青混凝土路面施工过程中应对混合料油石比、矿料级配、稳定度、流值、空隙率、残留稳定度、出厂温度、运到现场温度、摊铺温度、初压温度、碾压终了温度拌和均匀性进行检测，具体检测频率、标准根据混合料类型、具体项目实际施工控制要求确定。

（4）热拌改性沥青混凝土路面施工完成应对厚度、平整度、宽度、纵断高程、横坡度、压实度、渗水系数、中线平面偏位、摊铺均匀性进行检测，上面层还需增加构造深度、摆式摩擦系数、弯沉值检测，检测频率、标准应根据混合料类型、具体项目实际施工控制要求确定。

21.4.2 材料质量要求

21.4.2.1 改性沥青

（1）沥青进场时，每车应出具出厂检验合格报告，进场的沥青按照《公路沥青路面施工技术规范》（JTG F40—2004）表4.6.2的要求进行检测，技术指标必须满足规范要求。

（2）现场制造的改性沥青宜随配随用，需作短时间保存或运送到附近的工地时，使用前必须搅拌均匀，在不发生离析的状态下使用。改性沥青制作设备必须设有随机采集样品的取样口，采集的试样宜立即在现场灌模。

（3）工厂制作的成品改性沥青到达施工现场后存贮在改性沥青罐中，改性沥青罐中必须加设搅拌设备并进行搅拌，使用前改性沥青必须搅拌均匀。在施工过程中应定期取样检验产品质量，发现离析等质量不符要求的改性沥青不得使用。

21.4.2.2 集料

（1）粗集料。

中、下面层用粗集料应采用具有足够强度和耐磨性的石灰石碎石，上面层粗集料应采用质地坚硬、表面粗糙、耐磨、具有良好嵌挤能力的玄武岩、安山岩、辉绿岩等硬质石料破碎的碎石。碎石应洁净、干燥、无风化、无杂质，其颗粒形状应具有多棱角，接近立方体。粗集料的主要技术指标必须满足《公路沥青路面施工技术规范》(JTG F40—2004)表4.8.2、表4.8.3、表4.8.5和表4.8.7的要求。为确保粗集料的颗粒形状符合要求，沥青面层用粗集料在破碎作业时，不得采用鄂式破碎机加工，必须采用反击式、锤击式或圆锥碎石机破碎。

(2)细集料。

可采用质量良好的石灰石石屑，但必须具有较好的颗粒形状。上面层用细集料必须采用由制砂机专门生产的优质机制砂。细集料应干净、坚硬、干燥、无风化、无杂质和其他有害物质，并有良好的颗粒级配。其主要技术指标必须满足《公路沥青路面施工技术规范》(JTG F40—2004)表4.9.2和表4.9.4的要求。

21.4.2.3 填料

填料可采用石灰岩经磨细得到的新鲜矿粉，不应含泥土杂质，要求干燥、洁净、不结团，能自由地从矿粉仓中流出。不得采用0~2.36 mm或0~4.75 mm碎石研磨，应采用2.36 mm以上干净的石灰石碎石研磨。其主要技术指标必须满足《公路沥青路面施工技术规范》(JTG F40—2004)表4.10.1的要求。为提高沥青混合料的水稳性，可采用水泥或石灰作为填料代替部分矿粉，但石灰用量不宜超过集料总量的2%，水泥用量不宜超过集料总量的3%。

21.4.3 职业健康安全要求

(1)职业安全健康目标：

①杜绝职业健康安全重伤及以上事故的发生；

②施工生产安全事故轻伤发生率控制在5‰以内；

③员工定期体检率达到100%；

④预防职业病的发生；

⑤提高全员的健康安全防范意识，安全教育普及率达到100%。

(2)严格执行特种作业的规定，杜绝无上岗证、无培训资格证的操作人员上岗。

(3)做好所有施工人员的安全教育培训工作，杜绝一切安全事故。

(4)施工人员应做好自身安全防护措施，穿戴口罩、手套、工作服等安全防护用具，杜绝安全事故和职业病发生。

(5)施工应做好防暑降温措施，施工现场随时供应防暑药品。

(6)项目部应建立项目职业健康安全事故应急处理预案。

21.4.4 环境要求

(1)施工中必须采取有效措施，防治施工中产生的废气、废水、废渣、粉尘、恶臭气体及噪声振动等对环境的污染和危害。

(2)施工中应对施工技术人员和工人进行环境保护技术交底，杜绝施工中的大气、噪声、水、固体污染。

(3)项目部应建立项目环境污染应急处理预案。

(4)施工应当采用资源利用率高、污染物排放量少的设备和工艺。

(5)制订施工中环境保护检查制度，对施工中不满足环境保护要求的设备、工艺应强行停止，整改后才允许开工。

21.5　施工工艺

21.5.1　工艺流程

铣刨摊铺施工工艺流程如图 21 – 2 所示。

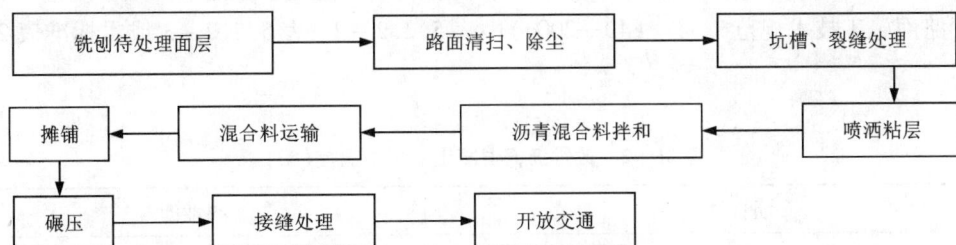

图 21 – 2　铣刨摊铺施工工艺流程图

21.5.2　操作工艺

21.5.2.1　铣刨路面

(1)施工前,按业主、监理确定的处理面层病害范围及深度,铣刨面层沥青砼,前、后端头用切割机切直,空压机吹净。如果上面层铣刨后发现中、下面层及水泥稳定碎石基层病害严重的,及时通告业主、监理确定病害处理范围,分层铣刨中、下面层、基层破损部分。

(2)各层铣刨厚度按原路面设计厚度控制。对属于原病害处理过的位置、铣刨厚度根据原病害处理记录确定。对于铣刨后遇到的松散夹层应予以清除,分层铣刨的纵、横向台阶宽度均不小于 20 cm,纵横向台阶均应切割成垂直。

21.5.2.2　清理及坑槽、裂缝处理

对铣刨后的废料用装载机装车运至废弃点,然后用用扫帚将前面清理后留下的杂物扫出路缘石以外,用高压除尘设备清除铣刨路槽的尘土、粉末等杂物,使路槽清洁、干净。用双面贴、抗裂贴等处理裂缝。

21.5.2.3　透层、粘层施工

在铣刨后基层上面洒布透层或中下面层上洒布粘层。

(1)一般采用乳化沥青洒布,洒布量为需根据施工现场具体情况确定。

(2)洒布设备应配备有适用于不同稠度沥青喷洒用的喷嘴,首先调整好喷嘴的喷射角(长缝隙喷嘴为扇形角,锥形喷嘴为锥形角),使各个相邻喷嘴的喷雾扇或喷雾锥,在其下角能有少量重叠。使用时将洒布管调整到离地面 25 cm 左右。

(3)洒布过程中要保持喷射压力稳定。随时注意罐内沥青存量。当洒布管喷嘴喷出的沥青含气泡时,表示罐内沥青已洒完,要立即关闭三通阀停止洒布,然后升起洒布管并使喷嘴朝上,将分动箱挂上倒挡,使沥青泵倒转,将管内的沥青抽回箱内。

(4)洒布时应注意控制车速,对漏洒或洒量不足的、不匀的地段用人工补洒,使之符合

要求。透层、粘层施工完毕后还需注意保持作业面的干净整洁，避免外来污染。

21.5.2.4　沥青混合料拌和

（1）集料和改性沥青应按标准配合比确定的用量送进拌和机，矿粉直接从窗口加入。拌和机的矿粉仓应配备振动装置，以防矿粉起拱。添加消石灰、水泥时，宜增加粉料仓，也可由专用管线和螺旋送料器直接加入拌和锅。若与矿粉混合使用时，应注意防止二者因密度不同而离析。

（2）送入拌和机里的集料温度、沥青温度、混合料出厂温度、摊铺和碾压温度应符合《公路沥青路面施工技术规范》（JTG F40—2004）中表 5.2.2-2、表 5.2.2-3 或本标准表 21-2 的要求。

表 21-2　改性沥青混凝土的施工温度（℃）

沥青种类	改性沥青
沥青加热温度	160～170
矿料加热温度	180～200
沥青混合料出厂温度	165～180
运输到现场温度，不低于	160
摊铺温度，不低于	160
初压温度，不低于	150
终压温度，不低于	110

试拌过程中，应通过现场温度测量对计算机打印的温度进行检验，并在一段连续施工的工艺流程中保证温度的均衡性，以保证混合料摊铺温度和碾压温度适宜。

改性沥青混合料温度应采用具有金属探测针的插入式数显温度计量取，不宜采用玻璃温度计测量，在运料车上测量时，宜在车厢侧板下方打一个小孔插入不少于 15 cm 量取。碾压温度可借助于螺丝刀分几次在路面上打洞后迅速插入温度计测量得到。

（3）把规定数量的集料和改性沥青送进拌和机后，应把这两种材料充分拌和，直至所有集料颗粒完全均匀地被沥青膜裹覆，改性沥青材料也完全均匀分布到整个混合料中，以混合料中无花白石子、无沥青团块、乌黑发亮为宜。每盘的生产周期不宜少于 45 s（其中干拌时间不少于 5～10 s）。

（4）对混合料拌和的均匀性应随时进行检查，如果出现花白石子，应停机分析原因予以改进。其原因大致如下：搅拌时间不够；细颗粒矿料比例增大，特别是加入矿粉量（包括水泥或石灰等填料）增多、料门关闭不严、沥青用量不够、矿料或沥青加热温度不够等。可能是其中一项原因，也可能是其中的几项原因。如果混合料颜色枯黄灰暗，可能的原因有：拌和温度过高、改性沥青用量不够、粉料过多、石料不干、柴油燃烧不透等。对出现花白、枯黄灰暗的混合料必须废弃不用。

（5）热拌改性沥青混合料拌和机应有贮料仓，为保证连续摊铺，可提前拌和混合料，将拌好的沥青混合料送入贮料仓中暂存，待开始摊铺后再运至摊铺现场。

（6）沥青混合料配合比控制。拌好的沥青混合料应进行质量跟踪抽检，检查集料级配、油石比等指标，发现问题及时调整生产配合比，集料级配应在标准配合比目标值的容许偏差范围内，并不得超出规定级配的范围。目标值的容许偏差以具体工程项目要求为准。

（7）逐盘打印混合料用油量、各热料仓集料用量及沥青混合料重量，绘制油石比波动图。

21.5.2.5　混合料运输

（1）热拌改性沥青混合料的卡车载重量宜为 15～30 t，应有紧密、清洁、光滑的金属底板，底板应涂一薄层洗衣粉水溶液（不要用油水混合液），以防止混合料粘到底板上，但不得有多余残液积留在车厢底部。装料前，卡车底板应排干积水。车轮胎如有泥土，必须冲洗干净。

（2）施工前应对全体驾驶员进行培训，加强对汽车的保养，避免运料途中汽车抛锚，导致混合料冷却受损。装料时汽车应按照前、后、中的顺序来回移动，避免混合料离析。任何情况下，运料车在运输过程中都应采用双层覆盖措施，同时加盖保温毡和帆布篷（如果内层的保温毡在运输过程中可能被风吹起时，还应在保温毡上配重物施压），以防表面混合料降温结成硬壳。运料汽车应在摊铺机前 10～30 cm 处停住，不得撞击摊铺机；卸料过程中运料汽车应挂空挡，靠摊铺机推动前进，以确保摊铺层的平整度。

（3）热拌改性沥青混合料装车后应及时测试温度，发现温度过高或过低，混合料有烧焦失粘、花白现象应予废弃。

（4）混合料运输车在摊铺机前头以后退方式缓慢接近摊铺机，但不得撞击摊铺机，应在摊铺前 10 cm 左右停下，挂空挡，靠摊铺机推动运料车前进。

（5）施工过程中摊铺机前方应有运料车在等候卸料，开始摊铺时在施工现场等候卸料的运料车不宜少于 5 辆，以保证连续摊铺。连续摊铺对保证平整度是十分重要的。

（6）热拌改性沥青混合料运至摊铺地点后应凭运料单接收，并检查拌和质量和混合料温度。不符合温度要求或已经结成团块、已遭雨淋湿的混合料不得铺筑。

（7）运料车辆应行驶在平整坚实的道路上，对行驶路线的坑槽应及时维修，减轻车辆颠簸，以免混合料离析。运料车不得超载运输，不得急刹车、急弯掉头，以免对透层、封层造成损坏。

21.5.2.6　摊铺

（1）摊铺前应根据松铺厚度、纵横坡度调整好摊铺机的初始状态。每种摊铺机每种混合料的松铺厚度根据试铺确定。摊铺机开始摊铺前必须提前将熨平板预热至 100℃以上，铺筑过程中必须开动熨平板的振动或捶击等夯实装置。

（2）沥青面层的摊铺采用履带式摊铺机摊铺，摊铺机应配备容量足以保证均匀连续摊铺作业的受料斗，保证上一车料卸完后，下一车料能及时供料，不致中途停机待料。还应装备自动进料控制器，并适当调节到能在整平板前方保持厚度均匀的沥青混合料。尽量减少收斗次数，避免片状离析。

（3）摊铺速度应与拌和机供料速度协调，摊铺机必须缓慢均匀、连续不间断地摊铺，不得随意变换速度或中途停顿，以提高平整度，减少混合料离析。摊铺速度宜控制为 2～6 m/min，当发现混合料出现明显的离析、波浪、裂缝、拖痕时，应分析原因，予以清除。

（4）摊铺机应配备整平板自控装置，其一侧或双侧装有传感器，可通过外面的参考线探出纵坡和整平板的横坡，并能自动发出信号操纵整平板，使摊铺机能铺筑出理想的纵横坡度。传感器应能由参考线或滑橇式基准板操作。横坡控制器应能让整平板保持理想的坡度，精度在 ±0.3% 范围内。

（5）摊铺机应采用自动找平方式，摊铺机应配备两台长度大于 16 m 的自动找平装置，并牢固地安装在摊铺机两侧，与整平板自动控制的传感器相组合，控制混合料的松铺厚度和平整度。下面层宜采用由钢丝绳引导的高程控制方式；中、上面层宜采用非接触式平衡梁摊铺厚度控制方式。

（6）路缘石、边沟、积水井和其他结构物与沥青混合料的接触面上应均匀涂上一层粘层沥青，然后才能紧靠着这些接触面摊铺沥青混合料。

（7）热拌改性沥青混合料的摊铺温度应符合要求，并应根据沥青标号、黏度、气温、摊铺层厚度合理选用。摊铺沥青混合料时气温宜在20℃以上，当气温低于10℃时，不宜摊铺热拌沥青混合料。

（8）摊铺过程中应跟踪检查摊铺层厚度及横坡度，并按《公路沥青路面施工技术规范》（JTG F40—2004）附录 G 所述的总量控制方法，由混合料总量与摊铺面积校验平均厚度，不符合要求时应根据铺筑情况及时进行调整。

（9）在铺筑过程中，料斗进料口应完全打开，摊铺机螺旋送料器应不停顿地转动，速度不宜太慢，并保持有不少于螺旋分料高度2/3的混合料，且不应使沥青混合料时多时少，保证在摊铺机全宽断面上不发生离析。熨平板按所需厚度固定后，不得随意调整。

（10）用机械摊铺的混合料，不应人工反复修整。当出现下列情况时，可用人工作局部找补或更换混合料：

①横断面不符合要求；

②构造物接头部位缺料；

③摊铺带边缘局部缺料；

④表面明显不平整；

⑤局部混合料明显离析；

⑥摊铺机后有明显的拖痕。

人工找补或更换混合料应在现场主管人员指导下进行。缺陷较严重时，应予铲除，并调整摊铺机或改进摊铺工艺。当属机械原因引起严重缺陷时，应立即停止摊铺。

21.5.2.7 碾压

（1）碾压是沥青混凝土施工中的重要一环，碾压必须采用追随、紧跟的碾压组合方式，遵循初压、复压、终压的原则，并严格控制碾压速度。

碾压组合方式见图 21 – 3，碾压速度见表 21 – 3。

表 21 – 3 机碾压速度（km/h）

压路机类型	初压		复压		终压	
	适宜	最大	适宜	最大	适宜	最大
钢轮压路机	2～3	4	3～5	5	3～6	6
胶轮压路机	—	—	3～5	6	—	—
振动压路机	2～3（静压）	3（静压）	3～4.5（振动）	5（振动）	3～6（静压）	6（静压）

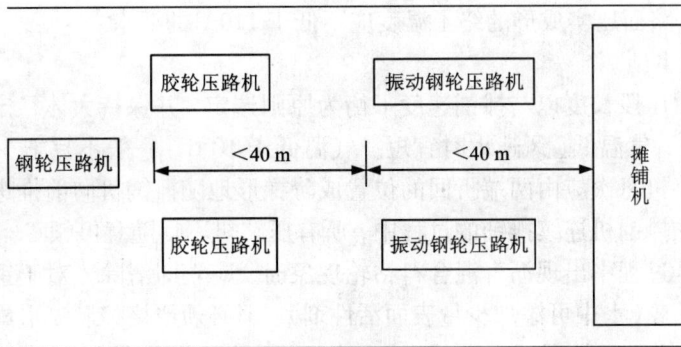

图 21 - 3　碾压组合方式图

（2）热拌沥青混凝土充分压实后应符合压实度及平整度双重指标要求，不可过分提高平整度指标而放松压实度要求。

（3）热拌改性沥青混凝土的初压应符合下列要求：

①初压应紧跟摊铺机后在较高温度下碾压，并保持较短的初压区长度，以尽快使表面压实，减少热量散失，并不得产生推移、发裂等现象，压实温度应根据沥青稠度、压路机类型、气温、铺筑层厚度、混合料类型经试铺试压确定，并符合表 21 - 3 的要求。

②压路机应从外侧向中心碾压，在超高路段则由低向高处碾压，在坡道上应将驱动轮从低处向高处碾压，相邻碾压带应重叠 1/3 ~ 1/2 轮宽，最后碾压路中心部分，压完全幅为一遍。当边缘有挡板、路缘石、路肩等支挡时，应紧靠支挡碾压。当边缘无支挡时，可用耙子将边缘的混合料稍稍耙高，然后将压路机的外侧轮伸出边缘 10 cm 以上碾压。也可在边缘先空出宽 30 ~ 40 cm，待压完第一遍后，将压路机大部分重量位于已压实过的混合料面上再压边缘，以减少向外推移。

③应采用钢轮压路机或关闭振动装置的振动压路机碾压 1 遍，其线压力不宜小于 350 N/cm。初压后检查平整度、路拱，必要时予以适当修整。

④碾压时应将驱动轮面向摊铺机。碾压路线及碾压方向不应突然改变，以免导致混合料产生推移。压路机启动、停止必须减速缓慢进行。

（4）复压应紧接在初压后进行，不得随意停顿，并符合下列要求：

①复压宜采用重型的胶轮压路机、振动压路机。碾压遍数应经试压确定，不宜少于 4 遍，直至达到要求的压实度，且无明显轮迹。

②当采用胶轮压路机时，总质量不宜小于 26 t。相邻碾压带应重叠 1/3 ~ 1/2 的碾压轮宽度。

③当采用振动压路机时，振动频率宜为 35 ~ 50 Hz，振幅宜为 0.3 ~ 0.8 mm，并根据混合料种类、温度和层厚选用，层厚较厚时选用较大的频率和振幅，以产生较大的激振力。厚度较薄时，采用高频率、低振幅，以防止集料破碎。相邻碾压带重叠宽度为 10 ~ 20 cm，振动压路机倒车时应先停止振动，并在向另一方向运动后再开始振动，以避免混合料形成鼓包。

（5）终压应紧接在复压后进行。

终压可选用双轮式钢轮压路机或关闭振动的振动压路机碾压,不宜少于两遍,消除轮迹,提高平整度。路面压实成形的终了温度应不低于110℃的要求。

(6)碾压注意事项。

①压路机的碾压段长度以与摊铺速度平衡为原则选定,并保持大体稳定。气温高、风速小时,碾压段宜长;气温低、风速大时宜短。气温低于10℃,一般不宜施工。压路机应紧跟摊铺机碾压。压路机每次应由两端折回的位置成阶梯形地随摊铺机向前推进,使折回处不在同一横断面上。在摊铺机连续摊铺的过程中,所有压路机不得随意停顿。

②压路机碾压过程中出现沥青混合料粘轮现象时,应立即清除。对于钢轮压路机,可向碾压轮喷水以防粘轮(水中可添加少量表面活性剂),但必须严格控制喷水量且必须成雾状喷洒。对于胶轮压路机,开始碾压阶段,可涂刷少量隔离剂或防黏结剂。

③压路机不得在未碾压成形的路段上转向、调头或停车等候。振动压路机在已成形的路面行驶时应关闭振动。

④对压路机无法压实的桥梁、挡土墙等构造物接头、拐弯死角、加宽部分及某些路边缘等局部地区,应采用小型压路机或振动夯板进行压实。对雨水井与各种检查井的边缘还应用人工夯锤等进行补充夯实。

⑤在当天碾压成形的路面上,不得停放任何机械设备或车辆,不得散落矿料、油料等杂物。

⑥应随时观察路面早期的施工裂缝,发现因推移产生的裂缝时,应及时调整碾压方式。

21.5.2.8 接缝处理

施工时,为确保不留纵向冷接缝,采用铣刨全宽摊铺。横向接缝的处理方式为:使用边侧限制的钢制或木制挡板,切割成与浇筑式摊铺宽度相同长度,放置于欲设置施工接缝的位置,将摊铺机升起少许,从横向挡板上移出,抵住横向挡板,手持人工抹板将混合料抹至紧贴挡板,并抹平敲打击实。固定横向挡板,待混合料冷却后方可拆除。

21.6 质量标准

21.6.1 基本要求

(1)改性沥青混合料的矿料质量及矿料级配应符合设计要求和施工规范的规定,按规范要求频率进行检验。

(2)严格控制各种矿料和沥青用量,严格控制矿料加热温度、改性沥青加热温度及混合料出料温度。

(3)改性沥青材料及混合料的各项指标应符合设计标准和施工规范要求,按规范要求进行改性沥青检验、混合料马歇尔试验、混合料级配检验、沥青含量检验,检验频率应 符合规范要求。矿料级配、沥青含量、马歇尔稳定度等结果的合格率应不小于97%。

(4)拌和后的改性沥青混合料应均匀一致,无花白、无粗细分离和结团成块现象,温度符合规范要求。

(5)摊铺时应严格控制摊铺厚度和平整度,避免离析,控制摊铺温度、碾压温度,碾压至要求的压实度。

21.6.2 外观质量

（1）表面应平整密实，不应有泛油、松散、裂缝和明显离析现象。

（2）纵向、横向接缝应紧密平顺，与路缘石及其他结构物应紧贴平顺，不得有积水和漏水现象。

21.6.3 实测项目

沥青混凝土面层和沥青碎（砾）石面层实测项目如表 21 - 4 所示。

表 21 - 4 　沥青混凝土面层和沥青碎（砾）石面层实测项目

项次	检查项目		规定值或允许偏差		检查方法和频率
			高速公路 一级公路	其他公路	
1	压实度/%		实验室标准密度的 96%（98%）		检查，每 200 m 测 1 处
			最大理论密度的 92%（94%）		
			试验段密度的 98%（99%）		
2	平整度	σ/mm	1.2	2.5	平整度仪：全线每车道连续按每 100 m 计算 IRI 或 σ
		IRI/（m·km^{-1}）	2	4.2	
		最大间隙 h/mm	—	5	3 m 直尺：每 200 米测 2 处 × 10 尺
3	弯沉值/0.01 mm		符合设计要求		按标准 JTG F80/1—2004 附录 I 检查
4	渗水系数		SMA 路面 200 mL/min	—	渗水试验仪，每 200 m 测 1 处
			其他沥青混凝土路面 300 mL/min		
5	抗滑	摩擦系数	符合设计要求	—	摆式仪：每 200 m 测 1 处
					横向力系数测定车：全线连续
		构造深度			铺砂法：第 200 m 测 1 处
6	厚度 /mm	代表值	总厚度 -5%H	-8%H	双车道每 200 m 测 1 处
			面层：-20%H		
		合格值	总厚度：-10%H	-15%H	
			上面层：-20%H		
7	中线平面偏差/mm		20	30	经纬仪：每 200 m 4 点

续表 21 – 4

项次	检查项目		规定值或允许偏差		检查方法和频率
			高速公路 一级公路	其他公路	
8	纵断高程/mm		±15	±20	水准仪：每200 m 4断面
9	宽度 /mm	有侧石	±20	±30	直尺：每20 m 测4处断面
		无侧石	不小于设计值		
10	横坡/%		±0.3	±0.5	水准仪：每200 m 4断面

　　注：①表列厚度仅规定负允许偏差。
　　②H 为沥青层设计总厚度(mm)。

21.7　成品保护

（1）封闭施工路段，非施工人员不得进入施工现场。

（2）在每日摊铺段起点设立明显的禁行标志，并设专人引导交通、看护现场，防止其他车辆误入当天的施工段。

（3）沥青混合料路面应待摊铺层完成自然冷却、混合料表面温度低于50℃后，方可开放交通，需要提早开放交通的可洒水降温。

（4）铺筑好的沥青层应严格控制交通，做好保护，保持整洁，不得造成污染，严禁压路机在沥青面层上维修，防止各类油料对沥青面层的污染；严禁在沥青层堆放施工废土或废渣；严禁在已铺沥青层上制作水泥砂浆。

（5）取芯的钻孔应及时用填料填充。

21.8　安全环保措施

21.8.1　安全措施

（1）应遵照《公路工程施工安全技术规范》(JTG F90—2015)的要求执行。

（2）建立健全安全管理机构，责任到人。坚持"安全第一，预防为主"的指导思想，配备专职安全员，负责现场安全巡视，每道工序开工之前应认真进行安全技术交底。

（3）用电安全方面，重点注意发电机、配电房、电闸箱和电缆接头等安全薄弱环节。

（4）施工人员应正确穿戴劳动防护用品，防止烫伤，夏季高温季节施工应采取防暑降温措施。

（5）拌和场内必须采取严格有效的防火、防电、防爆、防毒等措施，场内严禁烟火，在易发生事故的地方设置防护装置和警告标志，如油库、变压器等。

（6）建立健全各种机械操作责任制及交接班制度，并加强管理，避免失误，确保安全生产。

（7）各交叉路口、转弯处均应设置导向标志和安全警告标志，设专人指挥交通。

21.8.2　环保措施

（1）选择拌和场地时应远离居民区和村庄，无法避开居民区或村庄时应选择在主风向下方。

（2）按设计要求存放石粉、沥青等施工材料，运送沥青混凝土、石粉等散体物资时应设置挡板，加盖苫布，做到不丢不撒。

（3）对废油、废水、废渣按指定地点存放，不得乱扔乱倒，避免污染空气和水源。

（4）拌和楼须具有良好的除尘措施，排放的灰尘须符合环保要求。回收粉尘应及时浇水或覆盖防止扬尘，同时应充分利用，不宜浪费。施工便道及辅道注意经常洒水，防止扬尘污染环境。

（5）设备噪声应符合环保要求，不符合时应采取有效措施。

（6）工地人员就餐后，餐盒、塑料瓶等垃圾不得乱扔乱弃，应安排专人进行回收或掩埋。

（7）废弃混合料不得到处乱放，每天应及时进行清理，放到指定地点。

（8）完工后，临时所占耕地及其他用地切实做到工完、料净、场地清。

21.9　质量记录

（1）铣刨厚度记录表。

（2）原材料进场复验报告。

（3）配合比试验报告。

（4）热拌改性沥青混凝土拌和、摊铺、碾压施工记录。

（5）面层质量检测报告。

22　标志标牌制作安装施工工艺

22.1　总　则

22.1.1　适用范围

本标准适用于新建和改建公路标志施工。

22.1.2　参考标准和规范

(1)中华人民共和国行业标准《公路交通标志和标线设置规范》(JTG D82—2009)。
(2)中华人民共和国行业标准《公路交通安全设施施工技术规范》(JTG F71—2006)。
(3)中华人民共和国行业标准《道路交通标志和标线》(GB 5768.2—2009)。

22.2　术　语

标识:英文为 sign,指任何带有被设计成文字或图形的视觉展示,以用来传递信息或吸引注意力。

22.3　施工准备

22.3.1　技术准备

(1)施工人员应认真审核图纸及设计说明书。
(2)根据招、投标文件和施工合同、设计文件及有关规范编报施工组织设计。施工组织设计宜包括以下内容:编制说明、施工组织机构、施工平面布置图、施工方法、资源计划、总进度计划和进度图、质量管理、安全生产、环境保护。
(3)对现场标志设置的位置进行踏勘、施工测量放样。
(4)施工单位必须建立健全质量保证体系。
(5)做好技术交底工作,编制标志施工方案。

22.3.2　材料准备

（1）标志基础材料：钢筋、砼、法兰盘。
（2）标志立柱、标志牌材料：钢管、铝材、反光膜。

22.3.3　主要机具

（1）主要工具：锄头、铁锹、振动棒、木抹子、铁抹子、扳手。
（2）主要机械设备：发电机、自卸式卡车、铲车、挖机、砼搅拌机组、砼运输罐车、随车吊。
（3）测量仪器、设备：钢卷尺、水准仪、全站仪、逆反射系数测量仪、色彩色差仪、镀锌厚度测定仪。

22.3.4　作业条件

（1）全线标志基础的里程桩号位置已确定，并完成施工放样。
（2）各标志基础的地质情况踏勘工作完成。
（3）砼搅拌站建设完成。
（4）安装调试施工机具及标定试验机具已完成，各种建筑材料全部到位。

22.3.5　劳动力组织

标志工程施工劳动力组织如表22－1所示。

表22－1　标志工程施工劳动力组织

工种	人数	工作地点	职责范围
施工队长	1	整个施工现场	负责跟班组织施工管理工作、协助总指挥工作等
工长	1	整个施工现成	负责跟班组织施工、协调各工种交叉作业等
技术员	1	整个施工现场	负责跟班解决施工中的技术问题，编写技术措施等
安全员	1	整个施工现场	负责跟班检查安全措施、安全措施的执行情况及安全教育工作，对安全生产负责
质量检查员	1	整个施工现场	负责跟班检查工程质量，组织各工种交接及质量保证措施的执行情况，对工程质量负责
测量工	2	施工现场	负责标志基础位置放样，标志基础高程等测量
电工	1	整个施工现场	负责现场动力、照明、通信等电器系统的维修保护
材料员	1	材料仓库	负责施工材料供应及管理
挖掘机操作工	1	标志基础开挖施工现场	负责标志基础的土方开挖
自卸卡车司机	1	标志基础开挖现场至弃渣场地	负责土石方弃渣运输

续表 22 - 1

工种	人数	工作地点	职责范围
随车吊司机	1	标志制作车间至标志安装现场	负责标志牌的运输和安装
砼搅拌机操作员	1	砼搅拌站	负责砼搅拌机的操作、维护和保养
砼搅拌上料工	2	砼搅拌站	负责砼的搅拌操作材料的搬运与上料
铲车司机	1	砼搅拌站	负责混凝土原材料的装卸与上料
标志基础及安装施工人员	20	整个施工现场	负责标志基础开挖、砼施工及标志安装
立柱、标志牌制作工长	1	立柱、标志牌制作车间	负责立柱、标志牌制作车间的组织管理工作
立柱、标志牌制作人员	10	立柱、标志牌制作车间	负责立柱、标志牌制作
总计	47		

注：此表为一个作业班施工配备人员，未计后勤、行政等人员。

22.4　工艺设计和控制要求

22.4.1　技术要求

（1）交通标志的制作应符合《道路交通标志和标线》（GB 5768）和《公路交通标志板技术条件》（JT/T 279）的规定。

（2）交通标志在运输、安装的工程中不应损伤标志面及金属构件的镀层。

（3）标志的位置、数量及安装角度应符合设计要求。

（4）大型标志的地基承载力应符合设计要求。大型标志柱、梁的焊接部分应符合刚结构焊接规范的质量要求，无裂缝、未熔合、夹渣等缺陷。

（5）标志面应平整完好，无起皱、开裂、缺损或凹凸变形，标志面任一处面积为 500 mm × 500 mm 表面上，不得存在总面积大于 10 mm^2 的以上气泡。

（6）反光膜应尽可能减少拼接，任何标志的字符不允许拼接，当标志板的长度或宽度、圆形标志的直径小于反光膜产品的最大宽度时，底膜不应有拼接缝。当粘贴反光膜不可避免地出现接缝时，应按反光膜产品的最大宽度进行拼接。

22.4.2　材料质量要求

22.4.2.1　立柱

（1）立柱所用的钢管、钢板、角钢及槽钢做到符合交公路发〔2003〕94 号文件中规范 414 节所列标准。所有标志钢管立柱采用一般常用热轧无缝钢管，并符合《结构用无缝钢管》（GB/T 8162—1999）的规定。

（2）所有标志柱配有柱帽，柱帽采用板厚为 3 mm 的钢板焊接或其他方法紧固于立柱上。

（3）立柱、横梁扣件、结合件和连接件等配件符合图纸要求的材料，并应采用热浸镀锌进行金属表面处理。

22.4.2.2 标志板（未粘贴反光膜）

（1）标志板符合《公路交通标志板技术条件》（JT/T 279—2004）的规定。

（2）标志板采用铝合金板制造时，符合《一般工业用铝及铝合金板、带材 第3部分：尺寸偏差》（GB /T 3883.3—2012）和《一般工业用铝及铝合金板、带材 第1部分：一般要求》（GB/T 3883.3—2012）的规定。采用薄钢板制造时，应符合《冷轧钢板》（GB/T 708—2006）。标志板背面的滑动槽钢和三角钢采用铝合金挤压型材制成，并符合《一般工业用铝及铝合金挤压型材》（GB/T 6892—2015）的规定。标志板所用铝合金板的最小厚度不小于2 mm。

（3）单柱式标志宜采用复合聚酯防盗材料整块成型，既保证质量要求，同时也减少被盗的可能。

（4）标志板面无裂缝或其他表面缺陷；标志板边缘整齐、光滑；标志板的外形尺寸偏差为 ±5 mm，若外形尺寸大于1.2 m^2 时，其偏差为其外形尺寸的 ±0.5%；标志板应平整，表面无明显皱纹、凹痕或变形，每平方米范围内的平整度公差不大于1.0 mm。

（5）除尺寸大的指路标志外，所有标志板由单块铝合金板或聚酯复合材料加工制成，不允许拼接。

（6）考虑到大型指路标志在制造、运输、安装过程中的困难，厂家在制造过程中，应在监理人员的指示下，根据标志板面设计的具体情况采取适当分割的方法来制造。在安装时可按标志板拼接设计中规定的方法拼接。

（7）大型指路标志最多只能分割成4块，并应尽可能减少分块数量。标志板的拼接应采用对接方式，接缝的最大间隙为1 mm。所有接缝应用背衬与标志板用铆钉连接，铆钉的最大间距应小于200 mm，背衬的最小宽度为50 mm，背衬的材料与板面板材相同。

（8）标志底板面进行化学清洗和侵蚀或磨面处理，清除表面杂质，当标志图案、字符采用喷漆方法制作时，先在标志底板面均匀涂一层磷化底漆。

（9）标志板背面不涂漆，均采用适当的化学或物理办法，使其表面变成暗灰色和不反光。标志板背面无刻痕或其他缺陷。

22.4.2.3 标志板面

标志牌及钢构件直接从标志牌车间加工制作后用载重车辆运到施工现场安装。标志版面的逆反射材料有反光标志膜（反光膜）、反光涂料及反射器三类。本合同所用材料为反光膜，我们将全部采用经交通部检测合格并在路上抽检合格的产品，其性能达到：

（1）光度性能。

①反光膜按其最小逆反射系数分为五级，各种标志采用反光膜的级别做到符合图纸的规定。

②用作标志面的反光膜的逆反射系数值不低于表22-2给出的二级的规定。

表 22 – 2　二级反光膜

观测角	入射角	最小逆反射系数/（cd·lx⁻¹·m⁻²）				
		白色	黄色	红色	绿色	蓝色
12′	–4°	250	170	45	45	20
	15°	200	130	35	35	16
	30°	150	100	25	25	10
20′	–4°	180	120	25	25	14
	15°	150	90	20	20	11
	40°	100	70	14	14	8

③在完全潮湿状态下，反光膜或反光涂料的标志面在观测角为 12′、入射角为 –4°时的逆反射系数值不低于二级中相应规定值的 80%。

（2）色度性能。

标志面的各种颜色的色品坐标和亮度因数在表 22 – 3 规定的范围之内。

（3）耐候性能。

反光膜应按《公路交通标志反光膜》（GB/T 18833—2002）的规定进行自然暴露或人工气候的耐候性能试验，在试验完成后：

①试样无明显的裂缝、刻痕、凹陷、气泡、侵蚀、剥离、粉化或变形，任何一边均不应出现超过 2 mm 的收缩，也不应出现从标志板边缘脱胶现象。

②试样各种颜色的色品坐标应保持在表 22 – 3 规定的范围之内。

③二级反光膜的逆反射系数值不应低于表 22 – 3 相应规定值的 80%。

表 22 – 3　安全色和对比色各角点的色品坐标

颜色		色品坐标								亮度因素
		x	y	x	y	x	y	x	y	
表面色	白	0.350	0.360	0.300	0.310	0.290	0.320	0.340	0.370	≥0.75
	黄	0.539	0.480	0.468	0.442	0.427	0.483	0.465	0.534	≥0.45
	红	0.690	0.310	0.595	0.315	0.569	0.341	0.655	0.345	≥0.07
	绿	0.230	0.754	0.291	0.438	0.248	0.409	0.007	0.703	≥0.12
	蓝	0.078	0.171	0.150	0.220	0.210	0.160	0.137	0.038	≥0.05
	黑	0.385	0.355	0.300	0.270	0.260	0.310	0.345	0.395	≥0.03

续表 22 - 3

颜色		色品坐标								亮度因素
		x	y	x	y	x	y	x	y	
逆反射材料色	白	0.350	0.360	0.300	0.310	0.285	0.325	0.335	0.375	≥0.27
	黄	0.545	0.454	0.464	0.534	0.427	0.483	0.487	0.423	0.16 - 0.40
	红	0.690	0.310	0.658	0.342	0.569	0.341	0.595	0.315	0.03 - 0.10
	绿	0.007	0.703	0.026	0.399	0.177	0.362	0.248	0.409	0.03 - 0.10
	蓝	0.078	0.170	0.137	0.038	0.210	0.160	0.150	0.220	0.01 - 0.10
	棕	0.430	0.340	0.430	0.390	0.550	0.450	0.610	0.390	0.01 - 0.06

(4)耐盐雾腐蚀性能。

标志面应按《公路交通标志板技术条件》(JT/T 279—2004)的规定进行盐雾腐蚀试验。试样在盐雾空间连续暴露,22 h 为一周期,共试验 5 个周期。试验结束后,用流动水轻轻洗去试样表面的盐沉积物,再用蒸馏水漂洗,然后置于标准条件下恢复 2 h,最后进行检查,标志面材料应无变色或被侵蚀的痕迹。

(5)耐溶剂性能。

反光膜按《公路交通标志板技术条件》(JT/T 279—2004)的规定进行溶剂试验。试样分别浸在规定的各种溶剂中,煤油、松节油浸渍 10 h;甲苯、二甲苯、甲醇浸渍 1 h 后取出,在室温下干燥后进行检查,不出现软化、皱纹、起泡、开裂或表面边缘被溶解等痕迹。

(6)抗冲击性能。

标志面按《公路交通标志板技术条件》(JT/T 279—2004)的规定进行冲击试验,标志面在经受质量 0.45 kg 的实心钢球从 250 mm 高处自由落下撞击后,以冲击点为圆心,在半径为 6 mm 的圆形区域以外,不应出现裂缝、层间脱离或其他损坏。

(7)耐弯曲性能。

反光膜应按《公路交通标志板技术条件》(JT/T 279—2004)的规定进行弯曲试验。试样围绕在直径 3.2 mm 的圆棒上,放开后不应出现裂缝、剥落、层间分离的痕迹。

(8)耐高低温性能。

标志面应按《公路交通标志板技术条件》(JT/T 279—2004)的规定进行高温试验和低温试验,将试样在 70℃ ±3℃的试验箱中保持 24 h,以及试样在 -40℃ ±3℃的试验箱中保持 72 h,取出在标准条件下放置 2 h 后进行检查,不应有裂缝、剥落、碎裂或翘曲的痕迹。

(9)附着性能。

反光膜和反光涂料应按《公路交通标志板技术条件》(JT/T 279—2004)的规定进行附着性能的试验。反光膜粘贴在铝合金板上,制成试样后,使试样水平悬挂,标志面朝下,将重物夹具悬挂在反光膜的端部,使与试验面板成 90°角,下垂 5 min 后,测出反光膜被剥离的长度不应大于 50 mm。

涂料对标志板的附着性能试验按《漆膜附着力测定法》(GB/T 1720—1979)的规定进行,并应达到试验标准三级以上的要求。

油墨对反光膜的附着性能试验按《凹版装潢印刷品》(GB/T 7707—1987)中有关墨层结合牢度的试验方法进行,标志面上油墨的墨层结合牢度应大于或等于95%。

22.4.2.4　标志基础

现浇标志牌的基础所用的水泥、钢筋等材料,符合《公路工程国内招标文件范本》第403、410两节的要求。

22.4.3　职业健康安全要求

(1)健全和落实安全生产责任制,加强监督检查,清除事故隐患,各部门、各班组要针对性地开展自查自查自纠和专项监督检查,特别要加强用电管理、支架搭设等重要环节的安全工作,及时排除事故隐患。安全检查要以班组自查自纠为主,有关部门组织抽查为辅;要注重实效,力戒形式主义。

(2)加强企业职工的安全生产思想教育,安全部门、各班组要加强职工的安全生产教育和培训,教育职工遵章守法,反对"三违",充分调动广大干部、群众搞好安全生产的积极性,发动群众查隐患、堵漏洞、保安全,做到"不伤害自己,不伤害别人,不被别人所伤害",把党和国家的安全生产方针、政策、法律、法规和企业班组的各项规章制度落实到基层,班组和岗位要做好思想政治工作,力争做到职工受教育率达100%,及时化解矛盾,避免酿成人为事故。

(3)加强整改,确保安全,对于安全检查及自查自纠中所发现的问题、安全隐患及时整改,整改率达98%以上,杜绝任何可能发生的安全事故,对于整改不力的部门、班组坚决实行停下来改好再施工。

22.4.4　环境要求

环境保护是我国的一项基本国策,在公路建设中,应做好公路建设的环境保护工作,减轻因公路建设导致的环境污染,保护自然,维护生态平衡。

在施工中应严格执行《公路建设项目环境保护设计规定》及《环境保护法》有关要求,严格遵守国家和地方所有控制环境污染的法律和法规。采取必要的措施防止施工中的燃料、油、化学物质、污水、废料和垃圾以及土方等有害物质对沟渠、池塘的污染,防止灰尘、噪音和汽油等物质对大气层的污染。并采取规范化的施工,把施工对环境和居民生活的影响减少到最低限度。

22.5　施工工艺

22.5.1　工艺流程

标志施工工艺图如图22-1所示。

```
┌──────────┐   ┌──────────────┐   ┌──────────────┐   ┌──────────┐
│ 测量放样 │ → │ 标志基础开挖 │ → │ 钢筋绑扎安装 │ → │ 模板安装 │
└──────────┘   └──────────────┘   └──────────────┘   └──────────┘
                                                            │
                                                            ↓
┌──────────┐   ┌──────────────┐   ┌──────────┐
│ 竣工验收 │ ← │ 标志牌安装   │ ← │ 砼浇筑   │
└──────────┘   └──────────────┘   └──────────┘
                      ↑
                  监理验收        ┌────────────┐
                                  │ 标志立柱、 │
                                  │ 标志牌制作 │
                                  └────────────┘
```

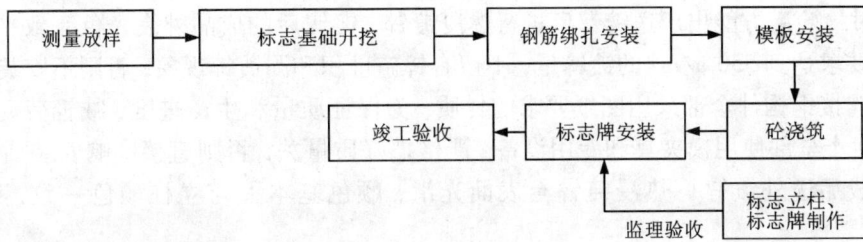

图 22 - 1 标志施工工艺流程图

22.5.2 操作工艺

所有交通标志都做到按图纸的要求定位和设置。安装的标志与交通流方向成直角；在曲线路段，标志的设置角度根据交通流的行进方向来确定。为了消除路侧标志表面产生的眩光，标志应向后旋转约 5°，以避开车前灯光束的直射。门架标志的垂直轴线应向后倾成一角度。对于路侧标志，标志板内缘距土路肩边缘不得小于 250 mm，或根据实地情况确定，但不得侵占路面。

22.5.2.1 标志基础施工

熟悉图纸所示混凝土强度等级选择材料，混凝土应具有强度要求及和易性要求。基础位置的确定、开挖以及浇筑混凝土和锚固螺栓的设置等，都应经监理工程师批准后施工。

现浇混凝土时，采用钢模，一次性浇注并严格按照技术标准和施工规范进行，特别注意覆盖养生，经常均匀洒水，使混凝土在养生期内保持潮湿状态。经过养生，混凝土达到一定强度后方可拆模。

标志基础根按规定采用集中拌和就地浇筑。在砼浇筑前，必须确定基础位置及开挖尺寸，然后安装模板和锚固螺栓。

22.5.2.2 标志支撑结构

路侧式标志的装设按《道路交通标志和标线》（GB 5768—2009）第 13.6 条的规定进行。

钢支撑结构根据《道路交通标志和标线》（GB 5768—2009）的规定制作和安装。

管状或空心截面的支撑结构需设置防雨帽。

钻孔、冲孔和车间焊接，应在钢材电镀之前完成。提供的连接件和附件应适合标志安装并符合《道路交通标志和标线》（GB 5768—2009）上附录 E 的要求。

标志支撑结构的架设将在基础混凝土达到强度要求后，并得到监理工程师的批准后方可进行。

标志中与铝合金或其他金属接触的所有钢材都应加以保护，以避免钢材或铝合金的锈蚀。

22.5.2.3 立柱制作

立柱下料过程中，注意管料的垂直度不超过图纸的技术要求，锈蚀严重的不使用，法兰用板料如有不平行度达不到图纸要求的不使用，下料时做到套裁，做到节约用料，加筋法兰与底座法兰的地脚螺孔要一致，不用手工画线钻孔，要用专用钻模先钻小孔（$\Phi 6$），然后扩孔到图纸要求的孔径。立柱管与加筋法兰组合焊接时，注意校正后再焊接保证立柱与加筋法兰垂直，焊缝堆积处平直流畅，不留有忽凸忽凹和漏焊及焊缝不直的现象，否则，返工或不使用，通过检验后方能出厂送镀锌厂进行热浸镀锌，镀锌后的成品外表光色一致平滑，保证图纸技术要求达到 550 g/m² 的镀锌量，不留有锌碴堆积和漏镀锌现象，否则不安装。

其他连接钢构件全部采用图纸要求的材质，为保证质量和生产进度、减轻劳动强度、降底成本，生产全部使用模夹具和专用设备，严格把好质量关，否则直接影响安装质量和安装进度。半成品送外镀锌厂热浸镀锌至表面光滑，颜色基本上与立柱颜色一致，镀锌量为 350 g/m²。

22.5.2.4　标志牌制作

标志铝板采用 3 mm 厚铝合金板制造，并符合《一般工业用铝及铝合金板、带材第三部分：尺寸偏差》（GB/T 3880.3—2006）的规定，制作选料时应做到注意板面应无裂缝或其他表面缺陷，铝板周边整齐、光滑，外形尺寸偏差为 ±0.5%，板表面平整，无明显皱纹、凹痕或变形，每平方米不平整度不大于 1 mm，背衬采用 80 mm 宽的铝槽钢（材料与板面材料相同，属挤压成形）与板面相铆接，严格按图纸技术要求制作，在铆接时背衬和铝板面应压紧，选用铆钉 5 mm 合适的钻花钻孔，然后用气动铆枪铆接，背面铆钉铆好后成半圆球形，板正面铆钉不应凸出板面，与板面平行，如有凸出的用磨光机磨平，也不能凹下板面。

标志牌贴反光膜前，先做样品经检验之后，再进行批量生产。所有标志板面未贴反光膜前，进行化学清洗、浸蚀和磨面处理，清除表面杂质后方能进行贴底膜操作，如气温低于 18℃时，板面适当在专用烤炉加温，温度不能超过 40℃，随时注意温控器失灵，标志板面反光膜粘贴时在复膜机（胶滚轮）上滚压定形。贴底膜时严格按工艺操作，注意表面无气泡、无皱纹、平整、无断裂现象，底膜贴完后进行清洁，方能进行字图膜粘贴，同样与底膜粘贴要求相同，字图位置放准，不歪斜，边框粘贴平直，两头与标志板边缘宽度一致，所有膜贴完后总体表面再进行一次清洁，检查员验收后竖直放在托架上（总体吊装上车），两块要板面对板面放置，中间要隔放一层有一定厚度软质布料或其他软质料，以防在运输过程反光膜划伤、碰撞，破坏反光效果。

交通标志的形状、图案和颜色应严格按照《道路交通标志和标线》（GB 5768—2009）及图纸的规定执行。所有标志上的汉字、汉语拼音字母、英文字、阿拉伯数字应符合《道路交通标志和标线》（GB 5768—2009）的规定，不得采用其他字体。

交通标志板面上的图案、字符按《道路交通标志和标线》（GB 5768—2009）的要求及设计图纸要求进行平面布设。标志采用反光膜的级别，符合图纸要求。

粘贴反光膜时，不允许采用手工操作或用溶剂激活黏结剂。在标志面的最外层可涂保护层，如透明涂料等。

反光膜尽可能做到减少拼接，当粘贴反光膜不可避免出现接缝时，应使用反光膜产品的最大宽度进行拼接，接缝以搭接为主。当需要滚筒粘贴或丝网印刷时，可以平接，其间隙不超过 1 mm。距标志板边缘 50 cm 之内，不得有拼接。

当用反光膜拼接标志图纸时，拼接处应有 36 mm 的重叠部分。如果监理工程师同意采用对接，则接缝间隙不得大于 0.8 mm。反光膜粘贴在挤压型材板面上，伸出上、下边缘的最小长度为 8 mm，且应紧密地粘贴在上、下边缘上。

标志板在车间剪裁或切割，以产生整齐、方正的边缘，不应有毛刺，并按《道路交通标志和标线》（GB 5768—2009）附录 E 进行加固。所有标志板的槽钢应在粘贴定向反光膜之前焊接好。

定向反光膜用不剥落的热活性胶粘剂粘贴,将反光膜牢固粘贴到标志板上,其表面做到不产生任何气泡和污损等缺陷。

标志板的运输、贮存和搬运方式按要求进行。两块标志邻接面之间用适合的补垫材料分隔,以免在运输、搬运过程中磨损标志板面。标志板应贮存在干净、干燥的室内。

安装标志板时,标志的紧固方法符合图纸的要求。标志安装完毕后,清扫所有标志板。在清扫过程中,做到不损坏标志面或产生其他缺陷。在标志检查中发现的任何缺陷,应及时进行修补或更换。

22.5.2.5 标志安装

标志牌的安装可进行分组安装,标志安装时分成多个小组,多种规格,分头安装,安装质量和进度落实到人。单柱式标志牌一个组先人工装立柱,校正后再安装标志牌,桩位要查清,板面根据地形按规范要求放斜度(有技术员指挥),所有连接件要压牢,又要保持标志板面平整、不变形、不歪斜,板面要安装在立柱的中间,特别要注意板面靠路边的距离和路面距标志板底边的高度,要注意桩位名称、图样不能有安装错误,按图施工;双柱式一个组,利用吊车先装立柱,校正后要保证立柱垂直,两立柱之间要保持平行,不能有上下宽窄不一,立柱顶端一样高,(立柱制作之前测量好两立柱基础的落差),安装标志牌时在后面用4套滑轮悬挂在两立柱顶端(出于安全和进度考虑此法比用吊车安装要好,工时短、人员少、安全可靠,不受风力的影响),滑轮绳索两人站在板面靠立柱的后面平行向下拿,标板平行上升。安装连接件的人员一定要系上安全带,紧固前要用水平尺检查,保持板面平整、不歪斜,在挂两块以上标志板时要保证中间距离10 cm宽度两头一致。在整个安装过程中,不要损坏标志面的反光膜,组长和质检员要随时检查安装质量和各部位的关键尺寸;单悬臂式和双悬臂为一个组。立柱和标志牌在地面安装成一个总体,各部位尺寸先在地面检查、调整好,用吊车总体吊装,一次成形,吊装时注意吊装部位,不要损坏标志牌和其他物件。施工人员不要在吊车臂下和被吊物下穿行,以防掉落伤人。安装好后再进行一次检查,特别是标志牌底边与路面净空高度,按图纸要求调整。

所有标志安装完后进行一次全面检查,不合格的马上调整,有损坏的不能修复的,马上调换,标志板面进行一次冲洗,同时检查清理现场,自检合格后请监理检查验收。

22.6 质量标准

22.6.1 标志实测项目

交通标志施工实测项目如表22-4所示。

表22-4　交通标志实测项目

项次	检查项目	规定值或允许偏差	检查方法和频率
1	标志板外形尺寸/mm	±5,当边长尺寸大于1.2 m时允许偏差为边长的±0.5%；三角形内角应为60°±5°	钢卷尺、万能角尺、卡尺,检查频率100%
	标志底板厚度	不小于设计	
2	标志汉字、数字、拉丁字的字体及尺寸/mm	应符合规定字体,基本字高不小于设计	字体与标准字体对照,字高用钢卷尺,检查频率10%
3	标志面反光膜等级及逆反射系数/(cd·lx^{-1}·m^{-2})	反光膜等级符合设计,逆反射数值不低于《公路交通标志板技术条件》(JT/T 279)的规定	反光膜等级用。便携式测定仪检查,检查频率100%
4	标志板下缘至路面净空高度及标志板内缘距路边缘距离/mm	+100.0	用直尺、水平尺或经纬仪,检查频率100%
5	立柱竖直度/(mm·m^{-1})	±3	垂线、直尺,检查频率100%
6	标志金属构件镀层厚度/μm	标志柱、横梁≥78,紧固件≥50	测厚仪,检查频率100%
7	标志基础尺寸/mm	-50,+100	钢尺、直尺,检查100%
8	基础混凝土	在合格标准内	基础施工同时做试件每处1组(3件),检查频率100%

22.6.2　外观鉴定

（1）标志板安装后应平整,夜间在车灯照射下,标志板底色和字符应清晰明亮、颜色均匀,不应出现明暗不均的现象,不能影响标志的认读。

（2）标志板在粘贴底膜时,横向不宜有拼接,竖向拼接时,上膜须压接下膜,压接宽度不应小于5 mm。当采用平接时,其间隙不应超过1 mm。距标志板边缘50 mm之内不得有接缝。

（3）标志金属构件镀层应均匀、颜色一致,不允许与流挂、滴瘤或多余结块,镀件表面应无漏镀、露铁等缺陷。

22.7　成品保护

22.7.1　标志基础

基础砼在初凝后立即进行养护，采用蓄水养护方法，连续养护。尽量减少砼的暴露时间，及时对砼暴露面进行紧密覆盖(采用篷布、塑料布等)，防止表面水分蒸发。在砼浇筑后的前 1~2 d，应保证砼处于成分的湿润状态，严格遵守国家标准规定的养护龄期。

22.7.2　标志牌成品保护

标志牌制作完成后从车间运至工地现场，运输过程中标志牌板面应用塑料薄膜覆盖保护，标志安装时再撤除，保证标志版面干净、清晰。

22.7.3　螺栓防锈处理

标志安装完成后，应对法兰盘上外露的螺栓进行防锈处理。

22.8　安全环保措施

22.8.1　安全措施

(1)现场设专职安全员全程跟班检查，发现安全隐患及时采取相关措施，杜绝安全事故的发生。

(2)在施工区域按规范摆放交通安全警示锥灯和警示标志，所有现场施工人员全部按要求穿好反光背心，施工车辆停靠时应开启双闪警示灯。

(3)各种施工机械应做好日常维修保养，保证机械的安全使用性能。

(4)在标志牌装卸车和标志牌安装时，应有专门的信号员指挥，确保吊装作业的安全。

(5)所有现场施工管理人员都应积极参与安全生产管理工作，做到"人人都是安全员"。

22.8.2　环保措施

(1)基础施工过程中产生的土石方等废渣，须按规定集中统一处理，严禁随意倒弃。

(2)在进行标志基础施工时，应尽量少破坏天然植被，以便最大限度地保护自然景观。

(3)为了避免对已完工的路面造成污染，在有可能被污染的区域应铺设彩条布进行保护，施工完后清理干净。

(4)施工地点位于沿线人群居住密集区附近时，尽量避免夜间施工，除非监理工程师批准否则不得在夜间安排噪音很大的机械施工。一切非施工噪声都应尽力避免，通过有效的管理和技术手段将施工噪声降低到最低程度。

(5)施工时，不得随意破坏堵塞路侧边沟及农用水渠等，确保水利设施及系统的完好和畅通。

22.9 质量记录

（1）建筑材料质量抽检记录。

（2）标志基坑开挖检查记录表。

（3）钢筋骨架制作检查记录表。

（4）模板安装检查表。

（5）混凝土施工过程记录表。

（6）标志安装检查记录表。

（7）工序质量评定表。

（8）质量评定记录表。

23 标线施工工艺

23.1 总则

23.1.1 适用范围

本标准适用于新建和改建公路。

23.1.2 参考标准和规范

(1)中华人民共和国《公路交通标志和标线设置规范》(JTG D82—2009)。
(2)中华人民共和国《公路交通安全设施施工技术规范》(JTG F71—2006)。
(3)中华人民共和国《道路交通标志和标线》(GB 5768.2—2009)。

23.2 术语

标线:道路交通标线是由标划于路面上的各种线条、箭头、文字、立面标记、突起路标等所构成的交通安全设施。它的作用是管制和引导交通。道路标线分为:热熔标线、常温冷漆标线、彩色防滑标线、振荡防滑反光标线和预成形标线。目前我国道路标线上应用最广的是热熔标线。

23.3 施工准备

23.3.1 技术准备

(1)施工人员应认真审核图纸及设计说明书。
(2)根据招、投标文件和施工合同、设计文件及有关规范编制施工组织设计。施工组织设计宜包括以下内容:编制说明、施工组织机构、施工平面布置图、施工方法、资源计划、总进度计划和进度图、质量管理、安全生产、环境保护。
(3)标线开工前,向监理工程师提交本工程施工组织设计和开工报告,经工程师批准才能开始施工。如需变更设计,报监理工程师和业主审批。
(4)测量放样:按图纸设计的平面位置进行施工放样。并与现场实际情况进行核对,如有不符,立即报告工程师,按工程师的指示办理。

23.3.2 材料准备

(1)材料的进场及检查:按技术、规范要求将各种材料采购到位并严格检查是否合格。

(2)标线主要材料是涂料、突起路标、立面标记(铝基和反光膜)。

23.3.3 主要机具

(1)主要机械设备:热熔画线机、放线设备。

(2)主要测量仪器:钢卷尺、涂层测厚仪、逆反射系数测量仪、色彩色差仪、反光膜附着性测定器、亮度计。

23.3.4 作业条件

标线施工前路面面层必须铺筑完毕,并确保路面清洁干净。

23.3.5 劳动力组织

根据工程量及工期配置好作业班组及每班组的工人配置数量,如表23-1所示。

表23-1 一个班组作业人员配置

工种	人数	工作地点	职责范围
施工技术员	1	整个施工现场	负责跟班组织施工管理工作、协助总指挥工作等
放线工	5	整个施工现场	负责测量放线工作
画线工	2	整个施工现场	负责机械操作及画线质量的控制
安全员	1	整个施工现场	负责交通安全指挥及安全防护措施的落实
质量检查员	1	整个施工现场	负责跟班检查工程质量,组织各工种交接及质量保证措施的执行情况,对工程质量负责
材料员	1	材料仓库	负责施工材料供应及管理
总计	11		

注:此表为一个作业班施工配备人员,未计后勤、行政等人员。

23.4 工艺设计和控制要求

23.4.1 技术要求

(1)路面标线涂料应符合《路面标线涂料》(JT/T 280—2004)的规定。

(2)路面标线喷涂应仔细清洁路面,表面干燥,无起灰现象。

(3)路面标线颜色、形状和设置位置应符合《道路交通标志和标线》(GB 5768—2009)的规定和设计要求。

23.4.2　材料质量要求

23.4.2.1　材料的技术要求

（1）路面标线材料应符合《路面标线涂料》（JT/T 280—95）的规定，并有合适的施工机械与之配套。

路面标线涂料的分类如表23-2所示。

表 23-2　路面标线涂料分类

种　类		施工时的条件	玻璃珠含量和使用方法	状态
1 种	1 号	常　温	涂料中不含玻璃珠，施工时也不面撒玻璃珠	液态
	2 号		涂料中不含玻璃珠，施工时随涂料喷嘴后撒布玻璃珠于湿膜上	
2 种	1 号	加　热	涂料中不含玻璃珠，加热施工时也不面撒玻璃珠	液态
	2 号		涂料中不含（或含）玻璃珠，加热施工时随喷嘴后撒布玻璃珠于湿膜上	
3 种	1 号	热　熔	涂料中不含玻璃珠或含 15% 以下的玻璃珠，热熔施工时也不面撒玻璃珠	固态
	2 号		涂料中含 15%～23% 的玻璃珠，热熔施工时再在涂膜上撒布玻璃珠	

（2）各类涂料的技术要求应符合表23-3、表23-4的规定。

（3）热熔型涂料用下涂剂（底油）品质应符合表23-5的要求。

（4）玻璃珠的品质要求应符合表23-6的规定。

（5）路面标线涂料的色度性能，其色品坐标和反射比（或亮度因数）应符合表23-7的规定和《路面标线涂料》（JT/T 280—95）图2中规定的范围。

表 23-3　溶剂常温、加热涂料技术要求

项目	1 种		2 种	
	1 号	2 号	1 号	2 号
容器中状态	应无结块、结皮现象，易于搅匀			
密度/(g·cm⁻³)	≥1.2		≥1.3	
黏度	≥80（涂 4 杯，S）		90～130（KU 值）	
细度/μm	≤65			
施工性能	刷涂、空气或无空气喷涂施工性能良好		加热至 40～60℃时无空气喷涂性能良好	
加热稳定性	—		满足试验时"容器中的状态"，KU 值≤140	

续表 23 - 3

项目		1 种		2 种	
		1 号	2 号	1 号	2 号
涂膜外观		应无发皱、泛花、起泡、开裂、发黏等现象,涂膜颜色和外观应与标准板差异不大			
不粘胎干燥时间/min		≤15		≤10	
遮盖率	白	≥0.95			
	黄	≥0.80			
色度性能(45°/0°)	白色	按《路面标线涂料》(JT/T 280—1995)中第6.1.10条规定的方法测试,涂料颜色的色品坐标和反射比应符合《路面标线涂料》(JT/T 280—1995)第5.5节表6和图2中规定的范围			
	黄色				
渗色	白	沥青毡上涂面1号的反射比≥65,2号的反射比≥35,反射对比率≥0.80			
	黄	反射对比率≥0.80			
耐磨性(200r/1000 g后减重,mg)		≤50			
耐水性		在水中浸24 h应无异常现象			
耐碱性		在氢氧化钙饱和溶液中浸24 h应无异常现象			
柔韧性(5 mm)		应无开裂、剥离现象			
固体含量/%		≥60		≥65	
逆反射系数/(cd·lx⁻¹·m⁻²)	白	≥200		≥200	
	黄	≥100		≥100	

表 23 - 4　溶剂型涂料技术要求

项目		3 种	
		1 号	2 号
密度/(g·cm⁻³)		1.8 ~ 2.3	
软化点/℃		90 ~ 120	
涂膜外观		涂膜冷凝后应无皱纹、斑点、起泡、裂纹、脱落及表面无发黏现象,涂膜和颜色和外观应与标准板差异不大	
不粘胎干燥时间/min		≤3	
色度性能	白色	按《路面标线涂料》(JT/T 280—95)中第6.2.6条规定的方法测试,涂膜颜色的色品坐标和反射比应符合《路面标线涂料》(JT/T 280—95)中第5.5节表6和图2中规定的范围	
	黄色		
抗压强度/MPa		≥12	

续表 23 - 4

项目	3 种	
	1 号	2 号
耐磨性 （200 r/1000 g 后减重，mg）	≤50	
耐水性	在水中浸 24 h 应无异常现象	
耐碱性	在氢氧化钙饱和溶液中浸 24 h 应无异常现象	
加热残留分/%	≥99	
玻璃珠含量/%	<15	15 ~ 23
流动度/mm	30 ± 5	35 ± 8
逆反射系数 （cd · lx^{-1} · m^{-2}） 白色		≥200
黄色		≥100
耐候性	经 12 个月试验，涂膜的起皱、班点、裂纹、脱落及变色等都不应大于标准样板	

表 23 - 5 下涂剂（底油）品质要求

颜色	固体含量/%	涂面量/(g · m^{-2})	干燥时间/min
无色透明或琥珀色液体	30 ± 5	150 ~ 200	≤ ±5

表 23 - 6 玻璃珠品质要求

项目	1 号		2 号	
容器中玻璃珠状态	粒状或松散团状，清洁无杂质			
密度/(g · cm^{-3}) （在 23℃ ±2℃ 的二甲苯中）	2.4 ~ 2.6			
粒径	标准筛筛号/目	筛余物/%	标准筛筛号/目	筛余物/%
	20	0	30	0
	20 ~ 30	5 ~ 30		
	30 ~ 50	30 ~ 80	30 ~ 50	40 ~ 90
	50 ~ 140	10 ~ 40		
	140 以下	95 ~ 100	100	95 ~ 100
外观	无色透明球状，扩大 10 ~ 50 倍观察时，熔融团、片状、尖状物、有色气泡等瑕疵珠不应超过总量的 20%			
折射率(20℃浸渍法)	≥1.5			
耐水性	取 10 g 样品放于 100 mL 蒸馏水中，于沸腾水浴中加热 1 h 后冷却，玻璃珠表面不应出现模糊状。			

表 23-7 色品坐标和反射比(或亮度因数)

颜色			色品坐标　　光源:标准光源 D65(几何 45°/0°)				光反射比/%(或亮度因数)
			1	2	3	4	
表面色	白	x	0.350	0.300	0.290	0.340	≥75　(0.75)
		y	0.360	0.310	0.320	0.370	
	黄	x	0.531	0.464	0.427	0.477	≥45　(0.45)
		y	0.468	0.534	0.483	0.433	
逆向反射物色	白	x	0.350	0.300	0.290	0.340	≥35　(0.35)
		y	0.360	0.310	0.320	0.370	
	黄	x	0.531	0.464	0.427	0.477	≥27　(0.27)
		y	0.468	0.534	0.483	0.433	

23.4.2.2　材料的检验、包装、运输和储存

(1)材料由生产厂的检验部门按《路面标线涂料》(JT/T 280—95)的规定进行检验,并保证所有出厂产品都符合规定的技术指标。产品都有合格证,并附有使用说明及注意事项。

(2)我公司向监理工程师提供拟使用来自供应厂商合格的每种材料的样品和使用说明。产品按《涂料产品的取样》(GB 3186—1982)的规定进行取样,样品应分两份,一份密封储存备查,另一份作为检验试验之用。样品经试验同意后,将作为以后来料比较的依据。

(3)材料同意使用后,在交货前应对每批预定材料取样,并进行试验。在生产中,必要时监理工程师可以在生产过程中取样并进行检验,以保证其符合规定的产品标准。所有试样应明确标出生产厂商的批量编号和生产日期。每次产品装运时应附上与最初提供的样品一致的证明书。

(4)产品的包装,除玻璃珠应符合品质要求外,涂料可用内衬密封塑料袋外加编织袋的双层包装袋包装,袋口应严密封闭。

(5)产品在存放时应保持通风、干燥,防止日光直接照射,并应隔绝火源,夏季温度过高时应设法降温。

(6)产品在运输时应防止雨淋、日晒,应采用集装箱运输,并符合运输部门的有关规定。

(7)产品应标明贮存期;超过贮存期应按《路面标线涂料》(JT/T 280—95)规定的项目进行检验,不合格者,不得使用。

(8)玻璃珠的包装应符合下列要求:

①宜采用柔软耐磨的黄麻袋或其他纺织袋包装,里面衬以衬垫,保证在运输过程中不被污染或包装破损。每包应含有不少于 25 kg 净重的玻璃珠。所有包装应明显标出玻璃珠的种类、质量(以千克计)、批数及制造商名称。

②存储在封闭包内一年的玻璃珠不应结块。

23.4.2.3　涂料试验

(1)监理工程师可提前指示承包人按《路面标线涂料》(JT/T 280—95)规定的试验方法,并参见其中表 3-2,表 3-4 质量要求进行试验,以确定材料是否合格;并在监理工程师指定的地段进行实地试验,以便吸取经验。

(2)热熔涂料涂敷于路面上使用 12 个月(缺陷责任期)后应无明显褪色和剥落。

(3)为了使施工中质量有所控制,应用湿膜厚度梳子校核道路路面的湿膜厚度,或用监理工程师同意的其他方法进行校核。

①在湿膜涂层或放在金属试件上后,立即将梳子仔细垂直放入湿膜内。

②将梳子量规在湿膜内稳固地保持 5 ~ 10 s,然后垂直地将其取出。

③检测湿膜厚度梳子量规尖头覆盖着的材料。为了准确地测量湿膜厚度,湿漆必须触及量规中刻有规定厚度的尖头,而不触及刻有下一较高厚度的尖头。

23.4.3 职业健康安全要求

(1)健全和落实安全生产责任制,加强监督检查,清除事故隐患,各部门、各班组要针对性地开展自查自查自纠和专项监督检查,特别要加强用电管理、支架搭设等重要环节的安全工作,及时排除事故隐患。安全检查要以班组自查自纠为主,有关部门组织抽查为辅;要注重实效,力戒形式主义。

(2)加强企业职工的安全生产思想教育,安全部门、各班组要加强职工的安全生产教育和培训,教育职工遵章守法,反对"三违",充分调动广大干部、群众搞好安全生产的积极性,发动群众查隐患、堵漏洞、保安全,做到"不伤害自己,不伤害别人,不被别人所伤害",把党和国家的安全生产方针、政策、法律、法规和企业班组的各项规章制度落实到基层,班组和岗位要做好思想政治工作,力争做到职工受教育率达100%,及时化解矛盾,避免酿成人为事故。

(3)加强整改,确保安全,对于安全检查及自查自纠中所发现的问题、安全隐患及时整改,整改率达98%以上,杜绝任何可能发生的安全事故,对于整改不力的部门、班组坚决实行停下来改好再施工。

23.4.4 环境要求

环境保护是我国的一项基本国策,在公路建设中,应做好公路建设的环境保护工作,减轻因公路建设导致的环境污染,保护自然,维护生态平衡。

在施工中应严格执行《公路建设项目环境保护设计规定》及《环境保护法》有关要求,严格遵守国家和地方所有控制环境污染的法律和法规。采取必要的措施防止施工中的燃料、油、化学物质、污水、废料和垃圾以及土方等有害物质对沟渠、池塘的污染,防止灰尘、噪音和汽油等物质对大气层的污染。并采取规范化的施工,把施工对环境居民生活的影响减少到最低限度。

23.5　施工工艺

23.5.1　工艺流程(图23-1)

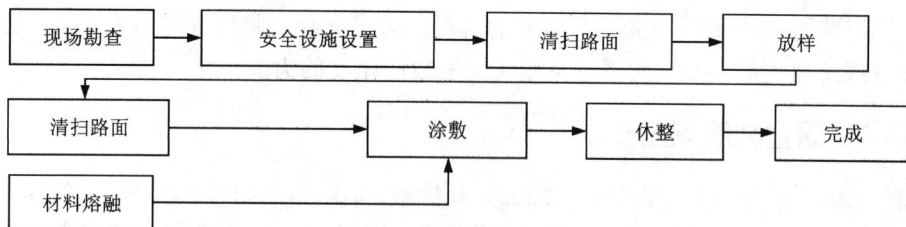

```
现场勘查 → 安全设施设置 → 清扫路面 → 放样
                                      ↓
清扫路面 → 涂敷 → 休整 → 完成
   ↑
材料熔融
```

图23-1　标线施工工艺流程图

23.5.2　操作工艺

(1)路面清扫：设置标线的路面表面应清洁干燥，无松散颗粒、灰尘、沥青、油污或其他有害物质。

路面的清洁度是确保涂料附着效果的基本条件，不但路面的灰尘杂物需要清理干净，还要注意到路面是否有水、干燥，必要时使用燃气火焰，确保路面干燥后再施工，以确保附着效果和标线的平整度及反光效果。

(2)标准线、涂下涂剂：根据图纸或设计单位要求划设标准线并复核，力求准确无误、线条流畅。根据路面材质，选择适合的下涂剂并沿标准线涂数敷下涂剂，保证下涂剂涂层厚度合乎标准要求。

(3)在水泥路面施加标线需要预涂底油时，先喷涂热熔底油下涂剂，按试验决定的间隔时间喷涂热熔涂料，以提高其黏结力。为了确保标线涂料和路面材料完全相适应，底油的类型和用量应经监理工程师批准。

(4)标线的颜色为白色和黄色，应符合《路面标线涂料》(JT/T 280—95)的要求，并按监理工程师同意的方法施工。喷涂机具应使用自行式机械。

(5)标线宽度、虚线长及间隔、点线长及间隔、双标线的间隔，应按《道路交通标志和标线》(GB 5678—1999)规定办理。

(6)特殊标线的图案、标记如箭头及字母等的尺寸应按图纸要求和《道路交通标志和标线》(GB 5678—1999)规定办理。

(7)所有标线应具有顺直、平顺、光洁、均匀及精美外观；湿膜厚度符合图纸要求，否则，应由承包人予以更正并经监理工程师同意，费用由承包人自负。

(8)有缺陷的、施工不当、尺寸不正确或位置错误的标线均应清除，路面应修补，材料应更换，并经监理工程师同意，其费用由承包人自理。

(9)涂料的加热熔化：热熔涂料的加热熔化是施工工艺中的一个重要环节，直接影响到施工质量，如操作不当，会导致涂料变性、变色、黏结强度降低。使用熔解釜熔化涂料时，应先投少量涂料，待其开始熔化时开动搅料器搅拌，同时适时投入新料，由自动温控系统控制料温，待涂料全部熔化达到施工要求后，倾倒至施工设备中进行标线施工。

（10）涂敷热熔涂料：涂料在容器内加热时，温度应控制在涂料生产商的使用说明规定值内，不得超过最高限制温度。烃树脂类材料，保持在熔融状态的时间不大于6 h；树胶树脂类材料，保持在熔隔状态的时间不大于4 h。

对涂层厚度和玻璃珠配置等进行实地检测，必要时调整参数。

在确保下涂剂完全干燥后，再进行热熔涂料的涂敷，否则会引起涂层起泡、下涂剂燃烧等严重后果。施工过程同时，要对机内涂料进行搅拌，以防产生沉降层。

将反光玻璃珠撒布在尚未硬化的热熔涂层上，施工中要调整好玻璃珠自动喷撒量，严格按标准施工，既要保证反光效果，也不能浪费。

避免在低于10℃的环境温度下施工，以免影响标线质量，对敷设的标线随时抽查，及时调整施工机械的各项参数及施工工艺，确保施工质量。

对施工后的标线进行必要的修整，并及时清理施工现场，以便尽早开放通车。

（11）涂料喷涂于路面时的温度，应符合涂料生产商提供的使用说明的要求，否则会影响喷涂使用寿命。喷涂施工应在白天进行，雨天、尘埃大、风大、温度低于10℃时应暂时停止施工。

（12）玻璃珠的撒布应经试验并获监理工程师的批准方可实施。撒布玻璃珠应在涂料喷涂后立即进行，以0.3 kg/m² 的用量加压撒布在所有标线上。

23.5.3 主要质量问题及预防

23.5.3.1 标线不齐有毛边的预防及解决办法

（1）根据施工季节气温的不同，选择合适的温度，避免温度过高涂料流动性过大，流入路面的孔隙；或者温度过低，涂料敷后即凝固，致使边缘不齐。

（2）施工后在标线的起始端平铺一薄板或粘一段胶带，涂敷后及时将铁板（胶带）连同涂料揭下，整修后效果很好。

23.5.3.2 标线颜色不均匀的预防及解决办法

涂料熔融前应将热熔清理干净，加强温度控制，能够防止标线颜色不一致。

23.5.3.3 标志超厚的预防及解决办法

（1）减小模板厚度，降低刀口，将模板厚度消除。

（2）更换车轴，增大车轮间距，避免车轮出现高差而使标线变厚。

（3）不能一次涂敷完成的标线应设法将搭接改为对接，消除搭接厚度。

23.5.3.4 玻璃珠上浮或下沉反光效果差的预防及解决办法

（1）涂敷施工前，检查玻璃珠是否干燥，用刷子刷除玻璃珠中的异物。

（2）检查玻璃珠撒布器是否完好，有风作业时，应安装防风罩。

（3）控制好涂料温度、玻璃珠的喷出压力和喷出量，使标线达到良好的反光效果。

23.5.3.5 标线气泡、麻面的预防及解决办法

（1）禁止在雨后或空气特别湿润时进行标线施工。（特别湿润的水泥凝固土路面，在雨后阳光充足的情况下，至少要干燥3 d以上。）

（2）不宜过早涂抹底漆。

（3）控制好涂料涂敷温度，避免出现涂料流动性差的现象，造成麻面。

23.5.3.6 标线起皮、脱落的预防及解决办法

（1）彻底清扫路面，保持路面干净、无异物及浮灰。

（2）确保路面干燥，必要时可用喷灯烘烤，降低路面的水分。

（3）选用合适的底漆，避免养护时间过长。

（4）施工温度不宜低于5℃，宜在10℃以上环境施工，涂料熔融温度为180～220℃，涂料涂覆到路面的瞬间温度不低于180℃。

（5）涂料应充分熔融，搅拌均匀。

23.6 质量标准

路面标线检查项目如表23-8所示。

表 23-8 路面标线检查项目

项次	检查项目		规定值或允许偏差	检查方法
1	厚度 /mm	溶剂常温涂料	0.3～0.4	按材料用量计算或抽检10%
		溶剂加热涂料	0.3～0.5	
2		热熔型涂料	图纸规定值±0.25	
3	标线宽度/mm		±5	直尺，抽检10%
4	标线长度/mm		±50	直尺，抽检10%
5	纵向间距/mm		±50	直尺，抽检10%
6	横向偏位/mm		±30	直尺，抽检10%

（1）标线施工污染路面应及时清理。每处污染面积不超过1000 m²。

（2）标线线形应流畅，与道路线形相协调，曲线圆滑，不允许出现折线。

（3）标线表面不应出现网状裂缝、断裂裂缝、起泡现象。

表 23-9 突起路标检查项目

项次	检查项目	规定值或允许偏差	检查方法
1	安装角度/(°)	±5	直尺，抽检10%
2	纵向间距/mm	±50	尺量，抽检10%
3	损坏及脱落个数/mm	<5%	抽检30%
4	横向偏位/mm	±50	直尺，抽检10%
5	承受压力/kN	>160	检查测试记录
6	光度性能	在规定范围内	检查报告

（4）突起路标外观美观，尺寸符合设计要求，纵向安装成直线，无折线，曲线圆滑顺畅，

黏结剂没有造成路面污染。

23.7　成品保护

喷涂标线时，应有交通安全措施，设置适当警告标志，阻止车辆及行人在作业区内通行，防止将涂料带出或形成车辙，直至标线充分干燥。

23.8　安全环保措施

（1）现场设专职安全员全程跟班检查，发现安全隐患及时采取相关措施，杜绝安全事故的发生。

（2）在施工区域按规范摆放交通安全警示锥灯和警示标志，所有现场施工人员全部按要求穿好反光背心，施工车辆停靠时应开启双闪警示灯。

（3）各种施工机械应做好日常维修保养，保证机械的安全使用性能。

（4）施工现场设立减速临时标志，施工人员必须身着反光服施工。施工车辆及各种施工设备上都设置警告标志。在画线施工作业时，应有专门的交通指挥，确保施工安全。

（5）所有现场施工管理人员都应积极参与安全生产管理工作，做到"人人都是安全员"。

23.9　质量记录

（1）建筑材料质量抽检记录。

（2）标线喷涂与安装质检表。

（3）工序质量评定表。

24 波形护栏施工工艺

24.1 总则

24.1.1 适用范围

本标准适用于采用打入法施工和钻孔法施工的高速公路和一级公路波形护栏施工。

24.1.2 参考标准和规范

(1)中华人民共和国行业标准《公路工程技术标准》(JTG B01—2014)。

(2)中华人民共和国行业标准《公路交通安全设施施工技术规范》(JTG F71—2006)。

(3)中华人民共和国行业标准《公路工程质量检验评定标准》(JTG F80/1—2017)。

24.2 术语

24.2.1 刚性护栏

它是一种基本不变形的护栏结构。砼护栏是刚性护栏的主要形式,它是一种以一定形状的混凝土块相互连接而组成的墙式结构,它利用失控车辆碰撞其后爬高并转向来吸收碰撞能量。

24.2.2 柔性护栏

它是一种具有较大缓冲能力的韧性护栏结构。缆索护栏是柔性护栏的主要代表形式,它是一种以数根施加初张力的缆索固定于立柱上而组成的结构,它主要依靠缆索的拉应力来抵抗车辆的碰撞,吸收碰撞能量。

24.2.3 半刚性护栏

它是一种连续的梁柱式护栏结构,具有一定的刚度和柔性。波形梁护栏是半刚性护栏的主要代表形式,它是一种以波纹状钢护栏板相互拼接并由立柱支撑而组成的连续结构,它利用土基、立柱、波形梁的变形来吸收碰撞能量,并迫使失控车辆改变方向。

24.2.4　路侧护栏

它是指设置于公路路肩上的护栏。目的是防止失控车辆越出路外，避免碰撞路边其他设施。

24.2.5　中央分隔带护栏

它是指设置于公路中央分隔带内的护栏。目的是防止失控车辆穿越中央分隔带闯入对向车道，并保护中央分隔带内的构造物。活动护栏——指设置于中央分隔带开口处的、能够移动的护栏，以便事故处理车辆、急救抢险车辆紧急通过。中央分隔带护栏端头——指中央分隔带护栏在开始端或结束端所设置的专门结构，也包括中央分隔带开口处的端头。

24.2.6　桥梁护栏

它是指设置于桥梁上的护栏，目的是防止失控车辆越出桥外。

24.2.7　纵向有效构件

它是指桥梁护栏中能有效地阻挡失控车辆越出桥外的纵向构件。根据其承受碰撞荷载的大小，可分为主要纵向有效构件(如主要横梁)和次要纵向有效构件(如次要横梁)。

24.2.8　纵向非有效构件

它是指桥梁护栏中不考虑承受车辆的碰撞荷载的纵向构件。

24.2.9　护栏标准段

它是指护栏断面结构形式保持不变并正常设置的结构段。

24.2.10　护栏过渡段

它是指在不同护栏断面结构形式之间平滑连接并进行刚度过渡。

24.2.11　护栏渐变段

它是指设置于外移端头与标准段之间进行线形平滑过渡的结构段。

24.2.12　护栏端头

它是指护栏开始端或结束端所设置的专门结构。

24.3　施工准备

24.3.1　技术准备

(1)施工人员应认真审核图纸及设计说明书。

(2)根据招、投标文件和施工合同、设计文件及有关规范编报施工组织设计。

①编制施工组织设计前，组织有关人员对设计文件、资料进行研究和现场核对，必要时进行补充调查。研究设计文件、资料时，应首先查明是否齐全、清楚，设计文件本身及相互之间有无矛盾和错误，如发现设计文件和资料欠缺、错误、矛盾等情况，应向建设单位提出，予以补全、更正。

②施工组织设计宜包括以下内容：编制说明、施工组织机构、施工平面布置图、施工方法、资源计划、总进度计划和进度图、质量管理、安全生产、环境保护。

(3)做好技术交底工作，编制整体及分项施工方案，并报建设和监理单位审批。

(4)建立健全质量、进度、安全、环境保证体系。包括：各项体系方针、目标、保证机构、保证程序、保证措施等。

24.3.2 材料准备

(1)所有进场材料应具有产品合格证书,并应进行抽样检查。
(2)所有材料应妥善储存和堆放。

24.3.3 主要机具

(1)机械:打桩机、钻孔机、运输车等。
(2)工具:铁锹、开挖工具、钳子、榔头、5 m 钢卷尺、50 m 钢卷尺等。
(3)测量、检测仪器:全站式经纬仪、水准仪、塔尺、钢尺、镀锌测厚仪、游标卡尺、竖直度靠尺、电子秤等。

24.3.4 作业条件

护栏的施工一般在路面施工完成后进行,但在施工前应预先做好施工组织设计及施工准备。

24.3.5 劳动力组织

表 24-1　波形护栏施工劳动力组织

工种	人数	工作地点	职责范围
施工队长	1	整个施工现场	负责跟班组织施工管理工作、协助总指挥工作等
技术员	1	整个施工现场	负责跟班解决施工中的技术问题、编写技术措施等
安全员	1	整个施工现场	负责跟班检查安全措施、安全措施的执行情况及安全教育工作,对安全生产负责
质量检查员	1	整个施工现场	负责跟班检查工程质量,组织各工种交接及质量保证措施的执行情况,对工程质量负责
测量工	1	施工现场	负责立柱打入点位置及横梁中线标高控制
打桩机械操作工	2	施工现场	负责立柱打入作业、线形调整作业
挂板工	6	施工现场	负责波形梁板固定
螺栓紧固工	4	施工现场	负责拼接螺栓固定作业
卡车司机	2	仓库至作业现场	负责材料运输
材料员	1	材料仓库	负责施工材料供应及管理
杂工	4	整个施工现场	负责材料装卸、配合设备作业
总计	24		

注:此表为一个作业班施工(两台打桩设备、两台材料转运车)配备人员,未计立柱采用钻孔方案需配备人员及后勤、行政等人员。

24.4 工艺设计和控制要求

24.4.1 技术要求

24.4.1.1 路侧护栏

（1）凡符合下列情况之一者，必须设置路侧护栏：

①道路边坡坡度 i 和路堤高度 h 在图 24-1 的阴影范围之内的路段。

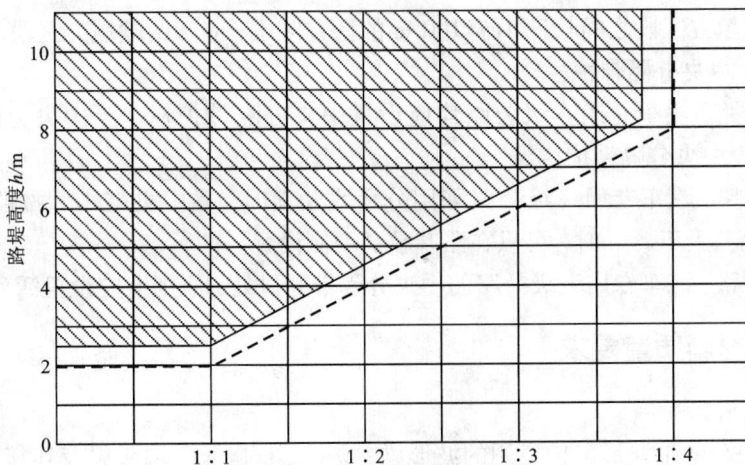

图 24-1 边坡、路堤高度与设置护栏的关系

②与铁路、公路相交，车辆有可能跌落到相交铁路或其他公路上的路段。

③高速公路或汽车专用一级公路在距路基坡脚 1 m 范围内有江、河、湖、海、沼泽等水域，车辆掉入会有极大危险的路段。

④高速公路互通式立体交叉进、出口匝道的三角地带及匝道的小半径弯道外侧。

（2）凡符合下列情况之一者，应设置路侧护栏：

①道路边坡坡度 i 和路堤高度 h 在图 24-1 的虚线以上区域内的路段。

②高速公路或汽车专用一级公路在距土路肩边缘 1 m 范围内，有门架结构、紧急电话、上跨桥的桥墩或桥台等构造物时。

③与铁路、公路平行，车辆有可能闯入相邻铁路或其他公路的路段。

④路基宽度发生变化的渐变段。

⑤曲线半径小于一般最小半径的路段。

⑥服务区、停车区或公共汽车路侧停车处的变速车道区段，交通分、合流的三角地带所包括区段。

⑦大、中、小桥两端或高架构造物两端与路基连接部分。

⑧导流岛、分隔岛处认为需要设置护栏的地方。

（3）凡符合下列情况之一者，可设置路侧护栏：

①高速公路或汽车专用一级公路在距土路肩边缘1 m范围内存在下列危险或障碍物时：粗糙的石方开挖断面；大孤石；重要标志柱、信号灯柱、可变标志柱、照明灯柱或路堑支撑壁、隔音墙等设施；高出路面30 cm以上的混凝土基础、挡土墙。

②道路纵坡大于4%的下坡路段。

③路面结冰、积雪严重的路段。

④多雾地区。

⑤隧道入口附近及隧道内需保障养护人员安全的路段。

（4）路侧护栏最小设置长度为70 m。两段路侧护栏之间相距不到100 m时，宜在该两路段之间连续设置。

（5）夹在两填方区段之间长度小于100 m的挖方区段，应和两端填方区段的护栏相连。

24.4.1.2 中央分隔带护栏

（1）高速公路、汽车专用一级公路均应设置中央分隔带护栏。当中央分隔带宽度大于10 m时，可不设中央分隔带护栏。

（2）高速公路、汽车专用一级公路采用分离式断面时，靠中央带一侧按路侧护栏设置。上、下行路基高差大于2 m时，可只在路基较高一侧设置。

（3）高速公路、汽车专用一级公路的中央分隔带开口处，原则上应设置活动护栏。

24.4.2 材料质量要求

（1）材料规格。

路侧和中央分隔带波形梁护栏用的波形梁、立柱、横隔梁、端头梁及连接螺栓所用钢材为普通碳素结构钢（Q235），其技术条件应符合《碳素结构钢技术条件》（GB 700—88）的规定，见表24-2。

表24-2　波形梁护栏用钢机械性能比较

护栏构件	钢号	屈服点/MPa	抗拉强度/MPa	伸长率/%
波形梁	Q235	235	375~460	26

（2）拼接螺栓。

波形梁是受拉构件，要求拼接螺栓采用高强度螺栓，这样可以大大增强接头处的强度。高强度螺栓建议采用45号钢、20MnTiB钢，并符合《钢结构用扭剪型高强度螺栓连接副》（GB 3632~3633—83）的规定，具体数据如下：

屈服点>990 MPa　　　　抗拉强度>1100 MPa　　　伸长率≥10%

收缩率42%　　　　　　洛氏硬度34~40

高强度螺栓的头部成形，可以采用冷加工，也可采用热加工，用滚压法成形螺纹，并经盐浴炉或辊底炉进行淬火。淬火温度宜为860~880℃，硝盐炉回火（340~380℃）处理，以提高其强度和硬度。

为了增强高强度螺栓连接副的防锈能力，和改善螺栓螺母之间的润滑状态，对其表面应做好润滑处理。

高强度螺栓的机械性能应符合相关规范的规定，见表 24 - 3。

表 24 - 3　高强度螺栓机械性能

公称直径/mm	公称应力截面积/mm²	性能等级	
		10.9S	8.8S
		抗拉荷载/kN	
16	157	166～198	133～165

高强度螺栓的螺母宜选用 35 号钢，并经适当的热处理工艺，35 号钢的物理性能应符合《优质碳素结构钢技术条件》(GB 699—88)的有关规定。

螺母宜采用热镦成形，经热处理后加工，螺母应作润滑处理。

垫圈用扁钢或带钢连续冲成，由于垫圈的支承面是影响扭矩系数的重要因素，因此在选材时要特别注意表面的平整光滑，注意垫圈冲孔和冲外形用的冲床和平整机的各种性能。

垫圈的制造工序为：母材→冲压外形→冲孔→锻平→研磨→热处理→成品。

(3)防阻块材料可用型钢来制造，其技术条件应符合《冷弯型钢技术条件》(GB 6725—86)的规定。

(4)立柱埋置于混凝土中时，混凝土标号不应小于 15 号。混凝土用材料应符合现行交通行业标准《公路桥涵施工技术规范》(JTJ 041—89)的规定。

(5)材料防腐。

①所有波形梁护栏的冷弯型钢部件均应作防腐处理，一般采用热浸镀锌处理。镀锌时应符合规范的规定，见表 24 - 4。热浸镀锌所用的锌应为《锌锭》(GB 470—83)中所规定的 0 号锌或 1 号锌。

表 24 - 4　护栏构件镀锌量

构 件 名 称	镀 锌 量/(g·m⁻²)	锌层近似厚度/μm
波形梁、端头梁、横隔梁、立柱	600	85
螺栓、螺母、垫圈、锚固件、型钢防阻块	350	50

在腐蚀特别严重的地区或出于美观上的要求，护栏钢构件可在镀锌后再涂塑或油漆。

②螺栓、螺母等紧固件在采用热浸镀锌后，必须清理螺纹或进行离心分离处理。在条件允许的情况下，也可采用粉镀锌技术。

③活动护栏的防腐处理原则上与波形梁护栏相同，采用热浸镀锌方法时，镀锌量规定为 600 g/m²。

24.5 施工工艺

24.5.1 工艺流程

波形护栏施工工艺流程如图 24-2 所示。

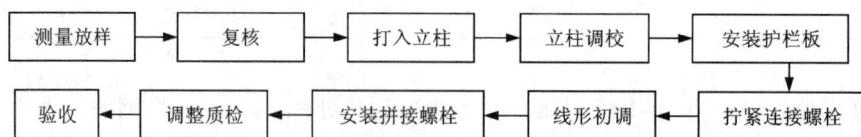

测量放样 → 复核 → 打入立柱 → 立柱调校 → 安装护栏板

验收 ← 调整质检 ← 安装拼接螺栓 ← 线形初调 ← 拧紧连接螺栓

图 24-2 波形护栏施工工艺流程图

24.5.2 操作工艺

24.5.2.1 立柱放样

（1）立柱应根据设计图进行放样，并应以固定道路设施如桥梁、通道、涵洞、中央分隔带开口、立交、平交等为主要控制点，进行测距定位。

（2）立柱放样时可利用调整段调节间距，并利用分配方法处理间距零头数。通过调整段调整后，立柱间距可能有不大于 25 cm 的间距零头数，可通过分配法将其调整至多根立柱。

（3）立柱放样后，应调查每根立柱位置的地基状态，确认立柱施工将不会造成对地下设施的损坏，否则应调整立柱的位置。如遇地下通信管线、泄水管等，或涵洞顶部埋土深度不足时，应调整某些立柱的位置，改变立柱固定方式。

放样后，如遇涵洞顶部填土高度不足时，应改用混凝土基础，或调整该立柱的位置。

24.5.2.2 立柱安装

（1）立柱安装应与设计图相符，并与道路线形相协调。

（2）立柱应牢固地埋入土中，达到设计深度，并与路面垂直。

（3）一般路段，如路肩和中央分隔带路基情况允许，立柱可采用打入法施工，施工时应精确定位。立柱打入土中应至设计深度，当打入过深时，不得将立柱部分拔出加以矫正，须将其全部拔出，待基础压实后再重新打入。

（4）无法采用打入法施工时，可采用开挖法埋设立柱。埋设立柱时，回填土应采用良好的材料并分层夯实（每层厚不超过 15 cm），回填土的压实度低于相邻原状土的密实度。岩石中的柱坑应用粒料回填并夯实。

（5）立柱可采用钻孔法进行安装。立柱定位后应用与路基相同的材料回填，并分层夯填密实。

（6）护栏立柱设置于构造物中时，应在结构物施工时做好混凝土基础。

①采用预留孔基础时，应先清除孔内杂物，吸干孔内积水。将化好的沥青在孔底涂一遍，然后放入立柱，控制好标高。即可在立柱周围注砂。在灌砂时一定要保持立柱的正确位置和垂直度。把砂振实后，即可用沥青封口，防止雨水漏入孔内。

②采用法兰盘基础时，应把下法兰盘和地脚螺栓、螺母清理干净，安装立柱时应控制立柱的方向和标高，调整其位置，经检查合格后方可拧紧法兰盘地脚螺栓。

③采用可抽换式基础时，承座器应先固定在构造物中，安装时把立柱插入其中，调整好高度，即可把迫紧器与承座器的连接螺栓拧紧，立柱即被锁固。

(7)沥青路面段设置立柱时，柱坑从路基至面层下 5 cm 采用与路基相同的材料回填并分层夯实，余下部分采用与路面相同的材料回填并压实。立柱位置、标高在安装时需严格控制。

(8)立柱安装就位后，其水平方向和竖直方向应形成平顺的线形。考虑到护栏结构对景观及对驾驶员的视线诱导的影响，立柱就位后其线形和高度需顺畅。

(9)护栏渐变段及端部的立柱，应按设计规定的坐标进行安装。这是施工中需重点注意的部位，施工中应严格控制其立柱位置，注意抛物线形。

24.5.2.3　波形梁安装

(1)波形梁通过拼接螺栓相互拼接，并由连接螺栓固定于立柱或横梁上。其搭接方向是安装的关键，搭接方向应与行车方向一致。波形梁拼接方向见图 24 - 3。如搭接方向与图 24 - 3所示方向相反，即使是轻微的擦碰，也会造成较大的损失。

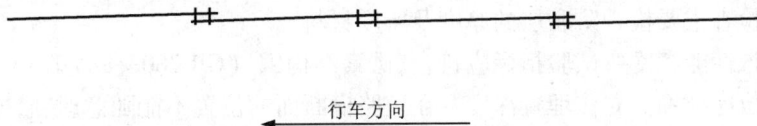

行车方向

图 24 - 3　波形梁拼接方向示意图

(2)波形梁在安装过程中应不断进行调整。因此，波形梁的连接螺栓及拼接螺栓不宜过早拧紧，以便在安装过程中利用波形梁的长圆孔及时进行调整，使其形成平顺的线形，避免局部凹凸。待调节完成后，需按规定拧紧拼接螺栓，如采用高强度螺栓，需严格控制扭矩。安装完成后的连接螺栓不宜拧得过紧，以便利用长圆孔调节温度应力。

(3)波形梁顶面应与道路竖曲线相协调。当对护栏的线形确认满意时，方可最后拧紧螺栓。

24.5.2.4　横隔梁、防阻块及端头安装

(1)设有横隔梁的中央分隔带护栏，把波形梁与横隔梁连为一体成为组合型护栏。在立柱准确定位后安装横隔梁。横隔梁应平行于路面(垂直于立柱)安装。在安装波形梁之前横隔梁与立柱间的连接螺栓不应过早拧紧，否则不易进行总体调节。当横隔梁与波形梁准确就位后，方可最后拧紧螺栓。

(2)防阻块能防止立柱阻绊车轮，避免护栏局部受力和减小碰撞时车辆的速度。因此，应保证使其准确就位。防阻块通过连接螺栓固定于波形梁与立柱之间。在调整好立柱后，即可安装防阻块，最后把波形梁装上并进行统一调整。在拧紧连接螺栓前应调整防阻块，使其准确就位。

(3)中央分隔带开口处的端头梁应与分隔带标准段的护栏连接。路侧护栏开口处应安装端头梁并进行锚固。端头锚固主要包括钢丝绳锚固件及混凝土基础。在端部基础混凝土设计

强度达到50%以后，方可拧紧螺栓或固定缆索。否则会引起基础变形，造成绳索松弛。

24.6 质量标准

（1）波形梁、端头、立柱、横隔梁、防阻块等护栏部件的质量要求，应符合交通部行业标准有关护栏产品的规定。

（2）波形梁、端梁、立柱、横隔梁等在长度及宽度方向不允许出现焊接。因为焊接件有可能影响整个结构的强度及防撞保护能力，甚至会因焊缝断裂而造成车辆、人员的损伤。

（3）为保证波形梁截面形状的正确，应采用冷弯加工成形的方法。为使波形梁相互顺利搭接，要求拼接螺栓孔在波形梁成形后一次冲孔完成。

（4）波形梁护栏部件的检验包括外观检查、尺寸检查、热浸镀锌层重量检查。冷弯型钢一般不做力学性能试验，如有要求时，可在原钢带上进行，其力学性能和工艺性能应符合相应标准的规定。

①波形梁护栏外观检查主要检查产品表面有无气泡、裂纹、疤痕、折叠、凹坑、凸起、压痕、擦伤等缺陷。

②尺寸检查主要检查产品的几何尺寸及距端部15 cm处断面形状。

③防腐层检查主要检查防腐层的厚度及所用材料。

④钢材机械性能和冷弯试验指标应符合《碳素结构钢》（GB 700—88）第14条的规定。

⑤立柱定位应准确。立柱埋置深度及在道路横断面的位置不能随意改变，否则会影响立柱的性能。

⑥波形梁搭接正确，并拧紧所有螺栓。

⑦除非万不得已，不应改变立柱固定方式，波形梁护栏通过本身的非线性变形吸收碰撞能量，随意加固立柱会增加碰撞事故的严重程度。

⑧安装后的波形梁护栏线形顺适，色泽一致。应与道路几何线形协调一致。每个活动钢护栏之间的纵横向错位不大于5 mm，顶面高度相差不大于5 mm。

⑨波形梁板基底金属厚度及立柱壁厚不得出现负公差。半径小于70 m的曲线段上安装的护栏应在厂内预弯成形。

⑩波形梁钢护栏检查项目见表24-5。

表24-5　波形梁钢护栏检查项目

项次	检查项目	规定值或允许偏差	检查方法和频率
1	波形梁板基底金属厚度/mm	+0.16	板厚千分尺，抽检5%
2	立柱壁厚/mm	4.5 +0.25	测厚仪、千分尺，抽检5%
3	镀（涂）层厚度/μm	符合设计	测厚仪，抽检10%
4	拼接螺栓（45号钢）抗拉强度/MPa	≥600	抽样做拉力试验，每批3组
5	立柱埋入深度	符合设计规定	过程检查，尺量，抽检10%
6	立柱外边缘距路肩边线距离/mm	±20	直尺，抽检10%

续表 24 - 5

项次	检查项目	规定值或允许偏差	检查方法和频率
7	立柱中距/mm	±50	钢卷尺, 抽检 10%
8	立柱竖直度/(mm·m^{-1})	±10	垂线、直尺, 抽检 10%
9	横梁中心高度/mm	±20	直尺, 抽检 10%
10	护栏顺直度/(mm·m^{-1})	±5	拉线、直尺, 抽检 10%

24.7　成品保护

(1)保护成形立柱和护栏板在垛装、运输、堆放过程中不致使新产品变形、损坏。

(2)护栏新产品在运输过程中应固定牢靠, 防止因颠簸碰撞损坏涂层或使构件变形。

24.8　安全环保措施

24.8.1　安全措施

(1)加强施工现场安全教育, 对所有从事管理和生产的人员进行全面的安全教育, 重点对专(兼)职安全员、领工员、班组长、从事特种作业的架子工、起重工、电工、焊接工、机械工、场内机动车辆以及新工上岗、工人变岗和改变工艺时进行培训教育。

(2)对从事施工管理和生产的人员, 未经安全教育的不准上岗;新工人(含民工、临时工)未进行三级教育的不准上岗;变换工种或采用新技术、新工艺、新设备、新材料没有进行培训不准上岗。

(3)现场设置安全标志, 在本工程现场周围配备、架立安全标志牌。

(4)施工现场的临时用电工程的安装、维修和拆除, 均由经过培训并取得上岗证的电工完成, 非电工不准进行电工作业。

(5)施工机械操作人员和车辆驾驶员, 必须持有操作合格证, 不准操作人与操作证不相符的机械;不准将机械设备交给无操作证的人员操作, 对机械操作人员要建立档案, 由专人管理。

(6)吊装作业应由专人统一指挥。

24.8.2　环保措施

(1)施工产生的噪声具有不规则、不延续、高强度的特点, 施工现场除车辆产生噪音外, 还有施工机械产生的噪声, 难以避免。在靠近居民区的施工点, 若非工程必须连续进行, 夜间 22 时以后停止施工。

(2)施工过程产生的废弃物应按照监理工程师的指示集中堆放或及时清运, 生活垃圾定期运至远离居民区的垃圾堆放点。

(3)少占或不占农田绿化, 合理安排施工用地, 减少对自然环境的破坏, 如施工中确实需要占用农田时,完工后必须恢复原貌。

24.9　质量记录

（1）施工测量放样记录表。

（2）护栏材料检验报告。

（3）波形护栏质检表。

（4）工序质量评定表。

25　隔离栅施工工艺

25.1　总则

25.1.1　适用范围

本标准适用于刺铁丝隔离栅、焊接网隔离栅。

25.1.2　参考标准和规范

(1)中华人民共和国行业标准《公路工程技术标准》(JTG B01—2014)。

(2)中华人民共和国行业标准《高速公路交通工程及沿线设施设计通用规范》(JTG D80—2006)。

(3)中华人民共和国行业标准《公路交通工程钢构件防腐技术条件》(GB/T 18226—2015)。

(4)中华人民共和国行业标准《公路交通安全设施施工技术规范》(JTJG F71—2006)。

(5)中华人民共和国行业标准《公路桥涵施工技术规范》(JTG/T F50—2011)

(6)中华人民共和国行业标准《公路工程质量检验评定标准》(JTG F80/1—2017)。

25.2　术语

隔离栅又名护栏网,适用于公路边界防护,由立柱及网面构成,网面可采用编织或焊接成形,具有防腐、防老化、抗晒、耐候等特点。

25.3　施工准备

25.3.1　技术准备

(1)施工人员应认真审核图纸及设计说明书。

(2)实地踏勘与设计图纸进行比对,做好施工优化方案。

(3)做好技术交底工作,编制隔离栅的施工方案,并报建设和监理单位审批。

25.3.2 材料准备

（1）按设计文件要求订制隔离栅所需的复合立柱、混凝土立柱、钢管立柱及刺铁丝、网片等构件。

（2）采购混凝土立柱、基础所采用的钢筋、水泥、集料等材料。

25.3.3 主要机具

（1）机械：混凝土搅拌机、小型发电机、空压机、风镐、振捣器等。

（2）工具：铁锹、十字镐、水平尺、钢卷尺、铁抹子等。

25.3.4 作业条件

（1）公路用地边界已明确，征地工作已完成。

（2）隔离栅安装位置及类型已确定，根据地形情况对场地进行平整，测量放样已完成。

（3）各种施工机具已经到位，施工建筑材料准备就绪。

25.3.5 劳动力组织

（1）人员：每作业区段配备工长1名，技术员1名，安全员1名。

（2）劳动力：每作业队配备队长1名，班组长4~6名，每组作业工人5人。

25.4 工艺设计和控制要求

25.4.1 技术要求

（1）应根据设计文件中规定的隔离栅设置位置和实际地形、地物条件确定控制立柱的位置和立柱中心线，按设计文件规定的柱距定出柱位。

（2）应根据设计文件的规定开挖基坑。

（3）每个柱位均应按设计要求确定高程。测量高程的目的在于控制各立柱基础标高，保证安装后隔离设施顶面的平顺和美观，隔离设施立柱高程应作出专门设计，必要时，可对设计高度作现场修正，以适合隔离设施纵向坡度的变化。并与公路界地形相协调，必要时，应按《高速公路交通安全设施设计及施工技术规范》第九章第9.1.8条的规定进行整修：隔离设施在地形起伏的地段设置时，可将地面整修成一定的纵坡，隔离设施可顺坡设置，如图25-1和图25-2所示。

（4）立柱应根据设计文件的规定设置在现浇混凝土基础或预制混凝土基础内。立柱的埋设应分段进行。可先埋设两端的立柱，然后拉线埋设中间立柱，立柱线形应平顺，不得出现扭曲、高低不平的情况。立柱运输与安装前应进行外观检查，不得使用有破损的立柱。

（5）混凝土基础强度达到设计强度的80%以上时，方可安装隔离栅网片。

25.4.2 材料质量要求

（1）隔离栅所采用的金属材料应符合隔离栅技术条件（JT/T 374—1998）的规定，混凝土

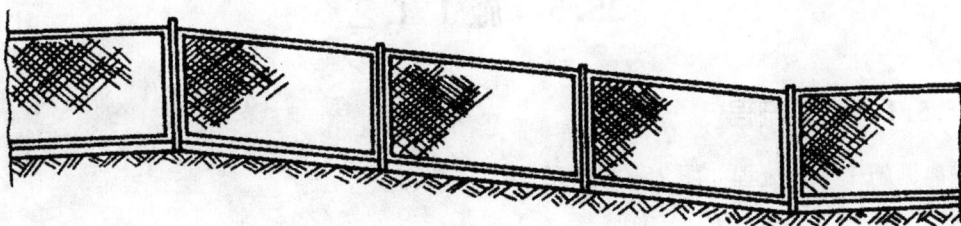

图 25-1 隔离设施顺坡设置的构造

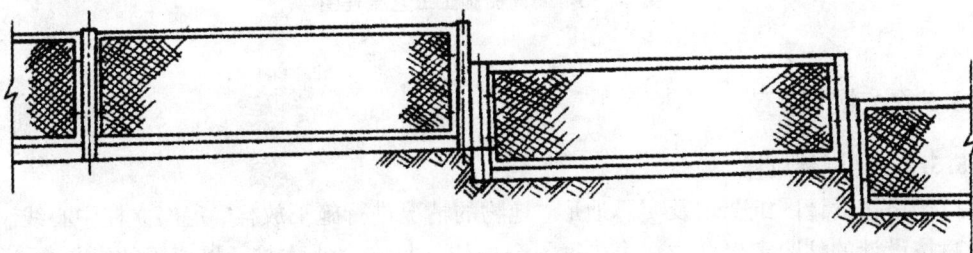

图 25-2 隔离设施顺坡设置的构造

立柱、基础所采用的钢筋、水泥、集料等应符合现行《公路桥涵施工技术规范》(JTJ 041)的规定。

(2)除不锈钢丝卡子外隔离栅所采用的钢构件均应进行热浸镀锌浸塑的防腐处理。防腐质量应符合国标中的相应要求。

25.4.3 职业健康安全要求

(1)施工前做好施工安全交底,施工过程中,安全员应随时检查安全情况。

(2)机械操作工必须持证上岗,专人专岗,严格遵守各专用设备使用规定和操作规程,且不得疲劳操作。

(3)所有进入施工现场的人员必须按规定佩戴安全防护用具。

25.4.4 环境要求

施工时不得污损已完工的路面及其他已完成工程,施工产生的废水废渣不得随意堆放,应及时清运,妥善处置,做到工完料尽、工完场清。

25.5 施工工艺

25.5.1 工艺流程

隔离栅施工工艺流程如图 25 - 3 所示。

测量放样 → 开挖基坑 → 立柱安装 → 刺铁丝及网片安装

图 25 - 3 隔离栅施工工艺流程图

25.5.2 操作工艺

25.5.2.1 测量放样

（1）严格按设计图纸要求及实际地形、地物的情况进行施工放样，定出立柱中心线。

（2）按设计的柱距定出柱位，并在每一个柱位处打一个小木柱，隔离栅的纵向中心线一般在高速公路用地界线内 50 cm 处。

（3）安装线上的地面应进行清理与整平，清除宽度为安装线内外各 0.5 m。当地形出现变化时，应进行相应的整平，使隔离栅的顶面为一圆滑平顺的轮廓，保证网底距地面的相对宽度间隙，不超过 20 cm。

（4）一般地形起伏较大地段按阶梯状放样。

（5）严格按设计图纸要求进行端头围封及改变隔离栅方向的放样。

25.5.2.2 开挖基坑

在原地貌已定的柱位处开挖基础坑穴，达到设计图纸的规定尺寸后，将基坑底部清理干净。如遇土质松散地段，应在基底铺垫 5 cm 厚的碎石并夯实，夯实后的基坑尺寸应满足设计图纸的要求。基坑的间距也应严格符合设计图纸的要求。基坑挖钻到设计要求深度后，应将基底清净，经检验合格后，方准进行下道工序。

25.5.2.3 立柱安装

（1）立柱的埋设应分段进行，先埋两端的立柱，然后拉线埋设中间立柱。从纵向看，立柱的轴线应在一条直线上，不得出现参差不齐的现象；从高度看，柱顶应平顺，不得出现高低不平的情况。

（2）现场浇灌施工要求立柱放入坑内，正确就位，用临时支撑固定立柱，用靠尺量其垂直度，用卷尺量其高度，在确认符合设计要求后，进行混凝土的浇灌。

（3）立柱埋深应符合图纸要求。立柱与基础、隔离栅与立柱之间连接稳固，当把立柱、斜撑埋入混凝土基础中时，设置必要的临时支撑或拉索，以把立柱固定于适当位置，直到混凝土硬化为止。在混凝土养生 7 d 期间，不应在立柱、拉索和支撑上安装或拉紧任何材料或部件。所有立柱均应按照图纸要求垂直埋设，使立柱不得有明显的变形、卷边或划伤。砼浇筑时，应分层人工捣实，并使其填满坑穴。在捣实过程中如立柱发生偏移、错位，应及时纠正，调整至正确位置，然后将混凝土顶面浇筑至地面的基准面标高，并将表面抹平。

(4)一行隔离栅中如有断开处或在道路交叉口时，可视需要适当调整立柱间距。跨越河流时，当河两岸宽不超过 5 m 时，按图纸所示或用刺铁丝或卷网连接起来；当河两岸宽大于 5 m 时，隔离栅应做终止封闭设置。

25.5.2.4 刺铁丝及网片安装

混凝土基础强度达到设计强度的 80% 以上时，可按如下要求安装隔离栅网片：

(1)安装无框架卷网时，应从端头立柱开始，延纵向展开，边铺设边拉紧，挂钩时网片应绷紧不得变形。

(2)安装有框架的片网时，网面应平整，框架应整体平顺、美观，框架与立柱应连接牢固。

(3)安装刺铁丝网时，应从端头立柱开始。刺铁丝之间应平行、平直，绷紧后应与立柱上的钩子牢固连接，横向与斜向刺铁丝交会处也应绑扎牢固。

(4)隔离栅安装完毕，立柱基础均需进行最后压实处理，调整使网面平整，无明显翘曲和凹凸现象。

(5)在高压输电线穿越安装隔离栅的地方，隔离栅应按电力部门的规定做接地保护。电线平行或接近平行于隔离栅且电线在其上方时，应在每端或按不大于 400 m 的间距埋设地线，接地电阻值小于 10Ω。

(6)螺栓的最终紧固、调整线形、缺陷修复：混凝土养护结束，强度达到设计强度的 80% 后，方可紧固安装网片用的螺栓，同时撤去辅助斜撑。操作过程中要注意避免扳手等安装工具擦破和损伤浸塑层或镀锌层，尽可能地不损伤紧固螺栓组合面的浸塑层或镀锌层。为保证隔离栅安装完毕后的整体顺适美观效果，要求对完工后的隔离栅进行线形调整和缺陷修复。对不符合材料质量要求的立柱、网片，及时更换；对不符合线形顺直、高程顺适、立柱垂直、网面平整要求的地段，及时调整；对施工过程中人为损坏的隔离栅，及时修复。

25.6 质量标准

(1)隔离栅和桥梁护网用的材料规格及防腐处理应符合《隔离栅技术条件》（JT/T 374—1998）及设计和施工规范的规定。

(2)用金属网制作的隔离栅和桥梁护网，安装后要求网面平整，无明显翘曲现象。刺铁丝的中心垂度小于 15 mm。

(3)桥梁护网应网孔均匀，结构牢固，围封严实。

(4)金属立柱弯曲度超过 8 mm/m，有明显变形、卷边、划痕等缺陷者，以及混凝土立柱折断者均不得使用。

(5)立柱埋深应符合设计要求。立柱与基础、立柱与网之间的连接应稳固。混凝土基础强度不小于设计要求。

(6)隔离栅起终点应符合端头围封设计的要求。

(7)隔离设施和桥梁护网实测项目如表 25-1 所示。

表 25 – 1　隔离栅实测项目

项次	检查项目	规定值或允许偏差	检查方法和频率
1	高度/mm	+15	钢卷尺：每 100 根测 2 根
2	镀（涂）层厚度/μm	符合设计	测厚仪，抽检 5%
3	网面平整度/(mm·m^{-1})	+2	直尺、塞尺，抽检 5%
4	立柱埋深	符合设计	直尺，过程检查，抽检 10%
5	立柱中距/mm	+30	钢卷尺，每 100 根测 2 根
6	混凝土强度/MPa	在合格标准内	基础施工同时做试件每工作班作 1 组(3 件)，检查试件的强度，抽检 10%
7	立柱竖直度/mm	+8	直尺、垂线，每 100 根测 2 根

25.7　成品保护

（1）隔离栅分段安装完成后及时将各段连接起来，形成连续防护，有效阻止人畜进入，减小其对隔离栅的损坏。

（2）施工及养护人员确需进出的部位可设置可开启门。

（3）对施工过程中破损的隔离栅及时安排人员进行修复。

25.8　安全环保措施

25.8.1　安全措施

（1）作业路段应采用路锥隔离出作业警示带，并在作业路段前设置警示牌、交通疏导指示牌。

（2）作业人员正确佩戴和使用安全保护用品。

（3）高边坡段施工时，现场要设置专职安全员，负责调度施工人员、施工设备。

25.8.2　环保措施

（1）施工和生活中的废物集中放置，并及时处理后运至监理工程师和当地环保部门都同意的地点放置，如无法及时处理或运走，则必须加以掩盖以防散失。

（2）加强对施工材料运输车辆的管理，施工路段过往车辆较多，安排专人清扫，伴以洒水，以免扬尘。

（3）清洗施工机械、设备及工具的废水、废油等有害物资以及生活污水，不得直接排放于附近小溪、河流或其他水域中，也不得倾泻于饮用水源附近土地上，以防污染水质和土壤。

（4）保护农田排灌系统施工时，不得随意破坏堵塞路侧边沟及农用水渠等，确保水利设施及系统的完好和畅通。

25.9　质量记录

（1）施工放样测量记录表。

（2）建筑材料质量检验报告。

（3）隔离栅和桥梁护网质检表。

（4）工序质量评定表。

26 砼护栏工程施工工艺

26.1 总则

26.1.1 适用范围

本标准适用于砼护栏。

26.1.2 参考标准和规范

(1)中华人民共和国行业标准《公路交通安全设施施工技术规范》(JTG F71—2006)。
(2)中华人民共和国行业标准《公路工程质量检验评定标准》(JTG F80/1—2017)。
(3)《湖南省高速公路施工标准化管理指南》(2011 版)。

26.2 术语

刚性护栏是一种基本不变形的护栏结构。砼护栏是刚性护栏的主要形式,它是一种以一定形状的混凝土块相互连接而组成的墙式结构,利用失控车辆碰撞其后爬高并转向来吸收碰撞能量。

26.3 施工准备

26.3.1 技术准备

(1)施工人员应认真审核图纸及设计说明书。
(2)对拟建活动护栏的施工场地进行清理。
(3)做好技术交底工作,编制活动护栏的施工方案,并报建设和监理单位审批。

26.3.2 材料准备

砼护栏的建筑材料为混凝土。

26.3.3　主要机具

（1）机械：空压机、混凝土搅拌机等。

（2）工具：风镐、铁锹（尖、平头两种）、钢卷尺、木抹子、铁抹子等。

（3）测量仪器：水平尺、钢尺等。

26.3.4　作业条件

（1）根据设计文件放样，并与中央分隔带护栏端头协调确定位置。

（2）对砼护栏施工场区进行清理，保证各种设备行走安全。

（3）各种施工机具到位；施工建筑材料准备就绪。

（4）各项安全措施到位。

26.3.5　劳动力组织

砼护栏工程施工劳动力组织如表 26 – 1 所示。

表 26 – 1　砼护栏工程施工劳动力组织

工种	人数	工作地点	职责范围
施工队长	1	整个施工现场	负责跟班组织施工管理工作、协助总指挥工作等
工长	1	整个施工现场	负责跟班组织施工、协调各工种交叉作业等
技术员	1	整个施工现场	负责跟班解决施工中的技术问题、编写技术措施等
安全员	1	整个施工现场	负责跟班检查安全措施、安全措施的执行情况及安全教育工作，对安全生产负责
质量检查员	1	整个施工现场	负责跟班检查工程质量，组织各工种交接及质量保证措施的执行情况，对工程质量负责
测量工	2	施工现场	负责砼护栏位置高程等测量
混凝土上料工	6	施工现场	负责砼护栏的混凝土与砂浆的搅拌操作砌筑材料的搬运与上料
电工	1	整个施工现场	负责现场动力、照明、通信等电器系统的维修保护
材料员	1	材料仓库	负责施工材料供应及管理
杂工	4	整个施工现场	负责模板安装及混凝土浇筑、钢筋捆绑、搬运及现场清理等
总计	19		

注：此表为一个作业班施工配备人员，未计后勤、行政等人员。

26.4 工艺设计和控制要求

(1)砼护栏在就地浇筑前，必须组织有关人员对设计文件、图纸、资料进行研究和现场核对。以根据施工条件及水文、地质、气象等不同情况，采取相应的技术措施。

(2)根据设计文件和任务要求，编制施工方案。其内容包括：工期要求、材料和机具数量、施工方法、完成工作量计划、技术措施、施工安全和施工质量保证措施等。施工前应解决水电供应，搅拌和堆料场地、办公生活用房、工棚、仓库和消防等设施。

(3)应根据设计文件，复测平面和高程控制桩，据以定出砼护栏的中心位置、水平标高、起讫位置应反复核对。

(4)中央分隔带护栏沿公路长度方向的布设，主要受桥梁、通道、立交桥、隧道等的制约，因此，应精确测量砼护栏的长度，定好控制点，以便根据公路沿线构造物的实际情况合理布设。

(5)砼护栏的基础施工程序应与设计文件和有关技术规范的规定相符。采用嵌锁式基础，应保证基层的厚度、强度和标高。采用传力钢筋连接时，应保证传力钢筋的位置正确，结合稳固，基底面平整、标高正确。砼护栏基层施工应符合下列要求：

①石灰稳定土基层，应做到土块粉碎，石灰合格，配料正确，拌和均匀，控制最佳含水量，碾压密实。

②煤渣、粉煤灰、冶金矿渣等工业废渣类基层，应按其化学成分和颗粒组成，掺入一定数量石灰土或石渣组成混合料，加水拌和压实，洒水养护。

③泥灰结碎(砾)石基层，应严格控制泥灰的含量。施工可采用灌浆法或拌和法。

④级配碎(砾)石掺石灰基层，颗粒符合级配要求。

⑤水泥稳定砂砾基层，砂砾应有一定级配，压实应在水泥终凝前完成。

(6)浇筑砼护栏的模板，应适合现场施工的要求，在有条件时可采用滑模施工。应具有足够的强度、刚度和稳定性，能可靠地承受施工过程中可能产生的各项荷载，保证构件各部形状、尺寸准确。模板板面平整光滑，接缝严密，拆装容易，施工操作方便、安全。可以多次重复使用。

(7)砼护栏上的各种预埋件及受力钢筋应在混凝土浇筑前安装完毕。这些预埋件包括：护栏与防眩设施连接件、轮廓标连接件、吊装孔预埋钢管、纵向钢筋连接件、与基础连接的传力钢筋插入孔、横向排水的泄水孔等。各种预埋件经检查合格后方可浇筑混凝土。在浇筑混凝土前，应按设计图规定安装好钢筋及预埋件，在检查合格后，方可浇筑混凝土。

(8)砂石料和散装水泥必须过称。严格控制加水量。搅拌机装料顺序，宜为砂、水泥、碎(砾)石或碎(碎)石、水泥、砂。进料后，边搅拌边加水。混凝土拌和物的最短搅拌时间应符合表26－2的规定。

表 26 – 2 混凝土拌和物最短搅拌时间

搅拌机容量		转速/(r·min^{-1})	搅拌时间/s	
			低流动性混凝土	干硬性混凝土
自由式	400 L	18	105	120
	800 L	14	165	210
强制式	375 L	38	90	100
	1500 L	20	180	240

(9)每节护栏构件的混凝土必须一次浇筑完成,不得间断。

(10)混凝土拌和物的振捣应符合下列规定:

①以附着式振捣器为主,辅以插入式振捣器,表面用手工抹平。

②振捣持续时间,应以拌和物停止下沉、不再冒气泡并泛出水泥砂浆为准,不宜过振。

③振捣过程中应随时检查模板,如有下沉、变形或松动,应及时纠正。

(11)就地浇筑的砼护栏,可采用湿治养护或塑料薄膜养护。

1)采用湿治养护时,应符合下列规定:

①砼护栏脱模后,宜用草袋、草帘等,在混凝土初凝以后覆盖其表面,应均匀洒水,经常保持潮湿状态。

②昼夜温差大的地区,为防止砼护栏产生收缩裂缝,浇筑后 3 d 内应采取保温措施,防止护栏产生收缩裂缝。

③养护时间应根据混凝土强度增长情况而定,一般宜为 14~21 d。养护期满方可将覆盖物清除,外表面不得留有明显的痕迹。

2)采用塑料薄膜养护时,应符合下列规定:

①塑料薄膜溶液的配比应由试验确定,薄膜溶剂一般易燃或有毒,应做好使用、贮运和安全工作。

②塑料薄膜养护施工,宜采用喷洒法。当混凝土表面不见浮水和用手指压无痕迹时,应进行喷洒。

③喷洒厚度宜以能形成薄膜为度。用量宜控制在每千克溶剂喷洒 3 m^2 左右。

④在高温、干燥、刮风天气时,在喷膜前后,应用遮阴棚加以遮盖。

⑤养护期间应保护塑料薄膜完整。若有破裂时应立即修补。

(12)在夏季,当混凝土拌和物温度在 30~35℃时,砼护栏施工应符合下列规定:

①施工中应尽量缩短运输、浇筑、振捣等工序时间,浇筑完毕应及时覆盖、洒水养护。

②搅拌站应有遮阴棚,在浇筑混凝土前应洒水湿润基层表面。

③注意天气预报,如果降雨,应暂停施工。

④气温高时,宜避开中午施工,可在夜间进行。

(13)在冬季,根据当地多年气温资料,当室外平均气温连续 5 d 低于5℃时,砼护栏施工应符合下列规定:

①冬季施工水泥应采用 425 号以上硅酸盐水泥或普通水泥,水灰比应不大于0.45。

②混凝土拌和物搅拌站应搭设工棚或其他挡风设备。

③混凝土拌和物不得遭受冰冻、浇筑温度不应低于5℃。当气温在0℃以下或拌和物浇筑温度低于5℃时，应将水加热搅拌，如水加热仍达不到要求时，应将水、砂和石料都加热。加热搅拌时，水泥应最后投入。

④任何情况下，水泥都不得加热。加热时，水不应超过60℃，砂、石料不应超过40℃，混凝土拌和物不应超过35℃。

⑤浇筑砼护栏前，基层应无冰冻，不积冰雪。混凝土拌和物不得使用带有冰雪的砂、石料且搅拌时间应适当延长。

⑥混凝土拌和物的运输、浇筑、振捣等工序，应紧密衔接，缩短工序间隔时间，减少热量损失。

⑦砼护栏浇筑完毕，应搭遮阴棚。混凝土终凝后，可改用草帘等保温材料覆盖养护，洒水时应移去保温材料，洒水后覆盖。

⑧混凝土浇筑完毕后，应尽快保温养护，冬季养护时间不应少于28 d。

26.5 施工工艺

26.5.1 操作工艺

26.5.1.1 测量放线

(1)有测量人员根据桥梁控制点放出护栏的内外轮廓线和模板的检查线，并用墨线弹在梁板上。

(2)每隔10 m在护栏预埋筋上焊接一根钢筋，测放出护栏顶面高程线并用红漆标注在钢筋上，作为钢筋绑扎时的高程控制点。

26.5.1.2 钢筋加工及绑扎

(1)钢筋应在施工现场钢筋加工场加工后运到桥上进行绑扎。

(2)钢筋的种类、型号及规格尺寸应符合设计要求。钢筋的连接方式、接头位置、接头数量、同一截面内钢筋接头的百分率等应符合交通部《公路桥涵施工技术规范》(JTJ 041)的规定。

(3)对梁板上的预留筋进行整理，然后按照设计图纸和测量放线位置进行钢筋绑扎。

绑扎时先绑扎立筋，立筋位置调好后再绑扎横向钢筋，若护栏设有预埋钢板，预埋钢板应在钢筋绑扎完毕后安装，钢板的位置高程应认真检查，确认无误后宜点焊在护栏钢筋上。

26.5.1.3 模板加工及安装

(1)防撞护栏模板一般采用外加工钢模板。钢模板的厚度、长度、横竖肋根据护栏尺寸、长度和模板周转次数确定。为了保证模板不变形，通常在模板边缘和部分横竖肋位置用槽钢加强。

(2)为了固定模板，在模板底部预留穿墙螺栓孔，孔的高度以桥面铺装施工后能盖住为宜。模板上采用槽钢作为加强竖肋，槽钢高出模板顶面100 mm，在高出部分预留螺栓孔作为穿墙螺栓用。穿墙螺栓的直径和间距根据护栏和模板情况计算确定。

(3)在靠近护栏的湿接头位置，施工时预埋一排段钢筋，作为支模板时的支撑。

(4)模板与混凝土接触面必须打磨光洁，呈亮色，清洁干净然后均匀涂刷脱模剂。

（5）根据设计图纸和测量放线位置支设模板。模板底部的梁板面应先用水泥砂浆抹带找平。相邻的模板宜用螺栓连接，相对的模板用穿墙螺栓固定，模板搭接处夹海绵双面胶条密封。在护栏内侧利用预留的短钢筋作支点，采用脚手管、方木、钢丝绳进行加固。

（6）模板顶面每隔 1 m 左右应横放一根短方木，方木用粗铁丝与梁板上的预留钢筋拉紧压住模板，防止浇筑混凝土时模板上浮。

（7）护栏上的真缝、假缝应在支模时根据设计位置设置。若设计没有规定缝的位置时，一般跨中、板端和连续梁的支座位置均应设置真缝。假缝位置可以在模板上对称贴上加工好的橡胶条，真缝位置宜采用两层三合板中间夹泡沫板的做法，以利于拆除。

（8）护栏在桥梁伸缩缝位置应根据图纸预留伸缩缝施工槽。

（9）模板验收合格后，测量人员在模板顶部的槽钢上放出护栏顶面高程控制并用红漆标注。

26.5.1.4 浇筑混凝土

（1）根据现场情况确定混凝土生产和运输的方式。混凝土到现场后应先检测坍落度，符合要求后方可施工。

（2）混凝土应分层浇筑，不得在一个地方集中下料，防止形成起伏不定的界面。每层浇筑厚度不得超过 300 mm。浇筑到护栏的倒角位置应暂时停止下料，待该范围振捣完成后再继续浇筑。分层浇筑间隙时间应不大于混凝土初凝时间。

（3）振捣棒应插入下层 50～100 mm，振捣棒与侧模应保持 50～100 mm 的距离，严禁振捣棒直接接触模板。每一次振捣必须振捣至混凝土下沉，不再冒出气泡，表面呈现平坦、泛浆时方可提出振捣棒。

（4）振捣完成后对护栏顶面混凝土进行抹面施工。

（5）拆模养生：

①混凝土浇筑完成后应根据混凝土强度能保证其表面及棱角不致因拆模而损坏时方可拆模，对护栏表面和真缝进行清理。

②洒水养生应安排专人负责，养护时间应不少于 7 d，可根据气温、湿度和水泥品种、外加剂情况等，酌情延长或缩短。

③护栏拆模后，模板下抹的砂浆带应及时剔除，清理干净。

26.5.1.5 季节性施工

（1）暑期、雨期施工：

①暑期施工混凝土浇筑温度应控制在 32℃以下，宜选在一天温度较低的时间内进行。

②施工材料（特别是水泥、钢筋）的码放地点应采取防雨、防潮措施。

③露天的电器设备要有可靠的防触电、漏电措施。

（2）冬期施工：

①一般情况下不宜安排砼护栏冬期施工。

②冬期钢筋焊接宜在室内进行，当必须在室外进行时，最底温度不宜低于 -20℃，并应采取防雪挡风措施。

③混凝土应根据采用冬期施工配合比，掺加适量的防冻剂。拌制混凝土的砂、石和水的温度应满足混凝土拌和物搅拌、运输和混凝土入模的温度要求。

④运输混凝土的容器应采取适当的保温措施，混凝土浇筑前应清除模板钢筋的冰雪和

污垢。

⑤混凝土浇筑后应采取适当的覆盖保温措施，混凝土抗压强度达到设计强度的40%前不得受冻。

26.6 质量标准

（1）砼护栏用材料的质量，应按《公路工程水泥混凝土试验规程》（JTJ 053—83）的规定进行检验。砼护栏材料主要是指水泥、砂、石、水、外加剂和钢筋等。水泥要进行的主要是物理性试验和强度试验，砂、石料主要是级配试验、水质化验等。

（2）混凝土拌制和浇筑的质量，应满足《公路桥涵施工技术规范》（JTJ 041—89）的规定。包括混凝土拌和物配合比的确定，施工配合比的掌握，拌和物和易性的控制，振捣情况的控制，混凝土拌和物在运输过程中的离析现象，以及混凝土试块的留制、养护作业等。

（3）浇筑砼护栏钢模板的各部尺寸应符合表26－3的规定。

表26－3 钢模板内侧尺寸允许误差

项目	允许误差	检查点数	检查方法
长度	±10 mm	2	钢直尺量
上部宽度	±2 mm	3	钢直尺量
中部宽度	±2 mm	3	钢直尺量
下部宽度	±2 mm	3	钢直尺量
高度	±2 mm	2	钢直尺量

模板的尺寸误差将直接引起砼护栏的尺寸误差，尽管规范已规定使用高强度的钢模板，但是多次重复使用后仍会变形，因此，在每次使用模板前都应进行检查，不符合要求时，应校正后方可使用，不符合要求的模板应废弃。

（4）砼护栏的基层质量应符合表26－4的规定。

表26－4 基层质量检查允许误差

项目	允许误差	检验要求		检验方法
		范围	点数	
当量回弹模量	不小于设计要求	50 m	2	现场实测
压实度	不小于设计要求	500 m²	1	无骨料：用环刀法测定
				有骨料：用灌砂法测定
厚度	±10%	50 m	1	用尺量
平整度	10 mm	50 m	1	用3 m直尺

基层是砼护栏结构的一个重要组成部分，它直接影响护栏质量和使用寿命，因此，对其回弹模量、压实度、厚度和平整度等应按规定要求进行检查。

26.6.1　砼护栏检查项目

砼护栏施工检查项目如表 26 – 5 所示。

表 26 – 5　砼护栏施工检查项目

项次	检查项目		规定值或允许偏差	检查方法和频率
1	护栏混凝土强度/MPa		在合格标准内	按 JTG F80/1—2004 附录 D 检查
2	地基压实度/%		符合设计要求	现场检查
3	护栏断面尺寸/mm	高度	±10	直尺、钢卷尺，抽检 10%
		顶宽	±5	
		底宽	±5	
4	基础平整度/mm		±10	水平尺，检查 100%
5	轴向横向偏位/mm		±20 或符合设计要求	直尺、钢卷尺，抽检 10%
6	基础厚度/mm		±10%H	过程检查，直尺，检查 100%

注：H 为基础的设计厚度。

26.6.2　验收

对砼护栏工程的验收，重点在于检查施工过程中对混凝土材料、拌和物的质量控制情况，混凝土强度是检查的重点之一。

无论是就地浇筑还是预制，对砼护栏的基础处理情况应给予一定的重视，特别是砼护栏通过传力钢筋与基础连接时，传力钢筋的位置正确性对安装有直接影响。

从外观质量的要求看，砼护栏的整体线形与道路几何线形的协调性是验收检查的重点，护栏的高度、纵向连接情况等应与设计图相符。

无论采用就地浇筑还是预制块法施工的护栏，均应与公路线形相一致，砼护栏的表面不应出现蜂窝、麻面、漏石、裂缝、脱皮、缺边、掉角以及印痕等缺陷，护栏表面应光滑、美观。

砼护栏工程质量验收允许误差，应符合表 26 – 6 的规定。

砼护栏一般取 500 m 为一验收单位，任取 20 节护栏进行验收。

表 26 – 6　砼护栏质量验收允许误差

验收项目	质量标准或允许误差
强度	不小于设计规定强度
中心高度（路面以上）	±10 mm

续表 26-6

验收项目	质量标准或允许误差
上部宽度	±5 mm
中部(1/2 高度)宽度	±6 mm
下部(路面处)宽度	±8 mm
拼接处高差	±2 mm

26.7　成品保护

(1)采用浇水养护方式的浇水养护时间不得少于 7 d,并保证混凝土工具有足够湿态;冬期施工平面及立面结构应覆盖塑料薄膜和草帘,直到混凝土达到设计强度。

(2)浇注后的混凝土强度达到 1.2 MPa 以后,才能上人和安装钢管支架及模板。如果混凝土未达到临界强度但又必须上人操作时,必须在混凝土表面铺跳板或胶合板,以增大受力面积,防止混凝土被踩坏。

(3)竖向构件的侧面模板,应在混凝土强度能保证其表面和棱角不因拆模板而受损坏时,方可拆除。拆模时间控制一般夏季为 8 h,冬季为 24 h,具体时间还需要根据预拌混凝土搅拌站提供的情况调整。

(4)混凝土采用覆盖浇水养护的时间,对采用硅酸盐水泥、普通硅酸盐水泥或矿渣硅酸盐水泥拌制的混凝土,不得少于 7 d;对掺用缓凝型外加剂矿物掺合料或抗渗性要求的混凝土,不得少于 14 d。浇水次数应能保持混凝土处于湿润状态,混凝土的养护用水与拌制用水相同。

26.8　安全环保措施

26.8.1　安全措施

26.8.1.1　安全生产小组

安全生产小组由项目经理、副经理、专职安全员和兼职安全员组成,项目经理为安全生产小组组长。安全生产小组的职责是:认真贯彻执行劳动保护和安全生产政策、法律和规章制度;审批安全生产措施计划,完善各部门管理人员的安全生产责任制;定期研究解决安全生产中的难题;组织安全生产检查和开展安全无事故竞赛活动等,总结与推广安全生产先进经验;主持重大伤亡事故的调查分析,提出对责任人处理意见和改进措施。

26.8.1.2　现场人员安全防范措施

防止物料由高空坠落,施工时严禁随意向桥下扔混凝土块、钢筋头等物品,在混凝土墙钢筋未焊接前,模板、电缆保护管道、施工机具等物品摆放时要远离箱梁边缘 1.5 m 以上,防止人由桥面和模型栏杆坠落。钢筋焊接、模板安装时施工人员要配戴安全带,安全带挂钩要扣在混凝土墙预埋钢筋上。防止钢丝或钢丝绳断、飞、弹,防止地面电缆线漏电,防止吊车或高平车出轨翻车，防止模型板翻倒。安排桥梁生产各工种工序时，严防重叠施工，吊运重物跨越范围的下面，不准安排另一工种作业。各工序要互相创造条件，不给下道工序或下一班遗留险情和不卫生状况。发现上工序或上一班遗留的险情，要及时上报处理，消除险情后再作业。

26.8.1.3 钢筋加工绑扎安全保障措施

（1）钢筋调直、切断、弯制、对焊等设备的能力应与钢筋相适应，不允许设备超载使用。

（2）经常检查挂篮吊架及钢丝绳，如发现吊架变形或钢丝绳断丝根数超标，及时修理、更换。

（3）调直、切断、弯制、对焊时，不许有人横跨正在制作的钢筋，两旁严禁闲人站立参观。

26.8.1.4 安拆模板作业安全保障措施

（1）模板吊立前首先要在箱梁下方用警戒线圈出危险范围，非工作人员严禁进入。

（2）模板上附件连接悬挂绑牢，防止在吊运中掉下伤人。

（3）模板起吊运行过程中要严禁从人顶上过。

（4）在安装护栏外侧模板时，必须在内侧模板加固牢固后才能安放吊篮（及安装外模时的作业平台），并在挂篮上施工，放置挂篮时必须检查挂篮的焊接牢固性，有脱焊的吊篮禁止使用，吊篮保险缆绳一定要与地锚扣牢。

（5）所施工的人员不能赤脚和穿拖鞋施工，应穿防滑胶鞋。在作业平台上施工的人员必须把安全带系在稳固的地方，戴好安全帽，注意力一定要高度集中，严禁酒后上岗。在桥面上的人员不能抛掷工具给平台上的人，应手送以保证人员的安全。

（6）在挂篮要前移的时候，平台上的人一定要从平台上下来后方可移动平台到下一段，不能人和挂篮在其他人的推动下移动。

（7）拆卸下的模板零件必须码放整齐或放置于指定位置。

26.8.1.5 主要交通路口施工安全保障措施

砼护栏在跨越通道施工时必须挂设加密防抛网，防止在施工时的施工器械等物体坠落伤及行人，影响交通安全及正常行车。

（1）钢筋绑扎焊接要避开上下班高峰期，钢筋焊接时桥下面要有人协调交通，用警戒线隔离危险范围，行人和车辆避开危险范围。

（2）混凝土浇筑时为防止混凝土外溅或底部下漏伤及人、车，应用警戒线隔离危险范围，暂时封闭浇筑混凝土影响段交通。

26.8.2 环保措施

（1）材料堆放整齐并进行标识，钢筋底部采用木方进行支垫并用彩条布覆盖保护。

（2）水泥：散装水泥入罐存储，袋装水泥进屋保管。

（3）机械设备停靠整齐有序，加工设备位置布置合理规范。

（4）施工废料及设备更换的旧件回收归类堆放。

（5）施工污水不得随意排放，须沉淀达到标准后排放。

（6）平时注意对施工便道的保护，经常洒水湿润。及时修补坑塘，防止雨天集水。

（7）控制好施工噪音和扬尘，减少对附近居民的影响。

（8）对施工区域采用围栏防护，防止非施工人员进入。

26.9　质量记录

（1）工程放样与定位测量记录、测量复核记录。

（2）基坑开挖隐蔽工程检查记录。

（3）建筑材料质量抽查记录。

（4）砼护栏质量检查记录。

（5）工序质量评定表。

27 防眩板施工工艺

27.1 总则

27.1.1 适用范围

本标准适用于各类防眩板施工。

27.1.2 参考标准和规范

(1)中华人民共和国行业标准《公路工程技术标准》(JTG B01—2014)。

(2)中华人民共和国行业标准《高速公路交通工程及沿线设施设计通用规范》(JTGD80—2006)。

(3)中华人民共和国行业标准《防眩板》(GB/T 24718—2009)。

(4)中华人民共和国行业标准《公路交通工程钢构件防腐技术条件》(GB/T 18226—2015)。

(5)中华人民共和国行业标准《公路交通安全设施施工技术规范》(JTJG F71—2006)。

(6)中华人民共和国行业标准《公路工程质量检验评定标准》(JTG F80/1—2017)。

27.2 术语

防眩板是高速公路上为解决对向车灯眩光,安装在中央分隔带上的一种交通安全产品。

27.3 施工准备

27.3.1 技术准备

(1)施工人员应认真审核图纸及设计说明书。

(2)做好技术交底工作,编制防眩板的施工方案,并报建设和监理单位审批。

27.3.2 材料准备

按设计文件要求订制防眩板及所需的钢板支架、搭接钢板、螺栓等。

27.3.3 主要机具

小型发电机、电钻、扳手、水平尺、钢尺、线绳等。

27.3.4 作业条件

(1)中央分隔带施工已完成。

(2)防眩板安装位置及类型已确定,测量放样已完成。

(3)各种施工机具已经到位;施工建筑材料准备就绪。

27.3.5 劳动力组织

(1)人员:每作业区段配备工区长 1 名,技术员 1 名,安全员 1 名。

(2)劳动力:每作业队配备队长 1 名,班组长 4~6 名,每组作业工人 5 人。

27.4 工艺设计和控制要求

27.4.1 技术要求

(1)应根据设计文件中规定的确认所属路段对应的防眩板类型。根据其类型按对应的施工方法进行施工。

(2)圆曲线半径小于一般值的路段,应适当加密防眩设施的密度,凹形竖曲线半径小于一般值的路段,应适当提高防眩设施的高度。

(3)防眩板直线路段遮光角不应小于 8°,平、竖曲线路段遮光角应为 8°~15°。

(4)安装在混凝土基座上的防眩板,其基座强度必须达到设计强度的 80% 以上时,方可安装防眩板。

27.4.2 材料质量要求

(1)防眩板所采用的材料应符合《防眩板》(GB/T 24718—2009)、《塑料防眩板》(JT/T 598—2004)的规定。

(2)防眩板所采用的钢构件均应进行防腐处理。除设计文件另行规定外,防腐处理均应满足现行《高速公路交通工程钢构件防腐技术条件》(GB/T 18226—2004)的规定。

(3)防眩板及连接件的加工应在鉴定合格的生产厂家内集中制作,防腐处理应符合规范要求。

27.4.3 职业健康安全要求

(1)施工前做好施工安全交底,施工过程中,安全员应随时检查安全情况。

(2)机械操作工必须持证上岗,专人专岗,严格遵守各专用设备使用规定和操作规程,且不得疲劳操作。

(3)所有进入施工现场的人员必须按规定佩戴安全防护用具。

27.4.4　环境要求

施工时的不得污损已完工的路面及其他已完成工程，施工产生的废水废渣不得随意堆放，应及时清运，妥善处置，做到工完料尽、工完场清。

27.5　施工工艺

27.5.1　工艺流程

防眩板施工工艺流程如图 27 - 1 所示。

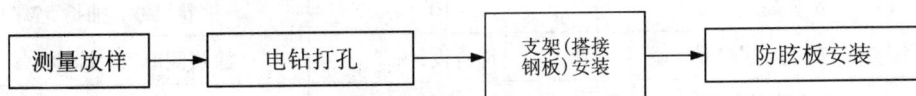

图 27 - 1　防眩板施工工艺流程图

27.5.2　操作工艺

27.5.2.1　测量放样

(1)严格按设计图纸要求进行施工放样，定出防眩板中心线。

(2)按设计的防眩板间距定出板位，并在每一个板位处定出标记。

27.5.2.2　电钻打孔

(1)根据测量放样定出的防眩板中心位置放置支架，对照预留固定孔位采用电钻打孔。

(2)用电钻打孔时不得破坏其他设施，在砼护栏上打孔时，护栏砼强度应达到设计强度的80%。

27.5.2.3　支架安装

(1)采用膨胀螺栓将支架固定在混凝土基座上，活动护栏上的防眩板支架根据设计要求采用焊接或螺栓固定。

(2)支架安装完成后应检查支架顶面标高及顺直度，不得出现扭曲、高低不平。

(3)支架安装过程中不得损坏自身及其他设施的防腐层，否则应及时予以修补。

27.5.2.4　防眩板安装

(1)支架(搭接钢板)安装完成后，将防眩板通过连接螺栓紧固在支架(搭接钢板)上。

(2)安装防眩板时，必须挂线施工，以保证顶面平整、平齐及清洁。

(3)螺栓的最终紧固、调整线形、缺陷修复：为保证防眩板安装完毕后的整体顺适美观效果，要求对完工后的防眩板进行线形调整和缺陷修复。对于有缺陷的以及施工过程中损坏的防眩板及时更换；对不符合线形顺直、高程顺适、板面平整要求的地段，及时调整。

27.6　质量标准

(1)防眩设施的材质镀锌量应符合《防眩板》(GB/T 24718—2009)及设计和施工规范的

要求。

（2）防眩板安装完成后，其设置路段、防眩高度、遮光角应满足设计要求。防眩板的平面弯曲度不得超过板长的0.3%。

（3）防眩板应安装牢固。其整体应与公路线形协调一致，不得有明显的扭曲或凹凸不平。

（4）防眩板外观不应有划痕、颜色不均等缺陷。防腐层不得有气泡、裂纹、疤痕、端面分层、毛刺等缺陷。

（5）防眩板实测项目如表27-1所示。

表27-1　防眩板实测项目

项次	检查项目	规定值或允许偏差	检查方法和频率
1	安装高度/mm	±10	钢卷尺寸，抽检5%
2	镀（涂）层厚度	符合设计	涂层测厚仪，抽检5%
3	防眩板宽度/mm	±5	直尺，抽检5%
4	防眩板设置间距/mm	±10	钢卷尺，抽检10%
5	竖直度/$(mm \cdot m^{-1})$	±5	垂线、直尺，抽检10%
6	顺直度/$(mm \cdot m^{-1})$	±8	拉线、直尺，抽检10%

27.7　成品保护

（1）防眩设施的安装最好戴手套进行，避免汗水等对涂层的腐蚀。对损伤的金属涂层应及时修复，必要时应予更换。

（2）对施工过程中破损的防眩板及时安排人员进行修复。

27.8　安全环保措施

27.8.1　安全措施

（1）作业路段应采用路锥隔离出作业警示带，并在作业路段前设置警示牌、交通疏导指示牌。

（2）作业人员正确佩戴和使用安全保护用品。

（3）现场要设置专职安全员，负责调度施工人员、施工设备。

27.8.2　环保措施

（1）施工和生活中的废物集中放置，并及时处理后运至监理工程师和当地环保部门都同意的地点放置，如无法及时处理或运走，则必须加以掩盖，以防散失。

（2）加强对施工材料运输车辆的管理，施工路段过往车辆较多时安排专人清扫，伴以洒水，以免扬尘。

（3）清洗施工机械、设备及工具的废水、废油等有害物资以及生活污水，不得直接排放于附近小溪、河流或其他水域中，也不得倾泻于饮用水源附近土地上，以防污染水质和土壤。

（4）保护农田排灌系统施工时，不得随意破坏堵塞路侧边沟及农用水渠等，确保水利设施及系统的完好和畅通。

27.9　质量记录

（1）施工放样测量记录表。

（2）建筑材料质量检验报告。

（3）防眩板质检表。

（4）工序质量评定表。

图书在版编目（ＣＩＰ）数据

路面工程施工工艺标准／湖南路桥建设集团有限责任公司编著. --长沙：中南大学出版社，2019.3
ISBN 978 - 7 - 5487 - 3561 - 8

Ⅰ.①路… Ⅱ.①湖… Ⅲ.①路面—道路施工—标准—中国 Ⅳ.①U416.204 - 65

中国版本图书馆 CIP 数据核字(2019)第 032697 号

路面工程施工工艺标准

湖南路桥建设集团有限责任公司　编著

□**责任编辑**　韩　雪
□**责任印制**　易建国
□**出版发行**　中南大学出版社
　　　　　　社址：长沙市麓山南路　　　　邮编：410083
　　　　　　发行科电话：0731 - 88876770　　传真：0731 - 88710482
□**印　　装**　长沙印通印刷有限公司

□**开　　本**　787×1092　1/16　□**印张** 22　□**字数** 555 千字
□**版　　次**　2019 年 3 月第 1 版　□2019 年 3 月第 1 次印刷
□**书　　号**　ISBN 978 - 7 - 5487 - 3561 - 8
□**定　　价**　138.00 元